W0343671

ANDREA MOHR

PIXIE

ANDREA MOHR

PIXIE

Vom Drogen-Jetset in den Frauenknast

Mein Leben

vgs
EGMONT

Die Originalausgabe erschien 2009 unter dem Titel
Pixie, bei Hardie Grant Books, Australia

Deutschsprachige Erstausgabe:
© 2011 VGS
verlegt durch EGMONT Verlagsgesellschaften mbH,
Gertrudenstraße 30–36, 50667 Köln
© 2009 by Andrea Mohr
Alle Rechte vorbehalten.

1. Auflage
Redaktion: Cindy Witt
Umschlaggestaltung: ZERO Werbeagentur, München
Unter Verwendung eines Fotos von: © Olaf Ballnus
Satz: Hans Winkens, Wegberg
Druck: Bercker Graphischer Betrieb, Kevelaer
ISBN: 978-3-8025-3742-4

www.vgs.de

Dieses Buch widme ich meiner Mama Christa und meinem Papa Egon

INHALT

VORWORT

Zufälle! Immer diese Zufälle, dieses nicht kalkulierbare Risiko. Macht es das Leben tatsächlich reizvoller und interessanter? Ich weiß es nicht.

Ich sitze an meinem Laptop und grüble über dem seitenlangen Report, den Amnesty International mir gerade per E-Mail geschickt hat. Der Bericht mit dem Titel *Grassroots* behandelt auf 191 Seiten das Thema »Private Führung von Gefängnissen«. Darunter fiel von 1996 bis 2000 auch das Gefängnis im Bundesstaat Victoria in Australien, in dem ich fünf lange Jahre, von 1999 bis 2004, schmachten musste. Zahlreiche Organisationen, so mailte mir Amnesty, hätten festgestellt, dass die CCA (Corrections Corporation of America), die das Frauengefängnis leitete, einiges zu verbergen habe.

In den Melbourner Zeitungen kursierten zahlreiche Schreckensmeldungen, und im Oktober 2000 fand ein zweiwöchiger Aufstand in dem Gefängnis statt. Die Regierung übernahm fortan die Gefängnisleitung des damaligen MWCC (Metropolitan Women's Correctional Centre), das wir Insassinnen kurz und knackig Deer Park nannten. Der neue Besitzer taufte es später um in Dame Phyllis Frost Centre – ein passender Name, da Dame Phyllis Frost sich zeitlebens sehr für die Insassinnen engagierte. So erwirkte sie etwa für Mütter das Recht, ihre Kinder bis zum vierten Lebensjahr bei sich behalten zu dürfen.

Amnesty International und alle anderen Organisationen, die sich mit dem Thema »private Gefängnisse« befassen, sollten mein Buch lesen, denke ich bei mir. Jetzt deren Fragen in ein, zwei Sätzen zu beantworten, wäre allerdings schwierig. Wie viele Schlägereien gab es damals? Wie viele Drogen waren im Umlauf? In Deer Park waren zu manchen Zeiten mehr Drogen zu haben als in den Straßen von Melbourne. Schlägereien waren an der Tagesordnung. Niemand von uns fühlte sich je sicher. Wir hatten alle permanent Angst, und die Wärter waren unfähig uns zu schützen.

Diese Vorwürfe nun in dem Report zu lesen, den ich gerade überfliege, das lässt meine Gedanken zurück zu dem Tag wandern, an dem sich mein ganzes Leben plötzlich und unwiderruflich änderte.

DIE VERHAFTUNG

Der 11. September 2001 war einer der schwärzesten Tage in der Geschichte der Menschheit. Bei dem schrecklichen Terroranschlag auf die Twin Towers in New York starben etwa dreitausend Menschen grausam und sinnlos, etwa doppelt so viele wurden verletzt. Es folgten Kriege gegen den Terror, sowie weitere verheerende Attentate.

Viele Jahre zuvor, am 11. September 1973, erschoss sich der chilenische Präsident Salvador Allende in seinem Palast La Moneda, weil das Militär unter der Führung von General Augusto Pinochet die Macht über das Land mit Gewalt übernommen hatte. Der Putsch kostete etwa dreitausend Chilenen das Leben. Ebenfalls an einem 11. September, und zwar 1936, wurde in der Südpfalz, einer milden Weingegend, ein Mädchen namens Alice in diese schöne Welt geboren. Jene Alice wurde etwa dreißig Jahre später, als verheiratete Mutter von zwei Kindern, meine Patentante. Sie ist die ältere Schwester meines Vaters.

Die CD *Second Toughest in the Infants* von Underworld war zwar schon 1996 erschienen, aber ich hatte sie gerade erst entdeckt. An jenem für mich verhängnisvollen Tag, dem 11. September 1999, hörte ich sie mir zum x-ten Mal an. Ich drehte die Lautstärke der Musik etwas leiser, um ungestört telefonieren zu können.

»Hallo, Tante Alice. Ich bin's. Herzlichen Glückwunsch zum Geburtstag. Wie jung bist du denn heute geworden?«, fragte ich sie in einem vertrauten, aber leicht ironischen Ton. Wenn sie 1936 geboren war, musste sie heute 63 Jahre alt geworden sein. Manchmal war ich überzeugt davon, dass meine Tante Gedanken lesen konnte.

»Das weißt du doch, Kind, das kannst du dir doch leicht ausrechnen. Alla gut, es gibt wichtigere Dinge zu besprechen. Ach, wenn du nur nicht so weit weg wohnen würdest«, seufzte sie theatralisch.

»Alla gut – also gut«, das sagte sie andauernd, und als ich es an jenem Tag hörte, musste ich spontan an Carls Reaktion denken, als meine Tante die Wendung ihm gegenüber zum ersten Mal benutzt hatte. Carl hatte mich gefragt, ob meine Tante Muslimin sei.

»Am Wochenende waren wir mit Hagebutten auf unserem Boot, es war ein herrrrrlicher Tag. Du hättest dabei sein müssen! Alla gut! Du weißt ja, dein Onkel hat alles, einfach alles selbst gemacht am Boot – super! Also, das nächste Mal, wenn du zu Hause bist, dann musst du mitkommen, keine Widerrede!«

Oh, diese Frau kann reden, dachte ich, während sie einen Schwall bunter Wörter durch die Leitung sandte. Wie bei jedem Telefongespräch mit meiner geliebten Patentante suchte ich auch diesmal krampfhaft nach einer guten Ausrede, um das familiäre Geplänkel zu beenden.

»Moment, ich hör da was«, schwindelte ich, indem ich eine ihrer wenigen Atempausen ausnutzte, »das muss Werner sein. Entschuldige, Tante Alice, aber ich muss auflegen.«

Doch so leicht ließ sie nicht locker. Vielleicht kannte sie mich einfach viel zu gut. »Was ist denn nur los, Kind? Du hast doch was, das höre ich! Erzähl mir, was los ist!«

»Ach, Tante Alice ...«, seufzte ich, »ausgemacht war, dass Werner mit dieser Frau, seiner Exfreundin, also mit Carol, eine Woche in Europa und Afrika Urlaub macht. Aber sie sind viel länger geblieben. Gestern hat er endlich aus Sydney angerufen, wo sie am Abend gelandet sind. Carol und er, na ja, die beiden waren wohl sehr müde von dem langen Flug, hat Werner gesagt, deshalb haben sie sich in der Stadt ein Hotelzimmer genommen. Aber jetzt müsste er jeden Moment hier sein.«

Ich begann mit dem Telefonhörer am Ohr abwesend durch die Wohnung zu laufen, erst von einem Zimmer zum anderen, dann die Treppe hinauf. Ich war total flatterig und verspürte eine unangenehme Unruhe, mein Herz überschlug sich fast. Von einem Foto aus meiner Zeit als Fotomodel schweifte mein unsteter Blick auf den Schreibtisch. Links vom Computer, da lag sie, die Spritze. Daneben türmten sich Papierstapel und Disketten, benutzte Gläser mit Lippenstifträndern und Teller mit Essensresten. Vielleicht sollte ich mir jetzt schnell einen Schuss setzen, ging es mir durch den Kopf.

»Der kann warten! Außerdem, Kind, du fliegst doch auch andauernd in der Welt herum, mit Carl oder allein, und nicht mit deinem Ehemann.« Ein liebevoller Vorwurf und leichte Empörung waren in ihrem Ton nicht zu überhören, sie kannte einfach keine Gnade.

Plötzlich hörte ich tatsächlich ein Geräusch an der Tür und sagte: »Ich muss jetzt auflegen!«

Peng! Achtlos warf ich den Hörer auf den Schreibtisch, direkt neben die Spritze. Dann hastete ich durch den Raum, stolperte über Klamotten, Zeitschriften und CDs in den Gang, wo ich seine vertrauten Schritte auf der Schwelle unseres Häuschens hörte. Er hielt die Türklinke noch in der Hand, als ich die Treppenstufen nach unten stürzte und ihm um den Hals fiel. Wir küssten uns leidenschaftlich. Er sah fantastisch aus, braun gebrannt, schlank, muskulös und gut erholt, er wirkte unheimlich sexy mit seiner lässigen Haltung, so kraftstrotzend.

Die Dämmerung setzte gerade ein, die Luft war warm, und eine leichte Brise wehte vom Meer herüber. Es war ein milder Frühjahrsabend, ganz typisch für die Septembertage in Melbourne.

»Hallo Kookaburra. Warte, mein Gepäck ist noch im Auto.«

»In welchem Auto?«, fragte ich ihn verwirrt.

»Da, auf der Straße, der blaue Ford Falcon, den habe ich mir am Flughafen in Sydney bei Budget geliehen, damit ich schneller bei dir bin und nicht noch mal einen Flughafen passieren muss. Deinetwegen und wegen des Zeugs bin ich nicht von Sydney nach Melbourne geflogen. Ich habe dir tolle Geschenke mitgebracht, weil ich so lange weg war, aber ich habe keine Ahnung, in welchem Koffer sie sind. Ich befürchte, wir müssen alles auspacken.« Er küsste mich noch einmal und sagte: »Du hast recht, Kookaburra, das kann ein wenig warten.«

Einen Arm fest um seine Hüfte gelegt, als wollte ich den Mann meines Herzens nie wieder loslassen, lief ich neben ihm nach oben, in den zweiten Stock unseres Häuschens. Er erregte mich, wie immer. Zugegeben, er ist ein exzellenter, ausdauernder und befriedigender Liebhaber. Einer der besten, einfach berauschend. Verwirrt und verlegen bemerkte ich ein Zucken zwischen den Schenkeln und verscheuchte die Erregung. Ich konnte schließlich nicht sofort über ihn herfallen. Oder etwa doch?

Der Gedanke an Carol überschattete die Freude über seine Heimkehr. Zu viele Fragen stürmten auf mich ein: Hast du mit ihr geschlafen? Liebst du mich noch? Warum bist du letzte Nacht nicht gleich von Sydney nach Melbourne gefahren oder geflogen? Ein Inlandsflug ist keine große Sache. Wieso musstest du stattdessen noch eine Nacht mit Carol in einem Motel verbringen? Scheiß auf die Ausreden, die beiden wollten sicher noch mal miteinander vögeln.

Als ob er meine Gedanken bestätigen wollte, löste er sich sanft aus der Umarmung und ging nach unten, zurück zum Auto, um die Koffer zu holen. Er wolle mir unbedingt die schönen Mitbringsel geben, beharrte er. »Das Geschenk ist etwas ganz Besonderes«, rief er von unten. »Es hat achthundert Mark gekostet, und es wird dir gefallen«, fügte er hinzu, schon halb aus der Haustür.

Oh Werner, bitte mach nicht aus dem Offensichtlichen ein Mysterium. Ich hatte ihn gebeten, bei Mandarina Duck in Berlin vorbeizuschauen und mir eine klassische Aktentasche zu kaufen.

Nichts konnte mich beschwichtigen, ich musste wieder an *sie* denken. Damals in Berlin, vor drei Jahren, als Werner sich in mich verliebte, nachdem wir drei aufregend berauschende Tage und Nächte miteinander verbracht hatten, trennte er sich unmittelbar nach seiner Rückkehr sofort von Carol, seiner damaligen Lebensgefährtin. So berichtete er es mir zumindest am Telefon. Ganze 18 Monate nach unserem ersten Treffen sahen wir uns wieder, als ich Werner in Melbourne besuchte.

Vielleicht hat er sich damals gar nicht so schnell von ihr getrennt? Das fragte ich mich zum ersten Mal, während ich wieder begann, aufgeregt durch die Räume zu gehen. Nebenbei kaute ich an den Fingernägeln, eine lästige, unschöne Angewohnheit aus der Schulzeit.

Ich musste Werner Platz machen zum Auspacken seiner Koffer, die er gerade die Treppe hochschleppte. Seine Oberarme sahen fantastisch aus, wenn er etwas tragen musste und die Muskeln angespannt waren. Ich zwang mich wegzusehen, ansonsten wäre ich zu geil geworden.

»Ist sie schöner als ich? Ist sie klasse im Bett?« Es war mir herausgerutscht, ehe ich darüber nachdenken konnte. Schnell suchte ich nach besänftigenden Worten, denn Werner zum jetzigen Zeitpunkt wütend zu machen, das wäre unklug, würde nur zu Chaos führen. »Ach, schon gut, darüber können wir auch später reden«, fügte ich schnell in weichem, sanftem Ton hinzu.

Daraufhin schaute er mich kurz, fast ein wenig verunsichert an. Aber er sagte glücklicherweise nichts, sondern lief weiter die Treppe nach oben, mir entgegen. Er trug zwei sichtlich schwere Koffer, und wieder ertappte ich mich dabei, auf seine starken Arme, auf seinen tollen Körper zu schauen. Ich verzog mich ins Arbeitszimmer, wo ich weiter unruhig umherlief. Zum wiederholten Mal versuchte ich, meine Situation mit der von Werner zu vergleichen, so, wie es mir meine Tante am Telefon vorgeschlagen hatte. Aber der Vergleich hinkte!

Mit Carl lebte ich seit über fünfzehn Jahren zusammen. Eigentlich lebten wir drei, Werner, Carl und ich, hier in Melbourne gemeinsam in einem Haus. Carl war früher einmal mein Liebhaber gewesen, als ich noch in Berlin wohnte, aber das war mindestens zehn Jahre her. Wir wurden beste Freunde und lebten weiterhin im selben Haus. Im Alter von 33 Jahren heiratete ich Werner und zog zu ihm nach Melbourne. Werner Roberts war gebürtiger Deutscher, hatte jedoch einen gefälschten Pass, der ihn als Neuseeländer auswies, da er in Deutschland wegen Bankenbetrugs gesucht wurde. Carl blieb in Berlin, als ich Werner heiratete. Ein halbes Jahr später war meine Telefonrechnung wegen der vielen Gespräche mit Carl über die Kontinente hinweg genauso hoch wie der sehnsüchtige Wunsch, das dringende Bedürfnis nach dem einzigen Menschen, der mich in- und auswendig kannte, der Geduld mit mir hatte, der mich liebte.

Aber wenn ich mir die vierzigjährige Carol zusammen mit Werner vorstellte: no way! Eine Freundschaft zu seiner Exfreundin zu pflegen, um das unschöne Ende der Beziehung zu begradigen, das war eine Sache. Dass Carol Werner im Grunde genommen niemals verlassen wollte und ihn noch heute liebte, das war die andere.

Meine Gedanken drehten sich im Kreis, während ich Werner rufen hörte: »Carl, wo steckst du? Komm raus und begrüß deinen alten Freund!«

Die beiden Männer kannten sich seit etwa zwanzig Jahren, ich hatte Werner kennengelernt, als er seinen alten Freund Carl in Berlin besuchte.

Carls Zimmer befand sich quer über dem Gang, gegenüber von dem Büro, wo ich mich aufhielt. Sein Reich war randvoll mit Hochglanz und Hightech; neben einem weiteren, bestens ausgestatteten PC mit dem modernsten Bildschirm besaß er einen nagelneuen DVD-Player und auch sonst allen möglichen Schnickschnack. Auf dem Boden, unterhalb des Fensters, lag ein hellblauer Futon und an der Wand stand ein silberfarbenes Chromregal, in dem sich die umfangreiche CD-Sammlung befand. Einige Sammlerstücke, die Carl und ich von unseren Reisen mitgebracht hatten, standen dort ebenfalls: hölzerne Masken und Skulpturen, Sarongs und andere Erinnerungsstücke, vorwiegend aus Südamerika, aber auch aus Asien oder Afrika. Carl hatte heute, einfühlsam wie er war, das Haus verlassen.

»Er ist bei einem Freund«, erwiderte ich. Da riss mich Werners sonore, rauchige Stimme erneut aus meinen Gedanken.

»Hast du noch mehr abgenommen, Kookaburra?«, fragte er, wobei er mich abschätzend musterte und mir gleichzeitig ein Bündel Wäsche zeigte.

»Bitte leg die Sachen ins Bad«, sagte ich.

»Du hast sicher zu viel H und Koks genommen, während ich unterwegs war. Brauchst es gar nicht abzustreiten. Das muss sich ändern! Wir fangen gleich an, dich aufzupäppeln. Zieh dich an! Lass uns ins Monroes gehen, ein paar frische Austern und Spaghetti essen.« Deutlich sanfter fügte er hinzu: »Jetzt wird alles anders werden, Kookaburra!«

Wenn Werner mich so nannte, schwand mir der Verstand. Der

Kookaburra (sprich: Kuka-bura), so habe ich gelesen, gehört zur Familie der Eisvögel, im Deutschen heißt er »Lachender Hans«. Bei Sonnenaufgang und in den späten Abendstunden stößt er ein ausgeprägtes »Huhu-haha« aus. Einer wundervollen Sage der Aborigines zufolge, erklingt die für den Vogel sehr typische lachende Stimme, damit wir Menschen das Naturschauspiel des Wechsels von Nacht und Tag nicht verpassen.

»Komm, wir setzen uns einen Schuss«, sagte ich und ertappte mich dabei, dass ich immer noch angriffslustig war, obwohl der Kookaburra mich hätte besänftigen sollen. Ich erwartete keine Antwort.

Während Werner immer mehr Gepäck ins Haus schleppte, blieb mein Blick an der Tätowierung auf seiner linken, muskulösen Brust hängen: *To live and let die!*

Beiläufig fragte ich ihn, wie viel er denn mitgebracht habe, und wühlte unterdessen im Kleiderschrank herum, auf der Suche nach Spritzbesteck und Dope. Als ich mich wieder zu Werner umwandte, wirkten seine Gebärden zögernd, rätselhaft und befremdend. Fahrig fing er an, seine Kleider auszupacken, als er mit gedämpfter Stimme antwortete: »Fünfeinhalb Kilo«.

Summa summarum hatte er also 5,5 Kilogramm Koks von Benin nach Melbourne geschmuggelt, wie ich es mit den Kolumbianern ausgemacht hatte. Das würde uns mehr als 2,7 Millionen australische Dollar einbringen, nicht ganz so viel wie bei den vergangenen Touren, aber auf jeden Fall genug. Beim nächsten Mal wollten wir es nicht mehr selbst machen, sondern eine Schiffsladung organisieren, das hatte ich mit Raffael schon besprochen. Bisher waren es immer nur einige wenige Kilo, die wir nach Australien bringen konnten, mit einem Schiff dagegen konnten wir 200 bis 500 Kilogramm transportieren lassen.

Ich hatte Raffael das letzte Mal vor etwa sechs Monaten in Benin gesehen, am Golf von Guinea. Er hatte ein Taxi zum Hotel geschickt, um mich abholen zu lassen. Wir trafen uns immer woanders auf der Welt, etwa auf Aruba, in Los Angeles, Quito oder auf Hawaii. Mein kolumbianischer Freund sah immer aus wie der perfekte Geschäftsmann, er trug jedes Mal Anzug und Hemd, selbstverständlich frisch gebügelt.

Das Apartment, in dem die Übergabe stattfinden sollte, bestand aus zwei Räumen. Der eine Raum war mit einem Tisch und ein paar Stühlen ausgestattet, nebenan war ein Schlafzimmer, das wie ein Hotelzimmer eingerichtet war. Als ich mit Raffael am Tisch saß, bemerkte ich mehrere Stapel mit Kosmetiktüchern – alle industriell verpackt und ungeöffnet. Ich fragte ihn, ob er nun in die Kosmetikbranche gewechselt habe. Er lachte und sagte, dies seien 250 Kilogramm Kokain, bereit, um morgen verschifft zu werden. Für wenige Sekunden schoss mir der Gedanke durch den Kopf, in Afrika mit 250 Kilogramm Kokain verhaftet zu werden.

Als wir ins Schlafzimmer gingen, überreichte er mir einen Koffer, der für den Geldschmuggel präpariert war. Danach öffnete er den Kleiderschrank, aus dem uns etliche Bündel Hundert-Dollar-Noten förmlich entgegenfielen. Er entschuldigte sich; er konnte das Geld einfach nicht so schell waschen, wie es hereinkam. Das klang alles recht vertraut, erst neulich hatte ich ein Apartment in Melbourne angemietet, nur um dort unser Geld zu lagern. Die Wohnung war komplett unmöbliert, bis auf einen Schrank, in den ich die Hundert-Dollar-Scheine einfach hineinwarf. Werner wusste nichts von der Wohnung.

Draußen war es inzwischen finster geworden. Kein Auto fuhr durch die kleine, schummrige Seitenstraße, Passanten waren in diesem bürgerlichen, aber wenig beleuchteten Wohnviertel ebenfalls keine unterwegs. Wahrscheinlich saßen die meisten Leute längst vorm Fernseher, schauten sich Soap Operas wie *Neighbours* an und aßen Taco-Chips mit Dip. Selbst die Possums in den Bäumen hatten sich davongemacht.

Werner hatte vor einem halben Jahr unbedingt in diesen friedlichen Stadtteil ziehen wollen, weit weg von St. Kilda und der Fitzroy Street, wo wir direkt gegenüber vom Albert Park, in dem jährlich das berühmte Formel-1-Rennen stattfindet, eine komfortable, moderne, traumhafte Wohnung angemietet hatten. Er wollte raus aus dem charmanten und mondänen Apartment im vierten Stock, in dem ich mich pudelwohl fühlte, er wollte raus, weil es ihm in der City zu laut geworden war. Es gab genügend leer stehende Mietwohnungen und Häuser zu vernünftigen Preisen, gerade in der zweitgrößten Stadt des Landes, in Melbourne. Werner hatte sich gleich beim ersten Besichtigungstermin für dieses adrette bürgerliche Haus in Elwood begeistert, und ohne andere Objekte zu besichtigen, haben wir es gemietet. Ich wollte es toll finden, weil er es toll fand.

Als ich mich ihm nun wieder zuwandte, merkte ich, wie der in mir aufgestaute Groll zu explodieren drohte. Ich war wütend, weil er mich so lange allein gelassen hatte, weil er später als geplant nach Hause gekommen war und vor allem weil er mich womöglich betrogen hatte. Im Büro brach ich zusammen, ausgelaugt vom exzessiven Drogenkonsum, müde von den vielen schlaflosen Wochen, kraftlos wegen der unzureichenden Ernährung.

Ich sah miserabel aus. Meine Augen hatten bereits heute früh, beim ersten Blick in den Spiegel, tief liegende schwarze Schatten gehabt, meine Wangen waren eingefallen, nach innen gezogen und verkrampft. Werner hingegen wirkte wie ein junger Adonis, während er gut gelaunt in einem Koffer und mehreren bunten Tüten wühlte, die er auf den Boden gestellt hatte.

Wieder traf mich sein stechender Blick. »Ich bin jetzt bei dir. Ich werde mich um dich kümmern. In ein paar Tagen fliegen wir nach Lombok – nur du und ich. Ich liebe dich, Kookaburra. Und jetzt mach dich zurecht! Wir gehen zu Monroes, Austern und Spaghetti essen.«

Ach ja, Lombok. Eigentlich hatte ich für gestern einen Flug auf die indonesische Insel gebucht. Nur Werner und ich, zwei Wochen Urlaub. Aber ich hatte umbuchen müssen, nun wollten wir in zwei Tagen fliegen. Beim Gedanken daran fing mein Herz an zu flattern – sicherlich würden wir viel Sex haben.

Mit schmerzlicher Sehnsucht dachte ich an eine sehr glückliche Zeit in meinem Leben zurück, damals 1996, als ich zum ersten Mal nach Australien gekommen war. Es war kurz vor Weihnachten, mitten im heißen australischen Sommer. An jenem Morgen fuhren Carl,

Werner und ich früh in Melbourne los: drei Freunde auf Erlebnisreise, ein Abenteuer. Es galt, einige der einsamen, verlassenen Gegenden Australiens, dieses gigantisch großen Kontinents, zu erkunden. Werner wusste von einem tollen Platz mitten im Busch, in der Region Gippsland, der Ort heißt Cape Conran. In seinem Opel Commodore fuhren wir durch eine Landschaft, deren überwältigende Weite für uns Europäer unfassbar war. Die Hitze war um diese Jahreszeit fast unerträglich, aber keiner von uns dreien ließ sich etwas anmerken. Einzelne, knorrige Baumstämme mit verdorrten Ästen standen wie Skelette in der Landschaft. Auf dem beigefarbenen, abgebrannten Gras entdeckten wir Farmhäuser mit hageren Kuh- und Schafsherden auf kargen Feldern. Hier und da schlängelte sich die Straße durch eine schläfrige Gemeinde.

Als wir bei Einbruch der Dämmerung unser Ziel erreichten, spürte ich zum ersten Mal, warum Werners Herz in diesem einsamen, fernen Land, in dem er seit über einem Jahrzehnt lebte, zu Hause war. Zwischen hoch aufragenden schwarzen Felsen stellte er sich selbstbewusst hin, eine Angel in der Hand. Ich beobachtete ihn aus der Geborgenheit des geschlossenen Wagens heraus, da mich die Moskitos sonst in Sekundenschnelle aufgefressen hätten: das Postkartenbild eines Mannes, der mir im Sonnenuntergang seinen breiten, unbeugsamen Rücken zuwandte, in sich selbst und das wilde, unfügsame, nicht verzeihende Meer versunken.

An jenem windigen, warmen Abend machten Werner und ich uns unter dem Sternenbild Kreuz des Südens von der Küste auf in Richtung Busch, um einen Wombat behäbig aus dem Bau kriechen zu sehen, um das Rascheln der Schlangen in den trockenen Blättern und den neckischen Ruf des Jägerliest, australisch Kookaburra, zu hören. In diesem romantischen Moment verlieh mir Werner meinen Kosenamen.

»Warum Kookaburra?«, fragte ich.

Er antwortete mit der steifen, schlichten Sachlichkeit, die ich von ihm kannte, dass der fröhlich-melodische Gesang des Vogels, das »Huhu-haha«, wie mein Lachen klinge.

Unmöglich, sich nicht unsterblich in diesen Mann zu verlieben.

Ich sah Werner an, der stapelweise Hundert-Dollar-Scheine aus einer Seitentasche seines Koffers zog. Er hat sich verändert seit Cape Conran, dachte ich und ein unbehagliches Gefühl breitete sich in meinem Bauch aus. Ich ließ mich auf den hellen Teppichboden unseres ach so normalen Häuschens fallen, um mir einen Schuss zu setzen – einen kleinen für den Weg, zur Stärkung sozusagen, ehe wir zu Monroes in die City gingen.

»Hast du noch eine frische Nadel für mich?«, rief Werner.

»Klar. Der Hunderterpack ist im Bad, gleich hinter der Tür, wie immer.«

Da ich mir täglich mehrere Schüsse setzte, waren meine Venen stark verhärtet. Ich nahm den Schlauch, legte ihn um meinen dünnen Oberarm und zog ihn mit den Zähnen fest, während ich mit einem Finger die Venen abklopfte. Hier könnte es klappen, dachte ich, als ich etwas Blaues, Dickes sah. Obwohl die Stelle sich hart anfühlte, setzte ich die Nadel an, stieß die Spitze mit einem Ruck unter die Haut und zog an dem Kolben. Sofort tröpfelte ein wenig Blut in die Nadel. Nicht genug, aber ich drückte dennoch ab. Es war keine Vene, deshalb war die inzwischen blutorangefarbene Flüssigkeit so schwer hineinzuspritzen. Frustriert zog ich die Nadel heraus. Wieder und wieder stach ich sie mir in den nächsten Minuten ungeduldig und mit zitternden Händen an verschiedenen Stellen unter die Haut, um endlich in den ersehnten Rausch zu fallen.

Ich sah zu Werner hinüber, der das Dope geschickt im Löffel mischte. Schöner weißer Stoff, Thai White, den braucht man weder zu kochen noch mit Ascorbinsäure zu säubern – allerfeinste Qualität, Direktimport aus dem Goldenen Dreieck. Unter das blütenweiße flüssige Heroin mischte er ein wenig Schnee aus den Anden: Blow, das Koks. Er zog die Mixtur in die Spritze, setzte die Nadel gekonnt an den Arm und zog. Blut schoss in die helle Flüssigkeit, und sofort drückte er ab. Werner brauchte kein Geschick, seine Adern waren unverwüstlich. Neidisch sah ich zu, wie seine Pupillen sich blitzschnell verengten und sich einen kurzen Moment später, mit nur einer winzigen Verzögerung, wie ein Stottern, wieder weiteten. Zuerst spürst du das Heroin, dann das Kokain. Die Kombination ist einfach genial, verschafft dir einen ganz besonderen Kick.

Kurz darauf traf auch ich eine Vene, diesmal im Fuß. Endlich konnte ich es schmecken: dunkel und bitter, reiner Stoff. Die Möbel um mich herum verschoben sich ein wenig. Mein Geist fing an zu schweben. Meine Gedanken, meine Fantasie, vor allem meine Träume waren nicht mehr aufzuhalten, das Leben, der Raum weitete sich. Aus der Ferne, undeutlich, hörte ich Werner rufen: »Kookaburra, mach dich fertig!« Aber ich konnte nicht reagieren.

Ich musste mich auf das Hier und Jetzt besinnen. Werner anzuklagen, ihn mit Anschuldigungen zu überhäufen, weil er wochenlang mit einer anderen Frau unterwegs gewesen war, das wäre entwürdigend. Während ich über meine Wut, Frustration und Enttäuschung über Werner grübelte, fuchtelte ich mit der abermals mit Dope gefüllten Spritze an meinem Arm herum. Wieder fand ich keine Vene. Einige Blutstropfen schossen in die gefährliche, hoch dosierte, giftig-gute Mischung, und ich blutete an den Armen von den vorangegangenen missglückten Versuchen.

Plötzlich vernahm ich ohrenbetäubenden Lärm aus dem Untergeschoss, und der Fußboden fing an, gewaltig zu dröhnen, zu beben und zu tosen. Als zöge eine Büffelherde über die weite Steppe hinweg. Vielleicht hatte ich tatsächlich zu viel Dope genommen, vielleicht hatte ich auch schon Halluzinationen. Ich wäre ganz sicher nicht die Erste gewesen, die von dieser gefährlichen Mischung aus Heroin und Kokain Wahnvorstellungen bekam. Eine Freundin von mir, eine wunderschöne Tänzerin, war einmal im Rausch aus dem Fenster im dritten Stock gesprungen, weil es ihr im Zimmer zu eng geworden war. Sie ist seitdem querschnittsgelähmt, nur die Arme und der Kopf sind noch beweglich, spürbar.

Werner sprang auf, schleuderte die leere Spritze achtlos auf den Boden und stemmte sich mit seinem ganzen Körpergewicht gegen die Zimmertür. Seine Gesichtsmuskeln waren verzerrt. Dass jener Augenblick, dass diese Sekunden alles, mein ganzes Leben, drastisch verändern sollten, das wurde mir erst sehr viel später bewusst.

Werner wurde ins Zimmer zurückgedrängt, weg von der Tür, er taumelte. Ein uniformierter Mann mit gezückter Waffe in der Hand sprang herein. »Auf den Boden!«, brüllte er Werner an. Mehrere bewaffnete Männer stürzten hinterher. Währenddessen hielt ich die Spritze wie einen Speer, wie eine Waffe, zitternd in der Hand. Blut tropfte von meinem Arm und von der Spritze auf den cremefarbenen Teppichboden und sog sich fest. Das Rot breitete sich aus, wie um ein letztes Lebenszeichen von mir zu hinterlassen.

Ein Polizist drückte mir eine Pistole an die Schläfe. »Auf den Boden! Kopf nach unten! Wage es nicht, aufzuschauen, du Drecksau!«

Ich ließ die Spritze fallen. Wie durch einen Nebelschleier drangen seine Worte an mein Ohr – langsam, leise, fast unverständlich und weit, weit weg. Im selben Moment spürte ich etwas Warmes, Nasses zwischen den Oberschenkeln, und mein Verstand setzte aus. Ich bewegte mich instinktiv, legte das Gesicht wie aufgefordert nach unten auf den Boden. Mein Körper fühlte sich fremd und steif an. Der Polizist öffnete und schloss den Mund, offensichtlich formte er Worte, aber weder seine Laute noch die Geräusche im Raum erreichten mich und wenn, dann nur verzerrt.

Ich hob den Kopf ein wenig und sah, wie mehrere Männer mit Waffen in der Hand und kugelsicheren Panzerwesten über der blauen Uniform mit Werner kämpften, der sich heftig wehrte. Mit Gewalt drückten sie ihn zu Boden und zerrten ihm die Arme auf den Rücken, um ihm Handschellen anzulegen. Einer der Polizisten redete wild auf ihn ein, bis mein Freund sich zur Seite wälzte, damit der Mann – Detective Firth, wie sich später herausstellen sollte – ihm in die Hosentasche greifen konnte. Er zog einen Schlüsselbund hervor, mit dem er verschwand.

Auch mir riss jemand die Hände auf den Rücken und legte mir eiskalte und stahlharte Handschellen an. Noch immer kam es mir so vor, als würde das Ganze einer Fremden passieren. Nicht mir. Träumte ich?

Mittlerweile wimmelte es im ganzen Haus von Uniformierten. Zaghaft spähte ich zur Seite. Ein Mann in zivil und ohne kugelsichere Weste stand neben mir. Er hatte schulterlange, ungewaschene dunkelblonde Haare und ein spitzes Gesicht mit blasser Haut. Er stellte sich als Detective Senior Constable Miechel von der Victoria Police vor.

Der Tanz hat begonnen, dachte ich.

Detective Miechel ergriff die Handschellen auf meinem Rücken, zog mich wie ein wildes Tier an der Leine auf die Beine und in das gegenüberliegende Zimmer, in Carls Zimmer. Ich wehrte mich nicht, vielmehr stolperte ich der Gestalt willenlos und halb in Trance hinterher wie eine Schlafwandlerin. Selbst die Nässe zwischen meinen Schenkeln bemerkte ich nicht. Der Mann deutete auf das Chromregal an der Wand, in dem neben der CD-Sammlung und sonstigen Gegenständen auch die afrikanischen Holzmasken standen. Es waren Mitbringsel. Was Touristen eben so mit nach Hause nehmen von ihren Urlaubsreisen. Ein Drogenschmuggler hätte sie leichthin mit Kokain füllen lassen können, die üblichen Touristen machen so etwas weniger. Ich hatte es getan, würde es aber keinesfalls zugeben. Ich hatte das Koks von gewieften Kolumbianern professionell in die Holzmasken pressen und verschweißen lassen. Etwa sieben Kilo Kokain – so viel Stoff durch den Zoll zu schmuggeln war schon ein tolles Gefühl, ein Kick, ein Rausch. Adrenalin pur. Ich liebte es, die Beamten auszutricksen. Für mich war das ein großes Spiel.

Ich muss Detective Miechel total hohl und ausdruckslos angeschaut haben. Seine Mundbewegungen wiederholten sich, und ich überlegte, wie oft er mir die Frage wohl schon gestellt hatte: »Was haben diese Masken hier zu suchen? Wo kommen die her?«

Ich schüttelte den Kopf, ein sinnloser Versuch, um aus diesem Albtraum zu erwachen. Die Nebelschleier um meinen Verstand wollten sich einfach nicht lichten. Der nächste Zug von Detective Miechel war hingegen allzu durchschaubar. Er wollte mich einschüchtern.

»Ich habe als verdeckter Polizist gearbeitet und versucht, an euch heranzukommen, aber es war nicht genug Zeit. Als wir nun erfahren haben, dass heute eine große Ladung Kokain ins Land kommt, waren wir gezwungen zuzuschlagen.«

Vage erinnerte ich mich, den Mann schon mal in der Dog's Bar gesehen zu haben. Nun baute er sich breitbeinig vor mir auf und stemmte die Hände in die Hüften, als wollte er seine Größe und seine Männlichkeit als Drohgebärde einsetzen, wie die Cowboys, ehe sie im Duell den Colt ziehen. Doch ich empfand nur stumpfe Kälte. Er hastete zurück ins Schlafzimmer, wo er ein paar Schubladen auf und zu zog, dann stand er wieder in seiner Wild-West-Manier vor mir.

Die Zeit zum Nachdenken war abgelaufen, so viel war klar. Im Schlafzimmer musste er mehrere Tausend Dollar gefunden haben, außerdem ein bisschen Dope, viel Kokain und etwas Cannabis, mehrere Großpackungen Valium sowie ein paar Liter Methadon – was man als Süchtiger eben so für den persönlichen Gebrauch zu Hause hat. Es war mir beinahe gleichgültig, ein Großteil des Geldes lag ohnehin sicher in der Mietswohnung, von der keiner außer mir wusste.

»Die Masken habe ich in Benin entdeckt. Sind doch schön, oder? Ich antwortete mechanisch und dumpf, verwundert über die Laute, die aus meinem Mund schlüpften. »Das sind alles Souvenirs, eigentlich für die Wohnung, nur Dekoration. Die habe ich vor mehr als sechs Monaten unterwegs gekauft.« Meine Stimme klang brüchig, wackelig.

»Soll ich dir mal sagen, was ich vermute? Ich vermute, dass du auf deiner Reise nach Benin genau das Gleiche getan hast wie dein Mann Werner heute. Du hast ein paar Kilogramm Kokain von Afrika nach Australien transportiert und das Zeug in diesen afrikanischen Holzmasken über die Grenze geschmuggelt. Habe ich recht? Egal, wir werden es dir nachweisen. Wir sind schließlich nicht blöd. Wir haben euch in den letzten sechs Monaten beobachtet und alle eure Gespräche im Haus und am Telefon abgehört und aufgezeichnet. Zuerst konzentrieren wir uns aber auf das, was wir heute hier finden werden. Du bist nämlich nicht nur eine brave Ehefrau, sondern auch eine gerissene Komplizin. Du hast doch für deinen Ehemann alle Geschäfte mit deinem Freund Cornelius, auch Raffael genannt, in Benin arrangiert. Interpol sucht bereits nach deinen Helfern in Afrika und in Kolumbien, und es wird sicher nicht lange dauern, bis sie fündig werden. Vielleicht kannst du uns ja dabei helfen … Wie wäre es mit einem Namen oder einer Telefonnummer? Dann könnten wir dir nämlich auch helfen.«

Ich schwieg und biss mir auf die Lippen, während ich innerlich zitterte. Wir blickten uns einen Augenblick lang stumm an, ehe er fortfuhr.

»In Ecuador hast du sicher mit Cornelius alles ausgemacht. War es nicht so? Cornelius? In Benin hat er sich Raffael genannt, oder?«

Ich bemerkte seine Ungeduld. Natürlich hatte er recht. Bei einem Besuch in Ecuador vor einigen Monaten hatte ich Cornelius getroffen, und wir hatten die Lieferungen, Mengen, Preise und Zeiten besprochen. Carl war damals auch dabei gewesen, und es kam uns merkwürdig vor, als uns am Flughafen von Quito ein Polizist aufhielt und Carl aufforderte, sich das Hemd auszuziehen – mitten im Flughafengebäude. Carl folgte der Aufforderung, denn wir hatten nichts Illegales dabei. Wir waren nur kurz in Ecuador gewesen, um den nächsten Coup zu besprechen, danach wollten wir von Quito nach Papeete auf Tahiti fliegen, um eine Woche Urlaub zu machen, bevor wir nach Melbourne zurückkehren würden.

Ich fragte mich, wie viel dieser Detective Miechel wirklich von mir wusste, wie viel er ahnte oder ob er einfach nur bluffte. Er stieß mich aus dem Zimmer und befahl mir, die grell erleuchtete Treppe hinunter zu gehen. Draußen, im Dunkeln vor der Haustür, fuhr er mich barsch an, vor der Garage stehen zu bleiben, wo mich ein weiblicher Detective von der Australian Federal Police übernahm. Die kleine, untersetzte Blondine stellte sich als Wachposten neben mich.

Trotz des milden Frühlingsabends fröstelte ich in den schwarzen Shorts von Carl, die mir viel zu groß waren. Dazu trug ich ein rotes Baseball-Shirt, ebenfalls von Carl, ein paar Socken von mir und die viel zu großen blauen Schlappen von Werner. Bisher hatte ich keine Gelegenheit gehabt, mich anzuziehen, um mit Werner auszugehen. Ich bat den weiblichen Detective mit dem blonden Kurzhaarschnitt, mich schnell umziehen und in etwas Passendes schlüpfen zu dürfen. Hämisch und mit einem überlegenen Grinsen schüttelte sie den Kopf, stumm und verzweifelt schrie ich.

Vor dem Haus stand der blaue Leihwagen, mit dem Werner erst vor wenigen Stunden angekommen war. Zwei Uniformierte durchsuchten emsig den Kofferraum mit Taschenlampen. Plötzlich hielt einer von ihnen etwas in die Höhe und fuchtelte mit einer Holzmaske in der Luft herum. »Wir haben was gefunden. Da sind noch mehr.« Wie eine Trophäe hob er die Maske hoch, und jeder auf dem Gelände schaute gebannt zu ihm hinüber. Da waren also die 5,5 Kilo Kokain, von denen Werner gesprochen hatte.

Fröstelnd stand ich neben der Polizistin und versuchte vergeblich, einen klaren Gedanken zu fassen. Was war der hiesigen Polizei eigentlich erlaubt? Als Deutsche, die erst seit zwei Jahren in Down Under lebte, ohne australische Staatsangehörigkeit, aber mit gültiger Aufenthaltserlaubnis und verheiratet, hatte ich sicher nicht dieselben Rechte wie eine gebürtige Australierin. Aber eines war klar: Ich hatte das Recht auf einen Anwalt. Endlich kann Andrew, der Melbourner Staranwalt, sich mir als nützlich erweisen, dachte ich.

Andrew Fraser war ein langjähriger Freund meines Mannes. Ich weiß noch genau, wie Werner ihn damals mitbrachte und wie er sich in Andrews Gegenwart veränderte, sich in einen arroganten Angeber verwandelte. Er begann plötzlich Dinge zu mir zu sagen, die er, wenn wir allein waren, niemals gesagt hätte: »Komm, Kleines, setz dich zu uns. Und bring bitte eine Flasche Wein mit«, oder: »Ach, sieht sie nicht toll aus, meine Frau?« Solche Momente waren mir unendlich peinlich. Aber es war nicht nur dieses Machogehabe, das mich langsam, ohne dass es mir bewusst war, von Werner entfremdete. Die Freundschaft zwischen den beiden Männern schien immer enger zu werden, und ihre Treffen wurden immer häufiger. Manchmal traf ich Andrew in der Dog's Bar, doch meistens ging Werner seinen Freund besuchen, nur selten kam er zu uns.

Jetzt war es endlich auch für mich von Vorteil, ihn zu kennen, denn mit Sicherheit konnte er uns helfen.

»Ich verlange einen Anwalt. Ich möchte mit Andrew Fraser sprechen«, sagte ich so selbstbewusst wie möglich. Ich warf den Kopf in den Nacken und sammelte meine ganze Kraft, die Brust zur Blondine erhoben.

»Du kommst dir wohl ganz besonders schlau vor. Deinem Anwalt passiert heute Nacht dasselbe wie dir und deinem Ehemann. Sobald wir hier und mit dem Apartment von dieser Carol fertig sind, nehmen wir uns diesen Staranwalt Andrew Fraser vor. Im

Moment weiß er noch nicht, dass heute sein Glückstag ist. Wahrscheinlich schlummert er in seiner teuren Villa bei seiner Ehefrau und seinen beiden Kindern. Einige unserer Leute beobachten gerade das Haus der Familie«, antwortete die Frau von der Australian Federal Police mit einem, wie mir schien, spöttischen Grinsen um die schmalen Lippen und einer unterdrückten Siegesfreude im Tonfall.

Während ich nach Luft schnappte, beobachtete ich, wie die Polizistin sich zu Detective Miechel beugte und ihm etwas zuflüsterte – laut genug, dass ich es hören konnte. »Ich bin mir sicher, Mrs. Moore wird uns bei der Aufklärung des vorliegenden Falles behilflich sein. Geben wir ihr ein bisschen Zeit.«

Ein beängstigendes Gefühl schraubte sich vom Bauch in mein Herz hoch und ließ es verkrampfen, wie zwei Hände, die sich um einen Hals legen und zudrücken. Vielleicht dämmerte mir langsam der Ernst unserer Lage. Eine Sache jedoch verwirrte mich. Was hatte Andrew mit unseren Geschäften zu tun? Und Carol? Wurde Carol etwa in die Sache hineingezogen, nur weil sie Werner liebte? Jedenfalls wusste sie von mir und von Carl nichts, überhaupt nichts.

Die blonde Polizistin zeigte mir ein Blatt Papier. »Du bist verhaftet. Du wirst einer schweren Straftat beschuldigt. Wir verhaften dich wegen Mitwisserschaft an der Einfuhr von fünfeinhalb Kilo Kokain und wegen Zugehörigkeit zu einem international operierenden Kokainring. Dafür bekommst du leicht 25 Jahre Gefängnis. Das ist eine schwerwiegende Straftat gegen den Federal und den Commonwealth von Australien. Das ist keine kleine Sache, kein Kavaliersdelikt. Aber wenn du uns helfen würdest, na ja, dann können wir dir auch helfen.«

Wie konnte sie das alles nur so ausdruckslos daherreden? Es geht um mein Leben, hätte ich gern geschrien. Mir wurde schwindelig, und ich sah Sterne. Mein Verstand raste und ich wollte davonrennen, aber schmerzhaft spürte ich die Handschellen auf dem Rücken, die mich daran hinderten. Was für ein Albtraum! Das ganze Ausmaß dieses schrecklichen Ereignisses war mir in jenem Moment allerdings noch gar nicht bewusst.

Währendessen stellten die Polizisten weiterhin das gesamte Haus auf den Kopf, sie drehten jeden Gegenstand um, zerschlugen das edle Porzellan, die Versace-Gläser, alles kostbare limitierte Auflagen, und die liebevoll arrangierten Glasbilderrahmen mit Fotos von Carl, Werner und mir. Schließlich rissen sie sogar die Wände und den Boden auf. Nur meine Gedanken konnten sie nicht zertrümmern. Abwesend schaute ich zu, wie etwa zwanzig Mann das Haus in einen Kriegsschauplatz verwandelten. Ich wollte nur noch sterben.

Damit war der Albtraum jedoch noch nicht zu Ende. Jemand schob mich auf den Rücksitz eines Personenwagens, die Hände nach wie vor in den Handschellen auf den Rücken gequetscht, die Shorts immer noch ekelig nass auf der Haut. Die blonde Polizistin setzte sich hinters Steuer, Detective Miechel ließ sich mit einem geschmeidigen Schwung auf den Beifahrersitz sinken.

Im Wegfahren warf ich einen letzten Blick auf das hell erleuchtete Haus – ein einziges Schlachtfeld, auf dem es von eifrigen Polizisten nur so wimmelte. Das Anwesen war nun seiner ganzen langweiligen Mittelmäßigkeit beraubt. Ein Tornado hätte nicht mehr Schaden anrichten können als diese uniformierten Männer bei ihrer Razzia, so mein letzter Gedanke, als das Polizeiauto mit mir auf dem Rücksitz nach links in die Grey Street einbog, Richtung Stadtzentrum. Ich sollte dieses Haus, mein Zuhause, nie wieder sehen.

Auf der Fahrt durch die pechschwarze Nacht fühlte ich mich von Gott und der Welt verlassen. Keiner eilte mir zu Hilfe, niemand hielt den Wagen an, um mich zu retten. Keine Menschenseele sah, dass ich tief in der Scheiße steckte. Ich versuchte die Feen der Verdammten und die Schatten der Nacht anzuflehen, sie zu beschwören, doch auch sie nahmen mich nicht wahr.

Meine einzige reale Hoffnung war mein Ehemann. Sicher würde Werner den Polizisten erklären, dass ich mit der ganzen Sache nichts zu tun hatte, und dann müssten sie mich früher oder später freilassen. Um mich vor dem Gefängnis zu bewahren, würde er Jahre hinter Gittern auf sich nehmen, dessen war ich mir sicher. Wir hatten den Ernstfall oft genug besprochen: Falls man uns verhaften würde, sollte nur einer von uns eingesperrt werden, der andere sollte in Freiheit bleiben, um alles Notwendige zu regeln, etwa einen Anwalt zu besorgen. Heute Nacht war Werner mit dem Stoff erwischt worden, das war nicht zu leugnen. Er liebte mich, und ich hätte dasselbe für ihn getan.

Aber es sollte wieder einmal ganz anders kommen, als ich dachte. Ich hatte nicht die geringste Vorstellung von dem, was tatsächlich passieren würde.

Carl war in dieser erbärmlichen Nacht nicht erwischt worden. Er war nicht zu Hause gewesen, keiner der Polizisten hatte mich nach ihm gefragt, und durch unsere Verhaftung müsste er spätestens am nächsten Tag durch die Presse gewarnt sein, dann könnte er schnell das Land verlassen oder untertauchen. Vielleicht würden sie ihn überhaupt nicht suchen, dann könnte er Werner und mir helfen. Er könnte uns einen Rechtsanwalt besorgen, er könnte uns alles Nötige ins Gefängnis bringen, meine Eltern beruhigen und das deutsche Konsulat einschalten. Außerdem: Wer über das nötige Kleingeld verfügt, kann auf Kaution, wenigstens bis zur Verhandlung, freigelassen werden. Dafür bräuchte Carl nur meinen Vater anzurufen, der würde sich sofort auf meine Seite schlagen und mir zu Hilfe eilen, in dem Punkt war ich mir ganz sicher.

Da war Licht am Ende des Tunnels. Ich musste nur durchhalten, der Gefahr trotzen – nicht schwach werden, nicht nachgeben und keinesfalls der Polizei irgendetwas verraten.

Während ich, den Kopf an die kühle Scheibe gelehnt, auf dem Rücksitz saß und vor mich hin starrte, fiel mir eine Geschichte ein, eine australische Fabel: Ein Vogel wollte nicht mit den anderen Vögeln gen Süden fliegen und blieb in seinem Nest. Fünf Monate später änderte er seine Meinung und machte sich auf, um seine Kumpane einzuholen. Zu spät. Unterwegs fror er erbärmlich, und irgendwann fiel er zitternd vor Kälte und mit starrem Gefieder zu Boden. Da kam ein Pferd vorbei und schiss auf den Vogel. »Warum scheißt du auf mich?«, fragte der Vogel empört, doch das Pferd trabte einfach davon. Nach einer Weile wurde dem Vogel warm unter dem Haufen, sein Gefieder lockerte sich, und er fing an zu zwitschern, voller Wohlbehagen. Eine herumstreunende Katze, die das fröhliche Trällern gehört hatte, schlich heran, wühlte den Pferdemist weg und fraß den Vogel.

Und die Moral von der Geschicht: Nicht jeder, der auf dich scheißt, ist dein Feind, und nicht jeder, der die Scheiße wegräumt, ist dein Freund. Und falls es dir je gut geht, obwohl du in der Scheiße steckst, dann halt besser den Schnabel.

Genau das tat ich: Ich hielt die Klappe.

Ich dachte an meinen Vater, auf den ich mich immer verlassen konnte. Ja, mein Vater würde mir helfen, für sein einziges Kind würde er jede Summe bezahlen. Er würde für sein »Fröschl«, wie er mich immer nannte, einfach alles tun.

Den Kosenamen verdanke ich einer erschreckenden Erkenntnis: In den Siebzigerjahren waren meine Eltern mit mir manchmal ins Elsass zum Schlemmen gefahren, wo ich mir am liebsten »kleine Hühnchen« bestellte. Zu meinem Entsetzen erfuhr ich Jahre später, dass ich die ganze Zeit und mit großem Vergnügen Froschschenkel verzehrt hatte. Bei meinem Vater hieß ich seitdem nur noch »Fröschl«.

Detective Miechel drehte sich zu mir um und riss mich unsanft aus meinen Erinnerungen, als er sagte: »Sieh mal, wenn du uns hilfst, werden wir ein gutes Wort für dich einlegen, dann könntest du noch heute auf Kaution freigelassen werden. Bei der Verhandlung würde sich das außerdem mit Sicherheit mildernd auf dein Strafmaß auswirken.«

Warum sollte ich darauf eingehen? Ich würde ohnehin heute Nacht entlassen werden, und eine Verhandlung würde für mich nicht stattfinden. Werner würde das niemals zulassen. Also schwieg ich.

Der Polizist redete einfach weiter. »Die Sache ist ganz einfach: Wir geben dir ein Kilo Kokain. Im Revier rufst du dann euren Busenfreund Andrew an und bietest ihm das Kokain an. Sei überzeugend! Verhalte dich wie immer und mach einfach, was ihr üblicherweise mit Andrew gemacht habt. Verkauf ihm Kokain. Er ist doch euer Kunde? Vereinbare ein Treffen mit ihm! Wir werden dann vor Ort sein und ihn nach der Übergabe verhaften. Du bist die Einzige, die den Job übernehmen kann. Wir bringen dich danach bis zum Ende der Verhandlung in ein Zeugenschutzprogramm. Wie wär's mit einem neuen Zuhause, einer neuen Identität in einem anderen Land? Das können wir alles für dich arrangieren. Was sagst du?«

Ich war entsetzt. Sollte dieses widerliche Angebot, zum lausigen Verräter auf der Flucht zu werden, etwa verlockend klingen? Verglichen mit dem Versprechen, ich bekäme als Mittäterin 25 Jahre Gefängnis, erschien mir das neue wie ein Urlaubsticket. Innerlich rebellierte ich, trotzdem schwieg ich weiter. Ich glaubte dem Detective kein Wort. Die beiden würden mir sicherlich alles erzählen, nur damit sie mich zum Singen brachten, halten würden sie hinterher jedoch keines ihrer verlockenden Versprechen.

Detective Miechel redete und redete. »Sei nicht blöd. Kümmere dich um dich, deine Mittäter sorgen auch nur für sich selbst. Die erzählen uns im Moment alles, was wir wissen wollen, und verschonen auch dich nicht.«

Nein!, schrie meine Seele. Laut sagte ich: »Eure Drecksarbeit könnt ihr verdammt noch mal allein erledigen!«

Passierte das alles etwa deshalb, weil Andrew 1986 einen der vier mutmaßlichen Täter im sogenannten »Walsh Street Fall« vor Gericht repräsentiert und einen Freispruch für seinen Mandanten erzielt hatte? Andrew war damals ein begnadeter junger Anwalt gewesen, der die Karriereleiter im Sturm erklomm und unter anderem mit der glänzenden Verteidigung von einigen Größen aus der Unterwelt von sich reden machte. Die Gangster hatten angeblich zwei Polizisten in der Walsh Street in South Yarra, einem Stadtteil von Melbourne, bei Nacht heimtückisch erschossen – vermutlich ein Racheakt. Seitdem war die Polizei ebenfalls auf Rache aus.

Was soll ich nur tun?, schrie jede Faser meines Körpers, während meine Lippen versiegelt und mein Gesicht ausdruckslos blieben. Von der Fahrt, von den nächtlichen Straßen in Melbourne, bekam ich so gut wie überhaupt nichts mit, bis der Wagen in einem Betongebäude hielt, einem großen, mir unbekannten Parkhaus. Erst jetzt fühlte ich wieder die scheußlich unangenehme Nässe zwischen den Oberschenkeln.

Miechel und die Polizistin stiegen aus, ich wartete, bis sie mir die Hintertür aufhielt. Als ich stand, fasste die blonde Frau mich hinten an den Handschellen. Zuerst dachte ich, sie wolle mir die Fesseln lösen, aber dann zog sie mich daran vorwärts. Mir blieb nichts anderes übrig, als hinter ihr herzustolpern. Das Betongebäude entpuppte sich als Hauptquartier der Federal Police in Melbourne. Die Handschellen fingen an, mir in die Haut zu schneiden, und die Gelenke taten mir weh, dennoch fragte ich nicht, ob man sie lockern oder gar abnehmen könnte. Einerseits war ich zu stur, andererseits hatte ich das untrügliche Gefühl, dass der Versuch ohnehin nicht von Erfolg gekrönt sein würde.

Wir gingen durch mehrere Türen, bis wir in einen kleinen Aufzug stiegen. Die beiden schoben mich in der dritten Etage aus dem Lift bis in einen kahlen Raum. Ein Schreibtisch und ein Stuhl waren die einzigen Möbelstücke, eine Küchenuhr hing an der Wand. Ich kauerte mich auf den Stuhl. Blondie, wie ich sie taufte, nahm mir mit einem netten Lächeln und einer routinierten Bewegung gerade die Handschellen ab, da betrat Detective Miechel mit zwei weiteren Stühlen in den Händen den Raum. Die beiden setzten sich mir gegenüber.

»Ich will mit einem Anwalt sprechen!« Beinahe schrie ich die Worte, während ich mir die schmerzenden Handgelenke rieb. Um sicherzustellen, dass sie mich hörten, sagte ich es noch einmal. »Ich will mit einem Anwalt sprechen!«

»Ja. Das Recht hast du. Ich werde die öffentliche Rechtshilfe verständigen, damit sie dir einen Pflichtverteidiger schicken. Oder kennst du, mit Ausnahme von Andrew, einen Anwalt, den wir verständigen sollen?«

Stumm schüttelte ich den Kopf. Mit energischen, siegessicheren Schritten verließ die Blondine das Zimmer. Als sie zurückkehrte, verkündete sie, dass ein Anwalt unterwegs sei und bald eintreffen würde. »Während wir warten, kannst du dich umziehen«, sagte sie und wirkte beinahe entgegenkommend, ja sogar hilfsbereit.

Mir war alles gleichgültig. Als ich aufstand, fühlten sich meine hängenden Schultern schwer an. Sie führte mich in ein unbeheiztes Zimmer, wo sie in energischem Ton sagte: »Zieh die blutverschmierten Klamotten aus! Vor unserer Abfahrt habe ich dir ein paar frische Sachen aus eurem Schrank mitgenommen.« Ihre Stimme änderte sich leicht und klang auf einmal gönnerhaft, als sie hinzufügte: »So bin ich eben. Ich bin kein Unmensch.«

Damit warf mir Blondie Jeans, Pullover, Slip und Socken vor die Füße. Am ganzen Körper zitternd zog ich mich in einer Ecke des Raumes um. Dabei versuchte ich mich an die Wand zu drücken, denn ich wollte mich verstecken, im Gemäuer verschwinden. Wenigstens konnte ich endlich diese Nässe zwischen meinen Beinen abstreifen. Als ich in sauberen Kleidern neben ihr über den leeren Gang schritt, kamen mir meine Schritte wie ein warnendes Echo vor. Wir gingen zurück ins Büro, wo mir sofort der schmale schwarze Lederaktenkoffer auffiel, der auf dem Schreibtisch vor Detective Miechel lag.

Er sagte: »Überleg dir die Sache mit Andrew noch mal! Wenn du ihm das Kokain …« Er verstummte und deutete mit dem Kopf zu dem Aktenkoffer hinüber. Seine Augen glänzten aufmunternd, als er fortfuhr: »Du musst ihn nur anrufen und treffen, den Rest übernehmen wir. Dann brauchst du auch keinen Anwalt. Du gehst auch nicht ins Gefängnis, wo eine schöne, junge Frau wie du … nun ja, einige unangenehme und sehr gefährliche Dinge erleben kann.«

Doch ich lehnte beharrlich ab.

»Du hattest deine Chance«, sagte Detective Miechel daraufhin. Sein Gesichtsausdruck war versteinert und hart, mit zusammengepressten Lippen verließ er das Zimmer; seine Kollegin folgte ihm resolut und wortlos.

Einige Zeit später wurde die Tür wieder geöffnet. Ein untersetzter, pickeliger und pockennarbiger Mann betrat ungelenk den Raum, und noch bevor ich ihn begrüßen oder ihm eine Frage stellen konnte, begann er mit polnischem Akzent zu reden: »Sie können während des folgenden Verhörs auf die Fragen wahrheitsgemäß antworten. Oder Sie erwidern auf jede Frage der Polizei: ›Kein Kommentar‹. Dieses Recht hat jeder.« Der kleine Mann betonte jedes einzelne Wort, dann drehte er sich um und ging schnellen

Schrittes zur Tür, wo er kurz stehen blieb. »Ihr Mittäter ist Andrew Fraser, ein angesehener Kollege. Heiße Sache. Da will ich nicht mit hineingezogen werden. Ich muss jetzt gehen.«

Noch bevor ich den Mund öffnen konnte, war der Mann auch schon wieder verschwunden. Verblüfft saß ich da. Mein Herz zog sich zusammen, meine Kehle war wie abgeschnürt, und ich rang nach Luft. Einsamkeit ist ein zu mildes Wort für den erbärmlichen Zustand meiner leidenden Seele.

Als die Polizistin kurz darauf hereinkam, verlangte ich verunsichert einen anderen Anwalt. Detective Miechel trat hinter ihr hervor, und zu meinem Entsetzen sah ich, dass mein Wunsch die beiden zu erheitern schien. Sie lachten und erläuterten mir: »Unsere Pflicht haben wir erfüllt, ein Anwalt war hier.«

»Aber nein! Ich hatte kein Anwaltsgespräch. Der Mann wollte mir gar nicht helfen. Er steckt in einem Interessenkonflikt wegen Andrew und ist einfach verschwunden, ohne dass ich etwas fragen oder sagen konnte«, unterbrach ich sie hitzig. Verzweifelt bettelte ich um Verständnis.

Stoisch antworteten sie: »Wir haben unsere Pflicht erfüllt. Oder war etwa kein Anwalt bei dir?« Gelassen setzten sich die beiden wieder auf die freien Stühle.

Irgendetwas musste mir einfallen. Ich saß in der Patsche, und um Zeit zu schinden, sagte ich: »Ich will mit meinen Eltern und dem deutschen Konsulat reden!«

In dem Moment, da ich den Satz ausgesprochen hatte, wurde mir bewusst, dass es eine recht törichte Forderung war. Völlig sinnlos, um Mitternacht das Konsulat anzurufen, da ist um die Uhrzeit bestimmt niemand, schalt ich mich. Und meine Eltern? Den Anruf möchte ich mir lieber für einen späteren Zeitpunkt aufheben. »Aber ich brauche einen Anwalt«, flehte ich und fügte hinzu: »Außerdem muss ich zur Toilette!« Als ich aufstand, bemerkte ich, dass das Blut aus meinem Kopf wich.

Erneut legten sie mir Handschellen an und Blondie führte mich über den trostlosen Flur. Zwei grimmige Männer zerrten Werner auf der anderen Seite des Gangs an Handschellen über den Boden. Mein Herz schlug höher, als ich ihn sah. Sie behandelten ihn wie ein wildes Tier. Ich zögerte einen Moment, versuchte stehen zu bleiben, aber sofort befahl mir meine Begleiterin in barschem Ton, ich solle weiterlaufen, und packte mich an den stählernen Armbändern. Just in jenem zaudernden Moment trafen sich meine und Werners bernsteinfarbene Augen. Mir war hundeelend.

»Schlafen kann ich, wenn ich tot bin.«
RAINER WERNER FASSBINDER

Zurück im fensterlosen Vernehmungsraum, der lediglich von einer Neonröhre an der Decke beleuchtet wurde, saßen wir drei uns wieder am Schreibtisch gegenüber. Blondie schaltete die Videokamera ein, stellte vor mir ein Mikrofon auf und drückte die Play-Taste am Kassettenrekorder.

Das offizielle Verhör begann.

»Mrs. Moore, Andrea, stimmst du zu, dass es jetzt zwei Uhr 32 morgens ist?«, fragte sie.

Ich schaute an der kahlen Wand hoch, der Zeiger war inzwischen auf weit nach zwei Uhr gerückt, und antwortete: »Ja, ja.« Wenn doch nur schon alles vorbei wäre, dachte ich und war bemüht, mich zu beruhigen – ich war immer noch völlig aufgewühlt von dem Aufeinandertreffen mit Werner auf dem Gang. Daher konzentrierte ich mich auf meine Füße, die ich verkrampft stillzuhalten versuchte.

»Zur Vollständigkeit des auf Band aufgenommenen Berichts mache ich folgende Angaben: Ich bin Federal Agent der Australian Federal Police mit dem Rang eines Constables. Neben mir sitzt Senior Constable David Miechel von der Victoria Police, Abteilung Drogenfahndung. Wir beide haben heute Abend im Zuge der Operationen ›Regent‹ und ›Sundial‹ Mrs. Andrea Moore festgenommen. Wir haben ihr den gegen sie erlassenen Haftbefehl gezeigt, und zwar genau um 21 Uhr 50 am 11. September 1999 in ihrer Wohnung, Unit 4/6–8 Greig Court, Elwood. Etwa gegen 22 Uhr 41 abends beförderten wir sie ins Hauptquartier der Australian Federal Police, 383 LaTrobe Street, Melbourne, für ein polizeiliches Verhör.«

»Ich bin Senior Constable David Miechel und möchte der Vollständigkeit wegen folgende Angaben machen: Mrs. Moore sprach vertraulich, also unter vier Augen, mit dem von uns informierten Pflichtverteidiger Mister Drazek, der um zwei Uhr fünf das Gebäude verließ.« Miechel hielt kurz den Atem an, vielleicht um diese Information zu unterstreichen, dann fuhr er in bleiernem Ton fort: »Wir beschuldigen Mrs. Moore der Mitwisserschaft bei der Einfuhr von fünf Komma fünf Kilo Kokain, die ihr Ehemann, Werner Roberts, nach Australien importierte. Zusätzlich werden wir sie, sobald uns ausreichend Beweise vorliegen, des Drogenhandels in Melbourne und der Initiierung des Imports anklagen, und zwar nicht nur des besagten. Nach den hiesigen Gesetzen werden wir für Mrs. Moore 25 Jahre Gefängnis fordern – eine lebenslängliche Freiheitsstrafe.«

Die beiden Constables hätten das Gespräch auch ohne mich führen können. Ich befand mich damals in einer Situation, in der ich niemals hätte gewinnen können, so viel war klar. Was wäre gewesen, wenn ich ihren Wünschen nachgekommen wäre? Was wäre gewesen, wenn ich die Wahrheit gesagt hätte? Meine Wahrheit. Ich bin mir im Nachhinein nicht sicher, ob ich daraus einen Vorteil gewonnen hätte. Was ist schon Wahrheit? Was ist Lüge?

Wie auch immer, die meisten Menschen bei der Polizei misstrauten ohnehin der Wahrheit und bevorzugten es, den unzähligen Lügen glauben zu schenken.

»Lass mich dir helfen«, sagte Blondie und wandte sich mir zu. »Du warst in eurem Haus in Elwood und hast ein Telefonat nach Benin geführt – mit einem Mann namens Cornelius. Das war am 9. September 1999. Cornelius, gelegentlich auch Raffael genannt, hat einen südamerikanischen Akzent, wenn er Englisch spricht, er ist höchstwahrscheinlich Kolumbianer. Warum hast du zu ihm auf Englisch gesagt, ich zitiere: ›Triff Werner in einer Stunde im Hotel du Port. Ich mache alles klar!‹? Zitat Ende.«

Zwei Augenpaare ruhten voller Erwartung auf mir. Ich hatte das Gefühl, den Polizisten eine Antwort schuldig zu sein, obwohl ich wusste, dass es besser war, kein Wort zu sagen. Ihnen jetzt alles zu beichten, alle meine kriminellen Aktivitäten zuzugeben, das wäre mehr als dumm gewesen. Zuerst musste ich herausfinden, was sie wirklich wussten. Alles Teil des Spiels.

»Ich kann mich nicht erinnern«, stieß ich hervor.

Wenn sie schon alles wissen, wenn sie tatsächlich seit Monaten jeden Ton und jede Bewegung von mir aufgezeichnet haben, so überlegte ich, dann würde ich doch jetzt nicht hier sitzen. Dann wäre ich gleich im Knast gelandet. Sie hätten längst merken müssen, dass ich nicht kooperiere, dass ich Andrew nicht ans Messer liefere.

»Das ist nicht schlimm. Wir werden später darauf zurückkommen. Kannst du dich an den 9. September 1999, circa 22 Uhr, erinnern?«

Ich schwieg. Wer kann sich schon im Nachhinein genau an das erinnern, was er an einem bestimmten Tag zu einem bestimmten Zeitpunkt getan hat? Ich jedenfalls nicht, schließlich war ich immerzu stoned. Sicher, ich hatte oft mit Cornelius oder Raffael gesprochen – übrigens, Raffael und Cornelius waren zwei Personen, nicht eine, aber das wusste die Polizei offenbar nicht. Ich hatte mit ihnen gesprochen, weil ich die Einzige von uns war, die Spanisch beherrschte. Natürlich hatten wir bei den Telefonaten nicht über das Wetter in London geredet.

Ich dachte an meinen Freund Cornelius zurück, an unsere erste Begegnung in Ecuador. Eigentlich lebte er mit seiner Familie auf einer riesigen Hacienda in Cali, Kolumbien. Seine Eltern hatten insgesamt zwölf Kinder zur Welt gebracht, von denen zwei jedoch bereits umgekommen waren, von Guerillagruppen getötet, zwei weitere Söhne wurden seit Jahren vermisst. Kein Wunder, immerhin ging die Familie einem der gefährlichsten Geschäfte der Welt nach.

Wir hatten uns in Quito bei Jorge an der Bar kennengelernt. Nach ein paar Tequilas meinte Cornelius zu mir: »Eine Frau wie du wäre genau die richtige für den Schmuggel von Kokain, jeder Zollbeamte auf der Welt schmilzt bei deinem Augenaufschlag dahin. Außerdem kannst du Tequila trinken wie ein Mann, das gefällt mir.« Er sagte es mit dem typischen Charme der Latinos, dann fügte er hinzu: »Komm zu dieser Adresse hier, aber bitte ohne kolumbianischen Stempel im Pass. Falls du das schaffen solltest, bist du die Richtige, falls nicht, gib dir keine Mühe, dort aufzutauchen.« Er schrieb mir eine Adresse in Cali auf einen Zettel. »Ich reise viel, daher solltest du versuchen, in den nächsten zwei Wochen vorbeizukommen. In dieser Zeit halte ich mich dort auf.« Sein Gesicht strahlte Zuversicht und Gelassenheit aus.

Natürlich hatte ich in jenem Moment keine Ahnung, wie ich nach Kolumbien gelangen sollte, ohne meinen Pass an der Grenze abstempeln zu lassen, aber ich war mir sicher, es herauszufinden. Am Abend unterhielt ich mich mit Jorge, der mir erklärte, ich müsse mit dem Nachtbus in die Anden fahren, in den Grenzort Tulcàn, wo die Grenze zwischen Kolumbien und Ecuador verlaufe. Dort solle ich nach einem Indio fragen, der würde mich über die Grenze führen, ohne sie offiziell zu passieren. In Kolumbien müsse ich einen Bus nach Cali nehmen – das Ganze dann natürlich auf demselben Weg zurück.

Ich beschloss, es zu versuchen und mich darauf einzulassen. Allerdings flog ich vorher noch mal schnell nach Berlin und besorgte mir einen falschen Pass – auf den Namen Franziska Kuhl. Falls die Grenzbeamten mich doch erwischen sollten, konnte ich diesen Pass vorzeigen, und mein echter bliebe ohne Stempel.

Einige Tage später traf ich bei Cornelius ein. »Wenn das klappt mit dir als Verbindungsglied nach Australien, dann können wir beide viel Geld verdienen, denn nach Down Under haben wir noch nicht viele Kontakte. Komisch, ich vertraue dir, Andrea, aber du weißt, was mit dir passiert, falls du mich enttäuschen solltest?«

»Klar, Cornelius, keine Angst. Ich gehe nach Hause nach Melbourne, überprüfe die Lage und spreche ein paar Leute an. Falls die mir das Zeug sofort Kiloweise abnehmen, sind wir im Geschäft, dann komme ich nächstes Mal mit viel Geld zu dir. Welche Größenordnung wäre denn möglich?«

»Also, wir fangen mit ein paar Kilo an, und wenn es gut läuft, können wir danach ganz Schiffe beladen, dann reden wir über 250 bis 500 Kilo reines Koks. Aber beim ersten Mal werden es maximal zehn Kilo sein, denn wenn sie dich schnappen sollten, trage ich den Verlust. Wir müssen das Geschäft langsam aufbauen. Treffen ist gut, aber nicht mehr hier, ruf mich immer von einer Telefonzelle aus an, dann machen wir etwas aus.« Dabei schaute er mir die ganze Zeit tief in die Augen. Er hatte wunderschöne Augen, aber ich vermischte niemals Geschäftliches und Privates. Am Abend gingen wir im Ort zusammen aus, rauchten Zigarren, tanzten Salsa und tranken Tequila.

Das nächste Mal trafen wir uns auf Aruba, wo ich ihm das Geld übergab, danach flog ich nach Benin, wo ich bei Raphael, einem Freund von Cornelius, das Kokain abholte. Es klappte vorzüglich. Meistens ging ich gar nicht selbst hin, sondern schickte Kuriere, genau wie er – nur bei den Geldtransaktionen trafen wir uns persönlich.

Plötzlich fragte Detective Miechel: »Staatsangehörigkeit?«

»Deutsch«, antwortete ich und unterdrückte meinen Zorn.

»Du bist seit dem 24. Oktober 1997 mit Werner Roberts verheiratet«, fuhr er fort. »Ihr habt in Neuseeland geheiratet, in Auckland. Wenn ich mir deinen Pass so ansehe, bist du ganz schön rumgekommen, seit du in Australien lebst. Das war 1998 … mal sehen … damals bist du von Melbourne für zwei Wochen nach Deutschland geflogen und von dort für drei Wochen nach Benin. Im selben Jahr bist du nach Los Angeles und von dort nach Ecuador gereist. Vor einem halben Jahr, im Frühjahr 1999, bist du für zwei Wochen über Deutschland an die Elfenbeinküste geflogen. Einige Wochen später warst du in Auckland, dann in Papeete auf Tahiti, in Santiago de Chile und in Ecuador. Ich kann mir solche Reisen von meinem Gehalt nicht leisten.«

Ich wünschte, es käme von irgendwoher eine Fliege, die geradewegs in seinen offenen Mund fliegen würde. Sein Verdacht stimmte, die Reisen hatten in den meisten Fällen mit Drogengeschäften zu tun gehabt, aber ich schaute ihn nur unwissend an.

»Erinnerst du dich an ein Telefonat mit Cornelius auf Spanisch? Bisher haben unsere Übersetzter folgende Sätze verstanden: ›Mach alles klar. Sag Werner, das Geld kommt in ein paar Stunden per Western Union.‹ Das sollte doch sicher die Anweisung sein, eine Ladung Kokain vorzubereiten, die dein Ehemann später an diesem

Tag abholen würde?« Der Detective verschränkte die Arme und strahlte mich siegessicher an, wobei er mir seine unebenen Zähne zeigte.

Ich wollte aufschreien: Nein! Laut und verzweifelt, indem ich nur mit Not meine Stimme beherrschte, sagte ich: »Das waren alles harmlose Gespräche zwischen Freunden.« Ein wenig schämte ich mich natürlich für diese Lügen. Teilweise hatte die Polizei tatsächlich harmlose Gespräche aufgenommen und diese falsch ausgelegt, aber es gab auch einige Telefonate, die getarnt waren und bei denen es sich tatsächlich um Abmachungen für die Deals handelte. Die wichtigen Dinge beredet man in diesem Geschäft ohnehin immer nur bei einem persönlichen Treffen, niemals am Telefon.

Die konstante und monotone Fragerei mitten in der Nacht zermürbte mich. Langsam wurde mir schwindelig. Ich verlor jede Empfindung für Zeit und Raum, und in meinem Herzen breitete sich ein beklemmendes Gefühl aus. Plötzlich verspürte ich ein Kribbeln, und in meinem Kopf formte sich ein klarer Gedanke: Ich will einen Schuss! Mir war bewusst, dass die Wirkung des letzten Schusses bald nachlassen würde. Waren das etwa erste Entzugserscheinungen? Seit meiner Verhaftung waren mehrere Stunden vergangen. Ich will eine Dröhnung!, schrie es in mir. Jetzt! Lasst mich nach Hause, wo ich meiner Gewohnheit frönen kann, lasst mich in die Droge abtauchen.

»Ich weiß nichts«, hörte ich mich sagen, nun wieder distanziert, als würde ich die Szene nur beobachten. Ich versuchte, mich von meiner Sucht abzulenken. Außerdem musste ich mich zusammenreißen. Ich musste mich vorbereiten auf die eine Frage, jene Frage, die mit Sicherheit bald kommen würde. Sie würden garantiert versuchen, mich noch mal hereinzulegen.

Die beiden Detectives redeten weiter auf mich ein, nonstop. Es stellte sich heraus, dass Ihnen stapelweise Berichte und Protokolle aus den Überwachungsunterlagen vorlagen. Das Bündel mit Beweismaterial bestand aus Kassetten, CDs, Fotos und Überwachungsberichten. Großspurig hatte ich bisher die Meinung vertreten, dass mir eine gewisse Zeit im Gefängnis nichts ausmachen würde. Ich dachte, ich sei cool, tough. Langsam begann ich jedoch zu begreifen, dass meine Lage mehr als misslich war. Zunehmend übermannte mich die nackte, kalte Angst. Doch ich begann auch zu begreifen, dass sich in dieser Nacht mein gesamtes Leben veränderte, dass mein Leben eine unumkehrbare Wende nahm, dass es nie mehr so sein würde wie bisher. Unwillkürlich tauchte mein Freund Anton in meinen Gedanken auf, den ich vor einem Jahr im Gefängnis in Ecuador besucht hatte. Ein schrecklicher Ort und eine schreckliche Geschichte:

»Alle Fluggäste bitte anschnallen, wir landen in wenigen Minuten in Quito.«

Als ich die Ansage hörte, war ich froh, aber ich war auch ausgeruht, denn ich hatte gut geschlafen, gegessen und mir zur Entspannung einen Film angesehen. Rasch erinnerte ich mich an den Grund meiner Reise. Ich war nicht zum ersten Mal in Quito, doch diesmal war der Anlass ein trauriger. Ich besuchte einen Freund, der in einer mehr als miserablen Situation steckte, der echt in der Scheiße saß.

Um mich zu akklimatisieren, ging ich zunächst zu Jorge, übernachtete in seinem Guest House, trank Tequila zur Begrüßung und philosophierte mit ihm über das Leben. Nebenbei rauchten wir einen Joint und schnupften ein bisschen Kokain. Am nächsten Tag stieg ich in einen dieser rostigen Reisebusse, mit dem ich in den Norden fuhr, nach Tulcàn.

Tulcàn war sehr berühmt. Nicht etwa, weil es ein kleines, charmantes Dörfchen in den Anden war, auch nicht wegen der reinen Luft dort und ganz bestimmt nicht, weil es die Grenze zwischen Kolumbien und Ecuador darstellte. Es war vielmehr bekannt für eines der schlimmsten und gefährlichsten Gefängnisse der Welt. Ein Ort, an dem mehrere Tausend Latinos und Gringos ihre Strafen absaßen, weil sie beim Kokainschmuggel erwischt worden waren.

Eine simple Tür aus Holz, deren Farben schon lange abgeblättert waren, bildete den Eingang. An das Tor war ein zerfledderter Zettel angeschlagen, auf dem mit krakeliger Schrift stand, dass heute von 14 bis 16 Uhr Besuchszeit sei. Um Viertel nach zwei rührte sich immer noch nichts, und die anderen Leute, die mit mir vor dem Tor warteten, schienen dadurch nicht im Geringsten beunruhigt. Eine ältere Frau, die allein wartete, erklärte mir in gebrochenem Englisch, dass die Öffnungszeiten täglich geändert würden, da die Wärter öffneten, wann es ihnen passte. Genau wie alle anderen, die hier warteten, hatte auch ich bei dem Bauern weiter unten an der Straße zwei gebratene Hühner sowie einen Korb voller Obst als Mitbringsel gekauft. Schon beim Warten vor diesem grässlichen Steinbau lief mir der Schweiß über die Stirn.

Einige Minuten später öffnete sich das Tor, und wir standen vor einer Eisentür, darüber Stacheldraht, der sich am Dach des Gebäudes entlangzog. Ich hatte das 21. Jahrhundert verlassen, die Zeit schien hier stillzustehen. Bereits beim Betreten des Gebäudes spürte ich, dass die graue Wirklichkeit dieser Mauern meine schlimmsten Vorstellungen übertraf. Eine Frau mittleren Alters, die aussah, als hätte sie ihr ganzes Leben über nichts zu lachen gehabt, zog mich wortlos in einen kleinen und kahlen Raum.

»Los manos … at the wall!«, brüllte sie.

Ich tat genau, was sie mir befahl, und stellte mich mit dem Gesicht zur Wand, die Hände nach oben.

Die Frau ließ ihre wulstigen Hände über meinen Körper fliegen – tasten konnte man diese Berührungen kaum nennen –, als wäre ich eine Bombe kurz vor der Explosion.

»Go!«, sagte sie dann.

Offensichtlich sahen die Wärter es nicht gern, wenn die Besucher Verbotenes mitbrachten, und davon hatte ich reichlich dabei. Nach der Leibesvisitation lief ich hinaus in einen spärlich beleuchteten Gang. Keine Fenster, kein Licht. Ich musste blinzeln, um meine Augen daran zu gewöhnen. Laute Stimmen schlugen mir entgegen wie eine Ohrfeige, hart, brutal, lärmend. Ich konnte Menschen riechen. Als ich näher kam, sah ich den Hof. So groß wie ein Handballfeld. Unzählige Leiber drängten sich auf dem kleinen Platz wie bei einem Rockkonzert. Viele reckten die Köpfe und hielten Ausschau nach den Besuchern, andere begrüßten sich oder schrien, um auf sich aufmerksam zu machen.

Ich konnte ihn zuerst nicht entdecken, und als es dann so weit war, war ich zutiefst schockiert. Als ich in die Augen meines Freundes blickte, musste ich einen Schritt zurücktreten – das war nicht der Anton, den ich schon lange Zeit kannte. Da war nichts mehr von seinem Gesicht, die hagere Erscheinung vor mir entbehrte jeglicher Gewöhnlichkeit. Erst als er lächelte, erkannte ich ihn, obwohl sein Gesicht extrem ausgemergelt und mager war. Sein Haar war grau, noch vor einem Jahr war es hellbraun gewesen. Die Kleider hingen an ihm wie Säcke, er war sehr dünn geworden.

Anton fiel mir um den Hals und drückte mich ganz fest. Für einen Moment waren wir nicht im Gefängnis. Er sog meine Wärme, die Wärme einer guten Freundin, in sich auf, das konnte ich deutlich spüren. Als wir uns losließen, hatten wir beide Tränen in den Augen. Anton führte mich in einen anderen Gang, in dem rechts und links Türen offen standen, das waren wohl die Zellen. Diese Gänge sahen aus wie Höhlen, es roch nach Schweiß und Tabak. Überall waren Menschen – Besucher, Gefangene. Gern wäre ich mit meinem Freund ein wenig allein gewesen, aber man konnte sich hier nirgendwo zurückziehen.

Antons Zelle war einfach und klein, zwei Doppelhochbetten mit dünnen Decken standen darin, außerdem gab es eine Kaffeemaschine und einen kleinen Tisch. Die Zelle mussten sich vier Gefangene teilen. Kein Poster, kein Foto einer Mutter, nur kahle Mauern. Nicht einmal ein religiöses Symbol entdeckte ich. Die Tür konnte man nicht abschließen, was für eine Ironie. Anton nahm den Holzscheit, der neben der Tür lag, und schob ihn in den Riegel. So konnte niemand den Raum betreten, ohne uns zu fragen. Ich war mir sicher, wenn jemand gewollt hätte, wäre es ein Leichtes gewesen, die Tür einzutreten.

»Privater geht's nicht«, sagte Anton.

»Wie geht es dir?« Die Frage machte mich nervös, denn ich fühlte mich mitschuldig, da er unser Kurier gewesen war, also fügte ich schnell hinzu: »Anton, ich habe dich seit deiner Verhaftung hier in Ecuador nicht mehr gesehen. Erzähl mir bitte, was passiert ist. Und bevor du loslegst, ich habe ein paar Streifen Valium, diese Hühner hier, Obst und ein paar Dollar für dich.« Es schien mir so schäbig wenig zu sein.

Mit der Übergabe der verbotenen Sachen riskierte ich, ebenfalls im Gefängnis zu landen, aber das war mir egal. Nicht gleichgültig dagegen war mir, dass ich Anton keine Heizung für die eiskalten Nächte und keinen Ventilator für die drückend heißen Tage geben konnte, außerdem kein Glas Wein und kein gepflegtes Dinner, nicht einmal ein anständiges Bett. Es gab hier weder Bücher noch ein Kino, und an Sport war auch nicht zu denken, denn der kleine Hof war derart mit Leibern überfüllt, dass er keinen Platz für ein Spiel bot.

Anton umarmte mich, als hätte ich ihm Juwelen mitgebracht.

»Jetzt erzähl endlich, was passiert ist.«

»Das ist eine lange Geschichte, willst du sie wirklich hören?«

»Ja«, sagte ich, obwohl ich mir nicht sicher war.

»Ich und der Indio, dein Freund, wir sind die ganze Nacht durchgefahren. Der Indio hat die ganze Zeit über friedlich geschlafen. Als der Busfahrer einmal kurz anhielt, bemerkte ich, dass die Nächte hier in den Anden doch erheblich kühler sind als die extrem heißen Tage. Als sich der Machu Picchu in der Dunkelheit abzeichnete, versprach ich mir, zurückzukommen. Ich spürte zum ersten Mal die Faszination, vermischt mit dem Hunger nach Abenteuer, ein erschreckendes Gefühl. Bei Sonnenaufgang erreichten wir Tulcàn, die verdammte Grenze zwischen Ecuador und Kolumbien. Dieses Dorf klein zu nennen, wäre geradezu charmant, dort gibt es nichts weiter als eine enge Straße und links und rechts ein paar Häuser. Die Armut starrte mir ins Gesicht. Wir setzten uns vor eines dieser einfachen Steinhäuschen, zu einem Freund des Indios. Sofort begannen die beiden Latinos miteinander zu reden. Wir bekamen frisch gerösteten Kaffee und Maisbrot. Ich hatte Angst, die beiden könnten meine Feigheit und Scham bemerken und beschloss, sie vom Gegenteil zu überzeugen! Als die Dunkelheit einsetzte, war es Zeit, aufzubrechen. Selbst ich, das Greenhorn, verstand, dass es keine andere Möglichkeit gab, außer nachts zu gehen.«

Anton unterbrach seine Erzählung und legte eine lange Line Kokain auf den Tisch. Wir snifften den Stoff, ehe er fortfuhr.

»Du kennst mich, Andrea. Ich war nie mutig in meinem Leben, aber dieses eine Mal wollte ich es beweisen. Ich wollte, dass die Mission erfolgreich verlief, denn damit würde sich mein Leben ändern. Endlich würde ich viel Geld haben, endlich würden mich die Menschen mit Respekt behandeln, endlich würden sich die Frauen die Finger nach mir lecken. Ich folgte den Schritten des Indios, der den Weg selbst mit verbundenen Augen gefunden hätte. Er führte mich durch die Berge, damit wir die offizielle Grenze nach Kolumbien nicht passieren mussten. Noch hatten wir nichts zu verbergen, aber ein kolumbianischer Stempel im Reisepass macht jeden Polizisten – und zwar an jeder Grenze auf der ganzen Welt – unnötig stutzig. Hoch oben wurde der Pfad immer steiniger, ich stolperte eher, als dass ich lief, und sah einen Zollbeamten an der spärlich beleuchteten Grenze patrouillieren. Adrenalin schoss mir durch die Adern, ein Rausch der Angst vibrierte in meinem Herzen. ›Niemals die Panik die Oberhand gewinnen lassen‹, hatte meine Mutter immer gesagt, und noch heute höre ich ihre melodische Stimme.«

Er hielt kurz inne und sagte dann: »Andrea, ich erinnere mich an all das ganz deutlich, und es tut gut, es einer guten Freundin zu erzählen, obwohl du selbst ganz ähnliche Geschichten erlebt hast.« Dann fuhr er in seiner Erzählung fort.

»Nach mehreren Stunden auf mühsamen Trekkingpfaden kamen wir an unser Ziel, die Farm eines Freundes von dem Indio. Als die beiden sich begrüßten, bemerkte ich, dass der Kolumbianer ein Gewehr lose an seinem Gürtel hängen hatte. Er trug eleganten Schmuck, eine schöne Uhr, einen stilvollen Ring und eine Halskette, alles glänzte golden – wahrscheinlich wertvolle Einzelstücke, speziell für den Besitzer angefertigt. Ich entdeckte einige weitere Männer, alle bewaffnet. Womöglich die Wächter, die auf den ersten Blick lässig gekleidet schienen, bei näherem Hinsehen konnte man jedoch erkennen, dass ihre Hemden und die Hosen aus feinstem Stoff waren.«

»Ja, Anton, ich erinnere mich, ich war ja auch schon mal dort«, warf ich ein, bemerkte aber sofort, dass er mir nicht zuhörte. Also ließ ich ihn weiterreden.

»Der Boss hatte einen ernsten und kultivierten Gesichtsausdruck, als er uns begrüßte. Ich erinnere mich noch genau, dass ich die Augen nicht von der Narbe abwenden konnte, die über die gesamte linke Wange reichte, lang und dünn. Die Narbe und das Wissen über die Identität des Mannes jagten mir einen kalten Schauer über den Rücken. Er redete sehr höflich und sanft, wie ein stolzer Mann, der einem Touristen seine Heimat beschreibt, als er mir eine Geschichte erzählte: ›Mein Freund Escobar, seine Burg war nicht weit von hier entfernt. Pablo war wie mein Bruder, ein schlauer Mann. Von deinem Heimatland Australien ließ er sich eines Tages acht Menschenfresser kommen, prächtige Krokodile, die er in das Gewässer warf, das rund um seine Burg verlief. Falls er einen Betrüger oder Verräter aufspüren sollte, würden die Krokodile Weihnachten feiern.‹

Der Kolumbianer sprach exzellentes Englisch und merkte, dass es an der Zeit war, eine Pause zu machen. Er bot uns eine Zigarre und einen Tequila an. Die Zigarre gab mir das gute Gefühl, wichtig zu sein.«

Anton unterbrach seine Erzählung wieder, diesmal flehte er beinahe: »Lass uns auch was nehmen, Andrea. Lass uns eine Line ziehen. Ich kann dir nichts anbieten, weder Wein noch Zigarren, aber wir haben Koks hier, jede Menge Koks.« Wir zogen also erst mal eine riesige Line, ehe er weitererzählte.

»Der Kolumbianer setzte seine Geschichte fort: ›Als diese dummen Amerikaner, alles elende Bastarde, kamen und Escobar verhafteten, hatten diese Gringos keine Vorstellung davon, was sie da taten. Sie kamen mit Helikoptern und schwärmten über seinem Land aus. Währenddessen sind die Krokodile einfach in den Dschungel abgehauen, wo sie noch heute leben.‹ Die grünen Felder vor dem Fenster sahen aus wie ein Phantom. Dann sprach der Indio: ›Heute Nacht, mein Freund, werden wir durch den Dschungel gehen, aber du musst dir keine Sorge machen, ich beschütze dich.‹ Um seine Worte zu bekräftigen, klopfte er ein paar Mal mit der Hand auf seinen Bauch, wo er eine Pistole versteckte. Ich war nun schon so weit gekommen, da würde ich auf jeden Fall den ganzen Weg gehen. Auf dem Rückweg nach Ecuador war die Route gefährlicher, schließlich würden wir dann etwas zu verbergen haben. Als ich daran dachte, dass ich in Südamerika im Gefängnis landen könnte, verdrängte ich den Gedanken sofort wieder. Hätte ich umkehren sollen? Es war viel zu spät, um an die Konsequenzen zu denken. Durch den dichten, undurchschaubaren Wald hörte ich die Vögel trällern, alles bewegte sich, war lebendig, geräuschvoll. Ich dachte an die Krokodile von Pablo Escobar. Angst kroch mir den Rücken hinauf, aber ich schüttelte sie ab, dann musste ich lachen. Der Kolumbianer hatte mir die Geschichte sicher nur erzählt, um mich auf die Probe zu stellen. Alles würde sich in Wohlgefallen auflösen.

Bald erreichten wir Tulcàn, wo wir wieder mit dem Freund des Indios tranken und aßen, bis die Dämmerung einsetzte. Als ich am Flughafen stand und mich von dem lächelnden Indio verabschiedete, bereute ich es nicht, dass ich keine Gelegenheit gehabt hatte, mit einer schönen Frau Salsa zu tanzen, denn ich war mir sicher, ich würde hierher zurückkehren. Schon bald. ›Pasaporte por favor!‹, sagte der Zollbeamte kurz darauf. Ich hielt meinen Pass hoch, schaute direkt in die Augen des Uniformierten und trug ein sicheres Lächeln auf den Lippen. Während der Polizist meinen australischen Pass beäugte, erzählte ich ihm einen Witz, einen nur für Männer. Dabei machte ich eine Geste, sanft, ein wenig zögernd, indem ich mit der linken Hand die Pointe unterstrich, und wunderte mich über mein plötzlich aufgetauchtes Selbstbewusstsein. Der Polizist lachte und sagte: ›Buenos flight, señor. Gracias. Hasta la fiesta.‹ Du weißt ja, dass ich zwei Mal Koks von Kolumbien nach Australien geschmuggelt habe und immer damit durchgekommen bin. Beim dritten Mal dachte ich, ohne den Indio auskommen zu können. Auch war ich faul geworden, zu selbstsicher, und nahm mir ein Taxi über die Grenze. Der Fahrer hat mich wahrscheinlich für ein paar Hundert Dollar an die Polizei verraten.«

Anton hielt inne. »Willst du etwas Wasser?« Er gab mir ein Glas Leitungswasser, und während er weitersprach, zog er auf dem kleinen Tischchen noch einmal zwei lange Lines mit weißem Pulver. Wir schnupften beide das Kokain, und ich verstand, dass diese von der Welt verlassenen Kreaturen hinter Gittern nur einen Ausweg sahen: den der Illusion und der Fantasie.

»Sie verhafteten mich in Ecuador. Wie viel Dope ich dabeihatte, spielte keine Rolle. Hier bekommst du keine Gerichtsverhandlung, gar nichts. Sie schlugen mich, ketteten mich mit Handschellen an die Heizung, gaben mir zwei Tage weder zu trinken noch zu essen und machten allerlei unschöne Sachen mit mir. Sie wollten wohl sehen, ob sie irgendwelche brauchbaren Informationen aus mir rausholen konnten. Nachdem ich konsequent den Mund gehalten hatte, brachten sie mich hierher. Ich habe vier Jahre bekommen. Man kriegt immer vier Jahre beim ersten Mal, egal ob man mit einem Gramm oder mit hundert Kilo Kokain erwischt wird. Beim zweiten Mal sind es dann acht Jahre, beim dritten Mal zwölf und so weiter. Übrigens gibt es in Ecuador keine Bewährungsstrafe oder vorzeitige Entlassung wegen guter Führung. Ich hatte ja keine Ahnung. Ich wusste nur, dass es im Gefängnis hier in Südamerika nicht gerade ein Zuckerschlecken war, aber das hier … das habe ich nicht erwartet.«

Er musste schlucken und kämpfte gegen die Tränen an, während er eine Crack-Pfeife nahm, einen kleinen Kristall darauf legte, ihn anzündete und tief inhalierte. Dann hielt er sie mir hin, legte einen neuen Kristall darauf und auch ich inhalierte tief. »Tonnenweise gelangt das Kokain in den Knast, aus Kolumbien, die bringen uns ihre gesamten Abfälle, die sie nicht mehr verkaufen können, aber das Zeug ist immer noch stärker als jedes Koks, das wir in Europa oder Australien kennen. Meistens rauchen wir es oder wir verkaufen es von hier aus. Es ist billiger und einfacher zu bekommen als Essen. Umsonst gibt es hier nur Suppe mit Insekteneinlage und Leitungswasser.«

Anton redete und redete. Ich hatte den Eindruck, er konnte zum ersten Mal frei sprechen über diesen Albtraum, der sich seit Monaten sein Leben nannte.

»Koks gibt es hier jede Menge. Zum Überleben brauchst du aber Beziehungen oder du musst eine wichtige Rolle hier im Knast spielen. In den ersten Tagen wurde ich nachts von einem Verrückten angefallen. Völlig grundlos stach er mir ein Messer zwischen die Rippen; auf so etwas muss man hier immer gefasst sein. Dich kann hier einer angreifen, nur weil er scharf auf deinen Kaffee ist oder weil er im Kokainrausch den Verstand verloren hat. Jedenfalls überlebte ich nur mit Glück, vielleicht dank der guten Geister, aber keinesfalls dank ärztlicher Hilfe, die bekommt man hier nämlich auch nur gegen Geld. Dollar – amerikanische Dollar – sind alles, was du hier brauchst. Falls du keine grünen Scheinchen hast, wird es hart. Versteh mich bitte nicht falsch, ich habe etwas Verbotenes getan, das weiß ich. Ich bin bestimmt nicht unschuldig, aber das hier … das verdient kein Mensch. Als ich herkam, konnte ich kein Wort Spanisch, jetzt verstehe und spreche ich es ganz gut.«

Ein wenig Stolz schimmerte durch seine Worte, während er mir abermals die Crack-Pfeife reichte. Ich zog gerade daran, da klopfte es an der Tür, und ich zuckte leicht zusammen.

»Ich bin's, mach auf!«

Anton öffnete die Tür. »Darf ich dir jemanden vorstellen, Andrea? Das hier ist mein Freund Nunzio, unser höflicher Italiener. Nunzio, das ist Andrea, meine deutsche Freundin aus Australien. Nunzio wohnt hier mit uns in der Zelle, und er hat das härteste Los von uns allen gezogen. Er hat fünfundzwanzig Jahre bekommen, lebenslänglich, wegen Schmuggels hinter Gittern. Jeder hier drin macht es, aber man muss für die Wärter arbeiten, muss sie schmieren, dann sagen sie nichts. Nunzio wollte bei der Korruption nicht mitmachen, da haben sie ihm aufgebrummt, was nur ging.«

Ich konnte es nicht glauben. Vor mir saß ein junger Italiener, etwa Mitte zwanzig. Weil er nicht kooperieren wollte, musste er sein ganzes restliches Leben in dieser Hölle verbringen, an einem Platz ohne jede Menschlichkeit – meine Worte lassen die Realität dieses Ortes nicht einmal erahnen. Natürlich hatte ich durch das Crackrauchen riskiert, im benachbarten Frauengefängnis zu landen, aber das war mir egal angesichts der Pein, die diese Männer über Jahre aushalten mussten.

Plötzlich wurde die Tür aufgerissen, und ein großer, schlanker junger Mann betrat selbstsicher den Raum.

»Ola, wie geht es dir?« Er lachte mich an.

»Das ist unser Fliegender Holländer, der redet dich in Grund und Boden, wenn er gut drauf ist«, sagte Anton leicht schmunzelnd und fügte hinzu: »Bart ist erst seit einem Monat hier.«

»Ich habe vier Jahre«, erzählte Bart. »Meine Frau ist Brasilianerin und sitzt im Frauengefängnis dort drüben, gleich hinter dem

Berg. Sie ist schwanger. Wir müssen unbedingt hier raus. Bitte hilf mir.« Seine Augen glühten vor unwirklicher Hoffnung, und falscher Optimismus schrie aus seiner Stimme, als er sagte: »Ich habe neulich den Bürgermeister von Quito kennengelernt. Der meinte, ich muss nur das nötige Kleingeld aufbringen, dann kann er mich rausholen.«

Ich musste hier raus – nicht nur, weil ich total stoned war vom Crackrauchen. Aber ich konnte Anton doch nicht einfach so hier zurücklassen. Was sollte ich tun? Wie sehr ich mir in jenem Moment wünschte, diese verdammten Mauern zu sprengen. Wenn ich ihm wenigstens ein Kopfkissen für seinen zermarterten Kopf geben könnte. Aber es gab hier bloß Kokain. Jede Menge Kokain, um sich den Verstand wegzuballern.

Ich konnte nur hoffen, dass die Gefängnisse in Australien etwas zivilisierter waren als die in Ecuador. Aber viel mehr hoffte ich, sie würden mich freilassen und Werners Aussage würde beweisen, dass ich nichts mit den Anschuldigungen zu tun hatte.

Inzwischen war es frühmorgens am 12. September 1999. Die beiden Polizisten schienen unermüdlich, zeigten mir immer wieder Fotos von den afrikanischen Holzmasken, die mit Kokain gefüllt waren, und von den Trophäen, die sie in dem Mietwagen gefunden hatten. Außerdem hielten sie mir Protokolle von Telefongesprächen zwischen mir und Cornelius auf Spanisch, zwischen Andrew und mir auf Englisch und zwischen Werner und mir auf Deutsch und Englisch vor die Nase. Sie behaupteten, die Formulierung »acht Geschenke aus Benin« sei ein Codewort und beziehe sich auf die acht Masken. Nicht zuletzt hielten sie mir mehrere Überweisungsdurchschläge unter die Nase, für Zahlungen, die ich per Western Union an Werner in Benin getätigt hatte. Die beiden unterstellten mir, das sei mein Zuschuss für das Kokain gewesen. Der Tanz verlief nach den vorgeschriebenen Regeln, doch ich folgte ihm nur noch mit den Augen, widerstrebend.

Irgendwann fragte Detective Miechel, ob ich mich an die Masken erinnern könne, die in dem Chromregal zu Hause in Elwood standen? Er wollte wissen, wofür ich sie tatsächlich verwendet hatte. Ich hatte keine Ahnung, wovon er redete. Ich konnte mich in diesem Moment nicht mehr an die Geschehnisse kurz nach der Verhaftung erinnern. Daher versuchte ich, in seinen Blicken eine Antwort zu finden. Ich fühlte mich leer. Er bemerkte, dass das Verhör sinnlos geworden war.

»Eine letzte Frage, Mrs. Moore.«

Das wird die Frage sein, die eine Frage, auf die ich schon die ganze Zeit gewartet habe, durchzuckte es mich.

»Würdest du uns etwas über deine Ehe erzählen. Hat dein Ehemann dich zu all dem gezwungen? Hat er dir die Pistole auf die Brust gesetzt, dich bedroht? Hat er dich misshandelt? Es wäre ganz sicher zu deinen Gunsten, wenn du uns davon erzählen würdest.«

»Kein Kommentar!«, lautete meine Antwort.

Nach mehr als sechs Stunden, Gesprächszeit für mehrere Kassetten, stellte Blondie mit matter Stimme fest: »Es ist jetzt vier Uhr 21 morgens, und wir beenden das Verhör mit Mrs. Moore. Wir werden der Verdächtigen drei Kopien der Kassetten mitgeben. Jetzt werden wir ihre Fingerabdrücke nehmen, um sie dann vor den Kautionsrichter Mister Deakes zu führen, der sie entweder in Haft behalten oder auf Kaution freilassen wird.«

Nach sechs Monaten harter Arbeit hatten Detective Miechel und seine Kollegin also einige Schwerverbrecher verhaftet. Sie hatten allen Grund, zufrieden zu sein.

Reglos saß ich da und lauschte der Stille, die wie ein schweres Gewicht auf meinen Schultern lastete. Ich wusste, dass ich verloren hatte. Die beiden Constables forderten mich auf, mitzukommen, und ich folgte ihnen ängstlich und gänzlich in mich zusammengesunken. Bisher hatte ich an einer ebenso vagen wie naiven Hoffnung festgehalten, aber in diesem Moment war mir klar, dass ich nie mehr in mein bisheriges Leben zurückkehren würde.

In einem benachbarten Raum, in dem mehrere Polizisten geschäftig durcheinanderliefen, wurden meine Fingerabdrücke genommen. Ein Mann in Uniform mit einem beinahe sympathischen Lächeln stellte sich mir vor, und seine Gesichtszüge verrieten mir seine Gedanken: Bitte hassen Sie mich nicht, ich kann ja nichts dafür. Ich mache hier nur meinen Job. Wir alle machen nur unseren Job! Schlaff hielt ich ihm die rechte Hand hin. Er nahm meinen Daumen und drückte ihn erst auf ein Stempelkissen, dann auf ein Blatt Papier, aber es funktionierte nicht sofort. Jeden einzelnen Finger musste er mehrere Male erst auf die Druckerschwärze und dann aufs Papier drücken, ehe der Abdruck deutlich genug war. Hinterher hatte ich große Mühe, das klebrige Zeug von meinen Fingerkuppen zu entfernen, außerdem hatte ich einiges davon versehentlich an meine Kleider geschmiert.

Anschließend machte der Polizist noch ein Profilfoto sowie eines von vorn, damit ich mich bis in alle Ewigkeit an diese verhängnisvolle Nacht, die Nacht vom 11. auf den 12. September 1999, erinnern konnte. Noch heute sehe ich auf dem kleinen Foto, wie meine Gesichtszüge in die fahle gelbliche Haut gemeißelt sind. Als Letztes erteilte er mir noch eine Startnummer für meine neue Karriere als offiziell anerkannte, gefasste und erfasste Kriminelle: CRN 145 768.

Deprimiert, mit gesenktem Kopf und hängenden Schultern, folgte ich Detective Miechel anschließend über den leeren Gang in einen schmalen Raum. Hinter einem kleinen Schreibtisch saß ein dicklicher Mann mit gestutztem Bart: der Kautionsrichter, der die Macht hatte, Gefangene auf Kaution freizulassen. Meine Beine und meine Augenlider waren unendlich schwer, doch als ich begriff, dass dieser Mann mein letztes Ticket in die Freiheit sein könnte, war ich auf einmal hellwach. Detective Miechel schaute auf seine Armbanduhr, und ich fragte ihn, wie spät es sei. Es war sechs Uhr 25, als er mich dem Richter vorführte, wo ich zum ersten Mal eine Freilassung auf Kaution beantragte.

»Warum sollte ich Sie auf Kaution freilassen?«, eröffnete er das Gespräch.

Noch ehe ich darauf antworten konnte, meldete sich Detective Miechel zu Wort. »Sie müssen bei Ihrer Entscheidung bedenken, Herr Richter, dass Mrs. Moore uns nicht im Geringsten bei der Aufklärung des Falles behilflich war. Sie hat uns im Verhör keine einzige aufschlussreiche Antwort gegeben. Nichts als Lügen hat sie uns aufgetischt.«

Andrea, sag etwas zu deiner Verteidigung, schnell. In meinem Kopf herrschte Chaos. »Ich bin unschuldig. Übrigens, mein Name ist Mohr, wie der Mohr, mit ›oh‹, nicht Moore«, sagte ich mit hilfesuchendem Blick.

»Von Ihrer Unschuld bin ich nicht überzeugt«, lautete die unbarmherzige Antwort des Richters.

»Ich kann jede Summe zahlen«, rief ich.

»Falls Ihnen kein besserer Grund einfällt, verweigere ich Ihnen hiermit die Freilassung auf Kaution. Sie sind Ausländerin, das ist ein High-Profile-Fall – jede Menge Gründe, um Ihnen Fluchtgefahr zu unterstellen. Deshalb werde ich Sie nicht auf Kaution freilassen.«

»Wenn du uns geholfen hättest, hätten wir ein gutes Wort für dich einlegen können, aber so …«, ergänzte Detective Miechel.

»Was kostet die Freiheit? Nun sagen Sie schon. Ich zahle, was Sie wollen.« Ich war verzweifelt.

»Hiermit verweigere ich Mrs. Andrea Mohr die Freilassung auf Kaution. Sie ist bis zum nächsten, noch nicht festgelegten Gerichtstermin in Haft zu nehmen. Abführen!«

AUF DEM WEG IN DIE HÖLLE

Kookaburra hörte auf zu singen.

Während ich leisen, hoffnungslosen Widerstand leistete, zerrte mich Detective Miechel unnachgiebig aus dem Raum. Als ich an der Tür stand, schaute ich ein letztes Mal über meine Schulter zurück und warf dem Richter einen Abschiedsblick zu, der selbst diesem Mann aufs Gemüt schlug. Das konnte ich an seinen Augen erkennen, die einen Anschein von Milde durchschimmern ließen.

Carol saß währenddessen in einem der anderen Verhörzimmer und wurde dort von Officer Jodie Hurley befragt. Sie wurde später ebenfalls offiziell in Haft genommen. Mein Ehemann Werner befand sich nur einen Raum weiter, wo Detective Senior Constable Stephen Paton und Detective Senior Constable Firth von der Victoria Police Drug Squad ihn verhörten und anschließend verhafteten. Ob irgendjemand den Singvogel spielte, wie es Detective Miechel angedeutet hatte, wusste ich nicht. Es interessierte mich auch nicht, denn gerade begann der schwierigste Drogenentzug meines Lebens – ich hätte ihn beinahe nicht überlebt.

Unbeholfen und durch die Handschellen behindert, betrat ich neben Detective Miechel einen Aufzug, der für maximal vier Personen vorgesehen war. Als wir nach unten fuhren, wagte ich es nicht, mich zu bewegen, etwas zu sagen oder ihn anzusehen. Schweiß lief mir übers Gesicht. Meine Knochen schmerzten. Mein Herz pochte so laut, dass ich Angst hatte, Miechel konnte es hören.

Im untersten Stockwerk angekommen, standen wir nach ein paar Schritten vor einer Art Theke. Dahinter saß eine stämmige Frau, eine Wärterin in blauer Uniform, mit dunkelblauer Hose samt Bügelfalte, einer hellblauen, steifen Bluse und einer nachtblauen Jacke. In einer anderen Situation hätte es mich belustigt, ihren mechanischen, routinierten Bewegungen zuzusehen, denn sie wirkte auf mich wie Arnold Schwarzenegger in *Der Terminator*. Irgendwie roch es hier steril.

»Wie heißt sie?«, fragte die Wärterin.

»Andrea Mohr. Wurde gestern Abend um 21 Uhr 30 verhaftet. Kokain. Große Sache«, antwortete Miechel und fügte schnell hinzu: »Ich muss los, war eine lange Nacht. Sie ist am 19. Juli 1963 geboren und deutsche Staatsbürgerin, verheiratet mit einem gewissen Werner Roberts, den haben wir auch verhaftet, der wird noch kommen. Alles Weitere findest du in den Papieren.« Sein Tonfall klang leicht beschwingt, und er verschwand, ohne sich noch einmal umzudrehen.

Die Frau in Uniform kam behäbig hinter der Theke hervor und als sie direkt vor mir stand, nahm sie mir die Handschellen ab. Beinahe hätte ich sie geküsst. Doch dieser kurze Moment der Freude sollte sofort wieder vergehen.

»Gib mir deine Wertsachen!«, befahl sie mir. »Den Ring, die Ohrringe, alles. Mach schon.«

Zögernd schob ich ihr die fünf Ohrringe entgegen, schöne Diamantstecker, die Carl mir gekauft hatte, und meine Cartier-Uhr, ein Geschenk von meinem Vater. Als Letztes überreichte ich ihr meinen Ehering und ein paar weitere Ringe. Danach führte sie mich einen schmalen Gang entlang. Das Rasseln der Schlüssel, die am Hosenbund meiner Begleiterin baumelten, und der nachhallende Klang unserer Schritte auf dem harten Betonboden erzeugten eine stumpfe Musik der Katakomben. Ich rieb mir die schmerzenden Handgelenke; sie waren stark gerötet, und die Haut war von den Handschellen aufgeschürft.

»Stehen bleiben! Ausziehen! Alles! Na los, ein bisschen schneller, wenn ich bitten darf!«, befahl die Polizistin mir, als wir am Ende des Ganges angelangt waren.

Rasch streifte ich ein Kleidungsstück nach dem anderen ab und warf es auf den Boden. Ich hatte mich niemals zuvor so nackt gefühlt wie in jenem Moment, als ich völlig entkleidet und barfuß, mit verschwitzten Achseln und verfilzten Haaren vor dieser Frau mit ihren breiten Schultern und stämmigen Beinen auf dem eiskalten Steinboden stand. Sie hatte Kleider an. Ich dagegen war nackt. Eine Scham überkam mich, die ich so noch nie gespürt hatte.

»Jetzt fletsch mal die Zähne! Öffne den Mund ganz weit, heb die Zunge an und fahr mit dem Zeigefinger am Gaumen entlang!«

Ich folgte ihren Anweisungen, ohne nachzudenken tat ich alles, was sie von mir verlangte. Dann spürte ich Zorn in mir aufsteigen, aber das hätte mich zum Widerspruch gezwungen, zur Rebellion animiert, was ich mir in dieser Situation beim besten Willen nicht leisten konnte. Mein Verstand war überraschenderweise noch imstande, vernünftig zu bleiben.

Die Frau herrschte mich weiter an: »Ja, gut so. Jetzt wirf den Kopf vornüber und fahr dir mit allen zehn Fingern wie mit einem Kamm durch die verfilzten, schmutzigen Haare! Umdrehen! Mit dem Rücken zu mir. Arme seitlich vom Körper wegstrecken und alle zehn Finger abspreizen. Okay, jetzt die Füße hochheben, mir die Fußsohlen entgegenhalten und dabei mit den Zehen wackeln. Zum Abschluss beugst du jetzt noch den Oberkörper weit nach vorn, streckst mir deinen dünnen Arsch zu und hältst mit beiden Händen die Pobacken auseinander. Ist wohl das erste Mal?«

Was für eine Erniedrigung.

»Ja«, antwortete ich kleinlaut. Es war tatsächlich das erste Mal, dass ich eine solche Leibesvisitation über mich ergehen lassen musste.

Die Frau hatte in jede Körperöffnung geschaut, nun bemerkte ich ihren Blick auf meinen Busen. »Dein Busen ist zu klein, ansonsten hätte ich dich aufgefordert, ihn hochzuheben. Vielleicht musst du es bei den anderen Wärtern tun. Jetzt zieh dich wieder an.«

Als ich wieder angezogen vor ihr stand, führte sie mich denselben Gang zurück. Die Luft war muffig und verbraucht. »Heute Nacht haben wir hier unten ganz schön viel zu tun, mehr als hundert Männer und fünf Frauen sind derzeit hier. Full House sozusagen. Komm ja nicht auf dumme Gedanken. Natürlich sind Männlein und Weiblein in separaten Zellen untergebracht. Jeder wird hierbehalten, bis eine Zelle in dem ihm zugewiesenen Gefängnis frei wird, in die wir ihn dann verlegen. Das gilt auch für dich!«

»Wie viele Zellen oder Gefängnisse gibt es in Victoria?«

»Im Moment sind es vierzehn, aber davon sind eigentlich nur zwei Haftanstalten für Frauen. So, hier ist deine Endstation für heute.« Mit einer ausladenden Geste deutete sie auf die eiserne Tür und sagte: »Darf ich bitten. Mach es dir gemütlich, denn man kann nie wissen, wie lange man hierbleiben muss!« Damit öffnete sie die Eisentür mit dem Stabgitterfensterchen.

Ich trat ein.

»Wer den Schlüssel zur Freiheit eines anderen hält,
soll nie die Pforten des Himmels betreten.«
GRAFFITI AN DER WAND IM
MELBOURNE CUSTODY CENTRE

Hinter mir fiel die eiserne Tür zu. Dieses Geräusch, das beim Schließen der Tür entsteht, ist ein ganz besonderes, denn es vergegenwärtigt einem das endgültige Eingeschlossensein – das Unwiderrufliche dieses Geräuschs hat sich tief in meine Erinnerung gegraben. Ich hörte noch den Schlüssel im Schlüsselloch, das laute Rasseln zur Freiheit, das am Hosenbund der Wärterin auf dem Gang verhallte und sich mit dem Nachklang der festen Schritte ihrer Stiefel auf dem Betonboden mischte.

Ich sah mich um. Das künstliche Licht der Neonröhre brannte mir aber in den empfindlichen Augen, sodass ich zuerst kaum etwas erkennen konnte. Als sich meine Augen ein wenig an die gleißende Helligkeit gewöhnt hatten, stellte ich fest, dass es kaum Platz in der Zelle gab. Rechts und links an den Wänden war jeweils eine blanke Betonbank angebracht, in einer Ecke stand eine chromfarbene Toilettenschüssel ohne Deckel mit einer Rolle Toilettenpapier, daneben war ein Waschbecken. Auf der linken Bank lag eine hochschwangere Frau, die ein schmutziges, abgetragenes Kleid trug. Ihre langen zerzausten Haare hingen ihr in die braunen Augen. Auf der gegenüberliegenden Bank lagen eng umschlungen zwei sehr junge Frauen. Die eine war pummelig mit kurzen Haaren, die andere hatte feuerrotes, glattes Haar und ein spitzes Gesicht voller Sommersprossen. Alle drei blickten mich kurz an, nickten mir zu und rollten sich dann auf die Seite, um weiter zu schlafen oder zu dösen. Ich kauerte mich auf den harten Boden und lehnte mich mit dem Rücken an die Bank, auf der die schwangere Frau lag.

Ich fühlte mich wie lebendig begraben. Hier unten gab es kein Fenster und die Luft war unerträglich stickig – wahrscheinlich wurde die eiserne Tür nur selten geöffnet und wenn, dann blieb sie sicher nicht lange offen. Mein Magen zog sich zusammen. Alles in diesem Raum war so schrecklich schmutzig. Ich begann, die in die pissgelben Wände eingeritzten Botschaften zu lesen: »Lucy liebt Rosy« oder »Der Richter ist eine Sau«. Auf einmal war mir schmerzlich bewusst, wie Einsamkeit sich anfühlt. Mein Herz war leer, mein Inneres war kalt und fremd.

Als mich die beiden jungen Frauen einmal mehr anschauten, musste ich neidisch feststellen, dass sie winzig kleine Pupillen hatten. Ich brauchte dringend einen Schuss. Vielleicht konnten sie mir helfen. In diesem Moment sanken die beiden allerdings wieder in einen Dämmerzustand; die Pummelige hatte sich bei der Rothaarigen in den Schoß gerollt. Als ich sie ansprach, erhielt ich keine Antwort. Also beschloss ich zu warten, bis eine von ihnen aufwachen würde.

Die beiden Frauen hatten einen gesunden Schlaf in diesem lausigen Kabuff. Wenn ich nur ein kleines bisschen Heroin hätte, erginge es mir jetzt genauso, dachte ich. Ich bräuchte nicht die Mengen, wie wir sie auf unseren Reisen in Thailand bekommen hatten. Ike zum Beispiel hatte mich immer bestens versorgt, das war ganz oben im Goldenen Dreieck, in Chiang Mai.

Ike war ein untersetzter, gemütlicher Engländer, der als sechzigjähriger Heroinabhängiger vor einigen Jahren einen traurigen Tod in einem englischen Gefängnis gestorben war. Er hatte viele Jahre in Chiang Mai gelebt, zusammen mit der hübschen Deng, der Tochter des örtlichen Polizeipräsidenten. Die beiden besaßen ein kleines Guest House, allerdings waren die Zimmer nicht sehr liebevoll eingerichtet und dreckig. Zum Personal gehörte ein liebenswürdig lächelndes, kein Wort Englisch sprechendes thailändisches Zimmermädchen, das einem mit dem Frühstück, bestehend aus gekochten Eiern, Marmelade und Brot, die gewünschte Heroinration für den Tag auf einem Tablett ans Bett brachte. Der Stoff wurde bei der Abreise grob mit der Zimmermiete verrechnet. Die Pension war immer voll belegt. Im Innenhof wurde eine leckere Auswahl an landestypischen Gerichten serviert, Carl und ich saßen dort oft mit Ike zusammen, der genüsslich eine seiner niemals verglimmenden Heroinzigaretten rauchte.

Eines Morgens lud uns Ike ein, ihn in den Norden, in die Berge und etwas weiter hinein ins Goldene Dreieck, zu begleiten, wo die Eingeborenen dem Opiumanbau nachgingen. Als wir ankamen, saßen einige halb nackte Thailänder auf dem Boden und stampften mit großen Löffeln in runden schwarzen Töpfen. Sie sprangen auf, und ihre Maschinengewehre klatschten bei den ruckartigen Bewegungen an ihre Körper, als sie auf uns zurannten. Ausgelassen fielen sie ihrem englischen Freund um den Hals und grinsten uns an. Dabei entblößten sie ihre Gaumen und offenbarten unverholen ihre wenigen schwarz-gelb gefärbten Zahnstummel.

Hier holten wir den Stoff ab; später bei Ike im Guest House, in einem Hinterzimmer, das kein Fenster hatte, mussten wir dann das Pulver pressen, was körperliche Schwerstarbeit war. Danach fuhren wir in die Schuhfabrik, wo es professionell in Sandalen eingearbeitet wurde. Von dort aus ließ Ike es nach Deutschland verschicken, natürlich nicht ohne die Zollbeamten zu schmieren.

Es war unser letztes Treffen mit Ike. Einige Zeit später flog unser Freund mit einem gefälschten Ausweis zu seiner Schwester nach London, denn er hatte seine Heimat und seine Familie eine halbe Ewigkeit nicht gesehen. Seine Schwester erwartete ihn am Flughafen, überglücklich, den vermisst geglaubten Bruder in die Arme schließen zu können. Das tragische Ereignis nahm seinen Lauf. Am Abend kam – nach einem Anruf der Schwester – ein Polizeiwagen vorbei und verhaftete Ike. Sie verurteilten ihn zu mehreren Jahren Gefängnis für einen bewaffneten Bankraub, den er vor Jahren verübt haben sollte. Er erlag in den ersten Tagen seiner Gefangenschaft bei starkem Heroinentzug einem Herzinfarkt.

Ob es mir genauso ergehen würde?

Ich sah, wie die Pummelige sich verschlafen aufrichtete, und sprach sie an. »Habt ihr noch Heroin dabei? Ich brauche dringend etwas.« Ich stieß die Worte ungeduldig und schnell hervor, dabei hatte ich eigentlich gleichgültig klingen wollen.

Die beiden schenkten mir ein mitfühlendes Lächeln, dann sagte die Pummelige: »Leider haben wir rein gar nichts.« Sie stockte, schien jeden Moment wieder einzunicken, und ihre Lider klappten leicht nach unten. Dann seufzte sie leise, nahm sich aber gleich wieder zusammen. »Wir sind im Methadon-Programm. Wir arbeiten auf der Straße, auf dem Strich. Weil das Zeug vom Arzt verschrieben ist, muss uns der verdammte Wächter jeden Tag unsere Ration bringen.«

»Das will ich auch«, stöhnte ich.

Dafür bestehe leider keine Chance, erklärte sie mir, denn nachträglich, also nach der Verhaftung, konnte man an dem Methadon-Programm nicht teilnehmen. Meine letzten Hoffnungen schwanden dahin. In dieser Zelle, in der ich auf unbestimmte Zeit ausharren musste, gab es nichts zu lesen, nichts zu schreiben und niemanden zum Reden. Jeder hing seinen Gedanken nach, und bald fing mein Geist an, sich auf einige wenige Hirngespinste zu fixieren: Entzug!

In den vergangenen Jahren hatte ich täglich enorme Mengen an Drogen konsumiert: mehrere Gramm Heroin und Kokain sowie Tabletten jeder Art, dazu Alkohol. Wie schlimm es tatsächlich werden würde, konnte man in den ersten Stunden des Entzugs nicht absehen. Rapid Detox war damals, im Jahr 1996, weltweit die neueste, die beste, die revolutionärste Möglichkeit des Heroinentzugs. Für knapp viertausend Dollar versprachen die Ärzte den Patienten, nach vierundzwanzig Stunden im Krankenhaus für immer und ewig clean zu sein.

»Wenn alles vorbei ist, hole ich dich ab. Alles wird gut, Kookaburra.« Das waren Werners gut gelaunte Abschiedsworte.

Ich musste an unseren Streit vom vergangenen Abend denken. Ich hatte ein komfortables Einzelzimmer mit Bad und Veranda, TV und Radio. Irgendwann bekam ich ein wenig Angst, Unwohlsein kroch mir die trockene Kehle hoch. Ich brauchte einen Schuss. Glücklicherweise kam gerade die Nachtschwester ins Zimmer und überreichte mir eine Handvoll bunte Pillen, die mir sofort alle Lichter ausknipsten.

Nach dem Aufwachen am nächsten Morgen hatte ich leichte Orientierungsschwierigkeiten – der Anfang der körperlichen Entzugserscheinungen. Der Arzt kam und führte mich über weiße Linoleumböden in einen Saal mit vier Krankenbetten, jedes davon hinter einem Plastikvorhang, der halb geöffnet war. Jede »Abteilung« verfügte über Monitore, eine rollende Toilette und mehrere Krankenschwestern, die dem Arzt assistierten. Auf den anderen Krankenbetten lagen drei Männer – Gleichgesinnte.

Die für mich zuständige Krankenschwester verabreichte mir wieder eine Handvoll Tabletten, die ich mühelos schluckte. Dann bat mich der Arzt, den Po nach vorn zu strecken. Er verpasste mir die erste Spritze mit Naltrexon. Mein Körper verkrampfte sich, bebte. Ich klammerte mich an die kalten Krankenbettstangen und ballte die Hände zu Fäusten, als mich eine gewaltige, unsichtbare Macht zur Seite riss. Mein Kopf dröhnte, mein Körper schmerzte. Ich litt Höllenqualen. Nun begann ich zu frieren und zu kotzen und gleichzeitig schiss ich ins Bett. Bis dahin waren gerade einmal zwanzig Minuten vergangen.

Bei der zweiten Spritze erging es mir nicht anders. Als ich sah, wie der Arzt die dritte Spritze hochhielt, dachte ich an den Racheengel, vom Teufel auf die Erde gesandt, mich heimzuholen.

»Bitte nicht«, flehte ich ihn kläglich an, aber er beachtete mich nicht weiter. Also schrie ich: »Fuck you! Mir erst Geld aus der Tasche ziehen, um mich dann auch noch zu quälen. Ich will hier raus!« Damit hatte ich meine letzten Kraftreserven verbraucht und sackte schlaff zurück auf die Matratze.

Aus den Augenwinkeln sah ich, wie sich meine Leidensgenossen ebenfalls an den Eisenstangen festkrallten. Der eine spuckte der Krankenschwester eine Ladung Tabletten ins Gesicht und kniff den Mund fest zu, wie ein kleines Kind, das sich weigert, Spinat zu essen. Der andere, ein großer, kräftiger Mann, schrie erbärmlich winselnd um Hilfe.

Alle dreißig Minuten verabreichte mir jemand Tabletten oder Spritzen und meist kotzte ich das Zeug sofort wieder heraus, dann musste ich die Ladung noch mal schlucken. Ich konnte mich nicht ohne fremde Hilfe auf den Beinen halten. Ich hatte Untergewicht und klappte zusammen, als mich die Schwester unter die Dusche stellte. Innerhalb eines Tages hatte ich mehrere Kilo an Gewicht verloren.

Nach 24 Stunden holte mein Ehemann mich ab. »Es wird alles gut. Ich helfe dir«, sagte Werner zu mir, ohne den Blick von der Straße abzuwenden, als wir nach Hause fuhren.

Mir rollten kalte Tränen über die Wangen. Die Ärzte hatten mir gesagt, dass ich nach der Therapie mit Rapid Detox etwa zwei Wochen zur Genesung bräuchte – es sollte länger dauern. Jeden Morgen musste ich eine Naltrexon schlucken. Nach der Einnahme dieser Tabletten hat Heroin keine Wirkung mehr auf den Körper. Man riskiert eine Überdosis, würde man trotzdem Heroin oder sonstige Opiate einnehmen, weil man danach deren Wirkung nicht mehr spürt.

Wie ein Schatten schlich ich im Pyjama, der nach wenigen Stunden verschwitzt war, durch die Wohnung. Gepeinigt wälzte ich mich in der Nacht im Bett hin und her, konnte weder ruhen noch etwas tun. Ich war weder in der Lage zu essen noch mich zu waschen, ohne fremde Hilfe anzunehmen. Außerdem war ich niedergeschlagen und nicht fähig, mich zu konzentrieren.

Am nächsten Morgen verabschiedete sich Werner mit einem zärtlichen Kuss von mir. Er wollte zum Supermarkt, um einige Lebensmittel einzukaufen. »Bin bald zurück«, rief er mir munter zu. Aber er kam nicht.

Ich lag derweil hilflos im Bett oder tapste unsicher von Zimmer zu Zimmer, während ich ungeduldig auf seine Rückkehr wartete. In meinem Adressbuch standen die Telefonnummern einiger Freunde in Melbourne. Ich rief jeden einzelnen an, aber keiner hatte etwas von meinem Mann gehört. Sobald es Schwierigkeiten gab, verschwand Werner, das war typisch für ihn. Ich wurde immer zorniger und gekränkter. Bald hielt ich es nicht länger aus.

Kein Heroin, keine Beruhigungstabletten, kein Methadon hatte der Arzt gesagt. Moment mal! Niemand hatte mir Alkohol oder Kokain verboten. Kurz darauf saß ich im Schneidersitz auf dem Wohnzimmerboden unseres Apartments gegenüber vom Albert Park und bereitete mir Crack zu.

Um Crack fabrizieren zu können, muss man über Kokain Bescheid wissen. Man nimmt etwas Kokainpulver auf einen Löffel, gibt ein wenig Wasser und viel Baking Soda dazu – nicht zu verwechseln mit Backpulver –, dann erhitzt man das Ganze, am besten mit einem Bunsenbrenner. Ich legte die Kristalle auf ein Stück Alufolie und hielt ein Feuerzeug darunter, um den toxischen Qualm mit einem Zug zu inhalieren. Zu jeder Crack-Pfeife, die ich damals rauchte, trank ich eine Flasche Tequila. Ich war tagelang stoned, unfähig, mich zu bewegen, etwas zu denken oder zu fühlen.

Eine Woche später stand Werner plötzlich vor der Tür. Er hatte Pupillen in der Größe eines Stecknadelkopfes, offensichtlich hatte er sich Heroin gespritzt. Ein klein wenig stritten wir, dann küssten wir uns, um zu bekräftigen, dass alles in Ordnung war.

Nur wenige Tage danach fand ich Werner im Büro, wo er reglos auf dem Boden lag. Er hatte eine Überdosis Rohypnol eingenommen – in dem Versuch, sich das Leben zu nehmen. Ich rief sofort den Notarzt. Kurz danach entdeckte ich eine letzte Nachricht von ihm an mich auf dem Bildschirm seines PCs: »Lass mich in Ruhe, Andrea!«

Rauschzustände. Sie halfen mir immer, der Realität zu entgleiten. Hier unten, in den Katakomben des Polizeihauptquartiers von Melbourne hatte ich zum ersten Mal seit langer Zeit nichts zum Entgleiten. Keine Hilfsmittel. Manchmal krümmte ich mich am Boden, dann wieder lag ich dicht hinter der Schwangeren, wobei ich meine Jacke als Kopfkissen benutzte. Die Beine konnte ich nicht ausstrecken, dafür war nicht genügend Platz. Die ganze Zeit über klang mir das Rasseln und Poltern der Schlüssel und der Stiefel auf dem Gang in den Ohren, das einzige Geräusch, das die Einsamkeit unterbrach.

Ich hatte keine Ahnung, wie spät es war. Auch was mit Werner und Carl geschehen war, wusste ich nicht. Die Welt, meine Welt, hatte aufgehört zu existieren. Ebenso wenig wusste ich, ob die Polizei meine Eltern über das, was geschehen war, informiert hatte. Jede Frage, die ich den Wärtern stellte, beantworteten sie mit einem »Fuck off«, begleitet von einem Achselzucken und einem Gesichtsausdruck, der besagte: Stör mich noch einmal unnötig, dann … Eine einzige Stunde dauerte in diesen erbärmlichen Katakomben länger als die verdammte Ewigkeit.

Wenn ich nicht erbrach, dann saß ich mit Krämpfen und Durchfall auf der chromfarbenen Toilettenschüssel. Mein dürrer Leib zitterte wie Espenlaub. Ich konnte nichts essen, nicht das Geringste, mir war absolut jämmerlich zumute, und meine Gedanken fixierten sich auf die Sehnsucht, mich zu verlieren.

Plötzlich registrierte ich wieder das Rasseln der Schlüssel und bekam mit, wie jemand die Zellentür aufschloss. Wir alle zuckten zusammen, als eine Wärterin mit stumpfem Blick vor uns stand. Sie hatte grau melierte Haare, die sie zu einem strengen Knoten hochgesteckt hatte. Sie trug einen blauen Rock, der ihr bis zu den Knien reichte, die dichten Beinhaare wurden von den durchsichtigen Seidenstrumpfhosen plattgedrückt. Da trat die völlig verschüchterte Carol hinter dem Rücken der Frau hervor.

Carol setzte sich neben mich und fing sofort an zu weinen. »Mensch, Andrea, das habe ich alles Werner zu verdanken, diesem Mistkerl. Du doch auch, was sollen wir bloß tun, wir müssen hier raus, das kann nicht wahr sein, ein Albtraum.« Sie schimpfte in einem fort. »Die Bullen, allen voran Officer Jodie Hurley, diese Zicke, die haben mich sechs Stunden lang verhört, dabei bin ich unschuldig. Das weiß Werner ganz genau. Trotzdem haben sie versucht, von mir alles über ihn zu erfahren. Dabei weiß ich doch gar nichts. Ich bin unschuldig. Nach Stunden bin ich in dem Verhörraum eingenickt, und als ich aufwachte, führten sie mich in dieses schäbige Loch hier.«

Ich fragte mich, ob sie etwas ausgeplaudert hatte. War sie eingeweiht? Oder hatte Werner sie tatsächlich im Unklaren gelassen? Wie auch immer, Carol sah schrecklich aus. Sie musste stundenlang geweint haben, und die Verzweiflung war ihr deutlich anzusehen.

»Bleib ruhig, Carol«, sagte ich, »bitte! Die Wände hier haben

Ohren. Das war alles nur ein blödes Missverständnis und wird sich sicher bald aufklären.« Irgendwie fühlte ich mich für sie verantwortlich. Ich wollte sie ablenken, strich ihr über den Arm. »Wie war denn für dich die Reise mit Werner?«

»Schon gut, Andrea. Du kannst dich auf mich verlassen. Ich bin nicht blöd. Ich war auch mal Werners Partnerin, das war, bevor du hier aufgetaucht bist. Wir waren immerhin vier Jahre zusammen. Bis er eines Tages aus Berlin zurückgekommen ist und mich aus unserer Wohnung rausgeworfen hat. Als ich auszog, habe ich alle Sachen mitgenommen. Ich war so was von wütend. Wir haben uns zerfleischt. Der hat vielleicht getobt.«

»Aber wie steht es heute um eure Beziehung?«

»Werner hat mich gefragt, ob ich mit ihm nach Europa und nach Afrika fliege. Ich dachte, Werner und ich, wir könnten wieder Freunde werden«, antwortete sie ganz freimütig.

»Als ich Werner anrief, da wart ihr gerade in Paris, da hörte es sich ganz so an, als hättet ihr gevögelt. Gehst du mit allen deinen Freunden ins Bett?« Ich konnte es nicht verhindern, die Worte waren mir einfach so herausgerutscht.

»Wir waren drei Wochen zusammen unterwegs. Klar haben wir da auch miteinander geschlafen. Er wollte es genauso wie ich. Ansonsten war da nichts. Er liebt dich, Andrea, das hat er mir mehrfach gesagt, und du weißt, dass das stimmt.« Carol sagte dies mit überzeugter Miene.

»Und am Flughafen in Sydney, gleich nach eurer Ankunft, was war da los?« Ich wollte sie eigentlich nicht ausfragen, aber ich konnte auch nicht davon lassen.

Unsere drei Mitgefangenen schauten ab und zu gelangweilt zu uns herüber, und ihre Blicke sagten mir, dass ihnen unser Gerede ganz schön auf die Nerven ging. Carol schien das nicht zu bemerken.

»Nach dem langen Flug wollte Werner nicht auch noch von Sydney nach Melbourne fliegen. Also nahmen wir uns am Flughafen einen Leihwagen und hielten an einem Motel, es war schon spät, und wir waren müde. Aber das hat er dir doch gesagt, er hat dich an dem Abend angerufen, erinnerst du dich?«

»Ja, das stimmt. Und mehr war da nicht?«, hakte ich skeptisch nach. Ist das denn tatsächlich so wichtig?, fragte ich mich im selben Moment.

»Ich war echt kaputt von dem langen Flug und bin sofort eingeschlafen. Am frühen Morgen weckte Werner mich dann. Ich wollte noch ein wenig schlafen, aber er zwang mich, aufzustehen und mich anzuziehen. Er war echt aggressiv und ist sogar ein wenig handgreiflich geworden. Er wollte endlich nach Melbourne. Was diese plötzliche Hektik sollte, das weiß ich bis heute nicht.«

Das Rasseln der Schlüssel unterbrach unsere Unterhaltung. Die Tür zu unserer Zelle wurde aufgeschlossen und durch die halb geöffnete Tür reichte uns die Wärterin dünne, kratzige Decken, für jede von uns eine. Dazu gab es für jede eine Plastikbox mit in Milch aufgeweichten Vollkornkeksen, einem Apfel und dazu einen Becher mit süßem, lauwarmem Milchtee. Dann kam das Beste: sechs selbstgedrehte Zigaretten, die Tagesration für jede Gefangene. Als ich mich auf die Glimmstängel stürzte – die Kekse interessierten mich nicht –, hielt mich die Schwangere zurück.

»Hör gut zu, ich erteile dir jetzt deine erste Knastlektion«, meinte sie zu mir und lächelte gutmütig. Dann nahm sie die Zigaretten, legte sie sachte neben sich auf die Bank und sagte: »Übrigens, ich heiße Shannon, das ist Tabea«, dabei deutete sie auf die Pummelige, »und das hier ist Samantha.«

»Ich bin Andrea und das ist Carol«, antwortete ich.

Die beiden Prostituierten nickten zustimmend und Samantha sagte: »Wir bekommen jeden Morgen sechs Zigaretten, wenn die verdammten Schließer nachts genügend konfiszieren konnten. Wenn nicht genug da sind, dann gibt es weniger oder gar keine, deshalb muss man sie strecken.«

Geschickt öffnete Shannon jede Zigarette mit ihren langen, spitzen Fingernägeln und bröselte den kostbaren Tabak auf mehrere Zigarettenblättchen, die sie aus ihrem BH hervorzauberte. Danach rollte sie jeden Glimmstängel neu zusammen, aber deutlich dünner als zuvor. Neugierig schaute ich ihr zu und stellte bewundernd fest, dass sie auf diese Weise die ursprüngliche Ration verdreifacht hatte.

Wir waren alle genervt. Genervt, weil wir uns die Zigaretten einteilen mussten, weil wir nichts Anständiges zu essen bekamen und weil wir kein Sonnenlicht sehen konnten. Auch gegenseitig gingen wir uns auf die Nerven, schließlich braucht jeder Mensch etwas Zeit für sich allein, aber das interessierte hier niemanden. Waren alle Gefängnisse in Australien so wie dieses Loch? Oder waren sie wie die in Südamerika? Ich musste unwillkürlich wieder an Anton in Ecuador denken.

Einmal sprach Carol die grobschlächtige Wärterin an, als sie uns wieder einmal beehrte. »Können Sie mir bitte den Lippenstift aus meiner Handtasche bringen, den von Dior, den leuchtend roten. Man fühlt sich so farblos hier unten. Er ist in meiner Handtasche.«

Die Wärterin grinste daraufhin nur und ging wieder. Unsere Mitgefangenen betrachteten diesen naiven Akt allerdings mit weniger Humor.

Als Carol unter der Dusche stand, flüsterte mir Tabea zu: »Diese bescheuerte Blondine hält besser ihr Maul, sonst stopfe ich es ihr! Du bist in Ordnung. Du wirst im Knast leicht klarkommen, aber deine dämliche Freundin wird bald ihr Fett wegbekommen mit ihrem Scheißgetue. Halt dich bloß raus, sonst zieht sie dich noch mit runter.«

Der Tag in den Katakomben hatte gerade erst begonnen, als wir zu meiner grenzenlosen Überraschung weiteren Besuch bekamen: Schwester Sofie von der Heilsarmee. Sie besuchte alle Gefangenen, die neu waren, weibliche und männliche. Zu meinem Erstaunen richtete sie mir Grüße von Werner aus, den sie gerade erst gesehen hatte. Carol war zutiefst enttäuscht, weil sie keine Grüße ausgerichtet bekam. Das erste Lebenszeichen von meinem Mann.

Über die Ausmaße, die unser Fall in Melbourne angenommen hatte – die Zeitungen waren voll von Artikeln über uns –, berichtete die nette Schwester mir ausführlich. Die Schlagzeilen lauteten: »Andrew Fraser, prominenter Anwalt, bildete einen internationalen Kokainring« oder »Drogen im Wert von mehreren Millionen US-Dollar beschlagnahmt«. Abschließend erkundigte sich die gute Seele noch, ob sie etwas für mich tun könne. Dankend lehnte ich ab. Ich wollte nur Drogen, Betäubung und meine Freiheit, und sie hatte mit Sicherheit nichts davon in der Tasche. Also gab ich ihr

Grüße für Werner mit auf den Weg, falls sie ihn wieder treffen sollte. Bevor sie uns verließ, übergab sie jeder von uns noch ein paar Socken, eine Unterhose und einen Jogginganzug. Die Kleider waren neu, ungebraucht und fühlten sich gut an auf meinem verschwitzten Körper, fast wie ein exklusives Kostüm von Chanel.

Keine Sekunde war ich in dieser elenden Zelle allein. Wir fünf, die Pummelige, die Rothaarige, die Schwangere, Carol und ich, sahen uns gegenseitig dabei zu, wie wir auf der Toilette saßen. Wir teilten unsere Äpfel ebenso wie unsere Zigaretten. Wir trockneten uns gegenseitig die Tränen und liehen einander eine Schulter zum Anlehnen. Den ganzen Tag und die ganze Nacht atmeten wir die gleiche verbrauchte Luft ein.

Einmal gab es zum Mittagessen übel riechende Spaghetti Bolognese, doch ich rührte von dem, was hier als Essen bezeichnet wurde, ohnehin so gut wie nichts an. Wie gern hätte ich das ranzige Fett, nach dem es bei meiner Oma in der warmen Stube immer roch, in der Nase gehabt. Selbst der Geruch nach warmem Blut und rohem Fleisch aus dem Schlachthaus meines Vaters erschien mir im Vergleich angenehm. An den Tannengeruch im Pfälzer Wald wagte ich gar nicht erst zu denken. Selbst das lausige Desinfektionsmittel, das die Luft in der Interflug-Maschine auf meinem Flug nach Bangkok beherrscht hatte, wäre jetzt angenehmer, und der Geruch nach altem Sperma in den Peepshows erschien mir im Gegensatz zu diesem Fraß wie mildes Parfum.

Ein Schlüsselklirren an der Tür schreckte mich aus meinen Gedanken auf.

»Mohr, mir folgen!«

Ich folgte. Kaum war ich einen Schritt vor die Zellentür getreten, legte mir die Wärterin auch schon Handschellen an. Dann führte sie mich den Gang entlang, an den grölenden männlichen Gefangenen vorbei, zum Besucherraum, einer quadratischen, winzigen Kabine, in der ein Stuhl vor einer kugelsicheren Glastrennscheibe stand. In die Scheibe waren ein paar winzige Löcher gebort, durch die man seinen Besucher anschreien konnte. Unvermittelt blickte ich in das weiche Gesicht eines Mannes, der sich mir als Anwalt vorstellte.

»Können Sie mich hier rausholen?«, fragte ich. »Sofort.« Ich schaute ihm direkt in die Augen, beinahe flehend. Ich war beschämt, weil ich wusste, dass ich grauenvoll aussah, und ich war froh, dass er mich nicht riechen konnte.

Er lächelte beruhigend und antwortete ehrlich: »Ihre Situation ist denkbar schlecht, rausholen kann Sie hier niemand, nicht mal auf Kaution, weil Sie keine Australierin, sondern Ausländerin sind. Hinzu kommt, dass Ihr Fall durch die Medien gegangen ist. Trotzdem brauchen Sie dringend einen Verteidiger, der Sie vor Gericht vertritt, und zwar einen guten. Deshalb bin ich hier. Ich würde Ihren Fall gern übernehmen.«

»Mir geht es echt beschissen. Kalter Entzug. Kann nicht nachdenken, aber lassen Sie mir Ihre Visitenkarte hier. Sobald ich mich für einen Verteidiger entschieden habe, werde ich Ihnen Bescheid geben.« Ich hatte eine schreckliche Befürchtung: Wahrscheinlich würde ich in den berühmt-berüchtigten Frauenknast von Melbourne kommen. Ich brauchte dringend Zeit zum Nachdenken. Ich wäre gern allein gewesen, aber das war nicht möglich. »Bekommen Sie hier unten Zeitungen?«, fragte der Anwalt, bevor er die Kabine verließ.

»Ich habe bisher keine einzige in der Hand gehabt«, sagte ich und zuckte kraftlos mit den Achseln.

»Ihr Fall genießt enorme Popularität, deshalb sind Sie für jeden Anwalt des Landes eine begehrte Klientin.« Er lächelte und verschwand.

Der Anwalt sollte recht behalten. In den folgenden Tagen kamen noch drei weitere Topanwälte zu Besuch, denen ich allen dieselbe Antwort gab.

Der Entzug forderte weiterhin meine gesamte Konzentration. Die Augen tränten, heiße und kalte Schauer liefen mir über den Körper. Obendrein brannte die Kehle, und ich musste ununterbrochen niesen. Dazu diese Schmerzen! Der menschliche Körper ist schon ein geniales Konstrukt. Vom Gehirn werden Endorphine produziert und ausgeschüttet, die dem Körper helfen, mit Schmerzen, Angstzuständen oder Stress leichter umzugehen. Wenn Opiate diese Funktion übernehmen, wird die körpereigene Produktion eingestellt. In der Regel dauert es zwischen fünf und vierzehn Tagen, bis der Körper die eigene, lebenserhaltende Endorphinproduktion wieder aufnimmt. Diese Tage bezeichnen wir Junkies als kalten Entzug: cold turkey.

»Alles Reden ist sinnlos, wenn das Vertrauen fehlt.«
FRANZ KAFKA

Am Abend brachte die Wärterin uns anstelle des Salamibrötchens und des Apfels vom Vorabend ein halb durchgeweichtes Käsebrötchen und eine Orange. Meine Frage nach einem kurzen Hofgang, weil Shannon – im achten Monat schwanger – dringend frische Luft brauchte, hätte ich mir sparen können. Auch die niederschmetternde Antwort hätte ich mir selbst geben können: »Ihr müsst verdammt noch mal warten, bis man euch ins Frauengefängnis überstellt hat. Extrawürste gibt es hier nicht.«

Aber es ging nicht nur Shannon schlecht, auch mein Zustand schien meine Zellengenossinnen langsam zu beunruhigen. Sie hatten einen kalten Entzug sicher schon mal erlebt, doch mein andauernder Durchfall, das ewige Zittern und das ständige Erbrechen schienen keinesfalls gewöhnlich. Ängstlich drückte Shannon auf den silbernen Metallknopf, um Kontakt mit den Wärtern aufzunehmen.

Etwa fünfzehn Minuten später brummelte eine Stimme durch den Lautsprecher: »Was willst du? Du hast hoffentlich einen guten Grund, mich zu stören, denn ich hab verdammt viel zu tun.«

»Wir brauchen einen Arzt. Dringend. Andrea geht's schlecht.«

Es dauerte lange, bis die Wärterin mich abholte und mich in einen kleinen Raum brachte, wo es penetrant nach Eiter roch. Ein grauhaariger Weißkittel streckte mir seine alte Hand entgegen, die genauso zitterte wie die meine.

»Das sieht nicht gut aus. Du bist völlig unterernährt und dehydriert. Du musst dringend mehr essen! Gibt man dir denn nichts?«, fragte er ungläubig.

»Doch, aber es schmeckt scheußlich. Ich kann nur kotzen.«

»Verstehe, Drogenentzug. Viele hier unten machen das durch.

Ich kann dir heute Abend eine Valium bringen lassen. Ansonsten sind mir hier die Hände gebunden.«

»Wem soll das denn helfen, eine Valium? Ich brauche Methadon!«

»Das darf ich dir nicht verschreiben, das hat man dir sicher schon gesagt. Sorgen machen mir vor allem die eiternden Wunden von den Einstichen an deinen dürren Armen. Lass mich mal sehen!«

Er schaute sich die Wunden sorgfältig an. Dann drehte er sich, graziöser als ich es von einem Mann seines Alters erwartet hätte, zur Wärterin um, die die gesamte Zeit neben mir auf einem Stuhl saß und sagte: »Daran kann sie sterben. Leider kann ich nicht helfen. Ich habe hier weder Antibiotika noch einen sterilen Raum, um den Eiter herauszuschneiden.« Er sprach sehr nachdenklich und fügte abschließend hinzu: »Die Gefangene muss so schnell wie möglich ins Frauengefängnis gebracht werden, damit jemand sie vernünftig behandeln kann.«

»Darauf haben wir keinen Einfluss. Sie muss wie alle warten, bis dort eine Zelle frei wird. Das kann schon morgen sein, das kann aber auch erst in vier Wochen sein. Da steckt man nicht drin.«

Fast tat mir der alte Arzt leid, als er mich mit seinen erfahrenen Augen und entschuldigendem Blick ansah, während die Wunden an den Armen von seinen Berührungen schmerzten und wild pochten. Die Wärterin brachte mich zurück in die Zelle, wo ich Zeit hatte, mich dem kalten Entzug hinzugeben, mich in meine Schmerzen zu vergraben.

Diese Form von Entzug bedeutet Folter. Zuerst spürte ich alle körperlichen Schmerzen auf einmal. Die Traurigkeit meiner Seele war schlimmer als in meinen depressivsten Momenten, bald gesellten sich Einsamkeit und Verzweiflung dazu und fingen an, mein zerbrochenes Selbst zu bearbeiten. Angst. Paranoia. Mein Verlangen nach Heroin war eine tiefe, konstante, nagende Gier. Und es gab nichts, was ich dagegen tun konnte. Nichts.

Heroin würde meinen Körper herrlich schmerzlos, mein Herz gefühllos und meine Seele unverletzlich machen. Einen kleinen Moment der Entspannung und des Glücks, mehr verlangte ich gar nicht. Ich begann mir vorzustellen, wie sich die Nadel unter die

Haut in eine Vene schiebt, wie ich den Kolben an der Spritze zurückziehe – dann Blut, wie ein Rosenblatt auf stiller See.

Natürlich dachte ich auch über Alternativen nach; man denkt immer über Alternativen nach. Aber aus Erfahrung wusste ich, dass Tabletten, Alkohol oder Ähnliches sich eher negativ auswirkten. Die Einnahme von substituierenden Substanzen während des Heroinentzugs, etwa Methadon, Morphin, Bubrenorphin, Benzodiazepine, Kokain, Speed und selbst Alkohol, ist nicht empfehlenswert. Jede dieser Substanzen vergiftet den menschlichen Organismus, wodurch sich die Regenerationskapazitäten des Körpers verlangsamen. Folglich würde sich die Krankenzeit verlängern, der Zustand würde sich verschlechtern.

Aber es gab hier unten in den Katakomben des Polizeihauptquartiers ohnehin weder Alternativen noch sonst irgendeine Hoffnung.

»Gott würfelt nicht.«
ALBERT EINSTEIN

Am dritten Tag lag ich erschöpft und apathisch in der Zelle, als zwei Wärter, die wir zum ersten Mal sahen, hereinkamen und mir und Carol ohne jede Erklärungen Handschellen anlegten. Weder Carol noch ich stellte Fragen, und wir folgten beide gehorsam. Die beiden Männer führten uns zu dem kleinen, schäbigen Aufzug, den ich in der Nacht meiner Verhaftung bereits hatte betreten müssen. Zu viert fuhren wir nach oben. Dort liefen wir einen schmalen Gang entlang, bis wir vor einer Tür stehen blieben.

Die Handschellen wurden uns abgenommen. Nachdem einer der beiden Wärter die Tür öffnete, hörte ich aufgeregtes Geplapper. Wir befanden uns in einem großen Saal, und ich schaute mich verwirrt in dem hell erleuchteten Raum um. Zuerst fiel mir nur das viele Holz auf: Holzbänke, Holzvertäfelungen, sogar die Stühle waren größtenteils aus Holz, wie früher in meinem Klassenzimmer. Offensichtlich befanden wir uns in einem Gerichtssaal. Dann erblickte ich Werner, der schon auf der Anklagebank saß. Zu gern wäre ich ihm in die Arme gefallen. Der Wärter befahl mir, mich daneben zu setzen, allerdings durften wir uns nicht berühren oder miteinander sprechen.

Carol ließ sich neben mich auf die Bank sinken. Werner lächelte mich mit unrasiertem, schmutzigem Gesicht an und strich sich verlegen durch die wild abstehenden Haare. Er empfand sein äußeres Erscheinungsbild als genauso beschämend wie ich das meine, das wusste ich, denn ich kannte seine Mimik, seine Gesten.

Der Gerichtssaal war bis auf den letzten Platz gefüllt mit Schaulustigen, unter denen ich Andrew, Detective Miechel und die blonde Polizistin von meiner Verhaftung erkannte, außerdem die Detectives Paton, Firth and Strawthorn. Staranwalt Andrew sollte bis zur nächsten Verhandlung auf Kaution frei bleiben, sofern er sich zwei Mal pro Woche bei der Polizei meldete und keine weitere Straftat beging.

Danach brachte der Ankläger, den ich aufgrund seiner türkischen Abstammung im Stillen »Atatürk« taufte, seine Beweise gegen uns vor. Mit kaum auffallendem Akzent sprach er von der erdrückenden Beweislast, zweifelsfrei werde er die Schuld der Angeklagten dem Gericht darstellen.

»In den kommenden Verhandlungen werde ich die beschlagnahmten Objekte vorführen, unter anderem die acht Geschenke für Frau Mohr, die ihr Ehemann ihr aus Berlin mitbrachte. Ich werde später deren Wichtigkeit für die Anklage darlegen.« Er machte eine kleine Pause und fuhr fort: »Ebenso werde ich dem Gericht beweisen, dass die acht Holzmasken, die bei der Razzia beschlagnahmt wurden, mit Kokain gefüllt waren. Nicht zuletzt werde ich beweisen, welche Bedeutung das Codewort ›acht‹ hat.«

Dann brachte er die abgehörten Telefonate zwischen den Angeklagten vor. Aufgrund einer Vielzahl an Telefongesprächen, die mit dem Kürzel »XY ungelöst« versehen waren, stellte er einen Antrag auf Fristverlängerung, um dieselben professionell übersetzen und auswerten zu lassen. Danach erwähnte der türkische Ankläger noch das Abhörgerät im Leihwagen sowie einige weitere in unserem Haus, darunter sogar eines im Schlafzimmer. Zuletzt führte er das Gespräch zwischen Andrew, Tim und Werner in Andrews Büro als wichtiges Beweismittel an.

Letzteres verwirrte mich ein wenig. Warum in aller Welt ist es der Polizei erlaubt, ein Anwaltsbüro abzuhören?, fragte ich mich. Jedenfalls lachte ich mich schlapp, als ich das Gespräch später hörte. Es war eine typische Unterhaltung unter Machos, und ich gab ihm den Titel »Drei Männer im Schnee«. Während des gesamten Gesprächs war das Schniefen von Kokain deutlich zu vernehmen, begleitet von chauvinistischen Sprüchen über Frauen und Sex.

Im weiteren Verlauf der Verhandlung las »Atatürk« mehrere kurze Ausschnitte aus dem Überwachungsprotokoll vor. Zudem gab es einen Videomitschnitt von Werners und Carols Ankunft am Flughafen in Sydney. Meine Banknachbarin wurde immer blasser.

Für das Committal Hearing, die nächste Anhörung, forderte der Staatsanwalt einen größeren mit Computern ausgestatteten Gerichtssaal. Sie wurde daraufhin ins Grafschaftsgericht verlegt und auf den 19. November 1999 terminiert. Wohl auch, weil die Richter hier im Schiedsgericht lediglich Strafen von bis zu drei Jahren verhängen können.

Während der gesamten Verhandlung fragte ich mich, warum niemand die Drogen und das Geld erwähnte, ebenso wie meinen kleinen Eigenvorrat an Pillen, Methadon, Kokain und Heroin sowie mehrere Tausend Dollar, die die Polizei bei uns im Haus gefunden hatte. Ich brauchte dringend einen Rechtsbeistand und musste mich nun recht schnell für einen entscheiden. Da der Fall in der australischen Presse für viel Wirbel gesorgt hatte, wollten mich dementsprechend viele Anwälte vertreten. Die nächste Verhandlung war erst in zwei Monaten, das kam mir vor wie eine halbe Ewigkeit.

Werner, Carol und ich beantragten die Freilassung auf Kaution. Der Richter überlegte keine Sekunde, um alle drei Anträge abzulehnen, mit der Begründung, dass die heute verlesenen Anklagen nur vorläufig seien. Beim Committal Hearing könnten wir die Forderung noch mal vorbringen.

An diesem insgesamt grausamen Tag geschah jedoch auch etwas Schönes: Ich durfte neben Werner sitzen, einem Menschen, der mir vertraut war, dessen Gefühle mit meinen verbunden waren. Das

Lächeln einer geliebten Person war Nahrung für meine verwundete Seele.

Kaum hatte der Richter das letzte Wort gesprochen, liefen drei Wärter auf die Anklagebank zu und legten uns wieder Handschellen an. Ich warf Werner einen letzten Blick zu; wie gern hätte ich ihn berührt, aber man hielt uns streng voneinander getrennt. Sie führten mich und Carol zurück in unsere schmutzige Zelle, wo ich, von den Ereignissen des Tages überwältigt, die Nacht damit zubrachte, mit offenen Augen an die Zellendecke zu starren und den lauten Schlägen aus irgendeiner Nachbarzelle – wahrscheinlich ein betrunkener, tobender Aborigine – zu lauschen.

In der vierten Nacht in den Katakomben nickte ich immerhin ein wenig ein, doch beim Aufwachen fühlte sich mein Herz bleischwer an. Meine Zähne klapperten, und ich hatte überall am Körper Muskelzuckungen. Ich konnte weder gehen noch sitzen, noch liegen, jede Position war unbequem und schmerzhaft. Immer wieder erbrach ich den Inhalt meines Magens. Bald war jeder Zentimeter meines Körpers schweißdurchnässt, und ich roch scheußlich. Wie jeden Morgen kam die Wärterin und forderte eine nach der anderen auf, sie zur Dusche zu begleiten. Als ich unter dem warmen Wasserstrahl stand, empfand ich die Tropfen wie Stecknadeln auf der Haut, aber der Schweiß der Angst und der Verzweiflung floss ab.

Am fünften Tag der Gefangenschaft, am 17. September 1999, verhafteten Detective Paton und seine Leute auch Carl. Ich las davon später in seinem Verhaftungsprotokoll. An jenem verregneten Tag hielt die Polizei in Elwood einen verdächtigen Wagen an. Sie nahmen die Personalien des Fahrers auf, doch im Computer waren keine Besonderheiten zu seiner Person vermerkt. Allerdings fanden sie im Auto ein Tütchen mit Kokain – zwar nur eine winzige Menge, aber sie genügte, um den Fahrer wegen Besitzes von illegalen Drogen mit aufs Revier zu nehmen. Routinemäßig fuhren einige andere Polizisten zur Wohnung des Mannes, um eine Razzia durchzuführen. Der Verhaftete war ein Freund von Carl.

In der Wohnung trafen sie auf Carl, der in seiner Hosentasche ein paar Gramm Kokain und Heroin hatte. Keine große Sache. Aber als die Polizisten Carls Personalien weiterleiteten, gerieten sie in Alarmbereitschaft: Er stand ganz oben auf der Fahndungsliste. Nach einem stundenlangen Verhör durch Detective Sergeant Pat Meyers und Detective Senior Constable Firth, bei dem Carl nichts als Mist verzapfte, da er viel zu stoned war, um einen klaren Gedanken fassen zu können, warfen sie ihn ebenfalls in die Katakomben. Er wurde bis auf Weiteres der Mitwisserschaft und der Beihilfe zum Import von 5,5 Kilogramm Kokain und des Besitzes von illegalen Substanzen angeklagt.

Am selben Tag kramte ich auf den Befehl der Wärterin hin meine wenigen Habseligkeiten zusammen, um die Zelle zu verlassen. Als Carol merkte, dass sie zurückbleiben musste, schrie sie laut Protest, der allerdings ungehört verhallte. Meine drei anderen Mitgefangenen trugen es mit Fassung, sie waren vielmehr froh, dass ich endlich eine medizinische Behandlung bekommen würde – obwohl sie schon deutlich länger in diesem Loch waren als ich.

Shannon freute sich für mich, da sagte die Wärterin zu ihr: »Du kommst heute auch dran. Dich holen wir gleich noch.«

Als ich, mit Handschellen an den Handgelenken, durch die Tür trat, hoffte ich inständig, dass ich nie mehr in diese furchtbare Zelle zurückmusste.

Draußen auf dem Parkplatz, nach insgesamt fünf Tagen in den Katakomben, blendete mich das Tageslicht. Jemand öffnete mir die Tür zu einem riesigen Bus mit kugelsicheren, von außen nicht einsehbaren Fenstern. Der Transporter sollte uns nach Deer Park bringen, in das berühmt-berüchtigte Frauengefängnis von Victoria. Ich schnappte nach so viel frischer Luft, wie meine Lungen nur aufnehmen konnten, ehe ein Polizist mich ins dunkle Innere des Transporters schob. Die Tür wurde von außen verriegelt.

Drinnen roch es nach Menschen, nach Schweiß, und im Halbdunkel setzte ich mich auf die schmale Sitzbank. Kurz darauf schob jemand Shannon durch die Tür. Sie quetschte sich neben mich auf die Sitzfläche, die gerade für uns beide ausreichte. An der Tür befand sich ein winziges Gitter mit Blick zu den anderen Kabinen, in denen sich mehrere männliche Gefangene drängten.

Als der Van losfuhr, begannen die Kerle zu grölen: »Hey Mann, wie geht's Kumpel? Kommste dieses Mal in 'nen richtigen Knast? Hab dich in Barwon getroffen, letztes Mal, stimmt's?«

»Geht mir nicht schlecht, Alter, aber bin für verdammte zwölf Monate im Melbourne Assessment Prison, elende Scheiße. Eigentlich hatten die mir die nächste freie Zelle im Port Phillip Prison versprochen. Höchste Sicherheitsstufe. Scheiße, die halten ja doch nie, was sie versprechen, die Ratten. Dazwischen war ich mal zu Hause bei meiner Frau und meinem Jungen, ein echter Prachtbengel«, war die Antwort.

»Dort war ich nie, im PPP«, sagte die andere unsichtbare Stimme.

»Privat, genau wie Fulham, maximale Sicherheitsvorkehrungen, achthundert Mann, da geht's ab, sag ich dir. Nur 'ne halbe Stunde von den Mädels in Deer Park entfernt.« Er hob die Stimme und sagte in gekünsteltem Tonfall: »An schönen Tagen können wir euch sehen, dann träumen wir von euch Mädels. Wie heißt du, Süße? Ich könnte dir schreiben.«

Wahrscheinlich sollten wir uns geschmeichelt fühlen.

»Nein danke. Mein Mann fände das nicht so toll. Er sitzt noch im Polizeihauptquartier, aber er wird früher oder später bei euch auftauchen«, antwortete ich ein wenig kokett. Zu dem Zeitpunkt konnte ich noch nicht wissen, dass Werner nicht so bald ins Gefängnis kommen sollte. Er und Carl mussten vierzig lange Tage in den schrecklichen Katakomben ausharren, bis man sie in das Melbourne Assessment Prison verlegte, die Haftanstalt für noch nicht verurteilte Gefangene.

»Und ich bin schwanger. Jungs, heute habt ihr kein Glück«, lautete Shannons kurze Antwort.

»Lass doch, die sind heute nix. Also, der einzig echte Knast ist Barwon, da musste hin, Mann«, schrie eine weitere gesichtslose Stimme.

Shannon erklärte mir, dass im Barwon Prison achthundert Männer beherbergt würden, bei höchster Sicherheitsstufe, und dass die Haftanstalt von der Regierung geleitet wurde. Barwon habe sogar einen Zoo, zwecks der therapeutischen und rehabilitierenden Auswirkungen auf die Häftlinge. Ich musste sofort an Oscar Wilde denken, der einmal gesagt hatte, dass im Gefängnis keine weiße Blume rot werde und keine rote weiß.

In jeder Kurve rutschte entweder ich auf Shannon oder sie auf mich, wobei ich weicher fiel, weil ihr Bauch wie ein abfedernder Ballon wirkte. In dem Transporter gab es keine Möglichkeit zum Festhalten, und ich machte mir ein wenig Sorgen um das Ungeborene.

Durch ein winziges Fenster an der Außenwand konnte ich die Freiheit sehen, die belebten Straßen von Melbourne betrachten und das geschäftige Treiben voller Sehnsucht verfolgen. Wie gern wäre ich der Fahrradfahrer mit den Kopfhörern gewesen, der die neueste Scheibe der Chemical Brothers anhörte und dabei kräftig in die Pedale trat. Ich stellte mir vor, ich wäre der hektisch hupende Autofahrer in dem silbergrauen Holden, der keine Zeit hatte. Nur zu gern hätte ich mit dem gemütlich dahinschlendernden Versicherungsangestellten mit seiner braunen Aktenmappe unterm Arm die Rollen getauscht. Oder mit dem Besitzer des Cafés an der Ecke, der fröhlich den Tag begrüßte. Mit jedem hätte ich getauscht.

Ich war auf dem Weg in das schlimmste Frauengefängnis von Victoria, und niemand konnte daran etwas ändern. Ich hatte keine Ahnung, was mich dort erwartete oder für wie lange ich dort bleiben musste.

Wahrscheinlich konnte sich Shannon an die Situation erinnern, als sie zum ersten Mal ins Gefängnis gebracht wurde, denn sie sagte mitfühlend: »Mach dir keine Sorgen! Ich war schon oft dort. Das schaffst du leicht.« Dabei legte sie den Kopf schief.

»Was machst du? Warum landest du immer wieder dort?«, fragte ich.

»Das solltest du, wenn du in Deer Park bist, nicht tun: die Frauen nach ihren Verbrechen fragen, da reagiert so manche empfindlich drauf. Warte einfach ab. Irgendwann erzählt es dir die eine oder andere von selbst.« Im Scherz fügte sie hinzu: »Das war deine zweite Knastlektion.«

Ich grinste sie nur stumm an.

Ernsthaft fuhr sie fort: »Ich nehme Drogen. Dafür muss ich klauen, Ladendiebstahl, manchmal auch einen Bruch, und so komme ich immer wieder für ein paar Monate nach Deer Park. Alles nicht so schlimm. Man gewöhnt sich dran. Meistens werde ich ziemlich schnell ins Tarrengower Prison aufs Land verlegt, das ist eher wie ein Camp, sozusagen eine Gefängnis-Farm für Frauen mit sechzig Betten. Dazu musst du allerdings verurteilt werden, du darfst dir keine Drogen und andere Geschichten während der Haftzeit erlauben, und vor allem darf keine Fluchtgefahr bestehen.«

Ich nickte und versuchte mir jedes ihrer Worte zu merken.

»Noch was, Andrea. Du wirst bestimmt gefragt, ob du bailst, also die Wärter werden dich das fragen.«

»Was bedeutet das, bailen?« Ich hatte keinen blassen Schimmer.

»Mensch, pass bloß auf. Auf solche wie dich haben die nur gewartet. Weißt du, die Frauen können ganz schön brutal sein im Knast. Sie werden gemein, haben Drogengeschichten am Laufen und schlagen auch schon mal zu. Aber das hältst du doch aus, oder?«

»Klar. Ich kann zurückschlagen«, bluffte ich, obwohl ich bisher niemals auch nur in die Verlegenheit gekommen war, einen anderen Menschen angreifen oder mich verteidigen zu müssen. Obwohl ich schon in Spanish Harlem, in der Bronx und in Kolumbien sowie an vielen anderen Plätzen gewesen war, die man gemeinhin meiden sollte, habe ich niemals Gewalt anwenden müssen. Ich habe auch noch nie eine Waffe getragen.

»Klar. Also wenn die Wärter dich am Eingang fragen, ob du bailst, dann sag bloß nein. Bailen heißt, sich in den Schutzblock legen zu lassen, wo etwa ein Drittel der Frauen sitzen – alles Feiglinge und Verräter, Ratten eben. Man sitzt in Einzelhaft, aber das ist lausiger, als sich ab und zu mal eine zu fangen, wenn du mich fragst. Denn eines ist klar: einmal Schutzhaft, immer Schutzhaft, da kommt man nie mehr raus. Die Schutzhaft war ursprünglich nur für die Kronzeuginnen oder Frauen gedacht, die Kindern etwas angetan haben. Das hast du doch nicht, oder?«

»Natürlich nicht«, antwortete ich.

»Weißt du, die Schließer haben es nun mal gern, wenn wir in Schutzhaft sind, ich weiß auch nicht, warum. Vielleicht wegen Geld oder weil sie uns dann besser unter Kontrolle haben. Aber die können dich nicht zwingen, da reinzugehen, außer dein Leben wäre in Gefahr. Ansonsten musst du etwas unterschreiben, ohne Unterschrift dürfen sie dich nicht in Schutzhaft stecken.«

Ich wusste nicht, was ich von all dem halten sollte, da fügte Shannon hinzu: »Sieh mal, Andrea, du wirst sicher ein paar Jahre sitzen, da wäre Einzelhaft der blanke Horror.«

WILLKOMMEN IN DEER PARK

An jenem 17. September 1999 brachte man mich in das MWCC, das Metropolitan Women's Correctional Centre, von uns Insassinnen salopp Deer Park genannt, das die Corrections Corporation of America, eine private Organisation, 1996 auf einem Mülldepotplatz in St. Albans, etwa eine Autostunde von Melbourne entfernt, erbaut hatte. Deer Park löste damals das alte, unter Aufsicht der Regierung stehende Frauengefängnis Fairlea Prison ab.

Im Jahr 1999 waren hier etwa 125 weibliche Gefangene untergebracht, davon 75 Prozent Drogenabhängige. Ebenso viele hatten ein Kind, die meisten Frauen hatten sogar mehrere. Manche Kinder wurden auch in Deer Park geboren. In der Haftanstalt saßen nur weibliche Schwerstverbrecher ein: Mörderinnen, Räuberinnen, nicht verurteilte psychisch Kranke und sonst in irgendeiner Art und Weise schwer zu handhabende Frauen. Da ist es nicht verwunderlich, dass es in Deer Park pro Woche durchschnittlich sechs Zwischenfälle gab.

Die Fahrt ins Gefängnis dauerte eine nervenaufreibende Stunde. Währenddessen hatte ich mir sämtliche Fingernägel bis aufs Nagelbett abgekaut. Ich war tierisch nervös. Das kam natürlich auch vom Entzug, der mir noch immer schwer in den Knochen hing, der mich schlapp machte, der meine Kraft aufsog. Aber im Grunde genommen war meine Anspannung vor allem einer unabänderlichen Tatsache geschuldet: Ich befand mich auf dem Weg in das härteste Frauengefängnis von ganz Australien.

Ich war schmutzig und fühlte mich ekelhaft, als endlich die Wagentür aufgeschlossen wurde, doch die frische Luft tat gut.

»Raus und einfach da vorn vor dem Rolltor stehen bleiben!«, befahl uns der Fahrer.

Wir warteten in einer überdachten Einfahrt, die nur wenige Schritte lang war, bis das grüne Rolltor behäbig mit tiefem Surren aufglitt. Dahinter zeichneten sich die Umrisse eines kleinen Dorfes ab, überall einstöckige Steingebäude mit roten Dächern. Ein Albtraum? Vor mir öffnete sich eine neue Welt mit besonderen Regeln und Prinzipien, das hatte ich ansatzweise von meinen Leidensgenossinen in den Katakomben erfahren – und ich sollte es schnell am eigenen Leib zu spüren bekommen.

Als ich neben Shannon über den grauen Betonboden auf die Tür der Rezeption zustolperte, schloss sich das Rolltor hinter uns. Plötzlich hörte ich das schrille Surren eines Lautsprechers und zuckte leicht zusammen. »Sofort alle Arbeiterinnen an ihre Arbeitsplätze!« Das knarzende Geräusch ähnelte dem Klang eines Dampfers bei der Einfahrt in den Hafen. Es verfehlte bestimmt niemals seine Wirkung, so schrecklich laut und monoton drang die Stimme bis in die hinterste Ecke des Geländes.

Sofort schob man mich wieder in eine Zelle. Shannon wurde in die nebenan gesperrt. In den Aufbewahrungszellen gab es zwar eine Sitzbank und ein Fenster, aber keine Pritsche und auch kein Schlafzeug. Das Fenster gab den Blick auf ein großes, längliches Steingebäude frei, wo einige Insassinnen in violetten Jogginganzügen und weißen T-Shirts im Hof standen und rauchten. Nur zu gern hätte ich auch eine Zigarette gepafft. Auf einmal erklang Musik, ein romantisches Lied von Phil Collins, »In the air tonight«. Ich brach in Tränen aus und ließ mich auf die harte Sitzbank fallen. Eine Gänsehaut schüttelte mich, kroch mir die Arme hoch, als blickte ich aufs Meer, über dem ein kühler Wind aufzieht.

Kurz darauf kam eine Frau mit langen Haaren und einem hübschen Gesicht herein. Sie reichte mir lauwarmen Kaffee in einem weißen Styroporbecher und eine Filterzigarette. Ihr mitfühlendes Lächeln erwärmte meine Seele. Sie musste meine sehnsüchtigen Blicke in Richtung der Frauen in den Overalls bemerkt haben, denn sie sagte: »Das ist das Fabrikgebäude, wo die meisten von uns arbeiten. Die Overalls sind die vorgeschriebenen Klamotten. Die Farben sind nicht gerade besonders schick.« Sie deutete auf sich selbst und fügte hinzu: »Ich bin eine von ihnen und schon eine ganze

Weile hier, dafür habe ich den Job an der Rezeption bekommen, da helfe ich den ganzen Tag aus. Es gibt dort nur zwei Jobs, die beide echt gut sind, aber alles ist besser als in der Fabrik …«

Hinter ihr erschien eine Wärterin, platinblond, Mitte vierzig, mit grellrot geschminkten Lippen und langen roten Fingernägeln. Sie trug einen beigefarbenen Rock und eine weiße Bluse. Ohne die steifen Klamotten hätte sie eher wie eine veraltete Nachtclubtänzerin von der Reeperbahn ausgesehen. »Du kannst gehen, Maja. Danke«, sagte sie. Dann drehte sie sich zu mir um und verkündete: »Ich heiße Blanche! Komm raus.«

Gerne hätte ich mich noch länger mit der netten Maja unterhalten. Ich trat aus der Zelle in einen Raum, in dessen Ecke ein unscheinbarer Mann an einem Schreibtisch saß. Wahrscheinlich hätte ich ihn gar nicht bemerkt, wenn er nicht zu Blanche gesagt hätte: »Überlass mir Andrea für fünf Minuten, dann kannst du weitermachen.«

Er erklärte mir in schottischem Akzent, dass er kein Wärter sei, sondern nur den vor ihm stehenden Computer mit meinen Personalien füttern wolle. Nachdem das erledigt war, übernahm Blanche wieder das Geleit. Sie führte mich zu einer Dusche und drückte mir Shampoo und Seife, einen kleinen schwarzen Kamm, Zahnpasta und eine Zahnbürste in die Hand. Mit besonderem Nachdruck überreichte sie mir auch eine Packung Entlausungsmittel. Vielleicht sah ich sie daraufhin zu verblüfft an, auf jeden Fall fühlte sie sich zu einer Erklärung genötigt. »Läuse gibt es oft in den Zellen, Schätzchen. Die Zustände dort sind schockierend. Nimm es bitte nicht persönlich, aber schon nach einem Tag hätten alle 125 Gefangenen und die Wärter Läuse. Also ich hasse diese Viecher!«

Nun musste ich mich wieder komplett ausziehen. Immerhin kannte ich diese lästige Prozedur schon aus den Katakomben im Polizeihauptquartier und stellte fest, dass sie immer gleich ablief, wie ein Ritual, immer in derselben erniedrigenden und beschämenden Art. Kleider ausziehen, Arme vom Körper weghalten, Mund öffnen, Zeigefinger am Gaumen entlangführen, Kopf vornüber, Haare schütteln und mit den Fingern durchfahren, danach umdrehen, mit den Zehen wackeln, Pobacken spreizen, wieder anziehen.

Das warme Wasser unter der Dusche fühlte sich an wie der erste Sonnenstrahl nach einem langen Winter. Ob die Wärter das Recht hatten, uns körperlich zu züchtigen? Würden sie mich in eine Zelle mit Eisengittern sperren? Würden sie mich wie ein wildes Tier halten und zähmen wollen? Obwohl mir bewusst war, dass körperliche Foltermethoden auch in Australien der Vergangenheit angehörten, ganz sicher war ich mir dessen nicht.

An der Rezeption inspizierte Blanche kurz alle meine Besitztümer, ehe sie die Sachen achtlos in eine Pappkartonbox warf. Danach durfte ich sicherstellen, dass alles, was konfisziert worden war, von den Katakomben hierher gebracht worden war: meine Ohrstecker, die Ringe und die Armbanduhr. Wenn ich gewusst hätte, wie lange dieses Portal sich in diesem Moment für mich schließen sollte, wenn ich auch nur geahnt hätte, dass meine Welt, wie ich sie bisher kannte, endgültig aufgehört hatte zu existieren, wenn ich vermutet hätte, dass ich nie mehr dieselbe Frau sein würde, wäre ich dann panisch geworden? Ich weiß es nicht. Aber irgendetwas starb in jenem Augenblick in mir. Auf einmal war mir klar, dass Werner die Schuld nicht auf sich nehmen würde, dass er mir nicht helfen würde, hier rauszukommen – ich würde diesen Kampf allein kämpfen müssen.

Ich musste offenbar ebenfalls die grässliche Gefängnisuniform tragen, denn Blanche übergab mir einen Plastikwäschekorb mit meinen neuen Klamotten: alles in den Farben Schwarz, Weiß und Violett gehalten. Dazu eine dünne Bettdecke und ein geblümter Überzug, den sicher schon unzählige Frauen vor mir benutzt hatten, was ich aus den vielen Brandlöchern und hässlichen Flecken schloss. Außerdem händigte mir Blanche ein verblichenes Bettlaken, ein kleines Kopfkissen und ein steifes Frotteehandtuch aus.

»Wenn du erst mal eine Woche gearbeitet hast, Schätzchen, bekommst du Geld auf dein Konto, davon kannst du dir dann ein paar Kosmetiksachen kaufen. Der Shop hat drei Mal die Woche auf, die Öffnungszeiten werden wie alles über Lautsprecher durchgesagt, die überall auf dem Gelände angebracht sind. Denk daran, du musst immer das hier vorzeigen.« Sie legte eine Karte mit dem Foto, das die Polizei in der Nacht meiner Verhaftung von mir gemacht hatte, und meiner Gefangenennummer auf den Wäschestapel. Die Karte sollte ab sofort Personalausweis und Kreditkarte ersetzen.

Blanche sah mich von oben herab an und fuhr fort: »Deinen Verwandten und Bekannten ist es erlaubt, der Vorschrift entsprechende und in der Anzahl begrenzte Güter an uns zu schicken, die wir dir dann an einem Wochentag aushändigen. Natürlich nur, falls du den Antrag dafür ausgefüllt hast, Schätzchen.« Sie zeigte mir ein blassrosafarbenes Formular. »Alles andere, was du noch wissen musst, werden dir dein Blockwärter und die Billet erklären.«

»Was ist eine Billet?«, fragte ich.

»Billets machen die Blöcke sauber, sind aber Gefangene. Das ist hier ein Job wie jeder andere auch. Jede Gefangene ist verpflichtet zu arbeiten.«

Unterdessen betrat ein junger Wärter den Raum – eine Erscheinung, die ich eher als lausbubenhaft bezeichnen würde und die ich niemals als Wärter eines Gefängnisses erwartet hätte. Es stellte sich heraus, dass er sogar einer der Oberaufseher war. Sein Name war Woody. Er fragte, ob ich mich sicher genug fühlte, um in eine gewöhnliche Zelle zu gehen, oder ob ich in Schutzhaft wolle.

»Man hat mir vom Schutzhaftblock erzählt, aber dort will ich nicht hin«, sagte ich mit so viel Nachdruck wie möglich.

Zu meinem großen Erstaunen lächelte er nur freundlich, ohne ein weiteres Wort über die Schutzhaft zu verlieren. Ich war extrem müde, aber die langwierige Prozedur der Aufnahme war anscheinend noch nicht beendet. Der junge Aufseher führte mich in das medizinische Versorgungszentrum – im verglasten Vorraum standen Plastikstühle und alphabetisch geordnete Boxen mit Medikamenten, in einer separaten gläsernen Zelle ein Krankenbett, ein Waschbecken und eine Toilettenschüssel aus Chrom –, wo ich mich sofort auf die Bettkante fallen ließ. Irgendwann musste dieser Tag doch ein Ende haben. Die medizinische Umgebung erinnerte mich an einen kurzen Krankenhausaufenthalt in Berlin vor über zehn Jahren sowie an einen Mann, den ich sehr geliebt hatte und den ich hätte heiraten sollen. Allerdings ließ sich das leider nicht realisieren, weil er bereits verheiratet war …

Michael Leeson war ein wunderbarer Mensch. Mitte vierzig, beinahe zwanzig Jahre älter als ich, unglücklich verheiratet, zwei kleine Kinder, wohnhaft in Los Angeles. Als Drehbuchautor kam er mit seinem Freund Danny de Vito zur Berlinale, wo sie ihren gemeinsamen Film vorstellten: *Der Rosenkrieg*. Danny hatte den Streifen produziert und war neben Kathleen Turner und Michael Douglas einer der Hauptdarsteller. Höhepunkt ihres Aufenthaltes war die Premiere im Zoopalast. Wir fuhren in einer Limousine mit getönten Scheiben vor, liefen über den roten Teppich und schauten den Film – das Publikum liebte ihn und bescheinigte seine Begeisterung mit tosendem Beifall. Anschließend gab es ein großes Büfett, aber wir, Danny, Michael und ich, bevorzugten ein kleines italienisches Lokal in Charlottenburg. Spätnachts saßen wir alle im Hotel Kempinski in der Piano Bar. Ich hatte nur Augen und Ohren für Michael – nicht für Michael Douglas und auch nicht für irgendjemand sonst am Tisch. Drei wundervolle Tage verbrachten Michael und ich miteinander. Zum Abschied am Flughafen Tegel winkte ich tapfer, während mir die Tränen nur so übers Gesicht rannen.

Nur wenige Wochen später, ich ging im Cabaret gerade meiner damaligen Haupttätigkeit nach, dem Tanzen, empfand ich eine nie gekannte Übelkeit. Ich übergab mich einige Tage lang, ehe ich zum Gynäkologen ging, der nach einer kurzen Untersuchung feststellte, dass ich schwanger war. Am Abend griff ich zum Telefon und rief Michael an.

»Ich vermisse dich«, sagte ich.

»Ich vermisse dich auch«, erwiderte er mit seiner sanften Stimme.

Nachdem ich ein wenig um den heißen Brei herumgeredet hatte, gestand ich es ihm. »Michael, würde es dich überraschen, wenn ich dir erzählen würde, dass ich schwanger bin? Verdammt Michael, ich bin schwanger!«

»Ein Kind?«, fragte er, noch immer ganz ruhig.

»Ich werde es nicht bekommen.« Ich versuchte die Kontrolle zu behalten. Ich konnte mir nicht vorstellen, in Los Angeles zu leben, mit einem Kind. Ich war erst Mitte 20, ich hatte noch so viele Pläne und in keinem davon kam eine Familie vor.

»Es ist ein Kind der Liebe und bestimmt ein hübsches.« Er verblüffte mich mehr und mehr.

Trotzdem, das hilft doch alles nichts, dachte ich entschieden.

Kurz darauf ließ ich eine Abtreibung vornehmen.

Ich sah Michael in den nächsten drei Jahren immer zur Berlinale – ich durfte sogar Johnny Depp die Hand schütteln –, zwischendurch besuchte ich ihn mal in Los Angeles, und er zeigte mir die fantastische Welt von Hollywood. Zu jener Zeit war ich schon auf Heroin und neugierig auf die Szene in der Stadt. Meines Wissens musste sie irgendwo in Downtown sein. Ein Latino, den ich zufällig kennenlernte, erzählte mir etwas von einem verfallenen Haus, in dem einige Leute wohnten, die mir Drogen besorgen könnten. Los Angeles war bekannt für sein gutes braunes Heroin aus Mexiko. Als ich den Stoff besorgt und abgecheckt hatte, sagte Michael: »Über dein Leben könnte man auch einen Film drehen. Es ist nie langweilig mit dir.«

Als ich etwa 30 Jahre alt war, besuchte ich eine Freundin in Los Angeles, und eines Abends saß ich mit Michael in Santa Monica vor ihrer Eingangstür. Hätte ich das Kind, zweifellos ein Kind der Liebe, doch bekommen sollen?, fragte ich mich. Mein Drehbuchautor war längst geschieden, ich war inzwischen mit Werner verheiratet. Um den Bauch trug ich einen Geldgürtel mit 70 000 amerikanischen Dollar in kleinen Scheinen, denn ich war auf dem Weg nach Quito, um eine Lieferung Kokain zu bezahlen und um den Bauch herum ließ sich das Geld am besten verstecken. Ich ließ Michael in dem Glauben, ich hätte einige Kilo zugenommen, schließlich ahnte er nichts von meinen kriminellen Aktivitäten.

Michael hat mich die ganze Zeit über, während ich in Australien im Gefängnis saß, dazu angespornt, dieses Buch zu schreiben. Er schickte mir eine Postkarte mit dem schönsten Satz, den ich je gelesen habe: »Ich bin traurig, dass du, der einzige Freigeist, den ich je kennengelernt habe, seine Freiheit verloren hat.«

Während ich im medizinischen Versorgungszentrum des Gefängnisses meinen Gedanken nachhing, schlenderte lässig ein junger Mann im Hawaiihemd auf mich zu, öffnete nonchalant die Glastür und streckte mir die Hand entgegen. »Hi, ich bin Barry, die Krankenschwester«, begrüßte er mich und entblößte dabei eine Reihe weißer Zähne.

Mir war nicht nach Lächeln zumute. Ich zuckte zurück, wurde misstrauisch. Barry benahm sich so freundlich, als befänden wir uns im Kaffeehaus und wären alte Bekannte. Er fragte ruhig, wie es mir gehe und warum ich hier sei. Dann ging er kurz nach draußen und ließ mich einfach stehen. Als er zurückkam, brachte er eine Personenwaage mit. Zögerlich stieg ich darauf: 44 Kilogramm.

Jetzt oder nie! Ich wusste, ich hatte kaum eine Chance, aber einen Versuch war es wert. »Barry, kannst du mir vielleicht helfen? Ich habe schreckliche Schmerzen, bin todmüde, aber kann einfach nicht schlafen, mein Körper und meine Nerven fühlen sich an wie Nadelstiche. Ich brauche dringend Methadon oder wenigstens Valium«, sagte ich und schaute ihn flehend an.

Er verarztete meine Wunden und blickte ratlos drein. Das Herz sackte mir in die Hose, als er sagte: »Da kann ich leider gar nichts machen. Zum einen bin ich kein Arzt, der befugt wäre, dir ein Rezept auszustellen. Zum anderen kannst du hier nicht dem Methadon-Programm beitreten. Aber sei froh, das Zeug ist genauso ein Gift. Du wirst noch eine Weile unter den Entzugserscheinungen leiden, aber die Übelkeit, das Erbrechen und der Dünnschiss haben doch sicher schon nachgelassen. Nach und nach wird alles aufhören. Das ist nur eine Frage der Zeit. Warum sollte die Gefängnisleitung sich um deinen Entzug kümmern und auch noch die Unkosten dafür tragen? Du wirst dich daran gewöhnen müssen, dass man dich ärztlich versorgt, aber nur wenn es wirklich notwendig ist. Hier leben über hundert Frauen, die alle versorgt werden müssen. Damit ist das Ganze eine Frage der Finanzen und somit auch des Personals.«

Für mich war es weiterhin kalter Entzug.

Nachdem Barry mir nach mühsamer Suche am Fuß eine Kanüle Blut abgezapft hatte, klopfte es an der Tür und die zuständige Ärztin trat ein. Rasch entpuppte sie sich als Bekannte von Andrew, von unserer Verhaftung hatte sie in der Tageszeitung gelesen. Sie hatte eine Praxis mitten in Melbourne und kam zwei Mal pro Woche nach Deer Park.

»Fast alle Insassinnen sind auf hohen Dosen Lacactol, Haldol oder ähnlichen Psychopharmaka«, erklärte sie mir, »aber das Zeug macht lethargisch, gleichgültig und fett. Doch die meisten Frauen ertragen es so leichter, eingesperrt zu sein, sind weniger aufmüpfig und einfacher zu handhaben. Jedenfalls ist es das stärkste Mittel, was ich dir verschreiben darf.« Sie schaute mich erwartungsvoll an.

Barry stand die ganze Zeit neben meinem Stuhl.

»Nein, danke. Haldol kenne ich«, erwiderte ich und war von meiner kraftvollen Stimme ganz erstaunt.

»Gut, wie du willst, dann verschreibe ich dir eben Antibiotika für die Abszesse und zwei Mal pro Tag zehn Milligramm Valium, dazu abends zwei Mogadon. Das ist für hiesige Verhältnisse ziemlich viel, mehr geht auf gar keinen Fall. Ich darf dir das höchstens für zwei Wochen verordnen, danach musst du ohne Valium und Mogadon auskommen. Am besten stellst du dann einen Antrag, mich in zwei Wochen wiederzusehen, dann will ich sehen, was ich für dich tun kann«, sagte sie. Sie versuchte ernsthaft mir zu helfen.

Sie verließ den Raum ruhig und geschmeidig wie eine Gazelle. Anschließend führte mich Barry auf den Gang, sagte zu mir, ich solle kurz warten, und verschwand ebenfalls.

Eine furchtbare Angst vor den kommenden Wochen schoss in mir hoch und verschnürte mir meine trockene Kehle. Sobald man an einem Verbrechen beteiligt war, trug man auch einen Teil der Schuld. Ich war der Mitwisserschaft angeklagt. War das nicht eine gedankliche Angelegenheit? Ich war schuldig, trotzdem versuchte ich, meinen Kopf irgendwie aus der Schlinge zu ziehen. Schuld anzunehmen ist nicht einfach. Ich war müde. Müde, am Leben zu sein.

Barry kam zurück und führte mich wieder ins Vorzimmer. Blanche kam hinzu und reichte mir eine Packung Zigaretten und ein Einwegfeuerzeug. »Die Unkosten werden von deinem ersten Lohn abgezogen, Schätzchen.«

Hinter ihr trat ein grauhaariger Mann ein, und seine ersten Worte waren: »Lasst uns bitte mal kurz allein.« Er lächelte mich gutmütig an, reichte mir seine weiche Hand und sagte: »Ich heiße Vito und bin der Drogenberater in Deer Park. Andrea, ich sehe dir an, dass du noch extrem unter dem Entzug leidest. Es tut mir leid, aber das wird noch eine Weile dauern.« Er schaute beinahe ein bisschen traurig drein.

»Kannst du mir Methadon oder etwas Ähnliches besorgen?«, fragte ich matt.

»Nein, aber das weißt du sicher schon. Ich bin für die tägliche Methadonausgabe zuständig, ich bin hier der Therapeut und Pharmakologe. Ich kann dir momentan nicht helfen. Du bist noch nicht bereit, gegen deine Drogensucht anzukämpfen, das sehe ich. Wenn du so weit bist, kannst du jederzeit zu mir kommen, dann finden wir eine Lösung für dich. Ich kenne mich aus, ich war dreißig Jahre lang Präsident des größten Drogentherapiezentrums in Melbourne. Zwar habe ich hier nicht dieselben Mittel zur Verfügung, und auch nicht so viele gute Therapeuten, aber irgendetwas geht immer.«

Ich verstand nicht, was er damit zum Ausdruck bringen wollte, doch es war mir letztlich gleichgültig, ich wollte nur noch hier raus. Seine Augen machten mich unruhig. Ich glaube, es waren seine Ehrlichkeit, seine Gutmütigkeit und seine unglaubliche Gelassenheit, gepaart mit seinem Wissen, die mich beirrten.

»Du bist ein ganz besonderer Mensch, Andrea, ich kann es in deinen Augen erkennen. Ich kann sehen, dass du eines Tages wieder erlernen wirst, mit der Schönheit zu tanzen. Blanche, bitte komm und lass Andrea raus!«, sagte er.

Ich stellte keine weiteren Fragen.

Blanche hielt mir ungeduldig die Tür auf und anstatt mich zu begleiten, sagte sie nur: »An der Uhr vorbei und immer geradeaus. Dann links, dort steht groß A3. Das ist der Orientierungsblock, dort kommt jede die ersten Tage hin. Ich habe der Wärterin, Miss Johnson, Bescheid gesagt, dass du auf dem Weg bist. Sie wird dir alles Weitere erklären. Viel Spaß, Schätzchen.«

Die Tür fiel hinter mir mit einem lauten Knall ins Schloss. Ich stand alleine auf dem Gefängnisgelände, ein Zurück gab es nicht.

»Wenn ein Freund weggeht, muss man die Türe schließen, sonst wird es kalt.«

BERTOLT BRECHT

Es war um die Mittagszeit. Verkrampft hielt ich den blauen Wäschekorb mit beiden Händen fest und spähte unsicher über die aufgetürmten Sachen. Ich taumelte über einen schmalen, betonierten Weg, der sich zwischen kargen Grasflächen entlangschlängelte, vorbei an der Großküche, die ich am Geruch erkannte. Nur mühsam konnte ich einen Schritt vor den anderen setzen. Hier und da traf ich andere Insassinnen, die mich neugierig beäugten. Gegenüber von einem wenig belebten Gebäude gab es eine Turnhalle und ein Mini-Schwimmbecken, in dem sich viele Frauen tummelten. Sie hatten mich rasch entdeckt.

»Hey, Kleine. Suchste was?«, rief eine von ihnen zu mir herüber, während sie lasziv ihre langen Beine ins Wasser tauchte, als wäre sie im Urlaub und würde für einen Reisekatalog posieren.

Noch ehe ich etwas erwidern konnte, antwortete eine andere für mich: »Lass sie in Ruhe. Das ist die Frau, die mit Andrew Fraser verhaftet worden ist. Von dem Fall habe ich gehört, große Sache. Die ist sicher okay, eine Deutsche.« Dabei kam sie schlendernd auf mich zu. Ihr rotes Haar glitzerte in der Sonne, und sie sagte freundlich: »Kann ich dir helfen?«

»Ich soll mich in A3 melden«, sagte ich mit leiser Stimme.

»Lauf noch ein Stück geradeaus, danach geht's ein wenig nach unten. Bleib einfach auf dem Weg, da ist dann A3, das steht dran.«

»Alles klar«, erwiderte ich.

»Schon in Ordnung. Falls du mal Hilfe brauchst, ich heiße Alicia, du kannst gern zu mir kommen.« Sie zwinkerte mir zu, drehte sich um und lief zurück zum Schwimmbecken.

Die anderen Frauen hatten die Szene beobachtet, dessen war sie sich bewusst. Das war deutlich zu erkennen, als sie ihre rote Haarpracht selbstbewusst und schwungvoll in den Nacken strich und einen auffordernden Blick in die Runde warf.

»Danke, Alicia. Das mach ich. Bis dann«, rief ich ihr etwas verzagt hinterher und ging weiter.

Es war offensichtlich, dass sie unter den Insassinnen etwas zu sagen hatte. Ich kam an einen Block, an dessen Tür »A4« stand, davor ein Schild mit der Aufschrift »Zutritt verboten! Nur für Bewohnerinnen!« Gleich dahinter lag A3, der sogenannte Orientierungsblock, und dahinter befand sich – mit großem Abstand – der Bunker. Auch hier war ein Schild mit der Aufschrift »Zutritt verboten!«

Unsicher ging ich auf die Tür des Blockes A3 zu. Sofort ertönte die Stimme einer Wärterin: »Girrrlll, Stop! Zuerst zu mir.« Ihr barscher Ton duldete keinen Aufschub, daher lief ich rasch in ihr Wärterhäuschen. »Ich muss eine Akte über dich anlegen, also brauche ich deine persönlichen Daten«, sagte sie. »Ich heiße Miss Johnson, aber jeder nennt mich Jonno.« Nach einer kurzen Pause fuhr sie fort: »Willst du TV? Ach, das geht ja noch gar nicht. Sobald du Geld verdienst, werden sieben Dollar pro Woche abgezogen, falls du einen Fernseher in deiner Zelle haben möchtest. Ansonsten steht ein Gerät im Gemeinschaftsraum.« Eifrig schrieb sie etwas auf ein Blatt Papier und steckte es in einen Ordner, den sie wiederum in einer Schreibtischschublade verstaute. Zum Schluss sagte sie: »Girrrlll, Zelle Nummer acht. Die ist gerade geräumt worden.« Sie lehnte sich seufzend zurück, legte eine Hand auf ihren weit vorstehenden Bauch und biss in einen Keks.

Als ich aus dem Wärterhäuschen hinauslief, wäre ich beinahe mit Shannon zusammengestoßen. »Du bist auch hier«, rief ich erfreut.

»Ja. Schön dich zu sehen.« Sagte sie und schenkte mir ein breites Lächeln.

Als ich die Zelle mit der Nummer acht betrat, wollte ich mich sofort bei Jonno beschweren. Der Raum war winzig.

Da steckte eine Frau neugierig den Kopf zur Tür herein und sagte: »Brauchst du etwas? Kann ich dir helfen? Ich habe die Zelle nebenan.«

Eigentlich war ich todmüde, aber ich fragte sie einfach: »Ist das hier die kleinste Zelle im Block?« Ich ließ die rechte Hand vage durch den Raum schweifen.

»Scheiße, nein. Die sind alle gleich winzig. Kannst ja mal nach nebenan schauen. Genau die gleiche beschissene Zelle.« Damit verschwand sie wieder.

Der Geruch nach Fäulnis, Schweiß und Desinfektionsmittel vermischte sich mit abgestandener Luft, daher versuchte ich als Erstes, das einzige winzige Fenster zu öffnen. Es ließ sich allerdings nur etwa fünf Zentimeter zur Seite schieben. Davor war ein Eisengitter angebracht, Luft drang kaum hindurch. An einer Wand stand ein schmales Bett mit einer dünnen Matratze im feuerfesten Überzug. Das sah nicht gerade einladend aus. Von der Tür aus brauchte ich nur zwei Schritte und schon stand ich vor einem kleinen Plastikregal, in das ich meine Habseligkeiten einräumte. Im Zimmer standen noch ein Schreibtisch, ebenfalls aus braunem Plastik, und ein weiteres Regal mit Vorhang und Stange, an der ich meine T-Shirts aufhängte. Einen Spiegel gab es nicht. Alle Möbelstücke waren im Boden verankert und, ebenso wie die Wände, über und über mit Liebeserklärungen, Schweinereien und Beschimpfungen beschmiert. Der gesamte Raum war etwa vier Schritte breit und sieben Schritte lang.

Als ich an diesem ersten Tag in Deer Park im Badezimmer mit weit aufgerissenen Augen in einen der beiden Plastikspiegel schaute, starrte mich eine Fremde an. Als hätte ich mit meinem Spiegelbild nichts zu tun. Mein Herz begann zu rasen. Ein einengendes, ein beklemmendes Gefühl. Was war nur mit mir passiert? Ich atmete tief durch und versuchte mich zu beruhigen. Mit ein wenig Glück würde ich nicht lange hierbleiben müssen. In ein paar Tagen sollte ich einen guten Anwalt gefunden haben, der mich auf Kaution rausholte, so hoffte ich zumindest.

Es war inzwischen Abend geworden, und das Fiepen des Lautsprechers bewahrte mich davor, schluchzend zusammenzubrechen. »Alle Insassinnen zur Zählung und zum Einschluss aufstellen!«, donnerte es durch die Flure. Jeden Abend erfolgte wohl der Aufruf zur Zählung und sobald der erste Ansatz von Dämmerung zu spüren war, verließ der Wärter sein Häuschen, zählte uns, indem er entweder zu jeder Zelle einzeln marschierte oder indem er die Namen laut in den Gang brüllte, dann verließ er den Block und verriegelte die Vordertür. Meistens war die erste Zählung falsch, dann musste das Ganze wiederholt werden. Für 14 Stunden oder mehr, zumindest zwischen 18 Uhr und acht Uhr morgens, sahen wir keinen einzigen Wärter – außer in Notfällen. Für die gab es im Gemeinschaftsraum eine Gegensprechanlage mit Klingel.

Am Abend verspürte ich nicht den geringsten Hunger. Ich

lehnte das Essen, das eine Gefangene gekocht hatte, dankend ab, murmelte, dass ich hundemüde sei und noch unter Entzugsbeschwerden leide, stolperte in meine mickrige Zelle und schloss von innen ab. Nur wenige Minuten später klopfte es mit solcher Wucht an meine Tür, dass ich aufschreckte.

Aggressiv schrie jemand: »Haste 'nen Grund abzuschließen? Du kannst abschließen, aber davonlaufen kannst du nicht. Wir kriegen dich immer, wenn wir wollen. Ich bin Renée, und nun zeig dich mal, damit wir uns richtig bekannt machen können.«

Ich hörte sie schallend lachen. Also machte ich wieder auf und sah nur noch Renées breiten Rücken im Gemeinschaftsraum verschwinden. Ich legte mich wieder auf meine Pritsche und ließ die Tür unverschlossen. Schlafen konnte ich ohnehin nicht.

Ich dachte daran zurück, wie ich in Auckland angekommen war. Erstaunt sah ich durch meine vom Alkohol zitternden Augen einen Haka. Für die ebenfalls ankommende Football-Nationalmannschaft, nicht für uns, tanzten stolze Maori ihren traditionellen Kriegstanz. Mit schwarzer Körperbemalung und im kurzen Rock, der kaum die Geschlechtsteile verdeckte, stießen sie mit weit aufgerissenen Mündern Schreie hervor. Dabei zogen sie Grimassen und stampften immer wieder auf den Boden. Die nötigen Papiere für unsere Heirat bekamen Werner und ich im Zentrum von Auckland, wo kaum Verkehr herrschte, wo das Leben scheinbar friedlich und geordnet verlief.

An unserem Hochzeitstag stand ich – im silbern schimmernden Minikleid, mit einem großen schwarzen Hut auf dem Kopf und langen schwarzen Seidenhandschuhen – betrunken auf meinen 15 Zentimeter hohen Plateauschuhen vor der skeptisch dreinblickenden Standesbeamtin. Nach kurzem Zögern begrüßte sie meine Trauzeugin als die vermeintliche Braut, was ich, zugegebenermaßen leicht lallend, sofort zurechtrückte. Ansonsten sind mir nur noch wenige Momente dieses Tages in Erinnerung. Den Rest, auch die Hochzeitsnacht, ertränkten wir im Alkohol.

Damals nahm ich, zusätzlich zum Alkohol, täglich eine Handvoll bunter Pillen, darunter Rivotril, Rohypnol und Mogadon, dazu jede Menge Methadon. Letzteres war nur schwer zu beschaffen, da ich keine Australierin war, doch ein mit Werner befreundeter Apotheker brachte mir den Zaubertrank regelmäßig vorbei. Im Gegenzug versorgte ich ihn mit Gras.

Ich bekam schon immer, was ich wollte. Selbst als ich noch ein Teenie war. Die Älteren rauchten alle Haschisch, also rauchte ich mit, und es gefiel mir gut. Ein paar Jahre später ging ich auf Festivals, blieb über Nacht weg und schmiss LSD-Trips. Irgendwann gönnte ich mir dann die erste Line Heroin. Auf Partys oder Konzerten nahm ich Speed oder, wenn es welches gab, Kokain. Mein Abitur machte ich nebenbei, das war kein Problem, ein Jahr vor dem Schulabschluss lebte in meiner ersten WG, zwei Frauen und ein Pärchen. Eines Tages standen mehrere Zollbeamte mit einem Hausdurchsuchungsbefehl vor der Tür und unser männlicher Mitbewohner wurde für das Schmuggeln von Heroin und Kokain für zwei Jahre eingesperrt.

In München, wo ich mit einem Junkie zusammenlebte, studierte ich kurz Betriebswirtschaftslehre, später dann schloss ich im Betrieb meines Vaters eine Lehre als Bürokauffrau ab – obwohl wir wegen unserer unterschiedlichen Ansichten oft aneinandergerieten. Mit 22 Jahren zog ich nach Berlin und verliebte mich auf den ersten Blick in diese Stadt; an der FU studierte ich Japanologie und Amerikanistik. In Berlin fing ich den exzessiveren, den harten Drogenkonsum an: Speed, Kokain, Heroin. Letzteres intravenös. Auf langen Asienreisen entfloh ich regelmäßig den kalten Wintermonaten in Europa.

Als ich in New York eine Freundin in Spanish Harlem besuchte, rauchte ich zum ersten Mal Crack, in Australien spritzte ich mir dann Kokain-Heroin-Mischungen, Speedballs genannt. Crack bläst einem die Schädeldecke bis zum Mond.

Ich hatte nie vor, jemals einen Kredit auf ein Haus aufzunehmen und zusammen mit meinem Ehemann eine Waschmaschine zu kaufen. Ich hatte nie vor, einem Mann, der viel Geld verdient, den Haushalt zu führen. Ich hatte auch nie vor, eine lebenslange Ehe zu führen, tagsüber Schuhe zu kaufen und abends auf der Couch zu sitzen. Alles, was ich wollte, war ein Rausch, den ultimativen Glückszustand.

Drogen nahm ich wild durcheinander, bis zu jenem schrecklichen Tag im September 1999, als man mich nach Deer Park brachte, wo ich plötzlich nichts mehr hatte. Ich fühlte mich so nackt, so miserabel.

Allerdings hielten mich in jener ersten Nacht im härtesten Frauengefängnis von Australien nicht nur meine Grübeleien vom Schlafen ab. Draußen erklangen immer wieder Stimmen: »Hey du Verrätersau, hey, Vera, wie schläft es sich als Dreckschwein?«

Eine andere Frau schrie mit krächzender Stimme: »Die pennt sicher gut, im Schweinestall sind ja nur Schweine wie sie, alles Verräter. Vera, hör gut zu, tritt mir bloß nie wieder unter die Augen. Wenn ich dich jemals wiedersehen sollte, schlitze ich dir die Augen auf und noch so einiges mehr.«

»Die Dinge sind nie so, wie sie sind.
Sie sind immer das, was man aus ihnen macht.«
JEAN ANOUILH

Ich hatte nur ein paar Stunden gequälten Schlaf hinter mir, als ich barfuß am noch unbesetzten Wärterhäuschen vorbei zu einem Fenster in der Küche schlich, um den Sonnenaufgang zu beobachten. Die Sonne erschien zögerlich, als würde sie nur für die Menschen auf der anderen Seite des Zaunes aufgehen. Süß schmeckt die Freiheit, sobald man sie verloren hat. Mein ausgelaugter Körper schmerzte. Seit einer Woche lebte ich ohne Drogen, meine unbändige Gier nach Betäubung war beinahe unerträglich. Ich schlurfte durch die Küche zum Gemeinschaftsraum, in dem zwei abgewetzte Sofas und ein paar ausgeblichene Sessel standen. Vor dem Fernseher lagen einige Frauen auf dem Boden und schliefen. Keine von ihnen schien mich zu bemerken. Ich ging leise ins Bad, wo es drei Toiletten und zwei schmutzige und enge Duschräume gab. Auch durch den dünnen, lauwarmen Wasserstrahl wurde mir nicht besser. Könnte ich doch nur sterben.

Als die laut dröhnende Stimme über den Dächern von Deer

Park erhallte wie der Ruf des Muezzins, zuckte ich abermals zusammen. »Sieben Uhr. Aufstehen!«

In jenem Moment hatte ich das Gefühl, dass ich nie wieder glücklich sein würde. Nie wieder.

Die zweite Ansage folgte schnell: »Sieben Uhr 30. Alle anziehen für die Zählung!«

Kurz danach erschien der junge Wärter, der sich am Vortag als Woody vorgestellt hatte. Mit einem Notizbuch spazierte er gemütlich an jede Zellentür, um sicherzustellen, dass sich keine der Gefangenen des Nachts in Luft aufgelöst hatte. Erstaunt stellte ich fest, dass ich die Einzige war, die brav an ihrer Zellentür stand. Die anderen räkelten sich gähnend im Bett, standen unter der Dusche oder saßen in der Küche vor einer Schale Cornflakes. Woody hatte die Situation rasch überblickt. Er stellte sich gut gelaunt an die Eingangstür des Blocks, von wo aus er unsere Namen aufrief, worauf wir mit »Ja« antworteten. Er versah den jeweiligen Namen auf der Liste mit einem Haken, verließ den Block und schloss uns wieder ein.

Über ein Funkgerät gab er die Anzahl der Insassinnen an eine Art Sammelstelle durch, wo die Zahlen von allen Blöcken zusammengezählt und an eine höhere Stelle weitergeleitet wurden. Falls die endgültige Zahl mit jener der sich offiziell in Haft befindenden Insassinnen übereinstimmte, durften die Blöcke wieder aufgeschlossen werden. Falls nicht, musste die Zählung unmittelbar ein zweites Mal vorgenommen werden. Sofern nach drei Zählungen keine Übereinstimmung herrschte, wurde der Notstand ausgerufen. Es gab täglich vier Zählungen, manchmal sogar mehr.

Nachdem wir gefrühstückt hatten, wurde eine Blockversammlung einberufen, um den Neuankömmlingen die wichtigsten Dinge zu erklären. Die Aufgabe sollte Tiny übernehmen. Es hieß, Tiny sei eine Frau mit Knasterfahrung. Es hieß, sie sei von der altmodischen Sorte und würde niemals jemanden verpfeifen. Es hieß, sie hasse die Frauen im Schutzblock und sie habe schon die verschiedensten Verbrechen begangen. Die Frauen redeten mit großem Respekt von Tiny, auch weil sie aus der berüchtigten Stadt Geelong stammte, wo sie alle einschlägigen Gangster kannte.

Die Bewohnerinnen des Blockes A3, insgesamt nur elf Frauen, da eine fehlte, saßen also auf dem Boden im Schneidersitz zusammen: eine Aborigine, eine Vietnamesin und neun Australierinnen. Alle schauten erwartungsvoll. Außer Shannon kannte ich niemanden und ganz nebenbei fragte ich mich, was wohl mit den beiden mit Methadon vollgedröhnten Prostituierten aus den Katakomben im Polizeihauptquartier geschehen war.

Tiny kam mit einer sehr jungen Frau, die ebenfalls in A3 wohnte, anmarschiert. »Hey German, hab schon von dir gehört«, begrüßte sie mich und nickte mir zu. An die anderen gewandt, sagte sie: »Das ist meine Freundin Caroline, die hilft mir heute. Sie ist noch nicht verurteilt, aber sie bekommt sicher eine ganze Menge Jahre.«

Feinfühlig ist die gute Tiny nicht gerade, dachte ich, während sie fortfuhr und zum Wesentlichen überging.

»Die Zelle und deren Sauberhaltung ist allein unsere Sache. Bist wohl ein verwöhntes Töchterchen, German, das seh ich dir an. Aber hier putzt keiner für dich. Auch Kochen und Geschirrspülen übernehmen wir selbst. Dafür gibt es jede Woche einen neuen Plan mit wechselnden Aufgaben für jede von uns. Kapiert, German?«

Was will sie bloß von mir? »Ich kann nicht kochen«, gab ich zu und merkte, wie mir das Blut in die Wangen schoss.

Sie schaute mich verblüfft an, und nach einer kurzen Pause sagte sie: »Na gut, German, dann machst du eben abends den verdammten Abwasch.« Sie drehte sich zu den anderen um und fragte: »Ist das für euch okay, wenn die German abends das Geschirr übernimmt?«

»Ja, klar«, murmelten die meisten – was Tiny sagte, war Gesetz.

Danach wandte sie sich wieder mir zu. »Andrew hat mir ’ne Nachricht zukommen lassen, dass ich auf dich aufpassen soll. Also, falls was ist, sag einfach Bescheid.«

Das hätte ich mir denken können, dass Andrew seine Finger im Spiel hatte.

»Andrew hat viele Kumpels von mir verteidigt, ich bin ihm etwas schuldig. Ich wohne in C3B, dem letzten C-Block, gleich oben am Hügel.« Ich hatte keine Ahnung, was sie meinte, aber ich nickte, während sie weitersprach: »Du fragst dich sicher, warum ich hier bin. Meistens waren es Drogengeschichten. Ich war schon paar Mal im Knast, bin Ende vierzig, German. Die letzten Male war ich noch im Fairlea Prison in Pentridge, dem alten Frauengefängnis. In Deer Park bin ich seit zwei Jahren für den Mord an meiner Ex. Bin beidseitig bespielbar und auch noch verheiratet. Ich war's nicht, aber die Gerichte haben mir ein Maximum von 17 mit einem Minimum von 14 Jahren aufgebrummt. Die verdienen umso mehr Geld mit uns, je länger sie uns einsperren, und die Gerichte spielen mit. Korruption. Das wirst du alles noch spitzkriegen, German. Halt dich an mich, wenn du Probleme hast oder was wissen willst.«

Als Nächstes machte Tiny mich mit einigen Frauen in der Runde bekannt: Dale war eine hagere Erscheinung, die all das nicht zu interessieren schien, denn sie tuschelte ständig mit der jungen Caroline. Zu Renée hatte Tiny ein besonderes Verhältnis, denn sie kannte Renées Vater, ihren Onkel und einige andere Verwandte, alles bekannte Größen im Untergrund von Melbourne. Eileen und Sue waren älter als ich und sahen aus wie einfache Hausfrauen. Beide waren sie für die Ermordung ihres Ehemannes verurteilt worden. Eileen konnte weder schreiben noch lesen.

Ich gehöre hier nicht dazu. Ich bin keine dieser verlorenen Seelen, dachte ich, während Tiny das Wort an Caroline übergab. Ich schätzte sie auf maximal zwanzig Jahre.

»Passt auf, was jetzt kommt, ist wichtig! Unser Essen wird vom Billet des jeweiligen Blockes jeden Donnerstag per Einkaufsliste bestellt. Pro Kopf haben wir jede Woche 25 Dollar, die wir für Käse, Salami, Schinken, Brot und die Nahrungsmittel auf der Liste ausgeben können. Jeden Freitag muss der Billet des Blockes eine neue Essensliste ausfüllen. Lachs gibt es keinen! Noch etwas: Wenn die Orientierungsstufe hier vorbei ist, muss jede von euch arbeiten. Ihr kommt dann in einen der drei B-Blöcke. 6,25 Dollar gibt es am Anfang, später 7,15, und falls eine von euch Karriere machen möchte, der Höchstlohn liegt bei 8,25 Dollar. Natürlich zahlen sie uns kein Geld aus, sondern packen es auf ein Konto. Das Geld dürfen wir dann in der Kantine ausgeben.« Ihr Englisch war viel besser als das von Tiny.

»Kein übler Stundenlohn«, antwortete eine der Australierinnen. Die anderen Frauen lachten schallend.

»Das ist der Tageslohn«, erläuterte Caroline ohne einen Funken Ironie oder gar Schadenfreude.

Renée fügte hinzu: »Davon müsst ihr Zigaretten, Toilettenartikel, Telefoneinheiten, Briefmarken und Süßigkeiten kaufen. Falls ihr Verwandte oder Freunde mit Asche habt, dürfen die euch 120 Dollar pro Monat zukommen lassen. Stimmt doch, Caroline?«

Caroline nickte zustimmend. »Grundsätzlich gilt folgende Unterteilung: Die A-Blöcke sind für Frauen, die gerade erst eingeliefert wurden und sich noch einleben müssen, außerdem für die, die noch nicht verurteilt worden sind. Die B-Blöcke sind ebenfalls für nicht verurteilte Frauen und für junge Verurteilte mit kurzen Strafen. Ich bin auch noch nicht verurteilt, das Verfahren läuft noch«, gab Caroline plötzlich ehrlich über sich selbst Auskunft, »aber ich bin schon seit sechs Monaten hier und es wird wohl noch ein Jahr dauern bis zu meinem Prozess. Aus diesem Grund habe ich vor Kurzem einen Antrag auf eine Zelle in einem der B-Blöcke gestellt.«

Wir schauten uns fragend an und warteten, ob Caroline noch ausführlicher werden würde, aber sie sagte nur: »Ich bin ein Ausnahmefall. Mord.«

Wen soll diese liebenswerte junge Frau ermordet haben?, fragte ich mich. Und wie hält man es aus, ein Jahr oder länger in Unsicherheit zu leben, nicht zu wissen, ob man zehn oder zwanzig Jahre bekommt oder doch freigelassen wird? – Das muss Folter sein. In diesem Moment wusste ich nicht, dass ich dieser Folter länger als Caroline ausgesetzt sein würde.

Die junge Frau redete weiter: »Die C-Blöcke sind eigentlich für die Langzeitgefangenen, also Frauen, die zu mehr als drei Jahren Gefängnis verurteilt worden sind. Sue und Eileen, ihr werdet sicher bald in einen C-Block verlegt. Vergesst nicht abzuchecken, ob dort demnächst eine Zelle frei wird.«

Ich hatte gehört, dass Sue vor etwa sechs Monaten eingeliefert worden war, aber bisher fast nur im medizinischen Zentrum gelegen hatte, weil sie nicht begreifen konnte, was mit ihrem Leben geschehen war. Dass ihr Leben, wie sie es kannte, mit ihren Kindern und Enkelkindern, vorbei war. Dass sie die nächsten 17 Jahre in Deer Park verbringen würde, mit Menschen, die nur wenig mir ihr gemeinsam hatten.

»Jede Neue muss zuerst im Fabrikgebäude arbeiten, wo die Frauen morgens und mittags zweieinhalb Stunden Schrauben und Muttern zusammenbasteln. Für die besseren Jobs muss man sich bewähren und bewerben. Erste Qualifikation: eine Langzeitgefangene zu sein. Folglich wird nicht allzu oft eine Stelle frei. Über die Jobs hier solltet ihr Folgendes wissen. Billet ist einer der besseren Jobs, den kann allerdings nur jeweils eine Frau pro Block ausführen. Aber jedes Gebäude braucht eine Putzfrau: Im Sportzentrum muss im Winter die Halle und im Sommer der kleine Pool saubergemacht werden, im Besucherzentrum müssen nach jedem Besuchstag die Räume geputzt werden, auch die Wärterhäuschen und das Bildungszentrum werden täglich gereinigt. Ebenso jeder Wohnblock, jedenfalls die A- und B-Blöcke, die C-Blöcke dagegen sind autonom. Die begehrtesten Jobs sind die im Garten, da wird angepflanzt, bewässert und Unkraut gezupft. Überlegt euch, welche Arbeit ihr machen wollt. Es ist besser, einen Antrag zu stellen, als zu warten, bis die Wärter einem etwas aufzwingen. So, jetzt zeige ich euch noch die einzelnen Blöcke.«

Wir folgten Caroline brav ins Freie. »Hier«, sie deutete auf ein Gebäude neben A3, »das ist A4, dort leben zehn Frauen, die sich mehr oder weniger freiwillig einer intensiven Drogenentzugstherapie unterzogen haben. Jede von euch kann sich überlegen, ob sie auch dorthin möchte. Es gibt sogar Fälle, bei denen das Gericht es zur Auflage macht, dass die Haftstrafe in A4 verbüßt wird.«

»Klingt nicht übel. Besser als arbeiten. Was muss man machen, um dorthin zu kommen?«, fragte ich.

»Einen Antrag stellen und hoffen, dass er bewilligt wird.« Das war der erste Gesprächsbeitrag von Dale.

»Warum steht hier ›Zutritt verboten‹ an der Tür«, fragte ich weiter.

»Es darf keine Insassin rein, die nicht im Block wohnt«, erwiderte Shannon und strich sich über den Kugelbauch, »ich habe vom

Gericht die Auflage bekommen, dort reinzugehen. Am Donnerstag wird eine Frau entlassen, dann ziehe ich um.«

»Das ist der Town Square.« Caroline deutete auf die große Uhr inmitten des Geländes. Der Anblick erinnerte mich an einen Dorfbrunnen in Süddeutschland. Genauso beliebt wie dieser unter den Dorfbewohnern war der Town Square unter den Insassinnen. Hinter dem Platz lag etwas abseits das Besucherzentrum, und dahinter befanden sich wiederum die Gefängnisverwaltung und eine Kirche, ein winziger Raum, in dem sich Religion und Gott je nach Anlass und Bedarf änderten. Als wir die Wohnblöcke mit den einzelnen Zellen erreichten, verabschiedeten sich Sue und Eileen von uns.

Das Gefängnis im Gefängnis war A2, denn hier wurden die Frauen für Verbrechen innerhalb des Systems bestraft. Das Gelände um den Bunker herum war ebenfalls *out of bounce*: Zutritt verboten! Ich bekam schon vom Hinschauen Beklemmungen. A1, der Schutzblock gleich links daneben, wurde von den Wärtern besser bewacht als die britische Queen von ihren Leibwächtern. Hier lebten etwa dreißig Insassinnen. Damals, unter der Leitung der CCA, war man nur allzu gern bereit, eine Frau in Schutzhaft zu nehmen, denn für jede in A1 untergebrachte Insassin erhielt die CCA eine Sonderprämie vom Staat. Unter den Frauen hieß A1 auch *pound*, *dogyard* oder *boner*, weil der Block zum einen jene Insassinnen beherbergte, die für eine Strafmilderung als Kronzeuginnen aussagten – von uns gerne *rat* oder *dog* genannt –, zum anderen die Sexualverbrecherinnen sowie Frauen, die ihre eigenen Kinder misshandelt oder gar getötet hatten. Diese Straftäterinnen waren in den meisten Fällen psychisch gestört, aber eine gesonderte Abteilung dafür gab es in Deer Park nicht, also steckte man sie ebenfalls in A1 oder A2.

Unter der Leitung der CCA gab es noch eine weitere Kategorie: Frauen, die bei ihrer Ankunft im Gefängnis Angst zeigten, etwa vor den brutalen Lesben, die sie vergewaltigen, oder vor Alteingesessenen, die gemein zu ihnen sein könnten. Egal ob boshafte Gerüchte oder wahre Geschichten – die Neuankömmlinge waren leicht einzuschüchtern. Die Wärter am Empfang mussten die Angst der Frauen nur bestätigen und ihnen eine Schutzhaft vorschlagen. Daraufhin verbrachten diese dann meistens ihre gesamte Haftstrafe in Isolation. Unter den Insassinnen hieß es: Wer einmal im *pound* war, der wird immer im *pound* sein. Die Frauen wurden danach in den anderen Blöcken nicht mehr geduldet. Der Stempel Schutzhaft war wie eine ungeliebte Tätowierung auf der Haut. Sollte man sie tatsächlich jemals wegbekommen, blieben hässliche Narben zurück.

Alle Blöcke, außer A1 und A2, wurden als Mainstream bezeichnet, also A3 und A4 sowie die drei B-Blöcke, B1, B2, B3, die in etwa gleich ausgestattet waren, nämlich mit jeweils dreizehn Zellen: zwölf Einzel- und einer Doppelzelle. Im Grunde genommen lebten hier nur jene Langzeitgefangenen, die sich unauffällig verhielten und nicht in einen der sieben priviligierten C-Blöcke – C1A, C2A, C3A, C4A, C1B, C2B, C3B verlegt wurden. Die Frauen in den C-Blöcken durften sich selbst versorgen. In jedem C-Block gab es vier Einzelzellen und eine Doppelzelle, Letztere waren für Mütter mit Kindern eingerichtet. Momentan saß dort nur eine Mutter ein: Liz mit ihren beiden Jungen.

In der Großküche – später fand ich heraus, dass die Jobs hier recht beliebt waren, weil man Essen rausschmuggeln konnte, um sich das Leben zu versüßen – wurde für die Blöcke A1 und A2 gekocht, da die Frauen dort über keine Kochstelle verfügten, und eine Zeit lang sogar für die Wärter. Im Lebensmittellager gab es einen weiteren Arbeitsplatz, einer der wichtigsten Jobs war jedoch das Ausleeren der Abfalleimer, die Tag für Tag beinahe ebenso voll waren wie die in New York.

Ich fand es im Bildungszentrum am schönsten, wo jede Insassin an zwei Nachmittagen in der Woche einen Kurs belegen konnte: Computer, Lesen und Schreiben, Pflanzenkunde oder Holzarbeiten.

Damit war unser Informationsrundgang mit Caroline zu Ende, und die knarzende Stimme rief über die Lautsprecher zur Zählung.

Am frühen Abend, machte ich mich auf den Weg zum medizinischen Versorgungszentrum, wo die tägliche Schlacht um die begehrten Pillen stattfand. Ich stand in einer Reihe mit etwa 50 gierigen Frauen, bis ich an das Ausgabefenster treten und meine Tablettenration von einer Krankenschwester wie eine Hostie entgegennehmen durfte. Man machte den Mund auf, ließ sich von einem Wärter tief in den Gaumen blicken, musste anschließend die Zunge anheben und warten, bis der Wärter verlauten ließ: »Die Nächste!«

Gleich nach mir waren Caroline und Dale dran. Die beiden waren ein Paar, was man jedoch nicht auf den ersten Blick erkannte. Nach der Medikamentenausgabe beobachtete ich zufällig, wie Caroline sich umdrehte und die Tabletten in Dales Hand spuckte – sie hatte die Pillen zuvor in einem Loch am hinteren Backenzahn versteckt. Caroline war Epileptikerin und bekam eine relativ hohe Dosis an Beruhigungsmitteln. Wenn sie die Medikamente regelmäßig ihrer Freundin gibt, was bedeutet das für ihre Gesundheit?, überlegte ich kurz. Dann zuckte ich die Achseln und ging zurück in meine Zelle. Nun, das war nicht meine Sache.

Der folgende Tag sollte noch miserabler werden als der vorherige. Zu denken, das Leben sei schon miserabel genug und könne nicht mehr mieser werden, war zwar positiv, aber leider nicht zutreffend.

Die Stimme der korpulenten Jonno riss mich am späten Vormittag aus meinen trübsinnigen Gedanken. »Lehrt man euch in Deutschland nichts Vernünftiges? Nennt man das bei euch Betten machen, Girrllll?«, blaffte die Wärterin mich an. Dabei deutete sie verächtlich auf mein Bett. »Carol, komm mal her und zeig deiner Freundin, wie hier in Australien ordentliche Betten aussehen.«

Wie befohlen machte Carol mein Bett und schob die Ecken des Bettlakens säuberlich gefaltet unter die Matratze, während Jonno jede ihrer Bewegungen kritisch beobachtete.

»Siehst du, German. Das sind Hospitalecken. So machen wir das in Australien«, gurrte sie.

Bei den zukünftigen Zelleninspektionen hatte es Jonno jedes Mal mit Vergnügen und besonderer Gründlichkeit auf meine Zelle abgesehen. Aber ich verschaffte ihr nie wieder dieselbe Genugtuung wie an jenem Tag.

Eines Tages arrangierte der Gouverneur, der Leiter des Gefängnisses, ein gedrungener Mann in Jeans und fein säuberlich gebügeltem Hemd, ein Telefonat zwischen mir und meinem Vater. Mein

Vater war gerade von seiner Hochzeitsreise zurückgekehrt, er hatte am 9. September 1999 eine 28 Jahre jüngere Frau geheiratet.

»Vati, wie geht es dir?«, fragte ich.

Anstatt einer Antwort hörte ich nur ein verkrampftes Schluchzen. Mein Herz krampfte sich zusammen, als ich meinen Vater weinen hörte. Er weinte meinetwegen. Das hatte ich ihm angetan. Noch niemals zuvor hatte ich ihn weinen gehört. Ich war beschämt. Wir sagten nichts. Es war ein bedrückendes Schweigen, das in der Leitung hängen blieb, sich durchfraß und nicht verschwinden wollte.

Kaum hatte ich den Telefonhörer aufgelegt, erschallte die knarzende Stimme aus dem Lautsprecher: »Code Black. Alle zurück in ihre Blöcke! Sofort!«

Was ist Code Black?, fragte ich mich. Mir war aufgefallen, dass, sobald ein Code über die Lautsprecher angesagt wurde, sei es Code Black, Red, Yellow oder sonstiges, eine gewisse Panik unter den Frauen ausbrach. Ein Code bedeutete wohl, dass irgendeine Notsituation bestand, folglich musste jede Gefangene sich unverzüglich in ihrer Zelle melden. Also rannte ich schnell zu meinem Block. Auf dem Weg dorthin stieß ich mit mehreren Frauen zusammen, und wir fragten einander, ob jemand wisse, was los sei. Auch die Wärter rannten chaotisch umher. Eine dicke Schicht Angst hing über Deer Park, die alles lähmte.

In A3 angekommen, entdeckte ich den Grund für Code Black. Auf dem Küchenboden lag Caroline, ihr Körper zuckte, die Augen rollten unkontrolliert, sie war nicht bei Bewusstsein. Die junge Frau hatte einen epileptischen Anfall. Mehrere Wärter versuchten, sie zu halten, bis eine Krankenschwester ihr eine Sauerstoffmaske auflegte, um sie anschließend, nachdem sie sich ein wenig beruhigt hatte und wieder bei Bewusstsein war, ins medizinische Zentrum mitzunehmen. Mir war speiübel. Gern hätte ich mich abgewandt, aber irgendetwas hielt mich an dem Anblick, wie Caroline so hilflos auf der Tragbahre lag, wie gebannt fest.

Kurz darauf wurden alle Blocktüren wieder aufgeschlossen und Code Black wurde aufgehoben. Ich konnte zwei Wärter belauschen, die sich unbeobachtet fühlten.

»Diese Caroline Robertson ist verrückt, das stand in allen Zeitungen. Hat ganz schön viel Presse bekommen, die Kleine, weil sie ein 15-jähriges Mädchen brutal ermordet haben soll. Die Eltern des Opfers sind am Ende«, meinte der eine.

Der andere antwortete: »Dafür sollte sie lebenslänglich bekommen.«

»Die Eltern der Toten haben für enorme Publicity gesorgt. Ihre Tochter wurde zwei Wochen lang vermisst, in der Zeit sind die Eltern panisch in ganz Melbourne herumgelaufen und haben überall Plakate mit dem Foto ihrer Tochter aufgehängt. Bis man sie fand – vergraben, irgendwo draußen.«

Beide schüttelten den Kopf, um ihr Unverständnis und Entsetzen über Carolines Tat zu bekräftigen. Auch mir war es unbegreiflich, dass die junge Frau solch ein grausames Verbrechen begangen haben sollte. Doch es war so einiges an ihr rätselhaft.

»Wir sollten das Leben verlassen wie ein Bankett: weder durstig noch betrunken.«
ARISTOTELES

»Komm mit, German, wir gehen zum Bunker. Eine Freundin von mir hat 'ne echt wichtige Nachricht für dich. Das musst du dir selbst anhören«, sagte Tiny zu mir.

Ich wusste schon, dass man Tiny falls irgend möglich nicht widersprechen sollte. Allerdings war mir ein wenig mulmig zumute, denn jedes Mal, wenn ich Tiny begegnete, hatte ich das Gefühl, ein Unwetter ziehe auf.

Der Bunker war ein hermetisch abgeriegelter Bau, daher war auch das Gelände um A2 verbotenes Niemandsland. Man kam nur dorthin, wenn man etwas verbrochen hatte, also nach einem Ausbruchsversuch oder einer geplanten Flucht, bei Drogenbesitz, nach einem positiven Urintest oder einer Prügelei; selbst eine Beleidigung der Wärter konnte mit Isolationshaft bestraft werden. Die besonders Ungezogenen wurden für mehrere Monate in A2 untergebracht, wodurch jegliche Teilnahme am sozialen Gefängnisalltag unterbunden war. Den Gefangenen im Bunker wurden zudem alle Privilegien, die sie sich im Lauf der Zeit mühsam erworben hatten, wieder abgesprochen. Sie wurden deshalb *loss of privileges* (L.O.P.s) genannt. Zu den Privilegien zählten das Telefonieren, Rauchen, Fernsehen, Arbeiten, Besucher empfangen und im Shop einkaufen zu können.

Eines war klar: Tiny und ich taten gerade etwas Verbotenes. Aber ich hatte keine Zeit, mich mit Bedenken aufzuhalten, meine Neugierde gewann die Oberhand. Wir schlichen an der Mauer entlang, huschten am Eingang vorbei, wo die Wärter saßen, und liefen zielstrebig auf das dritte Fenster am hinteren Ende des Gebäudes zu. Wir standen nun ganz nah am Zaun, der Grenze zur Freiheit. Im Gegensatz zum Vorplatz der anderen Blöcke war es hier gespenstisch still, keine Türen schlugen, nicht einmal Schritte verhallten, obwohl es in A2 fast vierzig Zellen gibt.

An einem der Fenster hing eine schwarze Plastikmülltüte vor der Scheibe, sicher um die grelle Sonne abzuweisen. Hinter dem Nachbarfenster saß eine wahre Schönheit.

»Ich bin Tammy, nett dich kennenzulernen«, sagte sie zu mir.

Die surreale Szene erinnerte mich an das Rotlichtviertel in Amsterdam, wo die Frauen hinter Glasscheiben saßen und ihre Kunden anlockten. Ich presste mein Ohr an die winzigen Luftlöcher unten an der Fensterbank, und Tammy sprach von der anderen Seite hindurch. Ich hatte Mühe, sie zu verstehen.

»Nimm Melesacker als Anwalt. Er kommt in den nächsten Tagen vorbei. Das soll ich dir von Andrew ausrichten. Er macht sich Sorgen um dich.«

»Ich kümmere mich um die German, das kannst du Andrew sagen«, warf Tiny ein.

Ich lachte dankbar, erwiderte aber nichts. Ich glaubte ihr kein Wort, schließlich kannte ich sie gar nicht. Warum sollte Andrew mir einen Anwalt besorgen? Offensichtlich wollte diese Frau, dass ich den von ihr genannten Anwalt nahm; sie benutzte hierfür Andrews Namen und gab vor, ihn zu kennen, was ich allerdings bezweifelte. Wem konnte ich hier in Deer Park überhaupt vertrauen?

Als wir wieder vor A3 standen, sagte Tiny zu mir: »Komm zum Abendessen in C3B, dort wohne ich für die nächsten 14 Jahre, falls ich nicht wieder in den Bunker komme. Aber pass auf, German, heute werfen die Affen wieder mit Bananen.«

Ich hatte keine Ahnung, was dieser letzte Satz zu bedeuten hatte – ich sollte es später erfahren.

Es war immer noch drückend heiß, als ich abends zum Block C3B ging.

Tiny begrüßte mich mit den Worten: »Hey German. Hast du dich schon daran gewöhnt, die nächsten zehn Jahre mit mir zu verbringen? Du bekommst 'ne Rund. Hab mich mit deinem Fall beschäftigt, glaub mir, wenn du 'ne Rund bekommst, kannst du froh sein.« Sie war total zugedröhnt, hatte wohl Heroin genommen, denn sie konnte kaum die Augen aufhalten.

Ich wusste, dass eine »Rund« zehn Jahre bedeutete. Charmant, diese Tiny. Damit versuchte sie ihre Mitgefangenen einzuschüchtern, was mit Sicherheit bei den meisten auch Wirkung erzielte. Natürlich hätte ich auf der Stelle losheulen können, aber ich unterdrückte sämtliche Gefühle – in Tinys Gegenwart wollte ich sie auf gar keinen Fall zeigen. Sie lag quer auf dem Bett, hatte den Kopf auf eine Hand gestützt und versuchte sich mit mir zu unterhalten. Irgendwann kam eine Frau zur Tür herein, ohne anzuklopfen.

»Hey, wie geht's?«

»Kannst du nicht anklopfen, Kerry, verdammte Scheiße?«, fuhr Tiny sie an.

»Mach keinen Wind. Wollte nur schnell sagen, dass sie heute alle Telefone abhören. Die haben irgendeinen Tipp bekommen. Jetzt glauben sie zu wissen, wer hier die Drogen bringt«, antwortete Kerry. Sie lehnte den Kopf ein wenig nach hinten, reckte das Kinn und stieß ein dunkles Lachen aus.

Es verblüffte mich, sie so mit Tiny reden zu hören, denn das traute sich keine andere.

Sie drehte sich zu mir um: »Bist du die Kleine mit dem Kokain, Andrea oder so?«

Tiny antwortete für mich. »Ja, ja. Das ist Andrea. Die German. Ich kümmere mich um sie. Hey, die arme Sau wird leicht zehn Jahre kriegen. Nicht wahr, German? Dass die Affen Bananen werfen, hab ich schon mitbekommen. Ich telefoniere heute lieber gar nicht, bevor ich mich abhören lasse.«

Die beiden waren etwas rau für meinen Geschmack. Aber was

sollte ich tun? Wo sollte ich hin? Also sagte ich: » Ja, ich bin die mit dem Kokain, und ich heiße Andrea.«

»Pass auf, Alte. Also ich nenn dich, wie ich will, Kraut«, fauchte Kerry mich an.

»Ich hab zwei Menschen umgebracht, dafür 17 Jahre Maximum mit 14 Jahren Minimum aufgebrummt bekommen, also bleib ich wohl noch 'ne Weile hier. Willkommen in Deer Park, German«, sagte Kerry und grinste mich an.

Dann redete Tiny weiter: »Mich haben sie zu 17 plus 14 verurteilt. Die hatten keine richtigen Beweise, German. Stimmt's, Kerry? Du warst doch auch hier ... alles korrupte Schweine. Vielleicht hätte ich nicht schweigen, sondern die Sau verraten sollen.« Tinys Lider flackerten, und ich befürchtete, sie könnte jeden Moment einschlafen. Aber offensichtlich bekam sie sich wieder in den Griff und fuhr fort: »Er hat seelenruhig zugeschaut, wie sie mir die 14 Jahre aufgebrummt haben. Meine beiden Söhne wachsen ohne mich auf und mein Mann, na ja, German, welche Ehe überlebt schon 14 Jahre Trennung? Aber ich bin in Geelong groß geworden. Ich verrate keinen!«

Sie wurde wieder etwas ruhiger. Ihre Geschichte stimmte mich nachdenklich. Dennoch würden die beiden Söhne von Tiny ohne ihre Mutter heranwachsen, heiraten und selbst Kinder bekommen. Auch die Eltern von Tiny würden ohne ihre Tochter alt werden.

Ich hatte kurz nicht zugehört und schnappte daher nur den Schluss von Kerrys Satz auf: »Isolation ist für die meisten eine harte Strafe. Nicht für mich. Macht den Kopf frei.« Sie lachte dunkel und fügte hinzu: »Ich mag es, allein zu sein. Mich nervt nur, dass ich dann meine Frau so lange nicht sehe. German, hab gehört, du kennst Eileen und Sue, die werden demnächst, wenn die beiden asiatischen Tauben ausfliegen, bei uns einziehen.« Damit drehte sie sich um und verließ den Block mit schnellen Schritten.

Tiny fügte erklärend hinzu: »Kerry ist eine gute Freundin von mir, sie ist lesbisch. Ist mit Irene zusammen, die wohnen in C1A. Kerry hat ein Ehepaar ermordet. Man munkelt, sie wollte zurück in den Knast, aber das ist mir egal, sie hat sich mir gegenüber immer korrekt verhalten. Das ist alles, was zählt.«

Ich hatte genug erfahren, darunter einiges, das ich erst verdauen musste. Außerdem wartete noch ein zusätzliches Problem auf mich: Es war eine Sache, sich an den Alltag im Frauenknast zu gewöhnen, aber einen Anwalt zu finden, der Licht in meine prekäre Lage bringen konnte und der mich aus diesem Mist hier rausholen würde, das war weitaus schwieriger. Hinderlich war, dass viele Menschen Andrew einen Gefallen schuldeten oder zumindest meinten, ihm gegenüber Loyalität zeigen zu müssen; die Übrigen wollten einfach nicht in diese schlagzeilenträchtige Sache hineingezogen werden.

»Andrea Mohr, sofort ins Besucherzentrum!«, tönte anderntags die Stimme aus dem Lautsprecher, sodass alle es hören konnten. Mittlerweile zuckte ich nicht mehr zusammen, wenn sie erklang. Da keine offizielle Besuchszeit war, konnte es sich nur um einen formellen Besucher wie einen Polizisten, Anwalt oder jemanden von der Deutschen Botschaft handeln.

Nachdem ich die Leibesvisitation hinter mir hatte, stieg ich in den grünen Strampelanzug – dieser Anzug war Vorschrift; er hatte schwarze Gummibündchen an den Arm- und Fußgelenken sowie am Rücken vom Po bis zum Nacken einen metallischen Reißverschluss, der von der Wärterin hochgezogen und verschlossen wurde – und spazierte ins Besucherzentrum.

Außer den Wärtern war nur eine weitere Person im Raum. Ein Mann von stattlicher Größe, der sich mir als Anwalt namens Anthony Brand vorstellte. Er sei ein Freund von Vito, dem Drogenberater hier in Deer Park, behauptete er. Dann erklärte er mir, was er alles von meinem Fall wusste, was er gern tun würde und könne, aber dass ich echt tief im Schlamassel sitzen würde. Mir gefiel dieser eindrucksvolle Mann mit den blauen Augen und dem vernarbten Gesicht, obwohl er mir auf eine Freilassung auf Kaution keine großen Hoffnungen machte. Er meinte, die Sache sei relativ aussichtslos, aber er wolle sein Bestes geben, wenn ich auf einen Versuch bestünde.

Ich bestand darauf.

Hoffnungsvoll engagierte ich ihn als meinen Anwalt, den mein Vater bezahlen sollte. Er offenbarte mir sogleich eine mögliche Verteidigungsstrategie: Wir könnten Werner für alles verantwortlich machen und behaupten, mein Ehemann habe mich zu den kriminellen Aktivitäten gezwungen. Das kam für mich jedoch nicht infrage, und ich wies Anthony an, niemals diese Richtung einzuschlagen. Von da an verloren wir kein Wort mehr darüber.

Er sagte auch, das Gericht werde ein Führungszeugnis aus Deutschland anfordern. Oh oh, dachte ich, denn ich hatte von meiner Mutter erfahren, dass neulich die Polizei vor der Tür meines Vaters gestanden hatte, mit einem Haftbefehl gegen mich. Ich hatte so um die acht Vorstrafen und war zu zwei Jahren auf Bewährung verurteilt. Wegen meines Umzugs nach Australien war ich allerdings nie bei einem Bewährungshelfer erschienen, deshalb wollten die Behörden mich für ein paar Monate einsperren. Mein Vater sagte den Beamten, da müssten sie sich hinten anstellen, denn seine Tochter sei schon in Melbourne im Gefängnis. Würde ich demnach, sobald ich in Australien auf freien Fuß käme, in Deutschland eingesperrt werden?

Beim Verlassen des Raums sagte mir der Wärter, dass ich im medizinischen Zentrum erwartet werden würde. Dort erklärte mir der charismatische Vito, er habe seinen Freund, einen Anwalt namens Anthony Brand, gebeten, mir zu helfen. Ich erzählte ihm daraufhin, dass Anthony schon bei mir gewesen sei und ich ihn beauftragt hatte, meinen Fall zu übernehmen. Wieso mir Vito half? Seine Lebensgefährtin Beth war die Chefin des Bildungszentrums, und die beiden hatten großes Verständnis für die Probleme der inhaftierten Frauen und halfen, wo sie nur konnten. Vito und Beth leisteten seit Jahrzehnten wertvolle Arbeit im Gefängnissystem von Victoria.

Mit einem guten Anwalt würde ich es sicher schaffen, bis Silvester auf Kaution frei zu sein. Ich hatte geplant, das nächste Millennium in Neuseeland zu begrüßen, weil dort der erste Sonnenaufgang im neuen Jahrtausend stattfinden würde.

Die Sorge um meine Freilassung war aber nicht das Einzige, was mich beschäftigte, es gab noch etwas, das mir den Schlaf raubte: Ich vermisste meinen Ehemann. Wenn ich an Werner dachte, wurde mir das Herz schwer. Und das, obwohl wir in letzter Zeit einige größere Differenzen gehabt hatten. Einmal hatte er sogar ein Messer nach mir geworfen, das in der Wand hinter mir landete. Ich zog es kurzerhand raus und schleuderte es zurück. Sobald ein Streit drohte, lief er davon, blieb oft Tage oder Wochen einfach weg. Werner hatte seit einer Weile keine Lust mehr gehabt, mit Carl und mir zusammenzuleben, er war eifersüchtig auf unsere tiefe Freundschaft.

Am Abend kam Tiny, mit der ich mich angefreundet hatte, mit einem Päckchen Heroin vorbei und schlug vor, dass wir uns alle gemeinsam ein paar schöne Stunden bereiten sollten. Carol, die gerade zu Besuch war, und ich stimmten bereitwillig zu. Wir teilten uns das Wundermittel, wie wir uns auch den Mann teilten, zähneknirschend, aber hemmungslos. Tiny erklärte uns vorab noch die Spielregeln über das Konsumieren von Drogen in Deer Park. Sie rief eine Freundin dazu, eine der wenigen Glücklichen, die eine Spritze hatten. Ich beobachtete, wie Tinys Freundin das Instrument geschickt aus der Vagina zog. Dort hielt sie die Spritze, die extra am Kolben abgeschnitten war, dauerhaft verborgen, da die Schließer jederzeit und ohne Grund eine Leibesvisitation anordnen konnten. Die stolze Besitzerin müsse, sozusagen als Risikozulage, mit einem kostenlosen Schuss bezahlt werden, erklärte mir Tiny.

Ich war einverstanden, und kurz darauf setzte ich mir einen Schuss. Das Gefühl, Heroin zu nehmen, war einfach nur herrlich.

Bald darauf, nach dem abendlichen Einschluss, saß jede von uns in ihrer Zelle. Stoned und schlaflos lag ich auf der harten Pritsche, als ungewohnte, bizarre Geräusche aus der Nachbarzelle zu mir herüberdrangen. Was konnte ich unternehmen? Nichts! Schließlich war ich Neuankömmling, und obwohl mich eine dunkle Vorahnung beschlich, blieb ich liegen und wagte es kaum, mich zu rühren. Später verstummten die merkwürdigen Laute. Sollte ich rübergehen? Was sollte ich schon tun? Mich ebenfalls verprügeln lassen?

Neuigkeiten verbreiteten sich unter den hundert Frauen hier in Deer Park schneller als in einem kleinen Dorf in Bayern. Eine der Neuen sei vergangene Nacht vergewaltigt worden, hieß es am nächsten Morgen. Die junge Frau hatte bei ihrer Ankunft eine unvorsichtige Dummheit begangen und damit geprahlt, dass in ihrer Muschi Leckereien versteckt seien. Die wolle sie gern mit denjenigen teilen, die ihre Freundinnen und Beschützerinnen sein wollten, verkündete sie vollmundig. Als alle schliefen und die Wärter sich aus dem Block zurückgezogen hatten, schlichen sich zwei mit Pillen vollgedröhnte Insassinnen in die Zelle der Neuen und griffen zu. Das Opfer hatte jedoch gelogen, und so nahmen sich die beiden aufgeputschten Angreiferinnen die Freiheit, die hilflose Frau mit Flaschen, Bananen und Gurken zu bearbeiten.

Nur wenige Tage später sah ich die beiden mit blauen Flecken im Gesicht herumlaufen. Es bestand kein Zweifel, dass jemand die Tat gerächt hatte, denn viele von uns verachteten die beiden dafür. Die Wärter verlegten sie in den Schutzblock, wo ihr Opfer bereits untergebracht war. Noch heute schäme ich mich dafür, dass ich in jener Nacht nichts unternommen habe. Meine Schuld war mit ein Grund dafür, dieses Buch zu schreiben und so für bessere Verhältnisse in Deer Park zu kämpfen.

Nachdem sich die Aufregung wegen des Vorfalls gelegt hatte, nahm der Alltag so richtig Besitz von mir und meinen Gedanken. Eingesperrt! Jeden Moment dachte ich sehnsüchtig an nichts anderes als an die Welt hinter dem hohen Zaun, wo die Sonne schien und der Mond und die Sterne in der Nacht leuchteten. Innerhalb der Gefängnismauern waren die Tage lang und entsetzlich; die Nächte waren sogar noch länger und grauenhafter, denn sobald sich die Blocktüren schlossen und die Wärter ihren Posten verließen, ging der Terror los. Die Gefangenen schrien sich laut die übelsten Beschimpfungen zu, sie bewarfen sich gegenseitig mit den wüstesten Schweinereien, Demütigungen und Drohungen. Verbitterung erfüllte die Nachtluft und hing wie dichter Nebel über unseren Köpfen, hier in Deer Park.

Als ich in den Block B1 verlegt wurde, hoffte ich, dass sich meine Situation nun verbessern würde. An einem lauen Sommerabend saß ich mit meiner neuen Familie am Küchentisch. Dazu gehörten unter anderem Michelle, die wegen eines Raubüberfalls hier war, Olga, eine Diebin, sowie Sue und Eileen, die noch immer darauf warteten, von B1 nach C1A verlegt zu werden. Dann waren da noch Alicia, die laszive Schönheit vom Pool, der ich an meinem ersten Tag in Deer Park begegnet war, sowie Renée, Caroline und Dale. Auch Carol war mit mir in B1 verlegt worden, doch sie sollte nicht lange bleiben.

Hier waren einige sehr junge Frauen untergebracht, die recht unscheinbar und still wirkten. Es hieß, sie seien nur für ein paar Tage hier, dann würden sie nach Tarra gebracht. Eher aus Langeweile denn aus Lust starteten wir eines Nachmittags den kläglichen Versuch, selbst Alkohol herzustellen. Ich zerdrückte Früchte aus der Dose zwischen den Fingern und rührte sie in ein Gemisch aus Essig, Wasser und Zucker, das wir in unserem roten Wascheimer angesetzt hatten. Als Gärmittel hätten wir eigentlich Hefe verwenden müssen, aber die war in Deer Park verboten. Nicht einmal die Großküche verwendete Hefe. Also warfen wir einfach Brot in unseren Sud. Natürlich konnten wir das seltsam riechende Gebräu nicht herumstehen lassen, denn wenn die Wärter es entdeckten, bekämen wir eine saftige Strafe. Abwechselnd und in großen Zügen leerten wir daher den Eimer im Nu. Es fiel mir schwer, das Gesicht nicht zu verziehen, so widerlich schmeckte es, und außer Übelkeit verspürte ich rein gar nichts. Ich begriff: Wenn ich gute Drogen wollte, war mehr Einfallsreichtum gefragt.

Ein anderes Mal war eine meiner Mitinsassinnen über Beziehungen an eine kleine Menge Benzin gelangt. Wir hockten gerade zwischen Waschmaschine und Trockner zusammen und inhalierten die Dämpfe, als laute Schritte auf dem Gang ertönten. Ich sprang auf, rannte aus dem Zimmer und wäre fast mit einem grauhaarigen Wärter zusammengestoßen. Mr. Mauss war einer der älteren Angestellten, der den Ruf genoss, aufrichtig, gerecht und streng zu urteilen und zu handeln. Als er mit misstrauisch gerümpfter Nase an mir herunterschaute, dachte ich für Sekunden: Jetzt blüht dir eine Woche A2.

»Was geht hier vor sich?«, fragte er mit seinem altbritischen Akzent.

»Nichts. Aber ich hätte da ein paar Fragen. Könnten wir vielleicht in Ihr Büro gehen?«

»Ja«, sagte er. Er drehte sich zwar noch einmal kurz in Richtung Waschküche um, folgte mir aber dann.

Als ich zu den anderen Frauen zurückkehrte, war bereits der letzte Tropfen Benzin weggeschnüffelt. Beim Anblick der glasigen und leeren Augen der beiden Schnüfflerinnen verflüchtigten sich alle meine Bedürfnisse augenblicklich, und ich kehrte in meine Zelle zurück.

Die zwanzig Jahre alte Caroline wartete noch immer auf ihren Prozess. Die junge Frau redete nur selten über das ihr vorgeworfene Verbrechen, den Tod eines jungen Mädchens, einer guten Freundin von ihr. Caroline habe sie ermordet, um ihre Identität anzunehmen, weil sie sich selbst als hässlich empfand. Das hatte sie jedenfalls angeblich in ihr Tagebuch geschrieben – laut Polizei und Staatsanwaltschaft. Ich wusste nur, dass Caroline sich völlig in ihren Gedanken verlieren konnte, um sich unhaltbar einer düsteren Schattenwelt hinzugeben. Sie bewohnte mit Dale die Doppelzelle in B1, die eigentlich für eine Mutter mit Kind vorgesehen war. Die beiden hatten einfach zwei Matratzen auf dem Boden dicht aneinandergerückt, um sich gegenseitig umarmen und so vor der Einsamkeit schützen zu können. Caroline klammerte sich an Dale wie eine Ertrinkende an einen Ast, der zufällig aus dem Wasser ragt.

Eines Abends ging es bei den beiden hoch her. Dale warf das wenige Geschirr, das nicht aus Plastik war, in einem Wutanfall an die Tür ihrer Zelle. Sofort lagen Tausende Splitter auf dem Boden. Überschäumend vor Frustration und Aggression hob Dale ein scharfkantiges Stück Porzellan auf und rammte es sich in den Arm. Selbstverstümmelung war nicht selten ein Ventil für die Insassinnen, um ihre inneren Qualen durch körperliche Schmerzen zu ersetzen oder Aufmerksamkeit zu erregen. Dale hatte jedoch in ihrer Rage viel zu fest zugestochen und plötzlich floss das Blut in Strömen. Wir bekamen es mit der Angst zu tun, da sich die Blutung nicht stoppen ließ. Obwohl wir wussten, dass die Wärter davon erfahren würden, und die Sache Konsequenzen für uns haben würde, drückten wir die Notfallklingel und verlangten nach der Nachtschwester. Wir schrien, es gebe einen Notfall in B1, es müsse sofort jemand kommen.

Nachts waren die Schwestern oft völlig überlastet, denn in den Blöcken war die Hölle los. Einige Frauen hatten zu viele Tabletten eingeworfen, andere hatten alle möglichen Drogen genommen und kippten um, wieder andere versuchten, sich das Leben zu nehmen, hinzu kamen noch die epileptischen Anfälle und Selbstverstümmelungen.

»Habt Geduld«, erklang die Antwort aus dem Lautsprecher.

Dales Blut hatte jedoch keine Geduld und floss weiter in Strömen. Caroline hatte sich mittlerweile, wohl aus Solidarität zu ihrer Freundin, ebenfalls verletzt. Glücklicherweise hatte Dale viel Knasterfahrung und blieb cool. Sie übernahm sofort die Initiative, griff zu Nadel und Faden und nähte die Wunde geschickt, wenn auch etwas grobschlächtig selbst zu.

Als die Krankenschwester endlich eintraf, lag jede von uns längst völlig erledigt im Bett. Die Wärter konnten den Zwischenfall allerdings keineswegs auf sich beruhen lassen. Als sie das mit Blut bespritzte, zerschlagene Porzellan auf dem Boden entdeckten, trommelten sie uns aus den Betten. Zuerst stürzten sie sich zu fünft auf Dale, dann musste ich mit ansehen, wie sie Caroline unsanft in ihre Mitte nahmen, ihr Handschellen anlegten und sie wegbrachten. Ich fühlte mich wie ein Feigling, denn ich unternahm nicht einmal den Ansatz eines Versuches, ihr zu helfen.

Dale und Caroline verbrachten die nächsten zwei Tage in einer Ausnüchterungszelle, in der es nicht mehr als vier gepolsterte Wände gab – und vier Monitore. Nicht einmal Kritzeleien. Die beiden mussten in einer Art Zwangsjacke, in der man nur die Beine bewegen konnte, auf dem Boden liegen, bis das Personal sich sicher war, dass sie keine Dummheiten mehr begehen würden. Nach zwei Tagen der Erniedrigung durften sie noch immer nicht zu uns in den Block zurück, sondern wurden erst mal für weitere 48 Stunden in den Bunker gesteckt. Die Verantwortlichen hier in Deer Park verstanden sich perfekt darauf, einem ohnehin schon verwundeten Menschen einen kräftigen Tritt zu verpassen, um ihm noch mehr Schmerzen zuzufügen.

Das alles diente nur einem Zweck: Tote zu vermeiden. Die CCA konnte sich keine toten Insassinnen in den Haftanstalten leisten, da die Schlagzeilen der Zeitungen ohnehin nur so vor Schreckensberichten wie »Gefangene mit Tränengas bezwungen« strotzten. Die Gefängnisleitung war sich darüber im Klaren, dass tote Gefangene die Neugier der Öffentlichkeit und der Regierung von Victoria nur unnötig auf die dortigen Zustände lenken würden. Man verdiente gut mit den inhaftierten Frauen, das wollte man nicht riskieren.

DU KANNST RENNEN, ABER VERSTECKEN KANNST DU DICH NICHT!

»Viele Menschen wissen, dass sie unglücklich sind.
Aber noch mehr Menschen wissen nicht, dass sie glücklich sind.«
ALBERT SCHWEITZER

So zuverlässig wie der Shinkansen, der japanische Hochgeschwindigkeitszug, in den Bahnhof von Tokio ein- und wieder abfährt, so sicher rollten im November 1999 die katastrophalen Ereignisse auf mich zu. Ich wollte noch immer nicht loslassen. Nicht von dem Albtraum, der sich mein Leben nannte, nicht von dem Mann, der so wenig zu mir passte, und auch nicht von den Drogen, die mich alles vergessen ließen.

Alle Blöcke waren bereits verschlossen. Der täglich um sechs Uhr abfahrende und um 17 Uhr zurückkehrende Transporter hatte heute enorme Verspätung bei seiner Einfahrt nach Deer Park. Zwei Wärter begleiteten mich zu meiner bescheidenen Zelle. Die Aussicht, einen weiteren Monat oder sogar noch länger in dieser Umgebung verbringen zu müssen, machte mich krank.

Dabei war ich noch am Morgen sehr optimistisch gewesen, denn für den heutigen Tag war die Anhörung vor Gericht angesetzt. In der Nacht davor hatte ich schnell noch ein kleines Päckchen zubereitet; etwas Tabak, einige Blättchen und ein kleines Einwegfeuerzeug hatte ich, dicht aneinandergepresst, in Zellophanfolie gerollt, um es in meine Vagina zu stecken, wo es selbst bei der obligatorischen Leibesvisitation für die Wärter unsichtbar war.

Als ich im Morgengrauen über das verlassene Gelände lief,

fühlte ich das Päckchen zwar im Schritt, aber es war nicht unangenehm. Nach der Leibesvisitation stand ich in Jeans und normalen Schuhen in der Aufbewahrungszelle und wartete. Dank der Kleider fühlte ich mich ein wenig wie ein anderer Mensch, erst recht als mir Blanche eine dampfende Tasse Kaffee reichte. Die Fahrt ins Gericht war aufgrund der schlechten Straßen und der ungenügenden Innenverkleidung des Transporters abermals traumatisierend für meinen Körper, erschien mir aber heute trotzdem wie eine Urlaubsreise. Ein kleiner Ausflug in eine fremde Welt.

Im Schiedsgericht, das im Polizeihauptquartier untergebracht war, musste ich zusammen mit Carol wieder in die Katakomben. Zurück in dieses schmierige Loch. In der Zelle saßen vier Frauen, die wie wir damals vor sich hin vegetierten und darauf warteten, dass eine Zelle in Deer Park frei wurde. Ich zog das Päckchen aus meiner Muschi und rollte eine schmale Zigarette für jede. Die Frauen fielen mir aus Dankbarkeit um den Hals.

Anthony, mein Anwalt, wollte mich vor Beginn der Verhandlung noch einmal kurz sehen, also brachte mich die Wärterin in die Besucherkabine. Ich war der festen Überzeugung, heute freigelassen zu werden, nichts konnte meine exzellente Stimmung trüben.

»Hallo, Andrea. Geht es dir gut?«, fragte Anthony. Er erhob sich höflich und nickte leicht, bevor er weitersprach: »Ich wollte, ich könnte dir gute Nachrichten überbringen.«

Wir konnten uns zur Begrüßung nicht die Hände reichen, also presste ich die Finger vorsichtig gegen die verschmierte Glasscheibe, die uns trennte.

»Bin ganz okay, aber ich muss raus aus dem Knast. Ich halte es nicht länger aus. Und ich verkrafte keine schlechten Nachrichten!«

»Die Chancen für deine Freilassung gehen gegen null, Andrea. Die Staatsanwaltschaft hat eine weitere Vertagung beantragt, was wir jedoch als Argument für unseren Kautionsantrag verwenden werden. Das Gesetz ist da eindeutig: Der Angeklagte ist unschuldig, bis seine Schuld zweifelsfrei nachgewiesen ist. Allerdings ist die Tatsache, dass du Deutsche bist, ein schwerwiegender Grund, dich nicht auf Kaution freizulassen, und dass du durch deine kriminellen Aktivitäten zahlreiche internationale Kontakte hast, wird dir ebenfalls angelastet. Man unterstellt dir Fluchtgefahr. Ich musste dich vor der Verhandlung sehen, um es dir zu erklären. Bitte mach dir keine allzu großen Hoffnungen auf eine Freilassung. Natürlich versuchen wir es trotzdem.« Er schenkte mir ein aufmunterndes Lächeln, winkte zum Abschied und ging hinaus.

Dieselbe Wärterin wie zuvor brachte mich und Carol in den übervollen Gerichtssaal. Ich hatte das Gefühl, als würde ich auf die Schlachtbank geführt. Jegliche Euphorie war wie weggeblasen.

Die Angeklagten, Carol, Werner, Carl und ich, saßen leicht erhöht auf der letzten Bank im Raum. Andrew saß mit einigen Metern Abstand rechts von mir, da er ja bisher noch nicht im Gefängnis war. Der Richter eröffnete die Verhandlung mit dem Antrag auf Vertagung, was niemanden zu überraschen schien. Die zahlreichen Telefonate auszuwerten, sei mehr Arbeit als erwartet, aber notwendig, um stichhaltige Beweise erbringen zu können.

Unsere Verteidiger gaben sich bereitwillig geschlagen, brachten aber gleichzeitig ihre Besorgnis zur Sprache. Es sei ungerecht, die womöglich unschuldigen Angeklagten auf bloßen Verdacht hinter den Mauern der Gefängnisse verrotten zu lassen. Angenommen, das alles sei ein bedauerlicher Irrtum, dann säßen rechtschaffene Bürger auf der Anklagebank. Resultat war, dass Carol, die Glückliche, gegen eine Kaution von 10000 Dollar freigelassen wurde und Andrew auf freiem Fuß bleiben durfte. Die Kaution für ihn wurde allerdings von 10000 auf 50000 Dollar erhöht, da die Polizei bei einer Razzia zwei Ecstasypillen in seiner Nachttischschublade gefunden hatte. Er behauptete, nicht zu wissen, wie sie dorthin gelangt waren. Leider hatten Carl, Werner und ich weniger Glück: Fluchtgefahr. Ausländer. Antrag abgelehnt.

Die nächste Verhandlung wurde für den 19. Dezember 1999 angesetzt. Falls sie mich dann freiließen, konnte es noch klappen mit dem Jahrtausendwechsel in Neuseeland, auf der größten Rave-Party, die je stattgefunden hatte. Ich wusste, dass man drei Mal mit einem Anwalt vor Gericht erscheinen durfte, um die Freilassung auf Kaution zu verhandeln. Das letzte Wort war also noch nicht gesprochen, entschied ich. *It ain't over till the fat lady sings!* Ein australisches Sprichwort, das Werner oft verwendete.

An diesem Tag wurde mir endgültig bewusst, dass all meine Besitztümer bei der Razzia in Elwood verloren gegangen, beschädigt oder gestohlen worden waren. Dass die Polizisten das Bargeld, mehrere Tausend Dollar, eingesteckt hatten, damit hatte ich gerechnet. Aber sie hatten sich noch etwas ganz Besonderes einfallen lassen. Die Durchsuchung wurde an die Zeitungen gemeldet – mit genauer Angabe der Adresse. So konnte jeder Dieb nachlesen, wo unser Haus stand, das allem Anschein nach nur darauf wartete, gänzlich leergeräumt zu werden. Aber egal, es handelte sich nur um materielle Güter. Was mit dem Bargeld in meiner Zweitwohnung geschehen war, wusste ich nicht, allerdings konnte ich auch niemanden danach fragen, denn das wäre zu riskant gewesen. Bisher hatte kein Mensch auch nur ein Wort darüber verloren, weshalb ich davon ausging, dass die Polizei das Versteck noch nicht entdeckt hatte.

Immerhin ein schmählicher Ersatz sollte mir kurz darauf in die Hände fallen. Die erfolgreiche Vergrößerung meiner Garderobe war jedenfalls der einzige Sieg an jenem Tag. Als ich am Abend vom Gericht zurückkehrte, sah ich an der Rezeption einen weißen Rollkragenpullover auf dem Stuhl liegen. In einem der seltenen Momente, in denen ich unbeobachtet war, schnappte ich ihn mir und steckte ihn unter die Jacke. Für den Fall, dass mich in den kommenden Tagen jemand auf den Pullover ansprechen würde, legte ich mir eine passende Antwort zurecht, und mit ein bisschen Glück hatten sich meine Mitgefangenen und die Wärter in wenigen Tagen an den Anblick gewöhnt. Leider sollte ich mich nicht lange an dem Fund erfreuen können, wenngleich aus anderen als den von mir erwarteten Gründen.

Es war eine Sache, etwas aus der Rezeption zu schmuggeln. Es war jedoch etwas ganz anderes, das Eigentum einer Mitgefangenen zu stehlen. Wir hatten alle nicht viel, und so war es Ehrensache, das wenige Hab und Gut zu teilen. Bagatelldiebstahl nannten wir es verächtlich, wenn wir uns gegenseitig etwas wegnahmen. Einmal war eine Insassin auf frischer Tat erwischt worden. Vier Frauen packten die Diebin, die winselnd um Gnade flehte, und stellten sie an den Türrahmen. Drei hielten ihren Arm fest, die vierte knallte die Tür zu – ein schreckliches Geräusch, das Brechen von menschlichen Knochen, das noch eine ganze Weile in meinen Ohren hing. Es war auf jeden Fall zu befürworten, dass das eine Messer, das uns pro Block zur Verfügung stand, mit einem Stahlseil an der Küchentheke befestigt war und nicht entfernt werden konnte.

Es war Anfang Dezember, und ich war inzwischen drei Monate in Deer Park. Nicht mal die warme Sonne konnte mich glücklich machen, und auch die beiden nackt auf der kargen Grünfläche umhertollenden Kleinkinder von Liz konnten mein Gemüt nicht erheitern, als ich wie jeden Samstag zu dem zentralen Offiziershäuschen marschierte, um mir die sogenannte Wochenend-Wohltätigkeits-Packung von zwanzig Zigaretten abzuholen. Jeden Samstag gab es pro Insassin eine Packung auf Kredit, am nächsten Zahltag wurden die Unkosten vom Lohn abgezogen. Mr. Mauss kam auf mich zu und sagte: »Miss Tyran will dich sehen!«

Miss Tyran war eine der Damen von Sentence Management, eine Gruppe Personen, die direkt dem Commissioner unterstanden und mehr zu sagen hatten als der Gouverneur. Das Sentence Management war hauptsächlich für die Einstufung der Gefangenen nach der Verurteilung zuständig. Da ich noch nicht verurteilt war, galt für mich automatisch die höchste Sicherheitsstufe – A2. Warum wollte sie mich sehen? Für die besseren Sicherheitsstufen B und C musste man sich bewährt haben.

»Sind Rollkragenpullover mittlerweile erlaubt?«, fragte Mr. Mauss.

»Klar. Wo sollte ich ihn sonst herhaben?«, antwortete ich.

»Da muss ich mich mal erkundigen. Falls nicht, mach dich auf eine Zelleninspektion gefasst«, sagte er in seinem trockenen, aber nicht bösartigen Tonfall und deutete auf eine Tür.

Miss Tyran saß im schicken schwarzen Hosenanzug vor mir und für meinen Geschmack hatte sie zu viel Make-up aufgelegt. Sie wählte ihre Worte mit Bedacht, als sie sagte: »Es handelt sich um eine heikle Angelegenheit.« Noch war ich gelassen, aber bei der folgenden Bemerkung spitzte ich die Ohren. »Ich habe Ihren Ehemann im Port Phillip Prison getroffen.« Sie rieb sich nervös die Stirn. »Man hat einen Mordanschlag auf ihn verübt«, sagte sie unvermittelt.

Ich schluckte schwer, brachte keinen Ton heraus.

Da fuhr Miss Tyran auch schon etwas bestimmter fort: »Erste Vermutungen deuten auf Andrew Fraser oder die korrupte Polizei hin. Beide haben ihre Gründe. Vor wenigen Tagen hat ein Mitgefangener Ihrem Mann auf Befehl eines uns noch Unbekannten eine Überdosis Heroin verpasst. Ihr Mann kam knapp mit dem Leben davon. Er wurde daraufhin in eine Spezialabteilung gebracht, wo er rund um die Uhr mit Monitoren überwacht wird. Bisher hat er die ihm angebotene Schutzhaft abgelehnt.« Sie machte bewusst eine Pause, um mir Zeit zum Nachdenken zu geben. »Haben Sie Angst um Ihr Leben, Mrs. Mohr?«, fragte sie mich. Dabei seufzte sie, als würde sie eine schwere Last tragen.

»Nein. Danke für die Informationen«, erwiderte ich steif und stand auf, um das Büro mit sicherem Schritt zu verlassen.

Woher ich diese Entschiedenheit und diesen Mut nahm, weiß ich nicht. Sie hätte mich auch zwingen können, in den Schutzblock zu gehen, aber sie tat nichts dergleichen.

Wenige Tage später erzählte mir mein Anwalt, dass Werner mit dem Leben davongekommen war, aber den Verstand irgendwo unterwegs verloren haben musste. Er telefonierte mit der Polizei und verlangte nach einem gewissen Detective Rosenes, den er angeblich kannte. Der Mann stand am nächsten Tag tatsächlich im Besucherzentrum des Gefängnisses. Allerdings war er nicht allein gekommen; er hatte Detective Senior Constable Paul Firth mitgebracht. Werner machte eine Aussage: Ein Kilo von dem mitgebrachten Kokain sei für seinen Freund gewesen, den Staranwalt Andrew Fraser, der laut Werner von Anfang an bei der Planung und Finanzierung des Unternehmens tatkräftig mitgewirkt hatte. So ganz nebenbei belastete Werner auch mich und Carl. Er log das Blaue vom Himmel herunter. Carol dagegen entlastete er mit Nachdruck und sagte, sie habe von unseren Machenschaften nichts gewusst.

Werner hatte ganz offensichtlich die Schnauze voll. Er wollte der Polizei helfen, Andrew zu überführen, wenn sie im Gegenzug ihn und seine Ehefrau freilassen würden. Trotz seiner Aussage, auf die sich die Zeitungen begierig stürzten, verweigerte er abermals die Schutzhaft. Da die Verantwortlichen Bedenken hegten, verlegten sie ihn zurück in die Untersuchunghaft mitten in der Stadt.

Es gab nun eine erste schriftliche und unterzeichnete Aussage in unserem Fall – gespickt mit Lügen. Dass Werner für sich selbst das Beste herausschlagen wollte, war in einer Situation wie der unseren nur menschlich, schließlich bekommt man es mit der Angst zu tun, wenn man 25 Jahre Gefängnis vor Augen hat. Aber warum glaubte er, dass ich meine Freiheit zu diesem Preis zurückhaben wollte? Einen anderen Menschen zu verraten, war das Letzte, das für mich infrage gekommen wäre.

Bei einem seiner Besuche sagte er: »Das habe ich alles auch für dich getan, Kookaburra.« Da hatte er mich endgültig verloren. Es macht mich wahnsinnig, wenn jemand über meinen Kopf hinweg bestimmt, das war schon als Kind so.

Werners Aussage war eine gefährliche Entwicklung in unserem Fall. Sollten meine Mitgefangenen die Aussagen von Werner zu lesen und in den falschen Hals bekommen, könnten sie mich als die Ehefrau eines Verräters einstufen – was sicher katastrophale Konsequenzen für mich hätte. Werners Aussage war mir gegenüber unfair, vor allem aber gegenüber Andrew, der nichts mit unseren Aktivitäten zu tun hatte. Andrew hatte seine eigenen Methoden, um zurückzuschlagen. Ich plante die Scheidung.

»Der Affekt gehört immer zur Sinnlichkeit, durch was für einen Gegenstand er auch erregt werden möge.«
IMMANUEL KANT

Chika begegnete mir dreimal am Tag bei der Medikamentenausgabe. Die Japanerin saß jedes Mal stoisch in der Hocke und wartete auf ihre Handvoll Tabletten. Diesmal war ich direkt hinter ihr dran. Eigentlich war die 44-Jährige nur für einen dreiwöchigen Urlaub mit einer Reisegruppe nach Australien gekommen, um Kängurus und den Ayers Rock zu bestaunen, aber bei ihrer Ankunft am Flughafen von Melbourne fand man, zu ihrer Überraschung, über 15 Kilogramm Heroin in ihrem Koffer. Daraufhin wurde ihr Urlaub, selbstverständlich auf Staatskosten, um elf Jahre verlängert.

Die Kängurus und den Ayers Rock bekam sie nie zu sehen, Melbourne konnte sie immerhin durch die Scheiben des Polizeiautos begutachten.

»Chika aus Japan«, sagte sie bei einer unserer ersten Begegnungen, reichte mir höflich die zarte Hand und lächelte mich mit ihrem blassen Gesicht an. »Mein Freund Ajan«, sie deutete auf eine wunderschöne schwarze Katze.

Einige wenige Gefangene hatten eine Sondererlaubnis, um zugelaufene Katzen behalten zu dürfen. Unter zwei Bedingungen durften die Gefangenen ein Tier als Eigentum anmelden: Sie mussten für die Kastration sorgen und das Futter bezahlen.

»Chika, bist du in Ordnung?«, fragte ich sie nun, als ich bemerkte, dass ihr zierlicher Körper immer heftiger zitterte.

»Ist nichts. Brauche Medizin. Bevor ich hier angekommen bin, vor sieben Jahren, habe ich nie auch nur eine Tablette genommen, aber inzwischen …« Sie brach ab und blickte zu Boden. Chika beteuerte seit ihrer Ankunft 1992 ihre Unschuld. Allein das japanische Konsulat glaubte ihr und kämpfte seit Jahren für ihre Freilassung – vergeblich. Da Chika Ausländerin war, musste sie ihre gesamte Strafe in Deer Park absitzen. Es hieß, sie arbeite den ganzen Tag an der Nähmaschine und mache, falls möglich, sogar Überstunden. Nachts putzte sie angeblich außerdem manisch den ganzen Block C2B.

Chika erinnerte mich an meine Japanreise. Damals in Berlin hatte ich irgendwoher gehört, dass Europäerinnen in Japan als Hostessen Unsummen verdienen konnten. Kurz entschlossen flog ich daraufhin nach Asien. Ich blieb ein halbes Jahr, und es lief tatsächlich bombastisch. In einem Club, zu dem nur Mitglieder Zutritt hatten, saß ich allabendlich an einem der Tische und las meinem Gönner jeden Wunsch von den Lippen ab. Ich gab ihm Feuer, sobald er eine Zigarette in die Hand nahm, bestellte den nächsten Drink oder schenkte nach, bevor sein Glas leer war, und natürlich redete ich auch mit ihm, wenn ihm nach einer Unterhaltung zumute war. Falls er mit seinen Kollegen reden wollte, saß ich perfekt aussehend, lächelnd und ohne ein Wort zu sagen mit am Tisch. Offensichtlich benahm ich mich zu seiner Zufriedenheit, denn am Ende des Abends fragte er mich oft, ob ich noch mit ihm in sein

Hotelzimmer kommen wolle. Sobald ich genug verdient hatte, flog ich weiter nach Sri Lanka.

Nachdem ich meine Tabletten eingenommen hatte, machte ich mich auf den Weg in die Bibliothek von Deer Park. Vielleicht konnte ja ein gutes Buch helfen, mich zu zerstreuen. Ich lief zum Sportzentrum, wo eine kleine Seitentür offen stand, an der ein Schild auf die Bibliothek verwies. Die Maori, die an einem Schreibtisch saß, blickte bei meinem Eintreten nicht auf. Als ich näher kam, sah ich, dass ihre Kleider vollgeschmiert waren, selbst in ihrem Haar entdeckte ich bunte Tupfen frischer Farbe. Sie malte an einem Aquarell. Als ich die Frau auf den Autor Tom Sharpe ansprach, zog sie eine Grimasse, als wolle sie mich fressen.

»Hey Alte, was glaubst du, wo du hier verdammt noch mal bist?«

Die Bibliothekarin war oft schlecht gelaunt und mürrisch, das erfuhr ich von den anderen Insassinnen. Toni Malby, wie sie hieß, war für Totschlag im Affekt zu fünf Jahren Haft verurteilt worden. Sie selbst hatte nie mit mir darüber gesprochen, und sie war auch keine Frau, die man darauf ansprach. Als ich mich umschaute, standen nur einige wenige zerfledderte Bände in einem kleinen Regal. Neuanschaffungen gab es keine, Bücher gelangten nur in die Bibliothek, wenn entlassene Frauen oder Besucher sie spendeten.

Komischerweise waren es nie die vom Schicksal hart Getroffenen, die in Deer Park Stress und Terror verursachten. Vielmehr raubten jene Frauen, die nur für ein paar Monate eingesperrt wurden, den anderen den Seelenfrieden. Sie nahmen fast alle Drogen und waren ständig darauf aus, Unruhe zu stiften. Die Langzeitgefangenen waren anders, sie waren behutsamer in ihrer Vorgehensweise, da sie wussten, dass Deer Park für viele Jahre ihr Zuhause sein würde.

Am Abend, als unser Block abgeschlossen wurde, war Dale so stoned, dass sie kaum die Augen aufhalten konnte. Wir saßen in einer kleinen Runde zusammen, und sie erzählte uns von ihrer besten Freundin, die an einer Überdosis Tabletten gestorben war. »Sie wird von Gott beschützt«, sagte sie.

Wie so oft dachte ich nicht nach, sondern redete einfach impulsiv drauflos, außerdem hatte auch ich Tabletten genommen. »Einen Gott gibt es nicht«, sagte ich stoisch, ohne dass jemand darauf reagiert hätte.

Kurz darauf zog ich mich in meine Zelle zurück. Keiner schien meinen Rückzug zu beachten, alle schwatzten munter weiter.

Im Halbdunkel lag ich auf meinem Bett und schaute aus dem kleinen Fenster auf das verlassene Gelände, nur ein paar Uniformierte bewegten sich im Lichtschein des Wärterhäuschens. Plötzlich klopfte jemand laut an meine Zellentür. Ich schreckte hoch. Das Klopfen wurde lauter und drängender. Ich raffte mich auf und schleppte mich zur Tür.

Noch bevor ich öffnete, hörte ich eine Stimme: »Komm schon, German. Komm raus und spiel mit uns!«

Kaum machte ich die Tür auf, war ich auch schon von Renée und ihren Spielkameradinnen umringt. Ich bereute, dass ich herausgekommen war, aber es war zu spät. Da ich wie immer nicht abgeschlossen hatte, hätten die Frauen mich früher oder später sowieso aus dem Bett geholt. Sie schleiften mich in den Gemeinschaftsraum, wo zu meinem Erstaunen alle Frauen des Blockes im Halbkreis auf dem Boden saßen. Irgendetwas stimmt hier nicht, dachte ich noch. Da traf mich auch schon der erste Boxhieb, völlig unvorbereitet und mitten auf die Lippen.

Dale brüllte mich mit verkniffenem Gesichtsausdruck an: »Wie kannst du dir erlauben, schlecht über meine Freundin zu reden?«

Noch ehe ich über ihre Worte nachdenken konnte, traf mich ein Fuß an der Backe. Ein weiterer Hieb landete in meinem Bauch. Ich sank auf die Knie, doch Dale zerrte mich an den Haaren wieder hoch. Ich spürte nichts, meine zitternden Knie gaben wieder nach. Ich hatte meinen Körper nicht mehr unter Kontrolle.

»Bleib aufrecht stehen!«, brüllte sie. Dabei rammte sie mir abwechselnd das Knie in die Magengrube und die Faust ins Gesicht. Blut tropfte auf meine Kleidung. Plötzlich sagte sie: »Das reicht! Rede nie wieder schlecht über meine Freunde, German!«

Mit geschwollenem Mund stammelte ich: »Du hast mich falsch verstanden. Die Bemerkung von mir war blöd, ich wollte niemanden beleidigen. Sorry, Dale.« Mein Gesicht schmerzte.

»Das hättest du auch gleich sagen können.« Dale konnte kaum gerade stehen, so stoned war sie.

Dann schüttelten wir uns die Hände.

Caroline brachte mich danach in meine Zelle zurück. Sie half mir oft, ohne viel Aufhebens darum zu machen. In jener Nacht half sie mir dabei, sämtliche Spuren vor den wachsamen Augen der Wärter zu verwischen. Sie zog mir behutsam die blutverschmierten Kleider aus, wusch mir das Gesicht und brachte mich zu Bett, wo ich in einen unruhigen Schlaf fiel.

Am nächsten Morgen schmerzte mein geschundener Körper, vor allem mein geschwollenes Gesicht. Mir blieb keine Zeit, mich selbst zu bemitleiden, denn die anderen warteten beunruhigt auf meine Reaktion und würden sicher gleich angespannt beobachten, wie ich mich gegenüber den Wärtern verhielt. Das Ganze war nun zu einer Art Feuertaufe geworden. Als Woody zur morgendlichen Zählung kam, stand ich unter der Dusche und schrie nur ein lautes »Ja«, als er meinen Namen aufrief.

Im Spiegel begutachtete ich meine Blessuren. Ich hatte eine geschwollene Lippe, ein schwarz-grünes Auge, einen Riss über der Stirn und eine dicke Backe. Außerdem hatte ich mehrere blaue Flecken und Prellungen am ganzen Körper. Ich konnte mich damit nicht ewig verstecken. Also lieh ich mir von Caroline etwas Make-up, und obwohl es ausgerechnet an diesem Tag bewölkt war, setzte ich mir zur Tarnung eine Sonnenbrille auf die Nase.

Danach musste ich zur morgendlichen Medikamentenausgabe ins medizinische Zentrum, und natürlich war die Krankenschwester bei meinem Anblick sofort alarmiert. Sie bat mich, die Sonnenbrille abzusetzen, und forderte mich auf, direkt ins Behandlungszimmer zu gehen. Die Frau wirkte durchaus erschrocken bei meinem Anblick, obwohl sie schon einige Zeit in Deer Park arbeitete und sicher viel zu Gesicht bekommen hatte – die meisten Krankenschwestern, Ärzte oder Psychologen waren nicht lange hier, oft ging ihnen schon nach wenigen Monaten die Luft aus.

Die neuseeländische Krankenschwester verarztete meine Wunden, und auf ihren bohrenden Blick hin gab ich nur verstockt zur Antwort: »Bin unter der Dusche ausgerutscht.«

Sie war nicht so leicht zu überzeugen, denn die Schwestern wussten nur allzu gut über derartige Geschichten Bescheid. Außerdem war das Personal aufgrund des Mordanschlags auf Werner alarmiert und um meine Sicherheit besorgt. Sie führte mich in eine der klinisch sauberen Krankenzellen, wo mich der Gouverneur mit vier Wärtern besuchte, um mich zu diesem Vorfall zu befragen. Aber ich blieb bei meiner vorherigen Version und erkundigte mich nach meiner Freundin Tiny. Der Gouverneur wies zwei Wärter an, sie zu holen.

Tiny, deren Wort bei den Wärtern durchaus etwas zählte und die schon damals inoffiziell als Vermittlerin zwischen Insassinnen und Wärtern fungierte, lehnte für mich die vom Gouverneur angebotene Schutzhaft ab. Sie erklärte ihm, dass es sich nur um ein Missverständnis handele, das inzwischen bereinigt sei. Sie gab dem Gouverneur ihr Wort, dass ich nicht in Lebensgefahr sei.

Ich muss wohl nicht eigens erwähnen, dass Dales Name mit keinem Atemzug fiel und dass der Gouverneur weder Tiny noch mich nach irgendwelchen Namen fragte – er wusste, es wäre sinnlos gewesen.

Als wir zusammen in meinem Block ankamen, entschuldigte sich Dale nochmals bei mir. Sie habe es nicht so gemeint, sie sei total stoned gewesen. Tatsächlich wirkte sie ein wenig beschämt, aber vermutlich nicht meinetwegen, sondern weil Tiny ihr ins Gewissen geredet und mit Nachdruck gesagt hatte, dass die German ihre Freundin sei.

Meine Standhaftigkeit, Dale nicht an die Wärter zu verpfeifen, verschaffte mir das erste Mal Respekt unter meinen Mitgefangenen. Auch Tinys Solidarität zu mir schien vielen zu imponieren. Bevor wir uns verabschiedeten, gab mir meine Freundin noch einen guten Rat mit auf den Weg: »Schlag beim nächsten Mal zurück, German. Einen Schlag zu landen, ist besser, als nur einzustecken!«

Ich will hier raus!, schrie es wieder mal in mir. Ich hasste diese Welt der sinnlosen Brutalität. In knapp zwei Wochen war Silvester, und ich saß immer noch hier. Nicht ein x-beliebiges Silvester, nein, der Jahrtausendwechsel. Mein sehnlichster Wunsch, beim ersten Sonnenaufgang im neuen Jahrtausend in Neuseeland zu sein, war greifbar nah und doch so fern. Als der Gerichtstermin anstand, war meine Ungeduld kaum zu bremsen.

Auf der Fahrt zur Verhandlung war ich total aufgeregt, denn es war die einzige Möglichkeit, einen Bezug zur realen Welt zu bewahren. Diesmal war ich mir ganz sicher: Die Rückfahrt in diesem scheußlichen Transporter, in dem man kaum atmen konnte, würde mir erspart bleiben. Die Freiheit war nahe, und sie roch so was von gut.

Der Gerichtssaal war auch diesmal bis auf den letzten Platz gefüllt. Meine große Hoffnung, Kronanwalt Robert Rictor, bestach durch sein lässiges, elegantes und selbstsicheres Auftreten, und ich hörte seinen Ausführungen fasziniert zu. Er hatte zwei Zeugen geladen: Der eine war Vito, der sympathische Drogenberater von Deer Park, der mit voller Überzeugung für meine Freilassung auf Kaution und für die Rehabilitation im Drogentherapiezentrum Windana eintrat, das er seit dreißig Jahren leitete. Der andere war Ian Joblin, ein in Melbourne anerkannter Gerichtspsychologe, der sich seinem Vorredner anschloss. Er ließ mit Nachdruck verlauten, dass eine Unterbringung im Therapiezentrum für meine wirre Gefühlswelt deutlich besser wäre als der Aufenthalt hinter den hohen Mauern von Deer Park. Vor einigen Tagen hatten wir uns ausführlich miteinander im Besucherzentrum unterhalten, und er hatte sich zahlreiche Notizen über mich gemacht.

Doch der Richter zerschmetterte sämtliche Hoffnungen binnen Sekunden. Seiner Meinung nach war ich in Deer Park bestens untergebracht, es brauche Mauern, um eine Schwerverbrecherin wie mich an der Flucht zu hindern. Es gebe kein überzeugendes Argument gegen die unabänderliche Tatsache, dass bei mir als Ausländerin Fluchtgefahr bestehe. Allein meine Teilnahme am Prozess sicherzustellen, war ihm wichtig, alles andere interessierte diesen Mann nicht.

Was sollte nun aus meiner zerfressenen Seele werden? Keine Drogentherapie, keine Hilfe.

Werner und Carl hatten erst gar keinen Antrag auf eine Freilassung bis zum Prozess gestellt, da sie keine Erfolgschancen sahen.

Für eine der Angeklagten brachte der Tag allerdings eine positive Wende. Aus Mangel an Beweisen ließ der Richter die Anklage gegen Carol fallen. Sie bekam lediglich für den Besitz illegaler Substanzen, die man bei ihr in der Wohnung gefunden hatte, ein Jahr auf Bewährung. Ich war sehr erleichtert, denn sie hatte meines Wissens nichts mit dem Kokaingeschäft zu tun. In einem der abgehörten Gesprächen zwischen Andrew und Werner hört man denn auch meinen Ehemann sagen: »Sie hat nichts damit zu tun, sie weiß von nichts.«

Diese Worte sollten Werner noch zum Verhängnis werden. Man unterstellte ihm, er habe die ahnungslose Carol als Kurierin missbrauchen wollen. Zwar habe er den Plan letztendlich nicht durchgeführt, aber er habe die Reise mit Carol nur deshalb unternommen, um sie für den Drogenschmuggel einzusetzen.

Am Ende des Tages entschloss sich der Richter für eine erneute Vertagung, da noch zu viele Dinge ungeklärt waren, und setzte die nächste Anhörung für den 20. Februar 2000 an. Auch Andrew brauchte mehr Zeit für seine Verteidigung, was unsere Seite schwächte, da wir nun nur noch zu dritt auf eine schnelle Fortsetzung drängten.

Unglücklich und mutlos kehrte ich nach Deer Park zurück. Jetzt war endgültig klar, dass ich keine Chance hatte, vor Beginn des Prozesses auf Kaution freigelassen zu werden. Robert Rictor war ein toller Anwalt, aber kein Magier, den ich eigentlich gebraucht hätte. Es war acht Uhr abends, als ich mit hängendem Kopf in meinen Block schlich und mich sofort auf die harte Pritsche warf, um in einen grässlichen Traum zu versinken.

Als ich am nächsten Morgen aufwachte, wurden die Türen wie üblich aufgeschlossen, allerdings nur, um nach etwa zehn Minuten wieder zugeschlossen zu werden. Die geistig minderbemittelte Tracey, die von Tiny gerne Sticky Knickers genannt wurde, hatte vor ihrem Block mit Erde in riesengroßen Lettern *Fuck off screws* auf den Boden geschrieben. Ich legte mich also wieder aufs Bett und musste unwillkürlich an ein skurriles Weihnachtsfest aus meiner Kindheit denken.

Rot! Das Bild ging mir nicht mehr aus dem Kopf. Rot. Das war alles, an was ich denken konnte, während ich meiner geliebten Tante Alice zusah. Sie war wie gewohnt sehr elegant angezogen und sogar der glitzernde Weihnachtsbaum verblasste neben ihr. Ich musste es ihr sagen, ich musste ihr mitteilen, was passiert war. Ansonsten würde ich platzen oder schreien. Ich stand auf und verkündete: »Ich bin ab sofort Vegetarierin!«

»Du bist ein Kind«, erwiderte Tante Alice mit vorwurfsvollem Ton. Ihr geöffneter Mund entblößte gekautes Fleisch.

»Du bist gerade mal neun. Ich bin älter ... und ein Junge«, protestierte mein engelhafter Cousin mit schriller Stimme, ganz typisch für Jungs in seinem Alter.

Aber ich fiel nicht darauf herein. Stattdessen setzte ich mich ruhig wieder auf meinen Stuhl und aß den frischen und knackigen Salat auf meinem Teller. Die hatten ja alle keine Ahnung! Keine Ahnung davon, was ich gerade durchgemacht hatte.

Der Tag hatte vielversprechend angefangen. Der Schnee fiel leise, und unterm Weihnachtsbaum, der mit rosafarbenen und silbernen Kugeln geschmückt war, lagen etliche Geschenke.

Mein Vater nahm mich zur Seite und flüsterte mir verschwörerisch ins Ohr: »Folge mir, Prinzessin«. Nach einer kurzen Pause fuhr er fort: »Du weißt, dass du nie Geschwister haben wirst. Du bist unser einziges Kind.« Er legte die Stirn in Falten, und ich verstand die Wichtigkeit seiner Worte. »Eines Tages wirst du dich ums Geschäft kümmern müssen, wie ich, mein Vater und der Vater meines Vaters es vor dir getan haben.«

Ich wusste, dass sich meine Eltern eigentlich einen Sohn gewünscht hatten und dass meine Mutter nun keine Kinder mehr bekommen konnte. Sie pflegte zu sagen: »Denk nicht, wir hätten dich nicht lieb – aber wenn du nur ein Junge wärst.« Ich hatte keine Zeit zum Träumen. Aufgeregt versuchte ich, mit den großen Schritten meines Vaters mitzuhalten. Heute war der Tag aller Tage, heute behandelte er mich, als wäre ich sein Sohn.

Zu meiner Überraschung landeten wir im Schlachthaus des Familienbetriebs, in dessen Hallen schon mehrere Generationen unserer Familie Schweine und Kühe geschlachtet hatten. Zwei Angestellte meines Vaters standen auf dem spiegelglatten Boden, jeder von ihnen hatte eine schwarze Gummischürze über den Kleidern und glänzende Gummistiefel an den Füßen. Mein Vater griff nach einem der Messer auf der Seitenbank, nach einer langen und scharf geschliffenen Machete.

Drei Männer hatten Mühe, den Strick zu halten, der um den Hals der Kuh gezogen war. Das Tier war unruhig und schnappte nach Luft. Plötzlich war der Kopf ab, und mein Vater warf ihn achtlos zur Seite. Die Kuh stand noch ein paar Sekunden auf den Beinen – kopflos –, ehe sie einfach umfiel. Blut! Überall Blut! In den Gesichtern der drei Männer, genauer in ihren blutunterlaufenen Augen, sah ich den sprühenden Funken des Triumphes, wie bei einem Matador nach dem Sieg in der Arena.

Ich bekam Panik. Ich wollte wegrennen, aber ich blieb wie angewurzelt stehen. Dieser Geruch! Ein scheußlicher, Würgereiz verursachender Geruch nach warmem Blut und rohem Fleisch erfüllte die Luft. Aber das war noch nicht alles: Mein Vater lief direkt auf mich zu mit einem Behälter voller Blutsuppe, den er in der Hand hielt wie der Priester den Kelch bei der Heiligen Kommunion. Er nahm einen Schluck und … Ich rannte so schnell ich konnte.

Bevor ich zurück in die warme Stube, zurück zu meiner Familie ging, fasste ich den Entschluss, nie wieder Fleisch zu essen.

An jenem Tag lernte ich jedoch noch etwas ganz anderes: Du kannst rennen, aber verstecken kannst du dich nicht.

»Den Verrat liebe ich, aber die Verräter lobe ich nicht.«
JULIUS CÄSAR

Ich nahm mir vor, stärker zu werden und mir einen der besseren Jobs zu suchen, auch wollte ich in eine Zelle in einem der ruhigeren C-Blöcke verlegt werden. Vor allem musste ich mich aber in meine neue Realität einfinden, mich mit den unabänderlichen Tatsachen abfinden, mich mit den hiesigen Gegebenheiten vertraut machen. Das alles war leichter gesagt als getan – eine tiefe Traurigkeit hatte von mir Besitz ergriffen, zerrte mich nach unten.

Ich begann mich nach Gesellschaft umzusehen. Eine alte Freundin von Tiny namens Dotty war erst vor wenigen Tagen in Deer Park angekommen. Da sie mit ihren fast fünfzig Jahren hier schon öfter ein und aus gegangen war, durfte sie sofort in den Block C3B ziehen. Gemeinsam mit Tiny half ich Dotty beim Umzug und verstand mich auf Anhieb gut mit der neuen Insassin. Sie war eine intelligente Frau und Mutter von drei erwachsenen Töchtern. Nach getaner Arbeit setzten wir uns vor ihrem Block in die Sonne und kamen schnell ins Gespräch.

»Du musst unbedingt mal mitkommen, Andrea. Wenn man ein Haus mehrere Tage beobachtet und dann einbricht, das gibt dir einen richtigen Kick. Das zeige ich dir mal, wenn du wieder draußen bist, dann nehme ich dich mit.« Natürlich flüsterte sie, damit keiner außer mir ihre Worte hören konnte. Dabei steckte sie sich immer wieder die langen schwarzen Haare hinter die Ohren.

»Oh ja, das klingt echt aufregend, ich habe so was noch nie gemacht«, erwiderte ich.

»Ich mache es auch erst, seit ich meinen Mann umgebracht habe, seit etwa zehn Jahren.« Ich musste schlucken, und sie lachte schallend auf. »Ich habe ihn tatsächlich umgebracht, aber die Gerichte haben mich nicht dafür verurteilt. Ich saß zwei Jahre im Knast, ohne verurteilt zu sein, denn auf Kaution wollten sie mich nicht rauslassen, und beim Prozess wurde ich dann freigesprochen. Ich hatte zwei Mittäter, aber die hielten dicht, so sind wir alle drei davongekommen. Jetzt kann ich über alles reden, denn man kann mich nicht noch mal für dasselbe Verbrechen vor Gericht stellen.«

»Warum hast du ihn umgebracht?«, wollte ich wissen.

»Ich habe drei Töchter, und er hat sie alle jahrelang missbraucht, der Schweinehund. Deshalb habe ich ihn eines Tages in ein verlassenes Haus gelockt, wo wir ihn dann zu dritt totgeschlagen haben. Er hatte es verdient. Aber jetzt lass uns über etwas anderes reden, Andrea. Erzähl du mir etwas über deine Reisen, über Amerika, Asien und Europa.«

Als Erstes berichtete ich ihr von meinem ersten längeren Überseeflug, mit 23 Jahren in die Stadt von Andy Warhol, Allen Ginsberg und Woody Allen: New York. Ein Traum ging damals für mich in

Erfüllung. Ich hatte das Glück, eine Freundin in dieser chaotischen Stadt zu haben. Gele, eine klassische Schönheit mit langen braunen Haaren, studierte seit einem Jahr am Lee Strasberg Theater und Film Institut. Sie holte mich am Flughafen ab, und wir fuhren in ihre Wohnung nach Spanish Harlem, einen Stadtteil, vor dem Touristen gewarnt wurden, also ganz nach meinem Geschmack.

Das Apartment von Gele und ihrem Freund Matt hatte nichts gemein mit den romantischen New Yorker Wohnungen aus den Audrey-Hepburn-Filmen. Hier gab es weder richtige Türen noch genügend Abstand zwischen den einzelnen Zimmern. Permanent war ein leises Rascheln zu hören, und Gele musste meinen misstrauischen Blick bemerkt haben, denn sie sagte nur: »Das sind die Kakerlaken, die sich in ihre Schlupfwinkel verziehen, gegen die kann man nichts machen.«

Ich wollte so schnell wie möglich auf die Straße, an die frische Luft, hinein ins pulsierende Leben. Meine erste Nacht in einer Stadt, die zu den aufregendsten Metropolen der Welt zählt. Vor dem Haus überlegte ich, ob ich den kleinen Puertoricaner mit dem tätowierten Oberkörper oder den dickbäuchigen Mann im blauen Baseball-Shirt ansprechen sollte. Ich ging auf die beiden zu und sagte in meinem besten Englisch: »Ich will Crack kaufen.«

Der Dicke forderte mich mit einer Handbewegung auf, ihm ins Erdgeschoss des Hauses zu folgen. In dem winzigen Zimmer, in das er mich führte, begrüßte mich Dunkelheit. Kein einziges Möbelstück stand darin. Mit meinem Schulenglisch kam ich hier nicht weit, denn ich verstand kein Wort von seinem Slang. Ich wollte mein Vorhaben auf den nächsten Tag verschieben, als plötzlich Matt wie aus dem Nichts auftauchte. Bevor ich wütend werden konnte – einen Babysitter brauchte ich nun wirklich nicht –, waren Geld und Ware getauscht. Matt forderte mich auf, mit ihm zu verschwinden.

Zurück in der Wohnung packte Matt die Alufolie aus, legte den kleinen Kristallklumpen auf eine Pfeife, zündete sie an und hielt sie mir hin. Tief inhalierte ich das Teufelszeug, damals der neueste Shit auf dem Markt. In Europa hatten wir von seiner umwerfenden Wirkung bisher nur gehört, denn bei uns gab es damals noch kein Crack.

Gleich nach dem ersten Zug wurden meine Zunge und mein Mund taub. Die Wände in der Wohnung verschwanden, die Farben veränderten sich, die Realität entglitt mir. Bereits nach etwa 15 Minuten kam in mir die Gier nach einem weiteren Zug auf. Ich hätte am liebsten auf der Stelle mehr von dem Zeug gekauft, aber meine Gastgeber hielten mich erfolgreich zurück, da es bereits mitten in der Nacht war.

Das chaotische New York hatte viele Gesichter. Leider war auch sein trauriges allgegenwärtig – in abgewrackten Gestalten, die mit hängenden Schultern ziellos umhertaumelten, die mit ausdruckslosem, verzerrtem Gesicht und glänzenden Augen ins Nichts starrten, die wirres Zeug vor sich hin brabbelten: Crack-Abhängige, Obdachlose. Drei Tage in dieser Stadt, in der Menschen auf der Straße aus Mülltonnen essen und gleich nebenan Börsenmakler in kürzester Zeit zu Millionären werden, waren genug für mich.

Von New York aus fuhr ich zwei Wochen quer durch die Vereinigten Staaten nach Los Angeles. Ich besuchte einen alten Freund von mir, Cornel, einen Musiker und Filmemacher. Eines Abends tauchte zu meiner großen Freude auch Gele in Los Angeles auf. Sie sah sehr schlecht aus, hatte dunkle Ringe unter den Augen und einen unendlich traurigen Blick. Doch sie wollte nicht darüber reden. Am nächsten Morgen stand das Fenster weit offen, auf dem Boden lag ein Zettel, auf den mit Bleistift die Worte »Muss weiter, bis bald, hab dich lieb, Gele« gekritzelt waren. Ich wusste nicht einmal, ob ich sie je wiedersehen würde.

Die knarzende Lautsprecherstimme von Deer Park holte uns in den Alltag zurück. Ich stand auf, gab Dotty einen Kuss auf die Backe und verabschiedete mich. Man kann der Realität eben nur für eine kurze Zeit entfliehen.

Am nächsten Tag geriet ich in eine heikle Situation. Nirgendwo war Schatten, und ich fühlte mich wie unter einer von gleißendem Licht angestrahlten Lupe, als ich mich vor der Kantine in die Schlange einreihte. Seit ein paar Tagen arbeitete ich in der Lagerhalle von Deer Park, wo ich Gemüse, Obst, Fleisch und andere Lebensmittel an die Blöcke verteilte, und heute war Zahltag. Zehn

Wärter stürmten unterdessen in den Block B1. Die Vorweihnachtszeit war von endlosen Razzien geprägt, denn die Wärter wussten, dass nun Hochkonjunktur für Drogenschmuggel jeglicher Art herrschte. Nur eine Stunde später hatte sich der Tumult gelegt, die Wärter verließen den Block, und wir durften unsere Zellen wieder betreten.

Bei jeder Razzia hinterließen sie dieselbe Unordnung: Die Töpfe standen auf der Küchenbank, Mehl und Zucker waren aus den Dosen geschüttet, Bettwäsche und Kleider lagen auf dem Boden verstreut, selbst Papiere waren aus den Schubladen gezerrt. Alle beschäftigten sich sofort mit dem Aufräumen, aber ich hatte dazu keine Zeit. In der Kantine hatte ich gerade erfahren, dass mein Verdienst von letzter Woche nicht auf mein Konto gebucht worden war, und das musste ich sofort mit meinem Blockwärter klären.

Vor dem Wärterhäuschen waren Olga, eine Mitgefangene, und Blanche in ein Gespräch vertieft, und da ich nicht stören wollte, blieb ich zunächst im Hintergrund. Ihre Worte konnte ich jedoch gut verstehen.

»Ihr habt nichts gefunden?«, fragte Olga ängstlich.

Blanche, mit der sich Carol immer gut verstanden hatte, antwortete: »Olga, ich kann dich nicht für eine Zelle im C-Block empfehlen. Du hast uns nicht geholfen.« Ihr Ton war vorwurfsvoll, ihr Lächeln wirkte gleichmütig.

Olga war den Tränen nahe. »Ich habe Angst in den überfüllten Blöcken. Ich fühle mich bedroht zwischen diesen Drogen verschlingenden, aggressiven und unberechenbaren Frauen. Ihr müsst etwas tun. Ich bin zu alt.« Flehend richtete Olga ihren Blick auf Blanche.

»Wie denn, wenn du uns nicht hilfst?«, erwiderte die Wärterin, und ihr Gesicht zeigte nicht eine einzige Regung.

»Das Zeug ist in den Ärmel eingenäht. Die Jacke hängt an der Zellentür, bei Franziska«, sagte Olga, leicht stotternd und mit gesenkten Lidern.

»Okay. Wir machen noch eine Razzia, Schätzchen«, erwiderte Blanche.

»Aber bitte nicht sofort«, wimmerte Olga erschrocken, »keiner darf erfahren, dass ich euch geholfen habe. Ansonsten machen die mich fertig.« Sie hatte die Augen weit aufgerissen. Dann drehte sie sich um und rannte aus dem Büro, wobei sie beinahe über mich gestolpert wäre. Als sie mich erblickte, lächelte sie mich unsicher an.

Den Grund, warum ich zum Wärterhäuschen gekommen war, hatte ich vergessen, viel zu aufgeregt war ich auf einmal. Ich wusste nämlich genau, wer was in welchem Ärmel versteckt hatte. Schnell machte ich mich auf den Weg, um Franziska zu warnen, und fand sie auf einer der Grünflächen. Noch völlig außer Atem und in knappen, hektisch vorgebrachten Sätzen versuchte ich ihr das Aufgeschnappte wiederzugeben. Olgas Namen nannte ich nicht, die alte Frau tat mir schon so leid genug.

Noch bevor ich zu Ende gesprochen hatte, deutete Franziska auf unsere Tür, und wir sahen etwa zwanzig Wärter in unseren Block stürmen. Die Razzia dauerte diesmal allerdings nur fünf Minuten. Als wir den Block betraten, stellten wir erstaunt fest, dass alles ordentlich an seinem Platz war – nur die grüne Jacke war weg. Normalerweise wurde die Besitzerin sofort mit dem illegalen Fund konfrontiert, doch nichts dergleichen passierte.

Als am Abend der Aufruf für die tägliche Medikamentenausgabe ertönte, machte ich mich wie gewohnt auf den Weg. Ich stand in der Schlange und lehnte lässig an der Mauer, als Franziska mit großen Schritten und vor Zorn funkelnden Augen auf mich zukam. Ohne ein Wort zu sagen, schlug sie mir mit der geballten Faust mitten ins Gesicht. Kein schlauer Zug von ihr, da nahezu alle Kameras um diese Uhrzeit auf das medizinische Zentrum gerichtet waren. Im Kontrollraum beobachteten die Wärter sicher jede unserer Bewegungen.

Tiny stürzte sich auf die stinkwütende Franziska, um sie von weiteren Angriffen abzuhalten. Ich versuchte unterdessen, möglichst unauffällig in der Reihe stehen zu bleiben. Obwohl ich meine Lippen anschwellen und pochen fühlte, blieb ich ausdruckslos, bis die Tablettenausgabe vorüber war. Anschließend wartete ich auf Tiny und Dotty, die mich sofort nach den Einzelheiten zu dem Vorfall befragten. Ich erzählte ihnen von der Unterhaltung zwischen Blanche und Olga.

»Du musst besser aufpassen, German. Aber mach dir keine Sorgen, ich bring das in Ordnung. Es ist dein Akzent, außerdem verwechselst du manchmal die Wörter. Franziska dachte, du hast sie verraten. Sie dachte, du hast den verdammten Schließern gesteckt, dass sie eine Einwegspritze in ihren Jackenärmel eingenäht hat. Das jedenfalls hat Olga zu ihr gesagt. Ich glaube dir, German, diese Olga riecht nach Ärger. Sie versucht dich reinzulegen.«

»Warum hätte ich Franziska anschwärzen sollen? Ich habe auch oft genug davon profitiert, dass sie eine Spritze hat«, erwiderte ich, ein wenig schockiert über Olga. Ich schilderte noch einmal die ganze Situation und gab alles wieder, was ich von dem Gespräch zwischen Blanche und Olga mitbekommen hatte.

»Ich weiß. Schon gut, German. Es wird sich regeln«, sagte Tiny und verpasste mir einen freundschaftlichen Klaps auf die Schulter.

Caroline, die gerade auf uns zukam, sagte: »Die meisten schlagen zuerst zu und fragen später.« Sie deutete auf ihr blaues Auge.

Franziska entschuldigte sich später unter Tränen bei mir. Kurz darauf kamen die Wärter und führten sie für zehn Tage in den Bunker: Kontaktsperre, Rauchverbot, kein Fernsehen. Der Vorwurf lautete: Besitz von verbotener Ware – einer Einwegspritze.

Wieder war ein Tag vorbei, und jeder in Deer Park wusste, was vorgefallen war. Wir, die Bewohnerinnen des Blocks B1, konnten es keinesfalls auf uns sitzen lassen, dass eine Verräterin ungestraft unter uns, in unserer Familie, weilte. Nachdem die Aufpasser den Block verlassen hatten, beriefen wir daher eine Gerichtsversammlung ein. Alle setzten sich um den Esstisch, Olga mittendrin. Ich hatte ein seltsames Gefühl im Bauch, ließ mir aber nichts anmerken.

Renée, die schon als Teenager mehrmals im Jugendstrafvollzug gewesen war, eröffnete die Verhandlung. Mit verächtlichem Ton verlas sie die niederschmetternde Anklage: »Olga ist eine Verräterin.« Dann wollte Renée von Olga wissen, was sie zu ihrer Verteidigung vorzubringen habe. Die alte Frau fing an zu zittern, verschreckt schaute sie mal auf den Boden, mal an die Decke. Sie hatte keine Chance.

»Ich habe niemanden verraten, das war Andrea«, stammelte

sie. Ja, sie flehte regelrecht: »Glaubt mir, Andrea hat Franziska verpetzt.«

An den Gesichtsausdrücken der Frauen in der Runde sah ich, dass ihr niemand glaubte – auch weil inzwischen bekannt war, dass ich schon vor meiner Zeit hier im Knast eine Gangsterin war, dass ich sozusagen *street credibility* hatte. Zum einen hatte ich einflussreiche Freunde in der Unterwelt, zum anderen konnte man sich, wenn es hart auf hart kam, auf mich verlassen. Olga schaufelte sich ihr eigenes Grab, je mehr sie die Verräterrolle auf mich zu schieben versuchte. Es wäre klüger gewesen, zu der Schande zu stehen, aber das tat sie nicht.

Irgendwann stand Renée auf und sagte mit kräftiger Stimme: »Wer glaubt, dass Andrea und Tiny die Wahrheit sagen, der soll die Hand heben!«

Alle Hände schnellten fast gleichzeitig in die Höhe.

Renées Stimme hallte abermals durch den Raum: »Olga ist des Verrates schuldig. Die Strafe wird sofort vollstreckt.«

Sie stand auf, ballte die Fäuste – sie kam mir dabei vor wie ein Stier, der rot sieht und die Hörner auf den Gegner richtet – und schlug zu. Mehrmals. Erbarmungslos und kaltblütig prügelte sie auf Olga ein, die sich nicht wehrte. Ich versuchte den Kopf abzuwenden. Mir wurde übel. Caroline nahm meine Hand und gab mir zu verstehen, dass ich mich keinesfalls abwenden solle, auch wenn es mir schwerfiele. Kaum hatte Renée von Olga abgelassen, da schnellte die 21-jährige Michelle heißblütig von ihrem Sitz hoch und verpasste der am Boden liegenden, blutenden alten Frau noch ein paar zusätzliche Schläge mitten ins Gesicht, garniert mit den Worten: »Hier, du Verrätersau!«

Damit war die Gerichtsversammlung zu Ende.

Olga kroch auf allen vieren in ihre Zelle, zündete sich verzweifelt eine Zigarette an und blies den Rauch mit letzter Kraft in Richtung Rauchmelder, sodass nur wenige Minuten später die Wärter in den Block stürmten. Als sie Olga halb bewusstlos und in einer Blutlache liegend in ihrer Zelle vorfanden, nahmen sie die alte Frau mit. Beim Verlassen des Blocks warfen sie jeder von uns einen strengen Blick zu, als wollten sie sagen: Euch nehmen wir uns später vor.

Schon am nächsten Tag stellte sich heraus, dass Olga nie mehr zu uns zurückkommen würde, man verlegte sie in Schutzhaft. Doch zuerst wurde sie ins Krankenhaus gebracht, wo man den gebrochenen Kiefer, die gebrochenen Backenknochen und die gebrochene Nase behandelte. Als ich die Schwerverletzte wenige Tage später im medizinischen Zentrum sah, erschrak ich zutiefst, denn ihr Gesicht war unmenschlich entstellt. Natürlich landeten Renée und Michelle für mehrere Wochen im Bunker, Olga hatte gegen die beiden ausgesagt.

»Der leere Wunsch, die Zeit zwischen dem Begehren und dem Erwerben des Begehrten vernichten zu können, ist Sehnsucht.«
IMMANUEL KANT

Mein erstes Weihnachten in Deer Park. Zum Fest schenkte uns die Gefängnisverwaltung ein Päckchen mit zehn Weihnachtskarten und für jeden Block einen Plastikweihnachtsbaum zum Zusammenstecken.

»Dieser Baum soll nicht demoliert, sondern nach dem Neujahrsfest in seine Einzelteile zerlegt und ordentlich zurück in den Karton gepackt werden, um noch viele Jahre zu erstrahlen.« Woody konnte sich ein ironisches Grinsen nicht verkneifen, aber er hatte seine Gesichtszüge sofort wieder im Griff, als er sagte: »Der Baum ist Eigentum des Blocks.«

Auf dem Beipackzettel stand unterhalb der Bauanleitung per Computer fein säuberlich geschrieben: »Frohe Weihnachten!«

Die ansonsten so kahle Sporthalle wurde für die Festivitäten hergerichtet, ein echter und bedeutend größerer Weihnachtsbaum wurde aufgestellt und mit Lametta, Kugeln und Lichtern bunt und üppig dekoriert. Für unseren mickrigen Abklatsch im Block spendete niemand weihnachtliche Dekoration. Zuerst klauten wir daher aus der Sporthalle, was nicht festgenagelt war – und wir waren nicht die Einzigen mit dieser grandiosen Idee. Bereits nach einem Tag stand der Weihnachtsbaum in der Sporthalle wieder in seinem natürlichen grünen Kleid da. Die Verwaltung war extrem verärgert über den Diebstahl, und bald kursierten Gerüchte, man wolle im nächsten Jahr zwei bewaffnete Wärter zur Ehrenwache des weihnachtlichen Schmucks abstellen, falls man überhaupt so großzügig sein würde, wieder einen Baum aufzustellen. Das Diebesgut wurde rasch in den Blöcken entdeckt und beschlagnahmt.

In puncto Weihnachtsschmuck blieb uns also keine andere Wahl: Wir mussten basteln. Aus bunten Papierfetzen machten wir Glitzerstreifen, aus Toilettenpapierrollen stellten wir Kugeln her und die Plastikringe an den Milchflaschen ergaben eine Schnur mit Tingel-Tangel. Improvisation war alles!

Als ich am nächsten Morgen unter der Dusche stand, hörte ich einen Lärm, der mich an die Büffelherde in unserem Haus bei meiner Verhaftung erinnerte. Vorsichtig trat ich im Bademantel, den ich fest um mich schlang, aus dem Badezimmer – und schaute in vierzehn Augenpaare. Vor den Zellentüren waren weitere Wärter postiert, jeder Ausweg war versperrt. Kapitulation! Mrs. Mauss forderte mich freundlich auf, gemeinsam mit ihr meine Zelle zu betreten, wo sie mir befahl, mich auszuziehen. Das sei ja kein Aufwand bei meiner spärlichen Bekleidung, ergänzte sie belustigt. Inzwischen hatte ich mich zwar an den Vorgang gewöhnt, die Erniedrigung blieb jedoch jedes Mal dieselbe. Als wir fertig waren, warf sie mir meine Kleidungsstücke vor die Füße. Den anderen Blockbewohnerinnen erging es genauso.

Zusammen führte sie uns dann auf die Veranda und befahl uns, dort zu warten. Niemand befand sich auf dem Gelände, alle Blöcke waren, nur unsertwegen verschlossen. Die Wärter durchsuchten währenddessen jeden Winkel unserer Zellen, sie drehten jedes Reiskorn und jede Nudel einzeln sorgfältig um und hinterließen dabei die gewohnte Unordnung. Das Aufräumen sollte mir diesmal allerdings erspart bleiben.

Nachdem die Eindringlinge fertig waren, kamen etwa zwanzig Uniformierte auf uns zu und begleiteten uns im Gänsemarsch ins medizinische Zentrum. Wir sollten einen Urintest machen. Ich brauchte keine Wahrsagerin, um zu wissen, dass dieser Tag für mich kein gutes Ende nehmen würde.

Nacheinander mussten wir die für den Urintest eingerichtete Toilette betreten. In der Schüssel hing ein durchsichtiger viereckiger

Plastikbehälter, in den man urinieren sollte – nackt und unter Beobachtung. Es war beschämend und erniedrigend zugleich. Während ich mich wieder anzog, füllten die Wärter meinen Urin in zwei Becher, die sie beschrifteten und versiegelten. Anschließend musste ich das Siegel begutachten und mit meinen Initialen unterschreiben.

So sehr sich die Wärter auch bemühten, sie konnten nie gänzlich verhindern, dass wir beim Urintest mogelten. Man konnte eine kleine, mit Urin gefüllte Tube, die nicht mit einem Deckel, sondern mit Zellophan verschlossen wurde, in der Vagina verstecken. In einem unbeobachteten Moment musste man nur schnell mit dem Fingernagel ein Loch in den Zellophandeckel der Tube ritzen. Allerdings hatte ich an diesem Tag keinen falschen Urin bei mir.

Laut Gesetz durfte man sich drei Stunden Zeit lassen für den Urintest. Falls man in dieser Zeit tatsächlich nicht pinkeln konnte oder nicht genügend Urin produzierte, um die beiden Becher aufzufüllen, wurde dies als Verweigerung eingestuft und man wurde automatisch mit einem IDU-Status als Identifizierter Drogenkonsument eingestuft und bestraft. Bei IDU 1 wurden die zweistündigen Besuchszeiten für drei Monate auf eine halbe Stunde reduziert, außerdem fanden die Besuche nicht an einem Tisch, sondern in einer Kabine mit Glastrennscheibe statt. Zusätzlich konnte der Gouverneur die Übeltäterinnen mit einer Geldstrafe belegen, damit ihnen nicht mehr genug Geld für Zigaretten und Kosmetika blieb. Falls das noch nicht genügte, konnten der Übeltäterin einige Tage Privilegienentzug im Bunker aufgebrummt werden. Falls man bereits einen IDU-Status hatte und erneut mit einem positiven Urintest des Drogenkonsums überführt wurde, ging es eine Stufe höher, aus IDU 1 wurde IDU 2, aus drei Monaten Besuchseinschränkung wurden sechs. Bei IDU 3 waren es dann schon zwölf Monate und so weiter. Jedes Mal verdoppelte sich die Strafe.

Aber es gab auch eine Chance, die Strafe abzumildern. Man musste dem IDU-Programm beitreten und nacheinander 27 drogenfreie Urinproben abliefern. Mindestens zwei Mal in der Woche wurde man hierfür zum Test geführt. Zusätzlich musste man zwischen 50 und 100 Sitzungen bei einem Therapeuten absolvieren. Falls man diese Auflagen in kurzer Zeit bewältigte, was fast unmöglich war, wurde die Zeit der Kabinenbesuche um die Hälfte verkürzt, und man konnte seine Eltern und Freunde etwas früher wieder im Arm halten. Einzig die Besuche von minderjährigen Kindern, die jeden Sonntagnachmittag für vier Stunden erlaubt waren, blieben vom IDU-Status unberührt. Es wäre unfair gewesen, die Kinder für die Sünden ihrer Mütter zu bestrafen.

Nachdem wir alle unsere Probe abgegeben hatten, saßen wir in einer Aufbewahrungszelle und warteten. Wir konnten keine Arzttermine wahrnehmen, unsere Besucher wurden abgewiesen, niemand durfte arbeiten. Alles war zum Stillstand verurteilt. Als per Lautsprecher der Fortlauf der Dinge verkündet wurde, schlossen die Wärter die Zellentür auf, und wir rannten wie eine wildgewordene Schulklasse nach draußen.

Mr. Mauss hielt mich am Ärmel zurück. »Komm mit mir!«

Ich hatte keine Wahl. Und ich ahnte auch schon, worum es ging.

In seinem Büro legte Mr. Mauss zwei Rivotril und zwei Valium, die in meiner Zelle gefunden worden waren, auf den Tisch.

»Sind das deine?« Es war weniger eine Frage als eine Feststellung.

»Ja«, war alles, was ich sagte.

Es gab keine logische Begründung für die Arzneimittel in meinem Regal. Alle Tabletten mussten bei der Medikamentenausgabe sofort und im Beisein der Wärter geschluckt werden. Das Aufbewahren – ganz gleich, worum es sich handelte – war verboten. Dummerweise hatte ich am Morgen, als ich zum Duschen gegangen war, die Tabletten ins Regal gelegt. Normalerweise trug ich sie immer am Körper. Sie waren für meine Schlafstörungen gedacht. Da ich ihre Wirkung kaum spürte, versuchte ich täglich, weitere, bessere Drogen zu beschaffen. Noch hatte ich nicht herausgefunden, wie man mit der Schönheit tanzt.

»Wer hat sie dir gegeben?« Mr. Mauss wusste, dass er auf diese Routinefrage keine Antwort bekommen würde.

Wenn sie mich nun in den Bunker steckten, würde ich meinen Arbeitsplatz verlieren. Adieu, gut bezahlter Job im Lager. Millenium im Bunker? Auf alle Fälle ein ganz besonderer Platz, um die Jahrtausendwende zu begehen. In zwei Tagen war Weihnachten.

Zurück in der Aufbewahrungszelle wartete ich auf das, was geschehen musste. Ich dachte an einen heißen Sommer vor vielen Jahren zurück. Die Erinnerung an vergangene Tage war ein guter Zeitvertreib.

Ich war in Gelsenkirchen, im tiefsten Ruhrpott, wo anstelle der Theateraufführungen die Fußballstadien ausgebucht sind. Ich war dem heißen Tipp einer Kollegin gefolgt, und der türkische Manager mit seinem raffinierten Schnurrbart und dem Casanovalächeln gab mir tatsächlich ein zweiwöchiges Engagement in seinem begehrten Strip-Club. Nun stand ich vor dem Eingang des »Sexyland« mitten in der Fußgängerzone. Bunte Neonlichter funkelten mir entgegen und beleuchteten den Schaukasten, in dem professionell aufgenommene Nacktfotos der Tänzerinnen prangten, in Postergröße und in Farbe, versteht sich.

Der Ankleideraum befand sich im mittleren Stockwerk. Keine enge, düstere Kammer, sondern ein angenehm geräumiges Zimmer, in dem sogar Vorhänge an den Fenstern hingen. Als ich eintrat, waren die Tänzerinnen gerade eifrig damit beschäftigt, sich zu schminken. Sobald wir im Solokino standen, sobald die Masken perfekt angepasst waren, sollten wir uns wie Magierinnen in die gewünschte Illusion verwandeln. Wir arbeiteten täglich vierzehn Stunden und verdienten ein Vermögen.

Den Striptease tanzte ich danach auch in Brüssel. Dort trug ich einmal eine temperamentvolle Meinungsverschiedenheit mit einem südamerikanischen Transvestiten aus, bei der wir uns mit Messern durch den ganzen Sexladen jagten. Ich mochte ihn trotzdem. »Willst du dich eines Tages eigentlich umoperieren lassen?«, fragte ich, in der Hoffnung, er würde die Frage nicht als allzu aufdringlich empfinden.

»Deshalb arbeite ich ja in Peepshows. Um mir das Geld für die teure Operation zu verdienen. Sobald ich eine Muschi habe, bin ich eine richtige Frau. Schau nur, meine Brüste, sind sie nicht fest und schön?« Er hob sein Blüschen hoch und sagte: »Fass ruhig an, zier dich nicht.«

An einem Samstagabend in Gelsenkirchen geschah etwas Verhängnisvolles. Alle Solokabinen waren belegt, der Laden war rappelvoll mit betrunkenen Fußballfans, die regelmäßig nach den Heimspielen zu uns kamen, entweder um den Sieg zu feiern oder den letzten Pfennig aus Frust zu verschleudern. Wie auch immer, die Jungs waren eine gewinnbringende Plage mit ihren ungehobelten Manieren, ihren glasigen Augen und ihren lechzenden Mäulern.

Irgendwann hörte ich einen Knall, schrecklich laut, und kurz darauf einen fürchterlichen, schmerzerfüllten Schrei aus der Kabine, in der sich der Transvestit aufhielt. Ich selbst hatte in diesem Moment überhaupt keine Zeit nachzusehen – mein Gast war kurz vor dem Orgasmus. Kaum hatte er abgespritzt, stand ich auch schon im Ankleideraum, wo der Tumult riesengroß war. Der Gast des Transvestiten war sturzbetrunken und unzufrieden mit dessen tuntenhafter Art. Er hatte mehrmals gegen die Trennscheibe getreten, die mit voller Wucht nach unten geknallt war, direkt auf den Schwanz des Transvestiten. Die Scheibe war in tausend Scherben zersprungen, das Blut spritzte nach allen Seiten. Im Wirrwarr war der Gast entwischt.

Ich probierte es danach noch in einigen ähnlichen Clubs in Brüssel und Madrid, aber in keinem gefiel es mir so gut wie vor Jahren im »Cabaret« in Berlin, wo ich für mein Leben gern Striptease getanzt hatte. Nach der Arbeit, in den frühen Morgenstunden, war ich immer in meine Lieblingskneipe weitergezogen, die »Kuschelbar«. Auf der langen Theke dieser kleinen, schummrigen Kneipe breitete jeder das Pulver seines Geschmackes aus, die Gäste zogen gemeinsam Lines und tranken einen Tequila Shot nach dem anderen dazu. Nicht nur Nick Cave und Blixa Bargeld waren Stammgäste in dieser Bar in Schöneberg.

CHAOS

»Ein Optimist ist jemand, der genau weiß,
wie traurig die Welt sein kann, während der Pessimist
täglich neu zu dieser Erkenntnis gelangt.«
SIR PETER USTINOV

Als mich das einzige Wärter-Ehepaar in Deer Park, Mrs. Mauss rechts und Mr. Mauss links, in Handschellen über das Gelände zum Bunker führte, fühlte ich mich wie unter einer Glocke. Die neugierigen Blicke und die zustimmenden Rufe meiner Mitgefangenen ignorierend, hörte ich nur das Knirschen meiner eigenen Schritte auf dem Kiesweg. Eins war klar: Ich würde das Weihnachtsfest des Jahres 1999 weit weg von freundlichen Menschen oder gar meiner Familie erleben, ebenso das Millennium weit weg von den Klängen der Chemical Brothers oder von Underworld.

In dem kühlen, niedrigen und halb dunklen Steingebäude nahm mir Mrs. Mauss zuerst die Handschellen ab. Das Ehepaar verabschiedete sich höflich und steif, wie es seit Jahren dem Umgang der beiden mit den Insassinnen entsprach. Die für A2 zuständige Wärterin klopfte mich mit beiden Händen routiniert von Kopf bis Fuß ab und entleerte meine Taschen. Sie stellte nüchtern fest, dass ich außer einem Päckchen Tabak und einem gebrauchten Taschentuch nichts bei mir trug. Dann setzte sie mich davon in Kenntnis, dass man meine Sachen in meiner Zelle gerade zusammengeräumt hatte und hierher bringen würde. Die Dauer meines Aufenthalts in A2 stand noch nicht fest, ich müsse warten, bis der vielbeschäftigte Gouverneur in einem Gerichtsverfahren offiziell den Schuldspruch fälle, um eine angemessene Strafe zu verhängen.

Von dem kleinen Wärterhaus aus erblickte ich zum ersten Mal das Innere des hufeisenförmigen Gebäudes, das ich bisher nur von Erzählungen kannte. So oft schon hatte ich Frauen über den Bunker reden hören. Die meisten fanden es dort gar nicht so übel, und sie benutzten die Tage in der Abgeschiedenheit, um sich auszuruhen: Man musste nicht mal kochen, denn das Essen wurde angerichtet und in die Zellen gebracht. Vielleicht sagten die Frauen das auch nur, um hart zu wirken. Ich war dabei, es herauszufinden.

Ich stand nicht unter L.O.P., was bedeutete, dass ich weiterhin rauchen, fernsehen und die Zelle verlassen durfte. Pro Tag bekam ich 3,15 Dollar. Das Geld für Zigaretten würde also knapp werden. Wenn das alles war – mehr als Einsperren kann man einen Menschen nicht.

Vom Wärterhäuschen gingen zwei Gänge ab, und ich fragte mich, wohin sie wohl führten. Der Wärterin war offenbar mein fragender Gesichtsausdruck aufgefallen, denn sie sagte erklärend: »Der eine Gang ist für die speziellen Fälle, für die geistig minderbemittelten Gefangenen. Der andere ist für die Halunkinnen, die etwas ausgefressen haben und ihre Strafe hier absitzen, so wie du.« Damit drehte sie sich um, und es war klar, dass ich ihr folgen sollte. Ich hatte keine Vorstellung, was sie mit speziellen Fällen meinte, und nahm mir vor, sie bei Gelegenheit danach zu fragen.

Die Wärterin führte mich durch den schmutzigen Gemeinschaftsraum, in dem mehrere alte Sessel, ein wackeliger Tisch, ein winziger Fernsehapparat und ein riesiger Kühlschrank standen. Zu meinem Entsetzen fiel jedoch kaum Tageslicht durch die verschmierten Fensterscheiben. Ich warf einen verstohlenen Blick auf den Hof, der von einem Zaun umgeben war. Auf den Beton brannte unerbittlich die Sonne, einen Schattenplatz, geschweige denn eine Grünfläche gab es nicht. Als die Wärterin mich an den Einzelzellen vorbeiführte, waren die Türen sperrangelweit geöffnet, und laute Popmusik dröhnte zu mir herüber. Ich erkannte Eminem, *The way I am.*

Sie führte mich bis zum Ende des Gangs und deutete auf eine offen stehende Tür. »Das ist deine Zelle. Die Tür kannst du von innen abschließen oder offen lassen, ganz wie du willst.« Dann runzelte sie die Stirn und ging.

Trübsinnig setzte ich mich auf die harte Betonpritsche und blickte mich in meinem neuen Zuhause um. Es gab nichts, womit man sich oder andere verletzen konnte, dafür eine kleine Dusche, eine Toilettenschüssel ohne Deckel mit einer Rolle Toilettenpapier und ein einfaches Waschbecken. An der Mittelwand war ein kleines Fenster, das sich jedoch nicht öffnen ließ, dem »Badezimmer« gegenüber standen ein festgenagelter Schreibtisch und die Pritsche, auf der ich saß, mit einer Bettdecke, die selbst für die australischen Nächte zu dünn schien. Ich legte mich darauf.

Etwa um 17 Uhr brachte die Wärterin das Abendessen, das die Mitgefangenen in der Großküche gekocht hatten. Skeptisch beäugte ich den lauwarmen Hamburger, der nach ranzigem Fett roch und mich an das Essen in den Katakomben im Polizeihauptquartier erinnerte. In einer Plastikschale lag das Dessert, genau wie bei McDonald's, ein Stück Käsekuchen. Ich aß nur den Kuchen.

Endlich kam Mr. Mauss mit meinen Sachen herein – vielmehr mit dem kläglichen Rest, der noch erlaubt war: eine Hose, ein Pullover, ein T-Shirt und ein Schlafanzug, dazu Socken und Unterhosen, eine Haarbürste und ein Kamm, Zahnbürste und Zahnpasta sowie Shampoo, Conditioner, Seife und Deodorant. Danach reichte Mr. Mauss mir noch eine kleine Kaffeemaschine, eine Ration Kaffeepulver, das von der Substanz und Farbe her eher Sand ähnelte, ein paar Teebeutel und eine Ration Zucker. Zu meiner Überraschung bekam ich außerdem einen Kugelschreiber und drei weiße DIN-A4-Blätter, liniert, dazu zwei frankierte Umschläge. Sollte ich etwa meiner Familie schreiben, dass ich nun auch noch im Bunker gelandet war?

Während des Sonnenuntergangs, den ich von meinem Fenster aus beobachtete, konnte ich die verzweifelten Schreie der anderen Insassinnen durch die dicken Betonwände hören. Ihre Worte verhallten auf dem leeren Gang, die kalten Wände waren die brennende Not und die unbarmherzige Verzweiflung in den Stimmen gewohnt.

Am nächsten Morgen weckte mich die laute Stimme aus dem Lautsprecher. In jeder Zelle hing einer dieser nervtötenden blechernen Schreier, sodass ich den ganzen Tag über jede Ansage, die über das Gelände geschickt wurde, deutlich hörte. Aber wohin hätte ich auch flüchten sollen? Mir war es nur erlaubt, auf dem Gang von A2 entlangzulaufen. Selbst Besuche waren verboten, solange man im Bunker weilte.

Nachdem ich mit dem Frühstück – Müsli mit einer winzigen Ration Milch – fertig war, warf ich das Plastikgeschirr im Gemeinschaftsraum in den Mülleimer. Auf dem Rückweg kam ich an einer Zelle vorbei, aus der sehr laute Musik und noch lautere Stimmen drangen.

»Hey Andrea, komm mal her«, rief eine mir unbekannte Stimme.

Das muss Clara sein, dachte ich. Ich hatte Tiny schon öfter über Clara reden hören, die beiden waren gut befreundet. Neugierig betrat ich die Zelle, die recht wohnlich eingerichtet war: An der Wand hingen Poster, ich entdeckte eine Stereoanlage und etliche Kassetten, mehrere Kleidungsstücke lagen wahllos auf dem Boden oder hingen über einem Stuhl. Clara hatte sogar einen Vorhang vorm Fenster. Offensichtlich gab es einige Ausnahmen bei den Regeln. Ein paar mir unbekannte Frauen saßen nebeneinander auf dem Bett oder lümmelten sich auf dem Boden. Clara war sehr blass und hatte einen verhärteten Gesichtsausdruck, vermutlich weil sie seit Monaten im Bunker lebte.

»Du bist Andrews Freundin, du bist sicher in Ordnung, Tammy und Tiny sind seit Jahren sehr gute Freundinnen von mir. Tiny hat mir gestern eine Nachricht über dich zukommen lassen«, begrüßte sie mich mit einer rauen, beinahe schon männlichen Stimme. Sie hieß mich willkommen und erinnerte mich gleichzeitig an einen meiner ersten Tage in Deer Park, als die hübsche Tammy mir den Ratschlag mit dem Anwalt gegeben hatte.

»Wo ist Tammy eigentlich?«, fragte ich vorsichtig.

»Sie ist bei den Spezialfällen untergebracht, aber nicht weil sie zu denen gehört, sondern weil sie meine beste Freundin ist. Die wollen uns auf keinen Fall zusammenstecken, um Ärger zu vermeiden«, sagte Clara und der Stolz in ihrer Stimme war unverkennbar.

Ich wollte zurück in die Einsamkeit meiner Zelle, aber die gebieterische Clara – da ähnelte sie Tiny auf verblüffende Art und

Weise – wollte mich noch nicht gehen lassen. Sie stellte mich erst noch all ihren Freundinnen vor. Darunter Banja, eine Albanerin, die im Juli zusammen mit den anderen Bewohnerinnen des Blocks B2 die Krankenschwestern überfallen, ihnen sämtliche Medikamente geraubt, diese sofort geschluckt und sich dann verschanzt hatte. Dafür waren sie alle für mehrere Monate in den Bunker gewandert. Seit jenem Tag wurden die Medikamente nicht mehr in die Zellen gebracht, sondern nurmehr im medizinischen Zentrum hinter der Glasscheibe ausgehändigt.

Clara überreichte mir ihren Fernseher und ein paar Tabletten, außerdem versprach sie, mir später Heroin vorbeizubringen. Während ich die Sachen in meine Zelle trug, überlegte ich, wie sich die Gefangenen hier drinnen Drogen beschaffen konnten, so ganz ohne Besuche, Geld oder Telefonate. Die Frauen im Bunker waren die Heldinnen des Gefängnisses, daher war es auch Ehrensache, sie zu unterstützen, wie ich später erfuhr.

Kurz darauf rief mich die Wärterin zu sich. »Der Gouverneur will dich sehen, jetzt sofort.« Sie führte mich ins Büro des Blockaufsehers, wo zu meiner Überraschung der Gouverneur mit freundlicher Miene bereits auf mich wartete.

Er kam gleich zur Sache. »Es geht um den Angriff von Franziska vorm medizinischen Zentrum. Wir haben alles auf Video. Bitte unterschreib hier unten«, er deutete auf ein Formular, »dann können wir offiziell Anklage wegen Körperverletzung erheben.«

»Nein, danke! Es ist nichts passiert. Franziska ist meine Freundin. Wir hatten eine harmlose Auseinandersetzung«, sagte ich und spielte die Ahnungslose.

»Das war eindeutig Körperverletzung. Die Wärter haben auf den Monitoren alles beobachtet«, antwortete er und schien auf einmal leicht gereizt. Sein Blick durchbohrte mich förmlich.

»Wozu brauchen Sie mich, wenn Sie Videoaufzeichnungen haben? Lassen Sie doch das Gericht entscheiden. Ich habe bereits ausgesagt, was passiert ist, ich unterschreibe keine Lügen«, erwiderte ich hartnäckig. Gelangweilt schaute ich zu Boden.

»Wir hatten an jenem Tag kein Videoband in der Maschine«, gab der Gouverneur auf einmal kleinlaut zu. Dann sagte er plötzlich:

»Du kannst gehen. Wir sehen uns vor Gericht, wenn wir deine Strafe festlegen. Keine clevere Sache – das mit den Tabletten meine ich. Aber heute habe ich keine Zeit mehr, mich darüber mit dir zu unterhalten.«

Obwohl er mir kein Wort glaubte, musste er die Sache mit Franziska auf sich beruhen lassen. Sie befand sich irgendwo in einer Zelle in A2 unter Privilegienentzug, aber der Gouverneur musste sie nun davon entbinden.

Als ich wieder in meiner lausigen Zelle lag, entdeckte ich auf dem Boden einen Brief von Werner. Der Umschlag war aufgerissen, und der Brief schien durch mehrere Hände gewandert zu sein, bevor er mir zugestellt worden war. Ich wollte die Zeilen gleich lesen, aber Clara rief mich wieder zu sich, und zwar in einem Tonfall, der keinen Widerspruch duldete.

»Hier, Andrea, ihr müsst euch unbedingt kennenlernen«, sagte Clara, als ich den Raum betrat. Sie deutete auf eine hübsche Frau, die auf dem Boden saß. Auffällig war vor allem ihr verklärter Blick, der durch den braunen Pony, der ihr beinahe in die Augen hing, noch verstärkt wurde.

Banja war ebenfalls unter den Frauen in Claras Zelle, genau wie Renée, die mir zunickte, als wären wir alte Freundinnen. Ihr Grinsen bereitete mir Unbehagen. Renée war bei jeder Schandtat dabei, das wusste ich ganz genau, sie hatte schließlich lange genug mit mir in B1 gewohnt.

»Hey German«, unterbrach sie Clara, »nichts für ungut. Ich mag dich irgendwie, nimm mir die Sache in B1 nicht allzu krumm. Am Anfang dachte ich, du bist 'ne arrogante Schnepfe.«

Just in dem Moment stieß Franziska zur Runde hinzu, sie nahm mich in die Arme und sagte: »Danke, du bist echt in Ordnung.«

Clara redete weiter und deutete wieder auf die Frau mit dem Pony. »Das ist Vera, der Grund, warum wir uns hier versammelt haben. Vera hat Emmas Mann gevögelt. Emma ist meine beste Freundin. Was für eine Schlampe! Emma war schon hinter Gittern, als es passiert ist. Was für ein Verrat! Merk dir das gut, Andrea. Eine anständige Frau tut so etwas einfach nicht.« Sie machte eine theatralische Pause, zog eine Miene, die nichts Gutes ahnen ließ. »Na los, sag Andrea, wie sehr du dich schämst! Sag ihr, dass du eine Schlampe und eine Hure bist und dass du es nicht verdienst, am Leben zu sein!«, schrie Clara die verschreckte Vera an. Dabei hielt sie ihr Gesicht direkt vor das der Angeklagten. Vera saß nur reglos da und starrte auf den Boden, ihre Lider flatterten, und sie stammelte leise: »Ich bin eine Hure, ich bin eine Hure, ich bin eine Hure ...«

Plötzlich stand Banja, die kleine Albanerin, auf, holte flink eine Dose mit eingemachten Früchten aus dem Regal und schlug damit mehrmals brutal auf Veras Kopf ein. Clara hieb obendrein mit der geballten Faust zu. Das Opfer durfte sich weder bewegen noch einen Mucks von sich geben, so befahlen es die beiden, die damit ihre Schläge untermalten. Ich musste danebenstehen und durfte nicht einmal blinzeln, so viel war klar. Brechreiz stieg von meinem Magen bedrohlich nach oben, drang durch meinen gesamten Körper. Ich schluckte; dem Gefühl nachgeben konnte ich keinesfalls, also verdrängte ich es mit eisernem Willen.

Clara und Banja wurden von einem Alarmsignal unterbrochen. Sofort kamen die Wärter angerannt, scheuchten uns in unsere Zellen und schlossen ab. Ob sie die Prügelei mitbekommen hatten?

Später stellte sich heraus, dass der Code Renée gegolten hatte. In ihre Zelle eingesperrt, schrie sie mir und Clara zu, als wir auf dem Gang standen: »Bin gestern über den Zaun geklettert und hab ein paar Freundinnen in B1 besucht. Keine große Sache. War höchstens eine Stunde draußen. Leider entdeckte mich Blanche, als ich oben auf dem Zaun hing. Ich schrie ihr zu, mich nicht zu verraten, da ich ja gerade zurück in den Bunker kroch, aber sie hat wohl doch Bericht erstattet, die alte Drecksau.«

Renée wurde für zwei Wochen eingesperrt. Die Verantwortlichen klassifizierten ihren kleinen Ausflug als Fluchtversuch und bestraften sie dementsprechend. Dabei hatte sie noch Glück, dass sie nicht offiziell angezeigt worden war und sich vor einem ordentlichen Gericht rechtfertigen musste.

Vera wurde in Schutzhaft gebracht, trotzdem sollten wir ihr noch ein zweites Mal begegnen, unter ähnlich schrecklichen Umständen.

Ich spürte rein gar keine weihnachtliche Vorfreude, denn es gab hier im Bunker nicht einmal einen Plastikweihnachtsbaum. Außerdem wusste ich noch immer nicht, wie lange ich in A2 bleiben musste. In dieser zweiten Nacht vergingen die Stunden extrem langsam, während ich, begleitet von den Schreien der anderen Frauen und dem Summen der Heizungsschächte an der Decke, Schlaf zu finden versuchte. Aber es gelang mir nicht. Also redete ich mir ein, dass ich nicht in Deer Park wäre, und versetzte mich im Geiste an einen anderen Ort. Doch auch dort war es nicht schön, denn ich dachte an einen Menschen, dessen Leben schrecklich und sehr kurz verlaufen war.

Es war um die Weihnachtszeit 1988, ich entfloh wieder einmal den kalten Wintermonaten, die speziell in Berlin, wo ich lebte, sehr eisig werden konnten. Außerdem hatte ich einige Geschäfte in Asien zu erledigen.

Schon zwei Jahre zuvor hatte ich mit Ranjan, einem jungen, leidenschaftlich in mich verliebten Singhalesen, und dessen gastfreundlicher Familie wunderschöne Wochen in Sri Lanka verbracht, mit leckeren Curry-Gerichten und endlos langen Sonnenbädern am Strand, zusammen mit den heiligen Kühen. Die Erinnerungen daran waren noch so frisch, als hätte die Reise erst gestern stattgefunden. Nun freute ich mich darauf, Carl dieses Paradies auf Erden zu zeigen. Es würde ihm sicher gefallen.

Doch schon bei der Landung in Colombo sah alles anders aus als beim letzten Mal. Die Atmosphäre war irgendwie bedrückend. Den Menschen standen Angst und Ernsthaftigkeit in den Gesichtern, nichts war mehr übrig von dem Lachen, in das ich mich bei meinem letzten Besuch verliebt hatte. Erschrocken betrachtete ich die schwer bewaffneten Soldaten, die an jeder Ecke postiert waren. Erst vor wenigen Tagen war hier am Flughafen eine Bombe explodiert, ein Terminal war dabei komplett eingestürzt. Die Kämpfe zwischen den Tamilen und der Regierung, die sich bisher auf den Norden der Insel, auf die Region um Jaffna, beschränkt hatten, hatten sich über das ganze Land ausgebreitet.

Auf der mehrstündigen Fahrt in den Süden dämmerte mir, dass dies nicht mehr das Sri Lanka war, das ich Carl zeigen wollte. Auf halber Strecke hielten uns einige bis an die Zähne bewaffnete Soldaten mitten auf der staubigen Straße an. Sie richteten ihre Maschinengewehre auf uns, brüllten: »Aussteigen!« und verlangten unsere Ausweispapiere. Was wollten sie nur von harmlosen deutschen Touristen? Wir mussten uns an den Straßenrand stellen und zusehen, wie sie das Taxi und unser Gepäck sinnlos und rücksichtslos auseinandernahmen. Der eiskalte Blick eines Soldaten sagte mir, dass er, obwohl er nichts Verdächtiges gefunden hatte, weiterhin ein Auge auf uns haben würde. In jenem Moment verspürte ich nichts als blanke Angst. Mein Herzschlag normalisierte sich erst wieder, als die Soldaten im Rückspiegel zu kleinen Figuren zusammenschrumpften.

Einen noch größeren Schock erlitt ich, als wir an dem Ort ankamen, an dem ich damals so glücklich gewesen war. Von den Hotelgebäuden standen nur noch vereinzelte, völlig zerbombte Wände, die Fensterscheiben der Restaurants und Geschäfte waren eingeschlagen, und Plünderer hatten ihr Werk verrichtet. Familienhäuser standen verlassen am Straßenrand, nirgendwo spielten ausgelassen halb nackte Kinder, kein Verkäufer bot uns frisch zubereitete Gerichte an. Nicht ein TukTuk war unterwegs, nicht eine Kuh begegnete uns, geschweige denn ein Passant. Alles Lebendige, jede Freude, der Atem des Lebens war diesem Ort entwichen.

Der Himmel war näher an die Erde gerückt, jedoch nicht zu unserem Schutz, sondern um das Grauen zu verbergen. Es roch nach feuchter Asche, nach Schimmel und Moder, nach Verrottetem und Tod. Die Furcht, die Einsamkeit und die Gewalt des Krieges hingen in den Wipfeln der Bäume. Eine seltsame Stille lag über dem Land. Das Atmen fiel mir schwer und neben einer bedrückenden Traurigkeit spürte ich eine heftige Wut in mir brodeln.

Ich wollte Ranjan sehen, mit seiner Familie unser Wiedersehen feiern. Aber eine traurige Vorahnung beschlich mich auf dem Dschungelpfad zu ihrem Haus. Wie beim letzten Mal saßen alle Familienmitglieder im Wohnzimmer beisammen. Das Innere des Hauses hatte sich nicht verändert, nur die Gesichter der Bewohner waren voller Verzweiflung. Ranjans älterer Bruder, der Englisch sprach, nahm mich behutsam zur Seite und erzählte mir, dass

Ranjan seit über einem halben Jahr vermisst wurde. Zuletzt wurde der 24-Jährige zusammen mit anderen Studenten im Hof der Universität gesehen, was nichts Ungewöhnliches war.

Seit jenem Tag suchte seine Familie nach ihm, überall erhielten sie dieselbe Antwort, bis sie die Suche aufgeben mussten. Angeblich wurden die Studenten als Staatsfeinde, als Sympathisanten der Tamil Tigers verdächtigt und verhaftet. Wahrscheinlich hatte man ihn verhört, gefoltert und getötet.

Ranjan hatte nie eine Waffe in der Hand gehabt noch eine politische Meinung verteten. Er war jung und naiv, zur falschen Zeit am falschen Ort. Der Bürgerkrieg sollte noch viele unschuldige Opfer fordern. Großes Glück hatte ich, da ich das Paradies Sri Lanka immerhin noch kennenlernen durfte. Mein verlorenes Paradies.

Selbst im Bunker bescherte man uns ein kleines Weihnachtsfest. Von der Verwaltung bekam jede Insassin ein Shampoo und einen kleinen Bilderrahmen, und am Morgen des ersten Weihnachtsfeiertages kamen einige Frauen von der Heilsarmee vorbei und brachten jeder von uns ein einfaches Geschenk, meistens Kosmetikartikel. Im schmuddeligen Gemeinschaftsraum servierten sie uns auf bunten Papptellern ein Festtagsmenü: Schweinebraten mit Bratkartoffeln und Gemüse. Dazu gab es für jede Frau einen Pappbecher mit Coca-Cola. Als Nachspeise durften wir Gummibärchen und Bonbons naschen.

Wir umarmten uns gegenseitig, küssten uns, wünschten uns frohe Weihnachten und schenkten uns die Weihnachtskarten, die wir vor Tagen bekommen und geschrieben hatten. Es war das traurigste Weihnachtsfest meines Lebens, und mehr als an den anderen Tagen vermisste ich meine Familie. Santa Claus erfüllt nun mal keine Wünsche im Bunker, sagte ich mir.

Oder hatte ich damit unrecht? Unüberhörbar landeten eine Packung Zigaretten und ein kleiner Beutel Heroin auf dem Dach, die mutige Werferin hatte diesmal leider nicht den Hof getroffen. Clara stieg beim nächsten Hofgang unbemerkt aufs Dach und holte den kostbaren Schatz herunter. Gerecht teilten wir den Inhalt untereinander auf. Es war nicht viel Heroin, aber da ich nichts mehr gewohnt war, war ich trotzdem angenehm stoned. Nach dem Festmahl und der kleinen Überraschung, die sprichwörtlich vom Himmel gefallen war, lag ich am Abend dann doch zufrieden auf der harten Pritsche in meiner Zelle. Der volle Mond schien hell und beständig ins Fenster, als ich noch einmal in meine Erinnerungen floh.

Diesmal träumte ich vom Dschungel in Thailand, wo die Schmuggler zu Weihnachten bei 40 Grad feuchter Hitze gemütlich an einer Opium-Pfeife zogen, und von Ecuador, wo die Kokainernter leidenschaftliche Latinos waren. Ich träumte von großen Metropolen wie Santiago de Chile, in denen das Leben und die Sünde brodelten, von Berlin, meiner Wahlheimat mit der berauschend kulturellen Vielfalt, von Bangkok, dieser chaotischen Stadt, in der ich oft so glücklich war.

Erst spät kamen die langen Schatten der Unterwelt über meine Zelle, sie trugen eine seltsame Kälte herein, die mich schlottern ließ, aber auch mit Schlaf umhüllte.

Am nächsten Tag, dem zweiten Weihnachtsfeiertag, hatten die Wärter eine Überraschung für uns: einen Videorekorder und die Sondererlaubnis, dass Tammy zu uns in den Gemeinschaftsraum herüberkommen durfte. Alle zusammen legten wir uns auf die Matratzen und schauten uns *Blood in, Blood out – Verschworen auf Leben und Tod* an. Der Film war 1992 in die Kinos gekommen und handelte von dem Leben der Chicanos in East Los Angeles. Es war einer der brutalsten Filme, die ich je gesehen hatte.

Am sechsten Tag im Block A2 wurde ich vors Gericht zitiert. Rasch legte ich ein wenig rosa Lippenstift auf, das sollte mir Glück bringen. Clara sollte mich die nächsten Jahre damit aufziehen, dass ich, in der Hoffnung auf eine mildere Strafe, rosa Lippenstift benutzt hatte.

Der Gouverneur saß, in beigefarbener Hose und T-Shirt, lässig am Kopfende des Tisches. Er war umringt von mehreren Wärtern. Ich versuchte, möglichst gelassen und unbeteiligt zu wirken. Man beschuldigte mich des Besitzes illegaler Substanzen, genauer gesagt vier Schlaftabletten. Der Form halber fragte mich der Gouverneur, ob ich auf schuldig oder nicht schuldig plädierte.

»Schuldig«, antwortete ich ruhig.

»Zeit abgesessen«, sagte er zu meiner Erleichterung. Er war überzeugt, die sechs Tage im Bunker seien ausreichend für einen Ersttäter. In Zukunft wäre ich hoffentlich eines Besseren belehrt, meinte er abschließend. Er konnte es sich allerdings nicht verkneifen, mir eine kleine Zusatzstrafe zu verhängen: 30 Dollar sollten mir vom Lohn abgezogen werden, obendrein wurde ich mit IDU 1 belegt. Er schlug mir vor, dem IDU-Programm beizutreten, aber ich weigerte mich. Nun sollte ich also wieder zurück in meinen Block B1 ziehen. Vielleicht hatte der rosa Lippenstift ja doch gewirkt?

Bevor ich jedoch aus diesem Gebäude verschwinden konnte, hatte ich noch ein abscheuliches Erlebnis. Etwas Vergleichbares hatte ich zuvor noch nie gesehen. Auf dem Weg nach draußen musste ich den Gang mit den Spezialfällen entlanglaufen, da der andere Ausgang gerade versperrt war. Vor einer der Zellen, an denen ich vorbeikam, hielt ich inne. Sie hatte zum Gang hin eine große Glasscheibe, durch die die Wärter die Insassin, von allen Bronzer genannt, rund um die Uhr überwachen konnten. Bronzer lag auf dem Boden, inmitten von Papptellern mit Essensresten. Ihr Schutzanzug war offen und darunter, das war deutlich zu sehen, war sie nackt. Mit offenen Augen starrte sie an die Decke. Überall an den Wänden war Scheiße.

Tiny erzählte mir später, dass Bronzer bekannt dafür sei, ihre Scheiße überall zu verteilen, und deshalb im Bunker saß.

Langsam ging ich weiter. In der nächsten Zelle lag eine hünenhafte, bärtige Frau auf dem Boden. Sie schrie oder vielmehr jaulte nach einer Zigarette. Ein Wärter eilte herbei und sagte mir, ich solle endlich weitergehen. Zuvor erklärte er mir noch, dass die beiden Frauen und eine dritte, die jedes Lebewesen angriff, das ihre Zellentür öffnete, nur wegen kleinerer Verbrechen in Deer Park seien. Da es aber sonst keinen Block gebe, der für Spezialfälle, für geistig Zurückgebliebene, ausgerüstet war, habe man die drei als asozial gebrandmarkt und in den Bunker verlegt.

Jede Faser meines Körpers protestierte dagegen, aber ich war nicht in der Position, etwas zu sagen oder gar etwas zu unternehmen gegen diese gleichgültige Haltung. Jemand musste für diese hilflosen Seelen sprechen. Ich fühlte mich schäbig, weil ich einfach nur dastand und genauso hilflos war.

»Jeder Mensch macht Fehler. Das Kunststück liegt darin, sie dann zu machen, wenn keiner zuschaut.«
SIR PETER USTINOV

Weihnachten war vorbei, und ich durfte diese trostlose Höhle verlassen. Sie hatten mich zurück nach B1 geschickt, der offiziell zum schlimmsten Block in Deer Park erklärt worden war. Obwohl ich nun nicht mehr stundenlang eingeschlossen und auch die einsamen Hofgänge in sengender Hitze und das lausige Essen hinter mir hatte, obwohl die nächtlichen Wolfsschreie nicht mehr unmittelbar an mein Ohr drangen, war ich am Boden zerstört. Etwas in mir war unwiederbringlich zerschmettert. Der australische Sommer entwickelte sich zu einem endlosen Morast, in den ich immer tiefer und tiefer einsank. An das Millennium, an die Silvesternacht in B1, kann ich mich kaum mehr erinnern, denn ich nahm am frühen Abend eine Handvoll Tabletten und schlief bald darauf ein.

Im neuen Jahr musste ich mich gleich im Lager melden, denn Suzie hatte sich dafür eingesetzt, dass ich meinen Job zurückbekam. Ich konnte tatsächlich sofort anfangen. Stark! Als ich sie darauf ansprach und wissen wollte, wie sie das fertiggebracht hatte, sagte sie mit einem mysteriösen Lächeln: »Mein reger Drogenhandel muss ja für irgendetwas gut sein. Jedenfalls war ich deshalb so oft schon in Deer Park, dass die Wärter mich inzwischen gut kennen und schätzen gelernt haben. Die wissen, dass ich keinen Mist baue. Und ich habe mich an dich gewöhnt, Andrea. Wir arbeiten gut zusammen, und ich will keine Neue anlernen. Ich bin noch zwölf Monate hier, die will ich in Ruhe verbringen. Außerdem ist Coxie weg, sie ist jetzt der Billet im Bildungszentrum, vielleicht lernt sie ja was nebenbei.«

Suzie wurde bald eine gute Freundin. Irgendwann entdeckten wir eine witzige Gemeinsamkeit: Wir waren beide pensionierte

Stripperinnen. Sie hatte sich eine Topfigur bewahrt, obwohl sie nun schon über fünfzig Jahre alt war. Ihr Busen war nach wie vor voll und prall, außerdem hatte sie am ganzen Körper bunte, kunstvolle Tätowierungen.

Wir arbeiteten jeden Tag zusammen, sogar an den Wochenenden. Montags wogen wir Trockenprodukte ab, vom Kaffee bis zum Reis, und teilten die Ware den einzelnen Blöcken zu. Dienstags schleiften wir die großen 30-Liter-Behälter, gefüllt mit Desinfektions-, Bleich- und Geschirrspülmittel, sowie andere Haushaltswaren herum. Mittwochs hatten wir die meiste Arbeit, da war großer Markttag, das Gemüse und Obst für die ganze Woche wurde von den Lieferanten vor der Großküche abgestellt. Wieder mussten wir alles abwiegen und den Blöcken zuteilen. Donnerstags machten wir dasselbe, nur mit Fleisch- und Wurstwaren sowie Milchprodukten. Natürlich haben wir hier und da etwas aufgerundet, sofern es möglich war. Freitags räumten wir unseren Arbeitsplatz auf, samstags und sonntags kochte ich dann das Mittagessen für die Blöcke A1 und A2, während Suzie das Abendessen zubereitete.

Ich konnte es kaum glauben, aber ja, ich kochte – sofern man das Frittieren von zweihundert Dim Sims, chinesischen Klößchen in Reispapier, so nennen kann. Wir arbeiteten sieben Tage die Woche für den Höchstlohn, für die Überstunden gab es manchmal obendrein einen Bonus. Ein weiterer Vorteil dieses Traumjobs war, dass wir direkt an der Quelle saßen. Selbst die Lebensmittel für die Wärter wurden bei uns aufbewahrt. Sie bunkerten bei uns ihren Nescafé, Erdbeeren, Mangos, Feta und ähnliche, für uns nicht zugängliche Waren.

Der Job und die Tatsache, dass ich länger in Deer Park bleiben würde, waren gute Gründe für die Wärter, meine Verlegung zu veranlassen. Allerdings kam ich noch nicht in einen der begehrten C-Blöcke, sondern in eine Übergangseinheit: C5, der merkwürdigste Block auf dem gesamten Gelände. Ich sollte bald feststellen, dass er sich gewaltig von den übrigen C-Blöcken unterschied, und zwar nicht nur, weil es sich um einen wackeligen Fertigbau handelte.

Im Gegensatz zu den anderen Blöcken gab es hier weder eine Veranda noch einen Garten. Über ein Treppchen gelangte man zur

Eingangstür und von dort direkt in den Gemeinschaftsraum, wo zwei aufklappbare Sofas, ein Fernseher und die einzige Heizung im ganzen Gebäude standen. Übergangslos gelangte man in die Küche, hinter der sich das Badezimmer befand, ausgestattet mit drei winzigen Toiletten ohne Licht und einer nur selten funktionierenden Spülung. Daneben gab es zwei Duschkabinen mit Vorhang, doch sobald man unter dem Wasserstrahl stand, überschwemmte man das ganze Bad. Ein Wohnwagen oder gar ein Zelt wäre sicher wohnlicher gewesen. Die Zelle in C5 teilte ich mir mit Tash, die den ganzen Tag Lieder von Bob Dylan sang. *Outlaw Blues.* Bald lernten wir Danni kennen, die ebenfalls in C5 wohnte. Zu dritt waren wir unschlagbar – fast.

Eine der Traurigsten und Trübsinnigsten unter uns war die dickleibige, pausbäckige Maja, die als Tagträumerin über das Gelände wandelte. An jenem Sommertag wartete Maja in der Aufbewahrungszelle im medizinischen Zentrum auf einen Arzttermin und versehentlich hatten die Schwestern die Tür offen gelassen. Jede von uns hätte eine solche Gelegenheit genutzt. Maja schlich also behäbig über die Schwelle, das Tor zur Freiheit nur noch wenige Meter entfernt. Zufällig kam in diesem Moment die wöchentliche Fleischlieferung in Deer Park an, und als sich die beiden Rolltore öffneten, folgte sie dem Ruf. Draußen. Doch wo sollte sie hin in der Freiheit? In Deer Park hatte sie wenigstens ein Bett und Menschen um sich herum gehabt. Hier draußen wusste sie nicht einmal, wie sie an etwas zu essen kommen sollte.

Etwa eine halbe Stunde später entdeckten die Wärter die leere Krankenzelle. Panik brach aus, das ganze Areal wurde in Alarmbereitschaft versetzt. Jeder Wärter verwandelte sich sofort in einen gut trainierten Soldaten, und nach einigen Stunden Suchen entdeckte einer von ihnen die erschöpfte Maja in der Nähe des Gefängnisses hinter einem Baum.

Währendessen wartete ich ungeduldig, dass die Türen wieder aufgeschlossen würden, denn ich erwartete eine wichtige Lieferung. Ich hatte draußen Geld locker gemacht, und ein Freund wollte mir dafür Heroin in den Knast schicken. Inzwischen hatte ich mich als vertrauenswürdig erwiesen, daher bekam ich öfter mal eine ordentliche Dosis Methadon. Natürlich nur, falls es den Frauen gelang, die Flüssigkeit, die süße Träume bescherte, aus dem medizinischen Zentrum zu schmuggeln.

Die meisten waren ausgebuffte Profis und die Wärter und Krankenschwestern zu überlisten, war Teil des Spiels. Es funktionierte immer, jedenfalls für eine gewisse Zeit, und sobald eine der Frauen geschnappt und ihre Methode aufgedeckt wurde, mussten wir uns etwas Neues einfallen lassen. Im Knast gab es ein ungeschriebenes Gesetz, das für alle Bereiche Geltung hatte: Tust du mir einen Gefallen, dann tue ich dir auch einen. Natürlich spielten sich diese Gefallen innerhalb gewisser Grenzen ab. Die edle Spenderin versorgte ich meistens mit Zigaretten – die härteste Währung in Deer Park.

Es wurde also »zur Postausgabe« ausgerufen, und alle angekommenen Päckchen wurden, nachdem sie gründlich durchsucht worden waren, an uns verteilt. Ich versuchte, so normal wie möglich mit dem Päckchen unterm Arm zurück in Richtung C5 zu laufen, doch mir war, als trüge ich eine Bombe spazieren. Ich war glücklich, dass es trotz all des Hickhacks mit Maja noch geklappt hatte. Im Block warteten Tash und Danni schon ganz aufgeregt auf mich, und wir rissen ungeduldig die Verpackung auf.

Unzählige bunte Knospen von Trockenblumen ergossen sich über mein Bett. Akribisch machten wir uns daran, jede einzelne zu öffnen und jedes Blatt abzureißen, bis wir die sechs Knospen, in denen das Dope versteckt war, aufgespürt hatten. Das weiße Heroin gaben wir mit etwas Wasser auf einen Löffel und erhitzten ihn kurz, bis sich alles aufgelöst hatte. Als das wunderbare Dope endlich durch meine Adern floss, schwebte ich über Deer Park. Mit einem Mal vermisste ich nichts mehr. Wir hatten Stoff von sehr guter Qualität bekommen und waren extrem stoned.

Obwohl wir Danni rieten, ein wenig abzuwarten, bis ihre Augen sich weiter öffnen ließen, bestand sie darauf, ihre Freundin in Block B2 zu besuchen, da sie es ihr versprochen hatte. Belustigt schauten wir unserer Freundin zu, als sie auf dem Weg in einen der Büsche fiel und nahezu über jeden Stein stolperte. Sie erreichte B2 irgendwann doch, was recht verwunderlich war. Kurz nachdem sie aus unserem Blickfeld verschwunden war, rannten vier Wärter auf den

Eingang des Blocks zu und verschwanden ebenfalls in dem Gebäude, was nicht ganz so verwunderlich war. Wenige Minuten später geleiteten sie die schwankende Danni in ihrer Mitte ins medizinische Zentrum.

Dort mussten sich die übereifrigen Wärter von der Krankenschwester belehren lassen: »Die Frau ist nicht stoned, das sieht doch jeder!«, sagte sie resolut.

Danni versuchte ihre Überraschung zu verbergen und lauschte weiter der Diagnose der Krankenschwester.

»Schwäche, Erbrechen, die Haut ist mit einem gelblichen Schimmer überzogen – klarer Fall von akuter Hepatitis! Hohe Ansteckungsgefahr!«

Die Schwester entnahm Danni Blut, um es ins Labor zu schicken. Ein Ergebnis sei frühestens in 24 Stunden zu erhalten, trotzdem müsse man handeln – es bestehe die Gefahr einer Epidemie. Danni wurde sofort in eine der Krankenzellen gesperrt, an der nun ein Schild mit der Aufschrift »Quarantäne« hing. Unter den Wärtern brach Panik aus. Für den Fall, dass sich die ansteckende Krankheit tatsächlich ausbreitete, gab es weder genügend Krankenzellen noch das notwendige Pflegepersonal. An die negative Berichterstattung in den Medien gar nicht erst zu denken.

Als Blanche, die Oberaufseherin der C-Blöcke, mit den Neuigkeiten in unseren Block hetzte, saß ich gerade über einem Korb mit schmutziger Wäsche, eine schicke Sonnenbrille auf der Nase. Tash versuchte krampfhaft in den Fernseher zu starren, aber ihr fielen ständig die Augen zu.

Blanche stellte sich breitbeinig vor mir auf, stemmte beide Hände in ihre voluminösen Hüften und brüllte: »Andrea, setz die Sonnenbrille ab, und sieh mir verdammt noch mal in die Augen!«

Stumm tat ich wie mir befohlen. Die Wärterin schaute mir tief in die Augen, und ich hielt dem bohrenden Blick kaum stand.

Blanche holte tief Luft und fragte: »Geht es dir gut?«

»Es ging mir nie besser, danke Blanche«, antwortete ich krächzend.

Zu meinem grenzenlosen Erstaunen reagierte sie nicht im Geringsten auf meine stecknadelkopfgroßen Pupillen. Weder führte sie mich zum Urintest noch steckte sie mich in eine Ausnüchterungszelle, vielmehr drehte sie sich ruckartig um und verhängte augenblicklich Quarantäne über den gesamten Block C5. Wir durften nicht mehr zur Tür hinaus, und niemand durfte mehr herein. Sie reichte uns eine große Flasche mit Bleichmittel und einen Karton mit Einweghandschuhen, mit der Aufforderung, alle Räume zu desinfizieren. Dann marschierte sie energischen Schrittes davon.

Wir schrubbten auf Knien mehrere Stunden, bis jede Kaffeetasse glänzte, denn jede von uns hatte panische Angst, sich angesteckt zu haben. Kurze Zeit später übermannte mich die Müdigkeit, und erschöpft fiel ich, wie die anderen auch, auf meine Pritsche. Trotz der Müdigkeit konnte ich nicht gleich einschlafen, die sedierende Wirkung des Heroins klang nur langsam ab und wirkte jetzt, nach drei, vier Stunden stoned sein, eher aufputschend. Ich dachte an Blanche und daran, wie unsinnig unser Verhalten war und wie leicht wir im Bunker hätten landen können.

In der Nacht ließ mich ein lauter Schrei hochschrecken, der aus dem Gemeinschaftsraum in meine Zelle drang. Ich sprang auf, rannte hinüber und sah Maja im Zimmer stehen, blutüberströmt. Sie hatte sich mit einer Glasscherbe in den Hals geschnitten. Ganz gleich, ob sie nur Aufmerksamkeit erregen wollte oder Selbstmordgedanken hegte, das Mädchen brauchte Hilfe. Schmerz zeichnete ihr Gesicht, Mutlosigkeit und Trauer starrten aus ihren Augen. Zwar hatten wir das medizinische Zentrum umgehend verständigt und den Notfall geschildert, aber die Schwestern waren wie immer völlig überlastet. Die Stimmung war hitzig, während wir warteten, und eine der Frauen schrie Maja hysterisch an: »Hättest du nicht warten können? Musstest du ausgerechnet heute ein Blutbad anrichten?«

Maja schluchzte bittere Tränen. Ich versuchte Ruhe zu bewahren und presste ein Taschentuch fest auf ihre Wunde, bis die Krankenschwester endlich herbeieilte und sie versorgte.

Danni kehrte am nächsten Tag fröhlich in ihre Zelle zurück. Das Ergebnis des Bluttests war negativ, sie hatte also keine ansteckende Krankheit. Die über C5 verhängte Quarantäne wurde umgehend aufgehoben. Immerhin hatte der Vorfall bewirkt, dass ich mir eine

Menge Gedanken machte. Es gab hier in Deer Park großen Bedarf an Aufklärung über Krankheiten wie Hepatitis, über Ansteckungsmöglichkeiten und wie man sich schützen konnte.

Am 20. Februar 2000 verebbte der letzte Funke meiner Hoffnung, die ich auf eine Entlassung gehegt hatte. An jenem Tag fand nun endlich die mehrfach aufgeschobene Anhörung statt, bei der entschieden werden sollte, ob die Anklage genügend Beweise hatte, um einen Prozess gegen uns zu führen.

Etwa dreitausend Seiten, sauber in mehreren Ordnern abgeheftet und nun auch ausgewertet, lagen dem Richter vor. Unsere Verteidiger forderten Kreuzverhöre mit den Polizisten, die uns überwacht und verhaftet hatten. Die Anklage forderte die Höchststrafe, 25 Jahre, und da diese im Schiedsgericht lediglich fünf Jahre betrug, wurde unser Fall ans Grafschaftsgericht weitergereicht. Als ich begriff, dass Blondie und Detective Miechel in der Nacht meiner Verhaftung, als sie mir mit 25 Jahren Freiheitsentzug drohten, nicht gelogen hatten, brach ich in leise, unsichtbare Tränen aus.

Die nächste Verhandlung wurde für den 15. Mai 2000 angesetzt. Im Grafschaftsgericht sollten dann Geschworene über unser Schicksal entscheiden. Jedenfalls machte ich mir über eine mögliche Freilassung nun keine Illusionen mehr, bis zum Prozess musste ich auf jeden Fall in Deer Park bleiben, wahrscheinlich sogar darüber hinaus. *The shit has hit the fan big time!*, wie ein australischer Ausspruch besagt: Die Kacke war gewaltig am Dampfen!

»Leben ist ein einziges Chaos, das man genießen sollte.«
JOHNNY ROTTEN

Vorerst versah man meine Akte mit dem Stempel »High Profile Case«, man rechnete also mit hoher öffentlicher Anteilnahme. Die Tatsache, dass bis zum Beginn des Prozesses noch viel Zeit vergehen würde, machte mir schwer zu schaffen. Ein Abgrund der Sinnlosigkeit tat sich auf, und ich hatte nichts mehr, woran ich mich festhalten konnte.

»Du passt in keine Kategorie«, sagte der Gouverneur empört, als wäre es meine Schuld.

Ungläubig schüttelte er den Kopf, wie der Direktor des Gymnasiums damals, als ich ihm – im Alter von 14 Jahren – erzählte, dass ich von der mir per Grundgesetz zustehenden Religionsfreiheit Gebrauch machen, aus der katholischen Kirche austreten und folglich keinem Religionsunterricht mehr beiwohnen würde. Das hatte sich in unserer katholischen Kleinstadt bisher noch niemand getraut.

Ich blieb vor dem Gouverneur stehen und schaute ihn erwartungsvoll an.

»Trotzdem will ich dich in einen ordentlichen Block verlegen. Du arbeitest regelmäßig und du wirst länger hier sein. Leider bist du IDU1, du dürftest eigentlich nicht in einem C-Block wohnen … Aber was soll ich mit dir anfangen?«

Redete er, um sich selbst zu überzeugen? Mir war es gleichgültig, wo ich mein Dasein fristete. Aber ich musste zugeben, dass mir C5 unangenehm war – des Nachts war es in den Räumen so heiß wie in einer Sauna, weil die Wände nur aus dünnem Plastik waren.

Obwohl ich am Ende in Block C1B zog, das nur wenige Meter von meinem alten Block entfernt lag, fiel es mir schwer, mich von Tash zu trennen. Aber sie würde ohnehin bald entlassen werden. Mich nannten die anderen belustigt die German Gipsy von Deer Park, weil ich wie eine Zigeunerin mittlerweile so oft umgezogen war. Ich aber hatte inzwischen gelernt, dass sich mit jemandem anzufreunden, sich an jemanden zu gewöhnen und jemanden lieb zu haben, in Deer Park immer mit Abschiedsschmerz verbunden war.

Die kleinen Häuschen, die zu C1B gehörten, beherbergten jeweils fünf kleine Zellen, ein Wohnzimmer mit den üblichen abgenutzten Sofas und abgewetzten Sesseln, einem Esstisch mit sechs beigefarbenen Plastikstühlen und eine Küche, in der sich nicht mehr als zwei Leute gleichzeitig aufhalten konnten. Da die Wände der Häuschen aus Stein waren, war es drinnen angenehm kühl. Das Badezimmer hatte sogar eine Badewanne und eine Dusche. Wohnlich machten den Bereich die von Hand genähten Tischdecken, Vorhänge und Kissen, die Blumen und die Bilder an den Wänden – die meisten Frauen richteten sich hier für viele Jahre ein Zuhause ein.

Als ich meine Habseligkeiten von Block C5 in meine neue Zelle trug, begegnete ich einer älteren, verschleierten Frau, ebenfalls mit einem Wäschekorb unterm Arm. Emira war eine Muslimin, die sich täglich eine bessere Unterkunft suchte. Sobald die Wärter die Frau, die angeblich ihren Ehemann ermordete hatte, heimatlos auf dem Gelände antrafen, führten sie sie zurück in die ihr zugeteilte Zelle. Emira wollte einfach nicht verstehen, dass sie sich ihre Zelle nicht selbst aussuchen durfte. Später fanden wir heraus, dass Emira einfach Angst hatte; Angst davor, geköpft zu werden, denn das würde ihr in ihrer Heimat drohen, in Saudi-Arabien.

Trish, die seit vielen Jahren in C1B lebte, begrüßte mich und zeigte mir meine Zelle. Sie war für den Mord an ihrem Adoptivsohn zu mindestens 14 Jahren Haft verurteilt worden. Der Junge war vergiftet worden. Seit dem Tag ihrer Inhaftierung vor etwa acht Jahren versuchte die über sechzig Jahre alte Frau verzweifelt, die Gerichte von einem Justizirrtum zu überzeugen. Die verschrobene Alte behandelte mich immer sehr gut, im Winter strickte sie mir warme Socken und Schals, außerdem hatte sie die besten Tricks zum Überleben hinter Gittern auf Lager.

Die abgestempelten Briefmarken auf der eingetroffenen Post lösten wir beispielsweise vom Umschlag ab, legten sie über Nacht in Bleichmittel ein – das frisst alles, auch den Poststempel – und am nächsten Tag klebten wir sie mit Klebstoff auf einen neuen Briefumschlag. So hatten wir fünfzig Cent gespart und modernes Recycling betrieben. Trish sorgte auch für unsere Ernährung, sie kochte fast jeden Abend eines ihrer echt australischen Gerichte, geröstetes Gemüse und Braten mit Soße etwa, Würste in Soße oder Kartoffeln mit Käse überbacken. Zum Nachtisch gab es oft heißen Schokoladenpudding, in der Mikrowelle zubereitet, der mit Vanilleeis besonders lecker schmeckte.

In unserem Häuschen lebten auch Coxie, die ich noch aus Block A3 kannte, und Margaret, unsere Intellektuelle, die ständig neue Diäten ausprobierte, und wahrscheinlich deshalb öfters gereizt reagierte. Die Fünfte im Bunde war die manchmal extrem ruppige Engländerin May, bereits 72 Jahre alt. Nun war ich also nicht nur die German Gipsy von Deer Park, sondern auch die Behüterin der

Seniorinnen. Trish, Coxie und May – als Margaret auszog, sollte noch Audrey hinzukommen – waren alle betagte Ladys. Ich mochte die alten Damen gern, sie waren angenehm im Umgang und friedlich, wir lachten viel miteinander, und sie umsorgten mich wie eine Tochter.

Der Melbourner Winter nahte, der Herbst zog übers Land mit nächtlichen Stürmen und wie verrückt blasenden Winden, die durch alle Ritzen und sogar durch die fest verschlossenen Türen zogen. Die tägliche Auslieferung des Essens in die einzelnen Zellen kam einer Schlammschlacht gleich, denn entweder blieben die Räder des Buggys im morastigen, durchweichten Boden stecken oder der Regen war so stark, dass Suzie und ich nach zwei Minuten völlig durchnässt waren.

Aber auch in meinem Block wurde das Leben beschwerlicher. Die Heizkörper wurden erst Anfang Juni angeschaltet, und das Wetter nahm darauf unverschämterweise keine Rücksicht. Sollte eine von uns zu dieser Zeit tatsächlich krank im Bett liegen, hatte sie eben Pech. Von der Krankenstation erhielten wir nicht einmal Hustensaft. Hinzu kam die Einheitskleidung, eine Windjacke, die nicht einmal den Herbstanfang überlebte. Von der lausig dünnen Bettdecke ganz zu schweigen. Da mussten wir eben selbst Abhilfe schaffen und die leerstehenden Zellen plündern.

Am 15. Mai holte mich zu meinem Erstaunen nicht der Viehtransporter zu der Gerichtsverhandlung ab, sondern ein bequemer Minibus. Schon das Warten an der Rezeption war lustig. Donna Parsons hatte auch einen ihrer vielen Termine vor dem Hohen Gericht, und als sie nach der Leibesvisitation aus dem Umkleideraum kam, konnte ich mich kaum halten vor Lachen. Sie hatte einen beigefarbenen, äußerst femininen Rock und eine Bluse in derselben Farbe an.

»Donna, du schaust grässlich aus«, prustete ich los.

»Hör mal, ich muss schließlich einmal quer durch den Gerichtssaal im Gericht laufen, an allen Leuten vorbei. Mein Anwalt hat mir die Kleider mitgebracht und gesagt, ich soll einen auf unschuldige Hausfrau machen.«

Ich wäre nur zu gern dabei gewesen, als Donna mit ihren breiten Schultern im Kostümchen durch den gefüllten Saal marschierte, eher wie ein Feldwebel als eine Hausfrau. Früher war Donna Weltmeisterin im Wrestling gewesen, sie wurde von allen »The Welsh Dragon – Der walisische Drache« genannt, wofür die gebürtige Waliserin sich so manche böse und zudem ungerechtfertigte Unterstellungen während des Prozesses anhören durfte. Sie wurde des Mordes an ihrem Ehemann bezichtigt, vielmehr soll sie zwei Männer angestiftet haben, ihn auf grausamste Weise umzubringen. Sie wurde ein paar Monate später zu 23 Jahren Haft verurteilt – die höchste Strafe, die in Victoria bis zu diesem Zeitpunkt für eine Frau jemals vergeben worden war.

Die Scheiben des Minibusses waren kugelsicher und getönt, um die Fotografen davon abzuhalten, unsere Gesichter für die Melbourner Zeitungen aufzunehmen. Die Welt außerhalb von Deer Park entfernte sich immer weiter von mir, während ich meinem Prozess entgegenfuhr.

Ich war zum ersten Mal im Grafschaftsgericht von Melbourne. Die Wartezelle war wie die Katakomben im Polizeihauptquartier einfach nur unterirdisch. Es gab zwei Zellen für weibliche Gäste und einige mehr für die Männer, aber die waren zahlenmäßig ja auch stark überlegen. Drei lange Tage musste ich hier verbringen. Ich wohnte der Gerichtsverhandlung bei und verbrachte die Mittagspause zwischen primitiven Graffiti, wo ich matschige Eierbrötchen aß und süßen Tee trank.

Schön war es, täglich Carl und Werner zu sehen und zwischen den beiden auf der Anklagebank zu sitzen, leicht und verstohlen ihre Hände zu berühren und mich in ihren vertrauten Blicken zu baden. Langsam öffneten sich mir jedoch die Augen, was Werner betraf. Wir passten einfach nicht zueinander und täglich wuchs die Diskrepanz zwischen uns. Dennoch wollte ich meinen Ehemann lieben, wollte ihm treu sein, mit ihm durch dick und dünn gehen, das hatte ich ihm in Neuseeland versprochen. Zu kneifen, sobald es brenzlig wurde, wäre nichts, worauf ich stolz sein könnte. Aber seine Aussagen von November letzten Jahres, mit denen er eine Haftminderung für uns beide hatte erzielen wollen, gingen mir nicht mehr aus dem Sinn. Tief in meinem Herzen hatte ich mich schon von ihm getrennt.

Am 18. Mai 2000 wurde die offizielle und endgültige Anklage verlesen: »Werner Paul Roberts: angeklagt des Imports einer kommerziellen Menge Kokain, des Besitzes einer kommerziellen Menge Kokain sowie des Handels mit Kokain zwischen dem 9. August 1999 und dem 16. August 1999. Andrew Roderick Fraser: angeklagt der Mitwisserschaft am Import einer kommerziellen Menge Kokain, des Handels mit Kokain vom 1. Januar 1997 bis zum 12. September 1999, des Besitzes von Kokain am 12. September 1999 sowie des Besitzes von Ecstasy am 12. September 1999. Carl Heinz Urbanec: angeklagt der Mitwisserschaft am Import einer kommerziellen Menge Kokain, des Handels mit Kokain zwischen dem 17. August 1999 und dem 9. September 1999, des Besitzes von Kokain am 17. September 1999 sowie des Besitzes von Heroin am 17. September 1999. Andrea Christine Lucia Mohr: angeklagt der Mitwisserschaft am Import einer kommerziellen Menge Kokain. Wir plädierten alle vier auf nicht schuldig im Sinne der Anklage.

Der Prozessbeginn wurde auf den 16. August 2000 verlegt, nur um an jenem Tag ein weiteres Mal vertagt zu werden – auf den 23. April 2001.

Den Zeitpunkt meiner Entlassung nach wie vor nicht zu kennen, lag schwerer auf meiner Brust als irgendetwas jemals zuvor. Wie ein Splitter im Kopf piesackte mich der Gedanke: Ich werde hinter Gittern verrotten. War das der Preis für meinen bisherigen Lebensstil? Ein dumpfes Gefühl der Machtlosigkeit umschlich mich, krallte sich an mir fest wie eine Zecke und begleitete mich in jedem Moment meines miserablen Daseins. Nichts machte mir mehr Spaß, die Arbeit war mühsam, das Essen schmeckte mir nicht und entspannen konnte ich auch nicht. Ich schlief kaum.

Wenn ich an Berlin dachte, an die 13 Jahre, die ich mit Carl dort gelebt hatte, erschien mir unser damaliges Streben nach immer mehr auf einmal völlig absurd. Wir hatten, so glaube ich, zu keinem Zeitpunkt registriert, dass wir doch eigentlich glücklich waren. Carl und ich hatten uns unser Leben so eingerichtet, dass wir sechs Monate um die Welt reisten und sechs Monate in Berlin verbrachten. Traurigerweise hatten Carl und ich nach den ersten drei Jahren unserer Beziehung aufgehört, miteinander zu schlafen. Wir schliefen zwar im selben Bett ein, oft sogar Arm in Arm, hatten aber keinen Sex mehr. Als Werner in mein Leben trat und mir die fehlende Leidenschaft zurückgab, verließ ich Carl, ohne zu bemerken, dass ich etwas sehr Schönes aufgegeben hatte.

In Deer Park fehlten mir vor allem Carls Liebe und Zärtlichkeit.

Die Zeitungen berichteten nicht nur über unsere Dreiecksbeziehung, sie schrieben allgemein, wir hätten »interessante private Verhältnisse«. Andrew war ein Freund der Familie. Die Familie bestand aus Frau Andrea Mohr, ihrem Exfreund Carl Urbanec und ihrem Ehemann Werner Roberts. Der Ehemann war allerdings nicht mit der eigenen Ehefrau, sondern mit seiner von der Anklage freigesprochenen Exfreundin Carol Brand im Urlaub gewesen. Sollten die Geschworenen uns für schuldig befinden, erwartete uns eine Gefängnisstrafe von bis zu 25 Jahren.

Die ehrenwerten Polizisten Rosenes, Paton, Miechel, Firth und Senior Strawthorne sollten übrigens im Prozess gegen uns als Zeugen aufgerufen werden. Jedoch setzte ein Richterspruch der Verteidigung einige Grenzen bei der Befragung. Speziell der Verteidiger von Werner war enttäuscht, da der Richter ihm untersagt hatte, die Polizisten der Korruption, wenn auch nur indirekt, anzuklagen. Die Polizisten hätten lediglich ihre Arbeit gemacht und säßen nicht auf der Anklagebank.

»Unglück – der erste Weg zur Wahrheit.«
GEORGE BYRON

Nach der Verhandlung war klar, dass ich ein weiteres Weihnachtsfest und auch noch ein Silvester in Deer Park verbringen würde. Verzweifelt schleppte ich mich durch die endlos langen Tage, viel zu sehr damit beschäftigt, mich selbst zu bemitleiden, als dass ich die dicke Luft bemerkt hätte, die schon seit einer Weile von den drohenden Unruhen kundtat.

Dann tauchte Vera wieder auf. Vera mit dem schlafwandlerischen Blick. Vera, von der ich fälschlicherweise angenommen hatte, sie nie wiederzusehen. Vera, die als Verräterin gezeichnet war, da sie eine Nacht mit dem Mann ihrer besten Freundin verbracht hatte.

Man hatte sie sicher gewarnt, dass sie im Mainstream nicht sicher wäre, und wie zu erwarten war, verbreitet sich die Nachricht von ihrer Ankunft wie ein Buschfeuer. Die Insassinnen mieden sie. Keine grüßte, jede schaute beschämt zur Seite, wenn Vera vorbeilief. Ob es den Wärtern egal war, dass die Frau noch einmal verprügelt werden würde? Oder war Vera nur ein Köder, um Emma und Clara wieder in den Bunker zu sperren? Die beiden Frauen, die sich selbst zu Richterinnen ernannt hatten, waren nach mehreren Monaten im Bunker vor Kurzem auf Probe wieder in den Mainstream versetzt worden. Seitdem standen sie unter Beobachtung.

Die Realität sollte leider viel schlimmer aussehen, als die meisten es sich in ihren Vorstellungen ausmalen konnten. Am nächsten Tag fand man Vera, die mit hängendem Kopf auf der Pritsche in ihrer Zelle saß. Tränen der Verzweiflung flossen über ihr hübsches Gesicht. Als die Wärter die weinende Frau bei den Händen nahmen, erfassten sie erst das Grauen. Von der Fingerkuppe bis zum Handrücken war die Haut jedes einzelnen Fingers aufgeschlitzt. Blut floss auf die Bettdecke und den Boden.

Als ich davon hörte, erinnerte ich mich an eine meiner ersten Nächte in A3, als ich eines Nachts eine Frau schreien hörte: »Ich schlitz dir jeden Finger einzeln auf, wenn ich dich erwische.« Vera wurde sofort wieder in den Block A1 verlegt, während Emma und Clara zurück in den Bunker kamen. Der Verdacht genügte.

Das Gefängnis verwandelte sich zusehends in ein ausgewachsenes Monster, dem sich niemand gewachsen fühlte. Die Zeitungen berichteten inzwischen täglich über Deer Park, wo massive Ausschreitungen und Gewalt an der Tagesordnung waren, wo es mehr Drogen gab als in den Straßen von Melbourne. »Dies ist ohne Zweifel das schlechtgeführteste Gefängnis in unserem Staat«, ließ Justizminister Haermeyer gegenüber der *Herald Sun* verlauten. Trotzdem unternahm man nicht einmal den Versuch, das voranschreitende Chaos aufzuhalten, dabei hätte die steigende Anzahl an verängstigten Frauen – etwa die zierliche Chereen, die in unserem Block die Gartenarbeit erledigte, um vor ihren prügelnden Mitgefangenen zu flüchten – längst Anlass zur Besorgnis geben müssen.

Inzwischen liefen einige Insassinnen im Bikini übers Gelände, den Gettoblaster mit laut plärrendem Hip Hop in der Hand, Goldschmuck am ganzen Körper. In der Family Unit, die eigentlich als Rückzugsort für Ehepaare gedacht war, wohnte jeden Monat eine andere Gefangene, von der wir uns unsere Ladung Heroin abholten. Der Handel innerhalb der Gefängnismauern war nie schwunghafter: Man bekam ein Paar Nike-Turnschuhe, wenn man einer Frau half, damit sie nicht verprügelt wurde, oder einen goldenen Ring für einen Schuss Heroin. Ich beispielsweise trug gerade eine der neuesten Versace-Sonnenbrillen.

Eines Morgens im Oktober blieben die Türen der Blöcke verriegelt, und beim morgendlichen Aufruf zur Zählung gab es folgenden Zusatz: »Macht es euch gemütlich. Die Türen sind bis auf Weiteres geschlossen.« Natürlich hatten wir wie immer keine Wahl, und über die genaueren Umstände hüllten sich die Verantwortlichen in Schweigen.

Wir verbrachten die Zeit mit sinnlosen Spekulationen. Wärtermangel? Vielleicht eine Epidemie? Oder es fand gerade eine der Großrazzien statt, irgendwo auf dem Gelände, was um diese Zeit keine Seltenheit war. Vielleicht hatte sich jemand umgebracht? Die alte Trish freute sich wie ein Kleinkind darauf, für die nächsten 23 Stunden eingesperrt zu sein, denn sobald man mehr als 22 Stunden nicht an die frische Luft durfte, wurden einem vier Tage von der Haftstrafe abgezogen. Natürlich galt die Regel nicht, wenn man seine Strafe im Bunker absitzen musste. Bei 14 Jahren Haft, wie in Trishs Fall, zählte jeder verdammte Tag.

Jede von uns lag in ihrer Zelle, wir lasen, schrieben Briefe oder dösten. Meine Gedanken wanderten zu meiner früheren Lieblingsbeschäftigung, dem Striptease:

Um sechs Uhr abends begann meine Schicht in einem der bekanntesten Männerclubs von Melbourne. Wie immer hatte ich mich im Umkleideraum umgezogen, hatte mir hübsche Dessous und extrem hohe Stöckelschuhe übergestreift. Zuerst hatte ich einen Auftritt im Showroom, daher drängelte ich mich geschickt durch die Massen. Der große Raum füllte sich schnell mit Feierabendgästen, die aus den umliegenden Büros kamen, um sich ein bisschen Entspannung zu gönnen.

Ein potenzieller Kunde hatte mir während des Tanzens zwanzig Dollar ins Höschen gesteckt, wofür ich ihm einen Blick auf meine Brüste gegönnt hatte. Jetzt kam er auf mich zu und bat mich, ihn in eines der Separees zu begleiten. Ich gefiele ihm, er wolle eine Flasche Champagner mit mir trinken. Allein. Bis zu meinem nächsten Auftritt hatte ich 40 Minuten Zeit. Klar, dachte ich, warum nicht?

In einem der sogenannten Playrooms setzten wir uns aufs Sofa und bestellten eine Flasche Champagner. Kaum saßen wir, da rückte er auch schon damit heraus, dass er Anwalt sei, eine große Kanzlei um die Ecke habe und sich gern etwas vergnüge, bevor er nach Hause zu Frau und Kindern gehe. Am besten gefalle ihm eine Frau im Krankenschwesterkostüm, die ihm einen blase. Wir hatten hier tatsächlich einen Raum, in dem alle möglichen Verkleidungen aufbewahrt wurden: von der Büromieze bis zum Pabst, von der Nonne bis zur Lehrerin war alles dabei, auch die Krankenschwester. Das Taschengeld für diesen privaten Auftritt fiel entsprechend großzügig aus.

Abends sah ich mir die Nachrichten auf unserer kleinen Flimmerkiste an, die mir endlich Aufklärung verschafften. Die Regierung von Victoria hatte die Schnauze voll von der CCA und die Gefängnisleitung daher kurzerhand abgesetzt. Um Mitternacht erschien bereits eine kleine Delegation der neuen Verwaltung in den Blöcken, sie nannte sich Core. Die Abgesandten baten um Verständnis, denn sie bräuchten sicher eine gewisse Zeit, um alles wieder in Gang zu setzen – angeblich mit dem noblen Ziel, die Lebensumstände für alle Insassinnen zu verbessern.

Warum musste mir das alles passieren? Zuerst warfen sie mich in einem fremden Land in dieses verrottete Loch, und um dem Ganzen die Krone aufzusetzen, veranstalten diese Wilden auch noch eine Revolte. Und ich saß mittendrin.

Alles war aus dem Rhythmus. Normalerweise galt ein Flugverbot über dem Gefängnis, aber in jenen Tagen hörten wir immer wieder das Surren von Hubschraubern. Die darin sitzenden Reporter, angezogen von den brisanten Ereignissen, lauerten über unseren Köpfen wie Aasgeier über einem Tierkadaver.

Ein großer Teil der Wärter wurde fristlos entlassen, Blanche und viele andere verschwanden von einem auf den anderen Tag. Man munkelte, sie sei Alkoholikerin und habe selbst im Dienst getrunken. Woody und das Ehepaar Mauss dagegen wurden ebenso wie die unverwüstliche Jonno vom neuen Management übernommen.

Die Schilder an der Eingangstür wurden ebenfalls ausgetauscht: Der Name des Gefängnisses wurde von M.W.C.C. in D.P.F.C. geändert. Das Metropolitan Women's Correctional Centre hieß von nun an Dame Phyllis Frost Centre, benannt nach eben jener Phyllis Frost, die zeitlebens sehr viel für das Gefängnis und die Insassinnen getan hatte.

Die Liste der Dinge, die wir uns ins Gefängnis schicken lassen durften, wurde stark gekürzt. Außerdem hatten wir von nun an pünktlich am Arbeitsplatz zu erscheinen, und nur im Falle einer ernsthaften Krankheit, selbstverständlich vom Arzt bescheinigt, durften wir in der Zelle bleiben. Viele Neuerungen standen an, und vor einigen hatten wir regelrecht Angst. Würde ich weiterhin Valium und Mogadon bekommen?, fragte ich mich mehr als einmal panisch.

Der Dezember brachte trockene Hitze. Die Gärten waren völlig ausgedorrt, weshalb sich viele Frauen dort nützlich machten. Als ich einmal das emsige Treiben von der Veranda aus beobachtete, kam Chereen auf mich zu. Ich war entsetzt über die vielen grünen und blauen Flecken in ihrem Gesicht. Aber sie hüllte sich wie üblich in Schweigen. Später fanden wir heraus, was mit ihr passiert war.

Chereen war in den letzten Wochen mindestens zwei Mal pro Woche ins medizinische Zentrum gebracht worden, weil sie epileptische Anfälle gehabt hatte.

Die Krankenschwester Jane, eine robuste Maori, strich ihr eine Haarsträhne aus dem Gesicht, lächelte sie aufmunternd an und fragte: »Nimmst du deine Medikamente?«

»Ja, die nehme ich«, antwortete Chereen, »aber sie scheinen nicht mehr zu wirken.«

»Wir können dir auf keinen Fall mehr geben. Du nimmst schon die höchste Dosis Rivotril und Lacactol, dazu noch Valium. Kein Mensch würde noch mehr von dem Zeug vertragen! Das würde jeden umbringen.«

Jane hatte wohl noch nie solch starke Anfälle gesehen wie bei Chereen während der vergangenen Wochen, und die Abstände, in denen sie auftraten, wurden immer kürzer.

Chereen verließ die Krankenstation mit erhobenem Kopf, stolz verschloss sie ihre gequälte Seele in ihrem Körper. Sie wusste, dass sie bereits eine extrem hohe Dosis Tranquilizer bekam, sie wusste, dass da nichts zu machen war. Sie lief gedankenversunken übers Gelände und sah daher die beiden Mitbewohnerinnen gar nicht kommen.

»Hey, nicht so schnell Süße!«, sagte die eine.

Chereen drehte sich um. »Nicht hier«, stotterte sie leise.

»Verdammt, werd bloß nicht frech! Wir versuchen dir nur zu helfen, Kleine. Behandelst du all deine Freundinnen so mies? Ohne uns wärst du …«, begann die andere.

Tiara war bereits zum fünften Mal hinter Gittern und immer für kleinere Diebstähle gut. Sie wurde nicht umsonst von vielen Frauen gefürchtet und gemieden.

»Nein, nein. Es hat sich nichts geändert. Ich treffe euch heute Abend nach der Medikamentenausgabe im Block, wie immer«, entgegnete Chereen ein wenig selbstbewusster.

»Verarsch uns nicht, verdammt noch mal. Die Schweine müssen dir einfach mehr geben!«, sagte Tiara.

»Machen sie nicht. Aber ich geb dir alles, was ich bekomme, kannst dich auf mich verlassen.«

An diesem Tag, an dem ich sie von der Veranda aus sah, hatte sie Blessuren an Armen und Beinen, außerdem ein blaues Auge und geschwollene Lippen. Ihr Gesicht war leichenblass, und ihre Pupillen waren riesengroß vor Angst. Sie wäre so gern in einen anderen Block gezogen, aber da war leider nichts zu machen. Die Wärter wollten oder konnten Chereen nicht verlegen, sie waren wohl zu beschäftigt mit der Übernahme, dem Neuaufbau und der Einführung der neuen Regeln. Als per Lautsprecher der abendliche Einschluss verkündet wurde, begann Chereens Körper sich ein wenig zu schütteln, und ihre Lider wurden unruhig, ja geradezu flatterig.

In Block B2 herrschte normale Abendroutine. Eine Insassin stand kochend in der Küche, die anderen versuchten sich im Gemeinschaftsraum auf einen TV-Sender zu einigen. Als Chereen nach dem Essen in ihre Zelle ging, hefteten sich ihr drei Mitbewohnerinnen an die Fersen. Sie quetschten sich mit in Chereens Zelle, zwei saßen auf der Pritsche, eine sprang auf den Schreibtisch, von dem sie gleich wieder herunterrutschte, um sich mit einem dreckigen Lachen vor Chereen aufzubauen.

»Also, rück verdammt noch mal das Zeug raus!«, befahl Tiara.

Etwas ungeschickt griff Chereen in ihren BH, zog das kleine, in Plastikfolie verpackte Päckchen heraus und überreichte es der Frau mit einem Blick, der besagte: Nimm das und lass mich bitte in Frieden. Zunächst sah es so aus, als würde Tiara dem Mienenspiel folgen. Sie hatte, was sie wollte, öffnete das Päckchen, nahm die Pillen heraus, teilte sie zwischen sich und ihren beiden Freundinnen auf – natürlich nicht in gleichen Teilen – und die drei verließen die Zelle.

Chereen war endlich allein und versuchte sich zu entspannen, doch plötzlich fing sie am ganzen Körper wieder an zu zittern, und bald hatte sie ihn nicht mehr unter Kontrolle. Er verkrampfte, sie verlor das Bewusstsein, entschwand in die Dunkelheit. Ein Anfall. Tiara hörte die Geräusche in der Zelle nebenan, und als sie nachsah, fand sie Chereen am Boden liegend, ihr Körper zuckte, Speichel tropfte ihr aus dem Mund.

Tiara blieb stehen und schrie: »Hey, Tailor, Cindy, kommt her und schaut euch das an.«

Die beiden Frauen kamen wie gut erzogene, folgsame Doggen angelaufen und lachten. »Das sieht ja übel aus.«

Plötzlich fing Tiara an, die bewusstlose Chereen zu treten, wobei ihre beiden Freundinnen sie anfeuerten. Immer härter. Bald mischte sich Blut unter den Speichel, und Chereen bekam Prellungen am ganzen Körper. Immer härter und härter.

»Die hat genug. Lass uns gehen! Die Fotze soll verrecken«, sagte Tiara schließlich und warf einen letzten gehässigen Blick auf das geschundene Opfer.

Sari, die Chereen eigentlich um eine Zigarette anschnorren wollte, fand das arme, geschundene Mädchen schließlich. Sie wartete neben der Bewusstlosen, bis etwa zwanzig Minuten später eine Krankenschwester eintraf und Chereen mit ins medizinische Zentrum nahm.

Ihre Peiniger verriet Chereen nicht, daher wurde sie wegen des Verdachts, Medikamente geschmuggelt, versteckt und verkauft zu haben, in den Bunker gesperrt. Chereen spürte die Sinnlosigkeit und die Dunkelheit, die ihr die Luft zum Atmen nahm, es gab keine Zukunft, nicht für sie. Sie setzte sich auf ihre Pritsche und schrieb einen Abschiedsbrief. Dann nahm sie den Duschvorhang und hängte sich auf.

Am nächsten Morgen blieben alle Türen geschlossen. Etwa zwei Stunden nach der ersten Zählung kamen die Wärter mit der Neuigkeit in die Blöcke und erzählten uns vom Selbstmordversuch einer Insassin. Chereens Körper war von den Krankenschwestern wiederbelebt worden, ihr Gehirn jedoch war tot geblieben. Auch im Krankenhaus kam sie nicht wieder zu Bewusstsein, und eine Woche später ließen ihre Eltern die lebenserhaltenden Maschinen abstellen. In der Tageszeitung waren ein paar wenige Zeilen über Chereens Tod zu lesen, aber nicht ein Wort über ihre Schmerzen, ihre Ängste und die sie peinigende Furcht während der Monate in Deer Park.

Ihr Tod erschien mir komplett sinnlos. Sie hatte nur noch wenige Wochen bis zur Entlassung gehabt und war erst 26 Jahre alt.

Chereen hätte durchhalten sollen, dachte ich, als ich in der kleinen Kirche von Deer Park saß, wo wir uns alle für den Abschied eingefunden hatten. Wird sie in Frieden ruhen?

DIE WENDE

Ich konnte nicht ausschlafen. Ich konnte nicht anziehen, was mir gefällt. Ich konnte mir kein Video ausleihen, wenn mir danach zumute war. Ich konnte nicht zum Telefon greifen, wenn ich das Bedürfnis hatte, mit einem Freund zu reden. Ich konnte nicht in Urlaub fahren. Keine raschelnden Palmenblätter in einer sanften Meeresbrise, keine Flugzeuge und kein Straßenverkehr, keine alten Damen im Park und keine Kleinkinder, die ausgelassen auf einem Spielplatz tollten. An die Stelle all dieser schönen Dinge traten Urintests und Leibesvisitationen, IDU-Status, Bunker, Schutzhaft und Blöcke, die sich kaum voneinander unterschieden.

Allmählich waren immerhin die ersten positiven Veränderungen durch die radikale Übernahme von Core spürbar. Die neuen Wärter waren sehr streng, aber auch sehr gewissenhaft, und von nun an gab es keine Ausnahmen mehr. So musste jede Gefangene in ihrer eigenen Zelle übernachten. Damit waren die Zeiten vorbei, in denen man einfach seine Matratze auf den Buckel schwingen und sich in irgendeinem Gemeinschaftsraum in irgendeinem Block schlafen legen konnte. Auch das tagelange Herumlungern am Pool während der Arbeitszeiten war ab sofort strengstens untersagt. Die Grausamkeiten nahmen tatsächlich ab, es mangelte den Insassinnen einfach an Gelegenheiten – nicht an Aggressionen. Hätte Chereen doch nur durchgehalten.

Als im Dezember meine Freundin Dotty entlassen wurde, begleitete ich sie mit gemischten Gefühlen zur Rezeption. Zum Abschied umarmte ich sie zärtlich und sagte: »Bitte komm nicht wieder zurück. Nach meiner Freilassung werde ich dich anrufen, dann treffen wir uns auf einen Kaffee.« Es machte mich traurig und glücklich zugleich, sie ziehen zu lassen.

Dotty schaute schon ungeduldig zur Wärterin hinüber, die an der Rezeption auf sie wartete, doch dann nahm sie sich die Zeit und antwortete schalkhaft mit ihrer verrauchten Stimme: »Wir gehen miteinander in ein schönes Café, und danach nehme ich dich wie versprochen mit auf einen Raubüberfall.«

Ich war mir in diesem Moment nicht sicher, ob sie es ernst meinte oder scherzte. Allerdings sollte ich nie die Gelegenheit bekommen, es herauszufinden.

Wann werde ich wohl durch diese Pforte schreiten?, überlegte ich, während ich Dotty nachblickte.

Auf dem Rückweg traf ich Caroline. Ich wusste, dass heute auch Dale, ihre Geliebte, entlassen worden war – worüber ich alles andere als traurig war. Caroline und ich setzten uns auf eine Bank, um zu reden, da sie ganz offensichtlich etwas auf dem Herzen hatte. Mit uns beiden, das war eine komische Sache. Obwohl wir uns kaum kannten, vertrauten wir einander und mochten uns sehr gerne.

Sie drehte sich zu mir und sagte: »Pixie, ich habe mich schuldig bekannt, weil ich müde war, sehr müde, und weil mir jemand dazu geraten hat. Ich fühle mich alt.« Leise fügte sie hinzu: »Ich habe den Mord nicht begangen. Übrigens, der Name Pixie würde zu dir passen.«

»Ja, er gefällt mir. Lass den Kopf nicht hängen, kleine Schwester.« Ich nahm sie sanft in den Arm, und sie legte vorsichtig den Kopf an meine Schulter.

An jenem Tag bekam ich eine kleine Schwester und einen Spitznamen: Pixie.

Nach Carolines Verhaftung brachten die Nachrichten fast stündlich Berichte über den Triumph des Justizsystems, den Triumph über ein 22-jähriges Mädchen. Caroline hatte zwei Jahre lang beteuert, den Mord an ihrer Freundin, einer 15-jährigen Balletttänzerin, nicht begangen zu haben. Eine Woche vor Prozessbeginn bekannte sie sich dann doch schuldig, ohne Details zu nennen und ohne eine Erklärung abzugeben. Caroline wurde schließlich zu

18 Jahren Haft verurteilt. Sie soll das junge Mädchen mit einem elektrischen Kabel erwürgt, die Leiche zwei Tage in ihrer Wohnung aufbewahrt und sie danach neben einem Tierfriedhof vergraben haben. Ich konnte mich des Gedankens nicht erwehren, dass Caroline jemanden deckte, dass sie jemanden beschützte und der Täter die ganze Zeit frei herumlief.

Da es bei mir längere Zeit keine Zwischenfälle zu vermelden gab, hatte Woody mir grimmig die Erlaubnis erteilt, in Dottys Zelle zu ziehen, in den Block C3B am Ende des Hügels, wo meine Freundin Tiny wohnte. Ich sollte jedoch nicht für lange Zeit in den Genuss ihrer Gesellschaft kommen.

Nach dem Umzug, auf dem allabendlichen Weg zur Medikamentenausgabe, traf ich eine Freundin, die mir eine Valium-Tablette zusteckte. Zusätzlich schluckte ich eine Valium und zwei Mogadon, wie jeden Abend. Eine Stunde später stand ich torkelnd an der Küchenbank und versuchte mich mit meinen neuen Mitbewohnerinnen zu unterhalten.

Da war zum einen Tiny, der gutherzige Rüpel, die uns in allen rechtlichen Belangen half. Ihrer fachkundigen Meinung nach konnte ich leicht zehn Jahre aufgebrummt bekommen, und natürlich ließ sie keine Gelegenheit aus, mir genau das zu sagen. »Ich kenn mich aus, German, ich beobachte seit Jahren alle Prozesse und Verurteilungen hier. Du musst mit zehn Jahren rechnen, und selbst dann kannst du dich noch freuen. Tröste dich, ich bin bei dir.« Dabei fuchtelte sie vehement mit ihren stämmigen Armen durch die Luft.

Tiny sagte diese schmerzenden Worte nicht aus Boshaftigkeit, sondern aus Mitgefühl, denn sie wollte mich auf das Schlimmste vorbereiten. Sie hatte wohl schon einige Frauen erlebt, die von ihrem Urteilsspruch zurückkamen und nicht mehr dieselben waren. Wir beide wussten nur zu gut, dass ich sogar mehr als zehn Jahre bekommen konnte. Es zu wissen, war eines, aber sich mit dem Gedanken anzufreunden, das nächste Jahrzehnt in Deer Park leben zu müssen, war etwas ganz anderes. Das war unmöglich.

Zum anderen war da Nadja, eine fünfzigjährige wasserstoffblonde Osteuropäerin, die einige Jahre für den Handel mit Heroin absitzen musste. Die Dritte im Bunde war Liz, eine 21-jährige Vietnamesin mit dem traurigsten Lachen, das ich je gesehen hatte, und einer ebenso traurigen Geschichte.

Vor etwa einem Jahr, sie hatte gerade ihren Führerschein gemacht, brauste sie mit ihrem Kleinwagen durch das nächtliche Melbourne und chauffierte ein paar Freunde zu einem Nachtclub, als die Polizei sie stoppen wollte. Liz und ihre Freunde waren allerdings total stoned. Sie hatten Angst vor einer Kontrolle, und Liz wollte auf keinen Fall den Führerschein wieder verlieren – leider sollte sie am Ende noch viel mehr verlieren. Jedenfalls drückte sie aufs Gaspedal und versuchte, vor dem Streifenwagen zu fliehen. Nach einer kurzen, wilden Verfolgungsjagd kam es zu einem schrecklichen Unfall, bei dem die beiden jungen Männer auf der Rückbank ums Leben kamen. Schlagartig veränderte sich das Leben der jungen Vietnamesin und aus einem fröhlichen Teenager wurde eine Schwerverbrecherin. Bei ihrem Gerichtsverfahren wurde sie zu neun Jahren Gefängnis verurteilt.

Dann war da noch Julie, eine junge vietnamesische Mutter, die im Alter von elf Jahren mit einem Flüchtlingsboot nach Australien gekommen war. Ihr Vater hatte für dieses Wagnis, für eine bessere Zukunft, alles aufgegeben, was ihm lieb und teuer war, und sein letztes Geld in die Überfahrt investiert. Trotzdem reichte es nur für ihn und seine Tochter, alle anderen Familienmitglieder mussten zurückbleiben. Julie war heroinabhängig, als sie in Deer Park eingeliefert wurde. Sie nahm täglich Methadon, und als ihr Baby zur Welt kam, musste es vier Wochen im Krankenhaus bleiben, bis es keine Entzugserscheinungen mehr hatte. Derek, wie der Junge hieß, wohnte mit seiner Mutter in dem großen Zimmer von C3B und der Kleine war der einzige Mann, mit dem ich hier in Deer Park jemals zusammenlebte. Er wuchs gleich mit einer ganzen Schar Tanten auf, die ihn wie einen kleinen Prinzen großzogen.

Meine Pflichten in Block C3B bestanden im Geschirrspülen, Staubsaugen und im Saubermachen der eigenen Zelle – leider war da keine Coxie, die täglich die Hausarbeiten erledigte, und auch keine Trish, die täglich kochte, wie ich es von zu Hause gewohnt war. Ansonsten war alles identisch mit C1B; mein neuer Block war vielleicht etwas bunter eingerichtet, mehr Pflanzen. Ich begann, Tagebuch zu führen, schrieb über Vergangenes sowie die gegenwärtige Situation im Gefängnis.

Zwei Tage vor Weihnachten blieben die Türen der Blöcke schon wieder geschlossen. Neugierig, aber auch mit einem leicht mulmigen Gefühl, spähte ich aus dem Küchenfenster. Tiny und Julie saßen am Küchentisch und stritten sich um das Abendessen. Ich schaute zur Uhr an der Wand, es war neun Uhr früh. Draußen sah ich vier Männer in Uniform, die mit fünf deutschen Schäferhunden schnellen Schrittes auf unseren Block zuliefen.

»Tiny, Julie, hört auf zu streiten. Schaut euch das mal an!«, rief ich aufgeregt.

Tiny sprang auf, schaute aus dem Fenster und schrie: »Die Drogenfahndung! Schnell, Liz, schieb dir die Spritze in den Arsch oder versteck sie in den Windeln von Derek oder sonst wo.«

Geistesgegenwärtig rannte Liz ins Bad, nahm eine Kachel an der Badewanne ab und schob die dahinter verborgene Einwegspritze schnell in ihre Muschi.

Tiny brüllte weiter aufgeregt: »Gibt es noch was? Hat irgendjemand noch irgendetwas irgendwo, das wir verstecken müssen? Holt die zwei Heizgeräte!«

Ich brachte die Öfen schnell herbei, und Tiny schob sie in die Besenkammer, als wären es defekte Elektrogeräte.

Da betraten die Männer samt den laut bellenden Hunden unseren Block. »Euren Dreck könnt ihr draußen lassen!«, herrschte Tiny sie erst mal an, »Füße abstreifen!«

Die Wärter traten gehorsam zurück und taten, was Tiny ihnen befohlen hatte. Hinter ihnen tauchten auf einmal noch fünf Wärterinnen auf, die bei jeder von uns eine dieser leidigen Leibesvisitationen durchführten. Kaum angezogen, tasteten sie uns noch einmal komplett von oben bis unten ab. Danach sollten wir auf der Veranda warten, bis der Tumult vorüber war, bis die Drogenpolizei jeden Winkel des Blocks durchsucht und beschnüffelt hatte. Vielleicht würde uns der Urintest ja diesmal erspart bleiben.

Nach dem Ende der Razzia folgten wir den Wärtern nach draußen, und ich stellte fest, dass sie diesmal das komplette Gefängnis abgesucht hatten. In jenem Moment schwanden meine Hoffnungen, denn sie führten uns zum Test, diesmal in das trostlos leere Besucherzentrum. Jetzt hieß es erst mal Geduld bewahren. Über hundert Frauen warteten, bis eine der fünf Toiletten frei wurde, um den geforderten Urintest abzulegen. Es herrschte ein heilloses Durcheinander, jede wollte die Erste sein. Aber nicht die Wärter, sondern wir Frauen bestimmten die Reihenfolge. Die Kriterien: Respekt, Art des Verbrechens, Bekanntheitsgrad, Anzahl der Jahre hinter Gittern – und Größe des Mundwerkes.

Ich drängelte mich vor, um meinen Anspruch auf die nächste verfügbare Toilette anzumelden. Suzie und ich hatten ein Argument, das alle anderen übertrumpfte. »Hey, hört mal alle her! Falls die German und ich nicht bald zur Arbeit erscheinen, dann bekommt ihr alle heute nichts zu essen«, trompetete Suzie durch den Raum. Das wirkte.

Der Urintest an jenem Tag würde Folgen haben, das wusste ich. Natürlich konnte ich über deren Ausmaß nur spekulieren, und Core handhabte die Dinge ohnehin anders. Doch es würde sicher nicht lange dauern, bis ich es erfuhr. Auf ein zweites frohes Weihnachtsfest und ein gutes neues Jahr, Pixie!

Einige Tage später war es dann so weit. Man hatte mich über Lautsprecher zum neu aufgestellten Block B4 zitiert, und mir schwante bereits Unheilvolles. Wahrscheinlich durfte ich heute Abend den Sonnenuntergang aus einem der Fenster im Bunker beobachten. In B4, dem »Hilton von Deer Park«, wo niemand über Nacht im Gemeinschaftsraum herumlungerte, weil jede Gefangene eine komfortable Zelle mit Toilette, Dusche und Fernseher hatte, erwartete mich der neue Oberaufseher, der mich ohne jede Vorwarnung mit den Worten begrüßte: »Dein Urintest war positiv, auf Methadon!«

Er war groß, schlank, hatte einen aufrechten Gang und blondes Haar. Nun versuchte er, seinem Auftreten mehr Gewicht zu verleihen, denn mein Schweigen machte ihn unsicher. Er starrte auf das vor ihm auf dem Schreibtisch liegende Ergebnis, als wollte er sagen: Hier steht es schwarz auf weiß! Stumm überreichte er mir das rosafarbene offizielle Anklageschreiben.

»Bei der Einnahme einer illegalen Substanz erwischt.« Ich überflog den Text, das Kleingedruckte war unwichtig. Man hatte ohnehin keine Chance, die Anklage abzustreiten. Sobald man den rosafarbenen Zettel erhalten hatte, wurde man verurteilt, das war eine unumstößliche Tatsache.

Der Gouverneur nannte sich jetzt General Manager, da das Gefängnis nun verstaatlicht wurde, und sein Name war Mr. Money. Seine Stimme klang nüchtern, erschreckend sachlich: »Schuldig oder nicht schuldig?«

»Schuldig.« Bei dem Versuch, genauso zu klingen wie er, versagte ich kläglich.

Mr. Money verpasste mir eine saftige Geldstrafe und IDU 1, das bedeutete drei Monate ohne Besuche. Da ohnehin nie jemand zu mir kam, war mir diese Maßnahme egal. Hauptsache keinen Bunker. Er bot mir auch das IDU-Programm an und eine damit verbundene Entziehungskur. Ich? Warum ich?, dachte ich nur. Da täuschen Sie sich aber gewaltig, Herr General Manager, ich bin anders, ich habe meine Drogensucht unter Kontrolle. Ungesagt blieb, dass ich tagtäglich Drogen konsumierte und kein Problem hatte, sie mir zu besorgen. Stattdessen begann ich ihn zu beschwichtigen und behauptete, es sei ein einmaliger Ausrutscher gewesen, das komme sicher nie wieder vor. Ich war so überzeugend, ich hätte mir fast selbst geglaubt.

Insgeheim nahm ich mir vor, mich über die Therapiemöglichkeiten zu informieren. Allerdings musste ich hierbei vorsichtig sein, denn manche Gefangenen könnten mein Interesse als Schwäche auslegen, was ihnen Munition liefern würde, mich zu schikanieren. Ich hatte mir inzwischen ein wenig Respekt verschafft, den durfte ich nicht leichtfertig aufs Spiel setzten.

Die »frohe« Botschaft des Tages sollte ich allerdings erst noch erhalten. Das Leben hat eine außerordentliche Gabe: Wenn man denkt, noch einmal davongekommen zu sein, dann setzt es meistens noch einen drauf. Zu früh gefreut, Pixie!

Als ich aus dem Büro des General Managers in die grelle Sonne trat – glücklich, dass mir keine Handschellen angelegt worden waren –, erklang schon wieder mein Name aus dem Lautsprecher.

Diesmal sollte ich zum medizinischen Zentrum kommen. Die müssen sich täuschen, ich habe keinen Antrag für einen Arztbesuch gestellt, dachte ich, während ich mich leicht beunruhigt auf den Weg machte.

Im Warteraum traf ich Kathy. Sie war etwa in meinem Alter, sehr dünn, flegelhaft und lesbisch. Eine intelligente Australierin, die mich mochte – und ich mochte sie auch. Kathy war immer mal wieder im Gefängnis, meistens wegen irgendwelcher Drogenvergehen im Zusammenhang mit Diebstahl, Einbruch oder Betrug. Als ich langsam ungeduldig wurde und mich beschwerte, dass man mich herbestellt hätte, nur um mich unverschämterweiser Stunden warten zu lassen, lachte Kathy nur über meine Ausdrucksweise. Sie amüsierte sich nicht über meinen deutschen Akzent, sondern darüber, dass ich viel zu manierlich redete. Ich müsse viel öfter »Fuck yer« sagen. »Hey, this takes much too fucking long« oder »It takes a fucking long time to fucking wait here«, sagte sie mir immer wieder vor.

Stunden später kam ich dann endlich an die Reihe. Geringschätzig musterte ich den Arzt, der mich mit einer weibischen Stimme begrüßte. Dieses Männlein war nicht meine Ärztin, und ich war davon überzeugt, dass es sich offensichtlich um ein Missverständnis handelte. Ich wand mich an die Krankenschwester, die den neuen Bestimmungen nach immer im Raum sitzen musste – um den Arzt vor Angriffen zu schützen und sexuellen Übergriffen vorzubeugen. Letzteres erschien mir bei diesem Mann geradezu grotesk.

Es war jedoch kein Missverständnis, der Mediziner wollte mich tatsächlich sehen. Er untersuchte jede Insassin in dieser Woche, denn es gab einige neue Regelungen, was die medizinische Versorgung betraf. Zunächst einmal informierte er mich darüber, dass man die mir bekannte Ärztin fristlos entlassen hatte, da sie viel zu freizügig mit Rezepten umgegangen sei.

Wahrscheinlich hat das Männlein mit den öligen Haaren seinen Doktor in Veterinärmedizin gemacht, von Menschen hat der jedenfalls keine Ahnung, schoss es mir durch den Kopf, als er mir kumpelhaft das Knie tätschelte. Eine weitere neue Regelung lautete: alle Benzodiazepine sind gestrichen. Nur noch in Ausnahmefällen sollten wir in Zukunft Valium erhalten. Mit der Stimme eines Priesters bei der Absolution verschrieb er mir Magnesium, Kalzium und Multivitamintabletten. Kein Argument der Welt konnte ihn umstimmen, ich versuchte wirklich alles. Bestimmt werde ich durchdrehen, dachte ich, als er mir nach der Untersuchung noch einen schönen Tag wünschte.

Der Tablettenentzug ist ein langsam voranschreitender Prozess, und im Gegensatz zum Heroinentzug eher eine mentale und emotionale Herausforderung, die einen psychisch an die Grenzen bringt. In den folgenden Wochen war ich extrem trübsinnig, alles nervte, meine Laune schwankte und mir zitterten permanent die Hände. Schlafen war mehr ein sehnsüchtiger Wunsch als Realität, und ich verspürte ein unbändiges Verlangen nach Betäubung sowie den sehnsüchtigen Wunsch nach Entspannung. Für keinen Moment empfand ich Ruhe. Oft dachte ich an Carl, denn die Erinnerung an ihn hatte dieselbe beruhigende Wirkung auf mich wie einst der Steingarten von Kyoto. Carl mit seinem verschmitzten Lächeln und seiner vorwitzigen Zunge. Wie sehr er mir doch fehlte!

Nachts kauerte ich auf dem Bettrand und kratzte mir die Fußnägel ab. Zuerst pulte ich mit den Fingern daran herum, dann riss ich immer wieder kleine Teile ab, bis es blutete – das Bluten verschaffte mir einen kurzen Moment Erleichterung. Nur Minuten später fing es jedoch wieder an zu pochen, darauf folgten rasende Schmerzen, die meine Gedanken gänzlich ausfüllten. Ich konnte kaum mehr gehen, aber ich durfte mich nicht über den Schmerz beklagen, denn dann hätten sie mich wegen Selbstverstümmlung in den Bunker gesperrt.

Völlig unerwartet erwachten in jenen Tagen meine alten Gefühle für Werner wieder. Im Nachhinein glaube ich, ich wollte mich an irgendetwas festhalten. Werner rückte ein weiteres Mal in den Mittelpunkt meines Lebens, und in meinen Träumen konnte ich es kaum erwarten, ihn im Arm zu halten. In den Tiefen meiner Fantasie sah ich weder die Falten in Werners Gesicht noch die Fehler in seinem Charakter, hörte ich weder Widerspruch noch Anklage, spürte weder Ärger noch Beleidigung. Da war nur eine unendliche Sehnsucht nach ihm.

Ich setzte mir in den Kopf, dass ich meinen Mann sehen wollte, und stellte einen Antrag. Tatsächlich erteilte man Werner eine zweistündige Besuchserlaubnis. In einem Minibus wurde er eines Nachmittags zu mir nach Deer Park gebracht.

Als er in Handschellen vor mir stand, empfand ich beim ersten Blick dieselbe Zärtlichkeit für ihn, die ich früher schon bei seinem Anblick verspürt hatte. Im Besucherzentrum von Deer Park saßen wir uns wenig später auf unbequemen Plastikstühlen gegenüber. Die Wärter hatten ihm inzwischen die Handschellen abgenommen und standen nun an der Seite, ohne uns auch nur für einen Moment aus den Augen zu lassen. Als Werner den Mund öffnete, passierte etwas Seltsames: Ich wollte auf einmal nur noch wegrennen, denn ich erkannte, dass meine Liebe endgültig verloschen war.

Er hatte dunkle Ringe unter den Augen, einen müden Blick und wirkte total angespannt. Seine Haare waren zu lang, und sein Gesicht lag in angestrengten Falten. Der bevorstehende Prozess ging uns beide an, da waren wir uns einig. Themen wie unsere Beziehung oder Gefühle vermieden wir dagegen, und von Liebe war nicht die Rede. Meine Sehnsucht war auf einmal wie weggeblasen. Werner erzählte mir noch immer nichts von dem korrupten Polizisten oder von den Gesprächen mit der Federal Police in Port Phillip. Er hatte Geheimnisse vor mir, und ich hätte ihm niemals vertrauen dürfen. Als er zwei Stunden später wieder verschwand, wusste ich, Kookaburra hatte endgültig aufgehört zu singen.

Als ich zurück in meinen Block kam, saßen die anderen Frauen um den Küchentisch. Die erste Geburtstagsfeier unseres kleinen Prinzen stand an, und alle waren ganz aufgeregt. Seine Tanten hatten stundenlang mit den Kochtöpfen hantiert und gezaubert, um gebratenes Huhn in Mangosoße, Reissalat mit Ingwer und Bambussprossen in Sojasoße aufzutischen. Selbstverständlich tanzte ich auf allgemeinen Wunsch für den Kleinen den ersten Striptease. Danach erzählte uns Julie noch eine ihrer amüsanten und originellen Geschichten. Für einen Moment vergaßen wir, wo wir uns befanden, und hatten einfach nur Spaß miteinander.

»Das Schwierigste am Leben ist es, Herz und Kopf dazu zu bringen, zusammenzuarbeiten. In meinem Fall verkehren sie noch nicht mal auf freundschaftlicher Basis.«

WOODY ALLEN

Die grollenden Gewitterwolken machten einem friedlichen Sternenhimmel über Berlin Platz. Dieses Schauspiel verfolgte ich vom Balkon meiner neuen, komfortablen Dachgeschosswohnung. Damals hatten Carl und ich sehr viel Geld, das wir mit vollen Händen ausgaben. Die meisten Einrichtungsgegenstände waren von dem berühmten Designer Philippe Starck, unsere Gläser, das Besteck und das Geschirr stammten von Versace, Rosenthal, Hutschenreuther und Villeroy & Boch. Von dem geräumigen Balkon aus schaute man auf einen romantischen Berliner Hinterhof.

Schöneberg war genau der Stadtteil, den Carl und ich uns vorstellten: außergewöhnliche Szenecafés, wilde Nachtclubs, die angesagtesten Technoläden und originelle Boutiquen. Vor allem in den Wochen nach der Wiedervereinigung herrschte hier eine ganz besondere Atmosphäre. Berlin wuchs in enormem Ausmaß und auch der Markt für sexuelle Dienstleistungen wurde immer größer und gewinnträchtiger. Das Geld quoll Carl und mir förmlich aus den Ohren, mit Sex, Drugs and Rock 'n' Roll ließ sich in jenen Tagen eine Menge verdienen.

Konflikte streben nach Lösungen, eskalieren und verursachen Veränderungen – ob nun zum Besseren oder Schlechteren ist meist eine Frage, die sich erst nach einer gewissen Zeit beantworten lässt.

Natürlich hatten wir hier in Deer Park genau dieselben Probleme wie die Menschen draußen. In Australien kam es vor allem zu Konflikten im täglichen Miteinander zweier extrem verschiedener Kulturen: der Ureinwohner, also der Aborigines, und der Einwanderer, hauptsächlich Engländer.

Meine Erfahrungen mit den Aborigines beschränkten sich auf den Kontakt mit einer der plattnasigen Frauen, die mit mir an den Englischstunden teilnahmen. Vicky Roach war eine sehr intelligente Frau, ein Kind der *stolen generation.* Diese »verlorenen« Kinder kannten weder Mutter noch Vater, da die Regierung sie ihrem Elternhaus entrissen und zu Missionaren oder einer weißen Familie gegeben hatte. Vicky – genau wie viele andere auch – suchte seit Jahren nach ihren leiblichen Eltern.

Es war die Woche der Wiedervereinigung zwischen den Aborigines und der weißen Bevölkerung, die in ganz Melbourne gefeiert wurde. Die Aborigines organisierten zahlreiche Tanz- und Kunstveranstaltungen, um den weißen Australiern ihre Kultur nahezubringen. Die Abschaffung von Ignoranz und Vorurteilen auf beiden Seiten war das hochgesteckte Ziel, das sich auch die Gefängnisleitung von Deer Park auf die Fahnen geschrieben hatte.

Im Sportzentrum, wo keiner es für nötig befunden hatte, die Heizkörper anzuschalten, nahm ich an einer der Veranstaltungen teil, die hinter unseren Mauern stattfanden. Ich saß zwischen einer Meute Koorie und schaute einer Mutter und ihren fünf kleinen Kindern bei der Aufführung ihrer mystischen Tänze zu. Ihre dunklen Körper mit weißer Farbe bemalt und in traditioneller Kleidung drehten sie sich zu den Klängen eines Didgeridoos wild und lachend im Kreis und beteten zu den Göttern und zur Natur. Gebannt verfolgte ich die Darbietung und konnte für einen Moment meine Sorgen vergessen.

Doch der Knastalltag holte mich nur zu bald wieder ein.

»Andrea Mohr ins Büro des General Managers!«, plärrte es gleich am nächsten Tag aus den Lautsprechern.

Mr. Money war diesmal stinksauer auf mich. »Von wem hattest du das Methadon?«, herrschte er mich wild gestikulierend an. Er zitterte vor Wut, und seine blauen Augen drohten die meinen zu durchbohren.

So wütend hatte ich ihn noch nie gesehen. Ich schwieg beharrlich. Selbst als er an alles appellierte, was mir wichtig war, schwieg ich.

»Ich werde den Methadonschmuggel unterbinden, mit oder ohne deine Hilfe! Ich werde ein Exempel an dir statuieren«, brüllte er und behielt mich bei seiner Tirade eiskalt im Visier.

Doch das flößte mir keine Ehrfurcht mehr ein. »Habe es im Busch gefunden. Muss vom Himmel gefallen sein«, sagte ich mit gespielter Heiterkeit.

»IDU 2 und vier Tage im Bunker mit Privilegienentzug! Abführen!« Mr. Money hatte seine übliche Nüchternheit zurückgewonnen. Die Arme ruhten seitlich an seinem Körper, als er sich umdrehte und mich stehen ließ. Abschreckungsstrategie ausgeführt!

Sofort legten mir zwei seiner gehorsamen Gehilfen Handschellen an und führten mich über das Gefängnisgelände zum Bunker. Auf dem Weg dorthin warf ich einen letzten sehnsüchtigen Blick auf meinen Block am Ende des Hügels – ich wusste, dass ich für längere Zeit nicht dorthin zurückkehren würde.

Beim Betreten des Bunkers roch ich erneut diesen düsteren Gestank der geplagten Seelen, und auch sonst war es hier noch genauso zwielichtig wie damals bei meinem ersten Besuch. Als ich durch den dunklen Gang zu meiner Zelle geführt wurde, stand jedoch keine Tür mehr offen, drang keine Musik mehr an mein Ohr, es war gespenstisch ruhig. Ich hörte nur das Rasseln der Schlüssel und das Klackern der Stiefel, das auf dem Betonboden verhallte.

Auf der unbequemen Pritsche in der engen Zelle konnte ich nur an das eine denken. Hatten meine Eltern etwa recht? War ich tatsächlich unbelehrbar? Der Bunker war ein Höllenloch. Mit den zusätzlichen Strafmaßnahmen – ich durfte nicht rauchen, hatte keinen Fernseher, und die verdammte Zellentür blieb 22 Stunden geschlossen – war er mehr als das, damit kam er dem Totenreich nahe. Ich durfte niemanden treffen, durfte mit niemandem reden.

Als Erstes brachte mir eine Wärterin einen Wäschekorb mit meinen wenigen Habseligkeiten, und in einem Anflug von Mitgefühl reichte sie mir kurz darauf noch fünf zerfledderte Romane. Die Stimme aus den Lautsprechern ließ mich sehnsüchtig an die Gefängniswelt außerhalb der Strafmauern denken. Core hatte eine dicke Mauer um den Bunker hochziehen lassen, um den regen Zulauf unter den Fenstern und den Luftpostverkehr zu unterbinden.

Mit dem nächsten Schlüsselrasseln führten die Wärter Renée in die Zelle mir gegenüber. Ich war froh, ein bekanntes Gesicht zu sehen, wenn auch nur durch das winzige Fenster in der Tür. Sie legte sich sogleich auf den Boden und brüllte etwas durch den schmalen Zellentürschlitz. Ich musste das Ohr dicht davor drücken, um sie zu verstehen. Sie versicherte mir, sie werde mir mit Zigaretten aushelfen, denn sie dürfe rauchen und habe ihren Tabak in der Zelle. Wie will sie mir die Zigaretten denn zukommen lassen?, dachte ich. Aber Renée war gewieft, außerdem hatte sie Erfahrung als Dauergast im Bunker.

Durch das winzige Fenster in der Tür beobachtete ich, wie Renée zwei Zigaretten rollte, beide anzündete – ich hatte ja nicht einmal ein Feuerzeug – und auf die Zacken ihres Haarkammes steckte. Mit Nachdruck schob sie den Kamm unter ihrem Türschlitz hindurch. Mist! Er blieb mitten im Gang liegen. Daraufhin schob ich meinen Kamm zu ihr hinüber. Jede von uns hatte nur einen, daher musste es diesmal unbedingt gelingen. Renée tat dasselbe wie beim ersten Mal, allerdings mit mehr Schwung. Tatsächlich landeten die beiden Glimmstängel direkt vor meinen Füßen. Was für ein Genuss!

Am Abend saß ich in meiner öden Zelle, lauschte in die gespenstische Stille und wartete auf das Geschrei der Wölfe. Nichts! Durch das vorhanglose Fenster blickte ich auf die unüberwindbare Mauer. Nichts in meinem Leben war beständig gewesen, nicht einmal meine Gefängniszelle. Ich legte mich auf die Pritsche, starrte an die Decke und dachte nach. Es wurde Zeit, dass ich etwas änderte. Ich sollte Vito aufsuchen, um mit ihm über die verschiedenen Therapiemöglichkeiten zu reden. Ich überlegte, wie ich ein ganz unverfängliches Gespräch mit ihm anfangen könnte, wenn ich ihn zufällig bei der Tablettenausgabe traf. Egal, dachte ich, ich brauche Hilfe, also spreche ich ihn an, ganz gleich, was die Frauen denken. Schließlich ging es hier um mich.

Plötzlich schreckte mich ein Schlüsselrasseln auf. Ich schaute durch das Fenster in meiner Tür und sah, wie ein paar Wärter hektisch Renées Zellentür öffneten. Sie lag bewusstlos am Boden, ihr Körper zuckte. Als die Wärter mein besorgtes Gesicht bemerkten, herrschten sie mich an: »Zurücktreten! Leg dich aufs Bett!« Aha, dachte ich, Zeugen sollen also vermieden werden und ging zurück zur Pritsche. Es war offensichtlich, dass Renée einen starken epileptischen Anfall hatte. Auch sie war nun mal nicht aus Stahl, obwohl sie uns das immer vorzuspielen versuchte.

Am nächsten Morgen lehnte ich den Hofgang ab, da ich es bevorzugte, in einem der schlechten Romane zu lesen. Mich plagte noch immer dieses heimtückische Gefühl der Panik, das mir schlaflose Nächte bereitete. Oft starrte ich stundenlang die Wände an oder riss wieder an meinen Zehennägeln, bis es blutete. Der Schmerz war höllisch und raubte mir jeden anderen Gedanken. Ich vermutete, dass mein Zustand mit dem Benzodiazepinentzug zusammenhing.

Als die vier Tage vorüber waren und ich entlassen wurde, schritt ich hinaus ins Freie und nahm mir vor, dass dies mein letzter Besuch im Bunker gewesen sei.

Auf dem Weg in mein neues Zuhause in Block B3 schreckte mich eine schrille Stimme aus meinen Gedanken. Tiny bat mich in ihrer unwiderstehlich charmanten Art zu sich. Streitlustig stand sie vor mir und funkelte mich wütend an.

»German. Warum nimmst du Methadon? So ein Dreckszeug. Heroin, das verstehe ich, aber alles andere ist doch Mist!« Sie wies mich zurecht wie die ältere ihre vom Wege abgekommene jüngere Schwester. Sie holte nicht einmal Luft, geschweige denn ließ sie mich zu Wort kommen. »German, ich mach mir halt Sorgen um dich«, sagte sie abschließend.

Was sollte ich darauf antworten?

Nach dem Bunker musste ich mich erst einige Wochen bewähren, bis ich wieder in einen C-Block zurückdurfte. Das Spiel begann also aufs Neue. Ich lag in einer winzigen Zelle in B3 auf einem Hochbett, wo mir warme Luft um die Nase blies und das Ungeziefer direkt über mir aus dem Lüftungsschacht gekrochen kam.

»If you can dream it, you can do it.«
WALT DISNEY

Es war an einem verregneten Morgen im April, als mich zwei Wärter für die Fahrt ins Melbourne Assessment Prison abholten. Es fühlte sich beinahe so an, als wäre ich unterwegs zu einer Urlaubsreise. Obwohl ich mich für Werner nicht mehr begeistern konnte, war er doch im weitesten Sinne meine Familie – zumindest das einzige Familienmitglied, das ich im Gefängnis zu Gesicht bekam.

Nachdem ich an der Rezeption den üblichen Overall übergestreift hatte, kam die große Überraschung. Sie legten mir für die Fahrt nicht nur zwei eiserne Handschellen an, nein, sie schnallten mir auch einen breiten Ledergürtel um die Hüfte, an dem sie die Handschellen befestigten – ich sah aus wie eine Schwerverbrecherin auf dem Weg zum Schafott. Meine Verbindung zu Andrew, die vielen Stempel im Reisepass, meine Nationalität und mein Bekanntheitsgrad in der Unterwelt von Melbourne trugen wohl dazu bei, dass man höchste Sicherheitsvorkehrungen traf. Maximale Fluchtgefahr!

Unterwegs betrachtete ich im sanften Nieselregen die vorbeiziehende Steppe, die gerade ihr Sommergewand beiseitelegte, um sich für den Herbst anzukleiden. Wie im Traum zog die reale Welt an mir vorüber, doch ich konnte mich nicht mehr an ihr festhalten.

In der MAP kam Werner in einem knallroten Overall auf mich zu. Er sah deutlich besser aus als beim letzten Mal, auch wenn die Falten auf seiner Stirn immer noch von der Anstrengung zeugten. Mit leuchtenden Augen sah er mich an. »Hey Kookaburra.«

Ich musste den Kopf in den Nacken legen, um ihm ins Gesicht schauen zu können – in meinen Träumen war er immer kleiner gewesen. Der Wärter, der mich begleitete, schloss die Handschellen auf und streifte sie mir ab. Danach sperrte er mich in eine Zelle, während Werner zunächst stehen bleiben und eine der tagtäglich stattfindenden Zählungen über sich ergehen lassen musste.

In einer schmuddeligen Zelle saß ich dann endlich neben ihm auf einer harten Bank. Meine Hände umklammerten die seinen, aber nichts und niemand konnte mich vorm Abrutschen retten. Das Schicksal hatte einen Weg für mich vorgezeichnet und ich musste endlich lernen, es zu akzeptieren. Die zwei Stunden, die ich mit einem Menschen verbrachte, der mich liebte, waren schnell vorüber, schneller als ein kühler Windzug im Sommer. Zum Abschied eine flüchtige Umarmung, ein angedeuteter Zungenkuss, und wir waren uns wieder fremd. Ich liebte ihn nicht mehr. Manchmal ist die Illusion, dass man jemanden liebt, wie eine Art Hoffnung und hilft für kurze Zeit, ein Vakuum auszufüllen. So sehr ich auch versuchte, mir Werner weiterhin zu erträumen – es funktionierte nicht mehr. Und was ist die Liebe ohne Träume?

Danach brachten sie mich zurück in meinen eigenen Käfig nach Deer Park, wo eine Nachricht aus der Heimat auf mich wartete. Meine Tante Heide und ihr Mann Harald waren in ihr Häuschen nach Spanien gefahren und schickten mir von dort ein paar Zeilen. Dem Brief hatten sie ein Foto von einem Hund beigelegt, der an einem großen Pool ein Sonnenbad nahm. Meine Freundinnen und ich lachten uns kaputt über das Foto. Wer schickte einem so was schon ins Gefängnis?

Kurz darauf stand erneut ein Tapetenwechsel bei mir an, denn ich erhielt die Genehmigung, wieder in einen C-Block zu ziehen, allerdings war es diesmal C4, der Spezial-Block, der sogenannte Chaos-Block. Spezial-Block deshalb, weil er für Behinderte vorgesehen war (so waren die Toiletten und Duschen beispielsweise mit Haltestangen ausgestattet).

Dort lernte ich dann auch Tracey und ihren Kater Sylvester kennen. Warum eine vierzigjährige Frau mit dem Geisteszustand einer Fünfjährigen eine Erlaubnis zur Tierhaltung erhielt, war mir ein Rätsel. Aber eigentlich verstand ich auch nicht, wie Tracey überhaupt im Gefängnis landen konnte, denn meiner Meinung nach gehörte sie in eine psychiatrische Anstalt. Einen Block für die schwierigen Fälle einzurichten, war die eine Sache, das fehlende Pflegepersonal war die andere.

Der Gedanke, dass Tracey eines Tages wieder auf die Zivilisation losgelassen werden würde, erschreckte mich zutiefst. Doch das Gericht hatte sie für zurechnungsfähig erklärt und zu neun Jahren Haft verurteilt. Selbst in der Revision entschied eine zweite Jury, dass Tracey in der Nacht, als sie ihrem zugedröhnten Freund die Kehle durchgeschnitten hatte, zwar sturzbetrunken war und unter Medikamenteneinfluss stand, aber zurechnungsfähig war.

Eines Abends saß Tracey an meinem Bett und erzählte mir genauer von jener Schreckensnacht. Ich bekam eine Gänsehaut. Da sie nicht in ganzen Sätzen sprechen konnte, musste ich mir einiges selbst zusammenreimen. Ich war froh, als sie endlich ging.

Da war also mein neues Zuhause: Tracey, das Chaos höchstpersönlich – wenn sie kochte, waren alle Küchenschränke und der komplette Boden voller Fleisch und Pasta. Sie kratzte das Zeug allen Ernstes ab, um es wieder in den Topf zu werfen – ohne Worte! Dazu ihr stinkender Kater Sylvester, dem Tracey einmal beide Vorderbeine brach und der eines Tages unter mysteriösen Umständen zu Tode kam.

Dann war da noch die tatterige, 85-jährige Chinesin, die im Altenheim eines Nachts ihre Zimmergenossin erstochen hatte – weil sie zu laut Musik gehört hatte. Wir wagten es daher nicht, mit offenen Zellentüren Radio zu hören oder fernzusehen, schließlich konnten wir nicht wissen, was die Alte unter »zu laut« verstand.

G. sprach kein Wort Englisch, obwohl sie in Australien einen ganzen Klan voller Kinder und Enkelkinder aufgezogen hatte. Die alte Dame neigte nicht nur zu unberechenbaren Temperamentsausbrüchen, sondern hatte auch spezielle Wünsche, die man ihr, wie einem trotzigen kleinen Kind, sofort erfüllen musste, da sie ansonsten anfing zu schreien. Dass ich in der Küche arbeitete, gefiel der Alten gut und fast täglich fragte sie mich nach irgendwelchen Lebensmitteln, die ich ihr besorgen sollte. Mir machte das nie etwas aus, bis auf ein einziges Mal, da wollte sie ein Dutzend Eier von mir.

Ich war gerade mit der Arbeit fertig und hatte keine Lust, noch mal zurückzugehen. Ich wollte keinesfalls meinem Chef begegnen, da ich befürchtete, er könnte mir weitere Arbeit aufhalsen. G. warf sich daraufhin tatsächlich vor mir auf den Boden und strampelte wie ein Käfer mit allen vieren. Sie schrie aus Leibeskräften und stieß unmenschliche Laute aus, sodass alle in der Nähe die Flucht ergriffen. Nachdem ich den ersten Schock überwunden hatte, zog ich mich in meine Zelle zurück.

Ein anderes Mal rannte die Alte, die sonst mühsam am Stock ging, mit einem Suppenlöffel hinter mir her, aus einem ähnlich lapidaren Grund. Als sie das Blechding drohend wie einen Dolch in der Luft hielt, musste ich herzlich lachen. Komischerweise fanden die Wärter bei einer der nächsten Razzien halb verrottetes Gemüse und fünf Kilo Reis unter ihrem Bett.

Die Vierte im Bunde war die unscheinbare Vietnamesin Hong,

die ich gleich zwei Tage nach meinem Einzug brutal zusammengeschlagen in ihrer Zelle vorfand – das Werk einer ihrer Landesgenossinnen. Die kleine Asiatin sah zwar fragil aus, aber sie konnte ganz schön was wegstecken. Nach nur zwei Tagen im medizinischen Zentrum war sie zurück in ihrer Zelle und erwähnte den Vorfall nie wieder. Ich half ihr, ohne neugierige Fragen zu stellen.

Nur eine unter uns war so normal wie ich: Donna, die ehemalige Weltmeisterin im Wrestling. Die Waliserin wartete auf die Verhandlung ihres Einspruchs, und ich hoffte inständig, dass Gott ihr helfen möge, denn den australischen Gerichten vertraute ich schon lange nicht mehr.

Am 13. Mai 2001 war es für mich wieder an der Zeit, vorm Grafschaftsgericht zu erscheinen. Ich trat zum ersten Mal vor den weißhaarigen Richter Leo Hart, der unseren Fall bis zum Ende verhandeln sollte. Als ich an jenem Tag Werner und Carl erblickte, zitterten mir die Knie und im Herzen verspürte ich einen schmerzlichen Stich.

Diesmal hatte man für die Hauptdarsteller eine besonders hübsche und moderne Einrichtung installieren lassen: Jeder von uns schaute auf einen Computerbildschirm und ein Keyboard. Ein Mechaniker erklärte uns in einem langatmigen, einstündigen Vortrag die Bedienung der Geräte und deren Nutzen. Man wollte die Originaltonbänder im Saal vorspielen, damit die Emotionen und Intentionen des jeweiligen Sprechers klar zu hören waren. Parallel konnte man den ins Englische übersetzten Text auf dem Computerbildschirm ablesen. Das Spektakel sollte also endlich losgehen.

Richter Leo Hart erwartete offenbar einen langwierigen und äußerst komplizierten Prozess, denn er sagte, er müsse erst mit allen Beteiligten einen günstigen Zeitpunkt absprechen, das könne man nicht übers Knie brechen. Jeder von uns Angeklagten hatte einen prominenten Anwalt und einen noch prominenteren Kronanwalt zur Verteidigung, die Anklage bestand ebenfalls aus Anwalt und Kronanwalt, und dann war da noch der Richter mit seiner Crew, einer Assistentin und einem Schreiberling. Da mussten in der Tat so einige schwarze Terminkalender abgestimmt werden. Ich war versucht, laut zu schreien: Ich bin hier die Hauptdarstellerin, und ich habe täglich Zeit, ich warte schon seit Jahren! Lasst den Prozess endlich beginnen. Tränen rannen mir übers Gesicht, aus Wut, Zorn, Frustration und vor Stress. Nach längerer Diskussion legte Leo Hart den 27. August 2001 fest. D-Day!

Zurück in Deer Park zu sein, in meiner Zelle, stimmte mich auch nicht froh. Mir war klar, dass ein Gefängnis kein ästhetisches Vergnügen sein kann und natürlich erwartete ich keine gepflegten, intellektuellen Menschen um mich herum, aber Block C4 war einfach nichts weiter als eine nach Katze stinkende Bruchbude mit altersschwachen, kreischenden, aufs Essen und Schlafen fixierten Wesen. Selbst mit Donna konnte man immer weniger anfangen, und bald war sie ein Schatten ihrer selbst.

Seit Tagen bedrängte die gute alte Trish Mr. Money und versuchte ihn zu überreden, mich wieder nach C1B zu verlegen. Im Juli 2001 durfte mich Trish dann tatsächlich begrüßen, und sie nahm mich in Empfang, als wäre ich ihr eigenes Kind, das von zu Hause entführt worden war.

Doch das Glück war in jenen Zeiten nur von kurzer Dauer. Da ich immer noch in regelmäßigen Abständen Methadon und alle möglichen Tabletten einnahm, dauerte es nicht lange und ein weiterer Urintest kam positiv zurück. Als ich erneut den rosafarbenen Zettel bekam, veränderte sich etwas in mir. So lange hatte ich es mir erfolglos vorgenommen, etwas zu tun, und in jenem Moment beschloss ich endgültig, keine Drogen mehr zu nehmen. Schluss damit!

Mr. Money war echt wütend auf mich. Er brummte mir eine saftige Geldstrafe auf und obendrein IDU-Status 3, was zur Folge hatte, dass ich zwölf Monate auf Besuch verzichten musste.

»Sagen Sie das jemandem, den es interessiert«, erwiderte ich gleichgültig, aber schon einen Moment später bereute ich diese Frechheit.

»Pack sofort dein Zeug. Bis auf Weiteres wirst du in einen B-Block verlegt! Keinen Bunker, dafür in den schlimmsten aller B-Blöcke, in das Getto von Deer Park!« Der Chef hatte gesprochen.

In B2 begrüßte mich eine brüllende Horde. Als ich mich über

das Chaos in C5 und C4 aufgeregt hatte, da hatte ich wohl schon vergessen, wie es in den größeren B-Blöcken zuging. Zwei Wochen später trat ich dem IDU-Programm bei. Das bedeutete, dass ich ab sofort zwei Mal pro Woche zum Urintest musste, bis ich 27 saubere Urintests vorweisen konnte. Zusätzlich sollte ich zwei Mal pro Woche zur Drogenberatung, bis ich über 100 Therapiestunden absolviert hatte. Mit Mr. Money hatte ich ausgehandelt, dass ich nach sechs Wochen ohne Rückfall eventuell meine alte Zelle zurückbekäme. Hätte man je einen Wettbewerb veranstaltet, wer die meisten Urintests in Deer Park hinter sich gebracht hatte, dann wäre ich garantiert unter den Top Ten gelandet.

Im Gespräch mit dem General Manager sprach ich jedoch auch an, dass die Leitung weitere Veränderungen anstreben musste, um den schwächeren Frauen zu helfen, und er sicherte mir tatsächlich seine Unterstützung zu. Das war immerhin ein Anfang. Anschließend sprach ich mit Vito und vereinbarte einen Termin mit dem Therapeuten, der zwei Mal pro Woche die Gruppentherapie leitete. Ich fing tatsächlich an, mein Leben in den Griff zu bekommen, die Kontrolle zurückzugewinnen.

»Endlich lernst du wieder, mit der Schönheit zu tanzen. Du denkst vielleicht, es hat sehr lange gedauert, aber jeder Mensch hat seine individuelle Zeitspanne, um Erkenntnisse zu gewinnen«, sagte Vito abschließend.

Diesmal wusste ich genau, was er damit meinte.

»Fortschritt ist ein schönes Wort – seine Triebkraft aber heißt Wandel. Und der Wandel hat seine Feinde.«

ROBERT KENNEDY

Mit blauen Flecken am ganzen Körper und einem Dröhnen im Ohr – ich saß in dem kleinsten und lautesten Flugzeug, das ich jemals gesehen habe – landeten Carl und ich auf Sulawesi, einer indonesischen Insel zwischen Neuguinea und Borneo. In der Hauptstadt Ujung Pandang (heute Makassar) umschlangen mich die schwüle Hitze und der Geruch nach verfaultem Obst, frischen Blumen und Schweiß.

In einem Jeep ging es quer durch den Dschungel, Dutzende Hügel rauf und runter, bis unser Fahrer mitten in der Wildnis abrupt anhielt. Weil es seit Stunden in Strömen regnete, war der Fluss über die Ufer getreten und der Wagen stand vor einem riesigen See, der unüberwindbar schien. Ein Rückzug war unmöglich. Aufgrund des starken Monsuns stieg der Wasserpegel besorgniserregend schnell. Das Auto durch das Wasser zu schieben war die einzige Möglichkeit, die uns blieb, und so schritten wir zur Tat. Wieder im Trockenen dauerte es eine Weile, bis der Wagen wieder ansprang. Über schmale, serpentinenartige Dschungelstraßen ging es dann weiter, bis wir an unserem Ziel angekommen waren: Bira Beach.

Der eigentliche Ort war schnell erkundet, denn er bestand aus zehn simplen Häusern, auf hohen Stelzen erbaut. Vor der Tür einer dieser Hütten saßen die Einwohner auf einer wackeligen Treppe, die direkt ins Wohnzimmer führte. Daneben war eine Küche und hier und da lagen abgenutzte Matratzen auf dem Boden. Unter dem Haus webten die Frauen und Töchter traditionelle Sarongs, gleich daneben hingen Kessel mit Essen über dem offenen Feuer und hinterm Haus lag ein Wasserschlauch, der die Toilette ersetzte.

In dem kleinen Dorf gab es einen Gemischtwarenladen, wo man Kleingeräte, schiefe und verbeulte Blechtöpfe, verrostete Nähnadeln und einfache Lebensmittel in Dosen mit längst abgelaufenem Verfallsdatum kaufen konnte. Ich hatte zwei Rituale in Bira Beach: Pfannkuchen zum Frühstück und den Frauen beim Waschen zuzuschauen. Unter viel Gekicher lernte ich dabei einige Brocken Indonesisch.

Der Prinz von Sulawesi, der sich den neuen Zeiten angepasst und die altertümlichen Insignien gegen Geschäftsbücher eingetauscht hatte, saß oft bei Carl und mir am Tisch. Erfolgreich führte er eine Bungalowanlage in Bira Beach, besaß zudem einige Landstriche, die er gewinnbringend verpachtete, und ließ zum selben Zweck gerade ein Hotel in Ujung Pandang bauen. Er wusste den Touristenandrang in Profit umzuwandeln. Die First Lady war übrigens ein Mann, denn der Prinz von Sulawesi war schwul.

Einmal lud uns Seine Hoheit zu einem Ausflug in die Berge ein, um das Wochenende bei Freunden zu verbringen. Wir fuhren den ganzen Tag, hauptsächlich an Reisfeldern vorbei, die von Ochsen gepflügt wurden. Die stolzen Bauern hatten das Hemd um die Hüfte geschlungen, damit alle ihre Muskeln mit dem Schweiß auf der dunklen Haut glänzen sahen. Sie trugen einen Rattanhut auf dem Kopf zum Schutz gegen die unerbittlich brennende Sonne, vor der es kein Entrinnen gab. Zwischendurch ging es vorbei an Flüssen, in denen Kinder nackt im trüben Wasser planschten und kreischten. Am Ende des Tages übernachteten wir todmüde und staubbedeckt in einem kleinen Hotel im Zentrum der Insel, weit weg vom Meer. Der Muezzin begleitete mich in den Schlaf und weckte mich am nächsten Morgen wieder.

Unser Fahrer schien hier jeden Passanten zu kennen, obwohl wir uns mitten im Busch befanden. Oft unterbrach er die Fahrt für ein kurzes Gespräch, mal am Stand des Obsthändlers, mal mit einer Frau, die gerade mehrere Schalen voller Essen auf dem Kopf nach Hause trug.

Nach einigen Minuten tauchte ein Mann am Straßenrand auf, und der Prinz ließ den Wagen anhalten. Die Unterhaltung der beiden sah ernst aus, und der Prinz erklärte Carl und mir die außergewöhnlich prekäre Lage, in die wir hineingeraten waren. Normalerweise durfte niemand den vor uns liegenden Ort passieren. Der Prinz war zwar ein Freund der Einwohner, und seine Freunde waren deshalb ebenfalls willkommen, aber nicht am heutigen Tag.

Im Ort herrschte ein Konflikt, dessen Lösung nicht durch die Anwesenheit von Fremden beeinträchtigt werden durfte. In dem kleinen Dorf wohnten ausschließlich Magier, die der weißen Magie huldigten. Einige Kilometer entfernt, im Nachbarort, wohnten dagegen die Magier der Schwarzen Magie. Sollte ich das wirklich glauben? Am meisten irritierte mich, dass unser königlicher Freund bis zu jener Unterhaltung sehr gelehrt gesprochen hatte. Jetzt redete er auf einmal mit einer Überzeugung von Magie, als handle es sich um den Anbau von Kautschuk. Beide Ortschaften hätten besondere Fähigkeiten, sie könnten mit reiner Gedankenkraft finstere oder gute Absichten in die Tat umsetzen, erklärte er uns.

An jenem Tag war wohl Folgendes passiert: Ein alter Groll im Herzen eines schwarzen Magiers gegen einen Anhänger der weißen

Magie war erneut ausgebrochen. Der Einwohner wurde beschuldigt, einem verhassten Bauern durch Gedankenkraft den Arm gebrochen zu haben. Aber das war noch nicht die ganze Wahrheit. Er hatte sich angeblich auch mit giftiger Bitternis gewünscht, dass das Haus des Bauern in Flammen aufloderte. Das Problem bei der Sache war, dass es den guten Magiern nicht erlaubt war, solch hässliche Gedanken zu hegen.

Ich war völlig fasziniert und beeindruckt – wenn daran auch nur ein Fünkchen Wahrheit wäre, wie wäre es dann mit dem perfekten Mord?

Nach einer strapaziösen Fahrt durch die unbeschreiblich schönen Landschaften dieser Insel gelangten wir an den Zielort im Tal der Könige. Endlose Hügel mit Reisfeldern und Kaffeeplantagen, so weit ich blickte. In dem Tal lag ein verschlafenes Nest mit kleinen Steinhäusern und tropischen Gärten, zwischen denen sich eine unbefestigte Straße zu den Hügeln hoch schlängelte. Eine friedliche und farbenreiche Kulisse, ein grandioser, unvergleichlicher Anblick.

Bevor ich in den C-Block zurückkehren durfte, musste ich noch einige Zeit in B2 bleiben, wo nach wie vor das Chaos tobte. Eines Nachmittags brach heftiger Regen los und kündigte den Wintereinbruch an. Wie viele Jahreszeitenwechsel musste ich eigentlich noch in Deer Park erleben? Ich blickte auf die Erde, vollgesogen und matschig vom strömenden Regen. So hilf mir doch, dachte ich. Flüstere mir etwas Ermunterndes ins Ohr, mein Freund. Erzähl mir von einer besseren Zukunft.

Ich ging mittlerweile sehr gerne zu Bob in die Gruppentherapie, die immer montags und donnerstags stattfand. Wendy aus Block C2B war auch dort, und ich mochte diese große Frau, die sensibler war als ein Eichhörnchen. Sie hatte viel erlebt, zahlreiche Enttäuschungen und herbe persönliche Verluste wegstecken müssen, und sie versuchte, ihre Familie, vier minderjährige Kinder und ihren Ehemann, zusammenzuhalten, obwohl sie für sieben Jahre im Gefängnis saß.

Zunächst hatte sie vier Jahre bekommen, aber die Eltern der beiden toten Schwestern fanden die Strafe nicht ausreichend für die betrunkene Autofahrerin, für die Mörderin ihrer Töchter, und sie legten Einspruch gegen das Urteil ein. Ist das Gerechtigkeit, wenn eine Mutter für sieben lange Jahre von ihren minderjährigen Kindern getrennt wird? Wendy wäre während des Prozesses beinahe gelyncht worden, und ihre Kinder mussten die Schule wechseln, da die anderen Kinder sie mit Steinen bewarfen. Der Revisionsverhandlung wohnte Wendy nicht persönlich bei. Ich erinnere mich noch genau, wie sie in der Telefonzelle stand und ihren Anwalt anrief, um das Resultat zu erfragen. Wie sie zusammenbrach, schluchzend; wie wir zu ihr rannten, wie sie sagte: »Wie soll ich meinem Benny sagen, dass seine Mutter erst in sieben und nicht wie versprochen in vier Jahren nach Hause kommt.« Hinter Gittern stellten die Ärzte Wendy mit Medikamenten ruhig.

Als ich nach der Therapiesitzung meinen Block wieder betrat, ähnelte die Lautstärke der Meute einem Tieffliegergeschwader. Tiny, die inzwischen auch in Block B2 wohnte, da sie bei einer weiteren Urinprobe positiv auf Heroin getestet worden war, konnte sie als Einzige bezähmen.

Just in dem Moment, als ich reinkam, schrie sie: »Ruhe verdammt! Scheiße, geht das denn nich leiser! Nach dem Einschluss haben wir 'ne Party für unsere German, ist ihr Geburtstag. Sie wird bei uns sein, sie kriegt 'ne Rund, genau wie einige andere von euch auch. Ich hab mich schon an sie gewöhnt.«

Ich wurde an dem Tag 38 Jahre alt, und zum ersten Mal, seit ich hier war, bekam ich eine echte Geburtstagsfeier. Angie hatte einen Schweinebraten mit knusprigen Kartoffeln und Gemüse zubereitet, und Tiny zauberte ihre Spezialbeilage, Kartoffelbrei, der mehr aus Sahne, Vollmilch und Butter bestand als aus Kartoffeln. Zum Nachtisch saßen zwölf fröhliche Gesichter um mich herum und sangen »Happy Birthday, German«. Strahlend gab ich einen meiner mittlerweile berühmten Striptease zum Besten, und als die Meute nach einer Zugabe schrie, schnappte ich mir Ema, deren Körper jung und sexy war, und legte mit ihr einen lesbischen Akt hin, dass den anderen die Spucke wegblieb. Am Ende stahl mir jedoch Tiny wie so oft die Show. Sie ging zwischendurch kurz hinaus und kam in einen schwarzen Müllbeutel gekleidet zurück. Als sie den Beutel elegant fallen ließ, sah ich die pinkfarbenen Herzen, die sie sich mit Lippenstift auf die Arschbacken gemalt hatte: *Madam Butterfly.*

Happy Birthday, German!

Am nächsten Morgen blieben die Türen wieder mal zu. Mr. Money kam persönlich zielstrebigen Schrittes auf unseren Block zugelaufen, und ich war mir sicher, dass er nicht vorbeikam, um mich strippen zu sehen. Oder etwa doch? Natürlich folgten ihm mehrere Wärter und Wärterinnen auf dem Fuße.

Der General Manager plusterte sich auf, als er im Gang stand, und posaunte: »Jede von euch ab in ihre eigene Zelle, Leibesvisitation.«

Die Wärter verteilten sich im Gebäude, und ich grübelte in meiner Zelle über die Gründe dieser drastischen Maßnahme, als ich Tiny schreien hörte: »Lasst mich los, ihr Schweine.«

Tiny war schon eine ganz besondere Type, keine Frau, mit der man sich gerne streitet. Der General Manager führte sie diesmal persönlich in den Bunker, das war einmalig. Nachdem Tiny weggebracht worden war, informierten uns die Wärter über die Lage. Sie wurde verdächtigt, eine Mitgefangene mit einer Schere bedroht zu haben. Sie würden die Türen erst wieder aufschließen, erklärte die Wärter, wenn sie die Waffe gefunden und sichergestellt hätten.

»Glaubt bloß nicht, dass man euch für diese Schweinerei vier Tage von eurer Strafe abzieht. Das alles ist die Schuld einer Insassin, da bekommt ihr nichts erlassen, dafür könnt ihr euch bei Linn Heaney bedanken«, brüllte Mr. Money, bevor er wutschnaubend abzog.

Erst am darauffolgenden Tag konnten wir die Alltagsroutine wieder aufnehmen. Eine Waffe wurde nie gefunden. Trotzdem musste Tiny die nächsten drei Monate im Bunker verbringen, die vermeintlich Angegriffene hatte gegen sie eine Aussage unterschrieben, um sich in den Schutzblock verlegen zu lassen. Uns, den gesamten Block B2, bezeichnete man fortan als »Unruhe stiftende Gemeinschaft, die man nicht duldete«. Einige von uns wurden in die beiden anderen B-Blöcke verlegt, andere in die C-Blöcke. Ich hatte Glück! Als eine Aborigine auszog, rannte die gute Trish sofort zum General Manager und beantragte meine Rückkehr in Block C1B – nach Hause.

Wenige Tage später landete Ema ebenfalls wegen eines positiven Urintests im Bunker. Warum sollte sie auch brav sein? Selbst wenn sie in ihrem ganzen Leben nie wieder etwas Verbotenes tun würde, würde das nichts daran ändern, dass sie die nächsten zehn Jahre hinter Gittern sitzen musste. Für eine Zwanzigjährige bedeuten zehn Jahre Gefängnis den Tod. Doch für Ema sollte alles noch eine unvorhergesehene Wende nehmen, allerdings erst zu einem späteren Zeitpunkt.

Zunächst wollte sie sich mit dem grausamen Urteil nicht abfinden. Im Bunker schrie sie verzweifelt und ließ niemanden ihre Zelle betreten, sie aß kaum und schlug mit den Fäusten gegen die Wände, bis sie erschöpft auf die Pritsche sank. Als ich davon hörte, wurde ich mir bewusst, was ich damals gedacht hatte, als ich die Spezialfälle im Bunker sah. Ich bekam tatsächlich meine Chance, etwas zu ändern, meine Chance zu helfen.

Mr. Money ließ mir mitteilen, dass Ema mich gern sehen wolle. Er besprach die Situation mit mir, und nachdem ich ihm versichert hatte, dass Ema sich nach meinem Besuch beruhigen würde, gab er seine Zustimmung. Ein Wärter führte mich zu ihr in den Bunker, wo wir uns unterhielten, und ich konnte sie zum Glück trösten und beruhigen. Es war ein schönes Gefühl, einer Mitgefangenen helfen zu können. Dass die Wärter dies sogar unterstützten, war neu. Bisher hatten sie sich nicht um unsere Gefühle, um unsere Frustration und unseren Zorn gekümmert. Das war der Anfang der Peerworkerinnen in Deer Park, vom Projekt »Gefangene helfen Gefangenen«.

> *»Die Strafe des Lügners ist nicht, dass ihm niemand mehr glaubt, sondern dass er selbst niemandem mehr glauben kann.«*
>
> GEORGE BERNARD SHAW

Alle Gewalttätigkeiten, alle Hässlichkeiten, die sich die Menschen auf diesem seltenen Flecken Erde je zugefügt hatten, alle Einsamkeit der letzten zwei Jahre stürzten nur wenige Tage nach meinem erfolgreichen Besuch bei Ema auf mich ein und bündelten sich in meinem blutenden Herzen. Der Ausblick, die nächsten zehn Jahre meines Lebens könnten genauso verlaufen wie die letzten beiden, ließ mich nicht schlafen, und der bevorstehende Prozess machte mich verrückt.

Als ich am nächsten Tag vor Gericht stand, blieben die Türen offen, denn die neugierige Menge bestand aus mehr Menschen, als der hell erleuchtete Saal fassen konnte. Die Schaulustigen drängten sich bis auf den Gang, und es gab kaum ein Durchkommen. Jeder Anwalt von Melbourne, der etwas auf sich hielt, und jeder Gangster, der etwas zu sagen hatte, war zu unserem Richtfest gekommen. Meine Augen wanderten unruhig über die Reihen der Zuschauer: Männer in dunklen Anzügen und weißen Hemden, mit goldenen Manschettenknöpfen und teuerem Goldschmuck neben Frauen in Kostüm und in Stöckelschuhen.

Die Bombe des Tages platzte gleich nach Prozessbeginn. Andrews Anwalt, einer der besten des Landes, erhob sich und sofort versank der Saal in ehrwürdigem Schweigen. »Mein Mandant Andrew Fraser hat eine Aussage gegen seine drei Mitangeklagten unterschrieben und beeidigt. Außerdem bekennt Herr Fraser sich schuldig im Sinne der Anklage. Der genaue Wortlaut seiner Aussage wird den Betroffenen und dem Gericht gegen Ende des Tages zur Verfügung stehen.«

Als ich zu Andrew hinüberblickte, sah ich sein scharfes Profil und seinen unbewegten Gesichtsausdruck auf den Mann gerichtet, den er bezahlte, damit dieser ihm die Haut rettete. Er hatte Angst. Ich hatte Mitleid mit ihm, weil er nichts getan, aber so viel verloren hatte. Ich verstand seine Angst, denn wir saßen tief in der Scheiße. Je mehr ich über Andrews Aussage nachdachte, kam ich zu dem Schluss, sie sei nicht von Bedeutung für mich, da er so gut wie nichts über mich wusste. Carl dachte dasselbe.

Werner und Andrew hatten ausgesagt – ausgerechnet die beiden von unserer Truppe, die am wenigsten wussten. Carl und ich blieben stumm, wir konnten nur verlieren, wenn wir den Mund aufmachten. Niemand außer mir hatte die Telefonnummern der Kolumbianer, die ich verschlüsselt aufbewahrte, niemand außer mir wusste von der Wohnung mit dem Bargeld, niemand außer mir kannte die richtigen Namen und Adressen der Käufer des Kokains. Ich sagte nichts.

Andrews Anwalt fuhr fort: »Mein Mandant bereut seine Handlung von ganzem Herzen, aber er war die letzten zehn Jahre kokainabhängig und wusste nicht, was er tat. Mein Mandant sagte mir, er habe bis zu fünf Gramm Kokain täglich zu sich genommen. Dass dies die Sinne, den Verstand, das ganze Leben sehr beeinträchtigt, werden uns die anwesenden Sachverständigen sicher gleich aufzeigen und bestätigen. Durch seine Aussage will mein Mandant seine Reue zeigen und ab sofort ein rechtschaffener Bürger sein. Im Gegenzug erhofft er sich eine Strafmilderung, da er sich als Kronzeuge der Anklage zur Verfügung stellt. Da er noch nie im Gefängnis war, ersucht er das Gericht, seine Strafe von sechs bis zwölf Monaten auf Bewährung auszusetzen.«

Andrew hatte aus gutem Grund seinen Mandanten immer davon abgeraten, einen solchen Pakt mit dem Teufel einzugehen. An jenem Tag unseres Prozesses missachtete er seinen eigenen Ratschlag und die Schaulustigen – viele davon ehemalige Klienten oder Kollegen – waren perplex über diese unvorhersehbare Wende.

Die Anklage meldete sich zu Wort. »Mr. Fraser ist nach einer dreißigjährigen Anwaltskarriere des Standes enthoben. Er darf in seinem Leben nie wieder einen Menschen vor Gericht verteidigen. Bevor ich mich näher zu einer eventuellen Strafmilderung für Mr. Fraser äußere, möchte ich jedoch den Inhalt seiner Aussage überprüfen.«

Im Gerichtssaal sprangen wie auf Kommando alle Reporter auf, um dieses brandheiße Material so schnell wie möglich an ihre Redaktionen zu schicken. Andrew war noch immer auf Kaution frei.

Nach der Mittagspause wussten dann alle Bescheid. Im Aussageprotokoll des Staranwalts stand, dass Carl, Werner und ich mit Andrew Unmengen an Drogen, vor allem Kokain, verschlungen hätten, dass Carl und Werner Andrew Drogen, vor allem Kokain, verkauft hätten und dass Werner Andrew von den Urlaubsplänen mit seiner Exfreundin und von den Plänen, Kokain aus Benin mitzubringen, erzählt hätte. Andrew hatte also nicht nur Details über alle geplanten Vorhaben aus erster Hand erfahren, nein, Werner hatte seinem Freund auch mit Rat und Tat zur Seite gestanden. Unvorteilhaft für Andrew war nur, dass er nichts zu berichten hatte, was die Anklage nicht ohnehin schon wusste.

Nach dem anstrengenden Gerichtstag wartete ich noch kurz in einer Zelle auf meinen Verteidiger Anthony, ehe es wieder zurück ins Gefängnis ging. Neben mir saß eine Mitgefangene aus Deer Park, die an jenem Tag ebenfalls eine Verhandlung hatte und mich um eine Zigarette bat.

Verwundert schaute ich sie an und fragte: »Hast du denn keine gebunkert?«

In einer unangenehm zimperlichen Art und Weise, die mich an Carol erinnerte, antwortete sie: »Ich hatte nur Platz für die Wimperntusche.«

Zum ersten Mal an diesem Tag musste ich herzhaft lachen.

Genau wie dieser erste Tag sollten auch die folgenden verlaufen und die Vorverhandlung zog sich lähmend in die Länge.

Am Morgen unseres ersten Prozesstages gab es noch andere Sorgen. Fatima musste für ihren Urteilsspruch vor Gericht erscheinen. Das Volk und die Medien, der vereinte Lynch-Mob sozusagen, hatten in den letzten Tagen lebenslänglich für sie gefordert.

Fatima war eine Prostituierte, die bei einem Escortservice arbeitete und so ihre Drogensucht finanzierte. Eines Tages lernte sie dabei einen achtzigjährigen Kriegsveteranen kennen, der ihr Sugar-Daddy wurde, weil er immer öfter bei der Agentur nach Fatima verlangte. Bald entwickelte sich eine harmlose, nette Opa-Enkelin-Beziehung zwischen den beiden. Die junge Frau übernachtete ab und zu bei ihrem großväterlichen Freund, besonders wenn sie mal wieder nicht wusste, wo sie die Nacht verbringen sollte.

Wiederholt bot er ihr an, dass sie jederzeit bei ihm Unterschlupf finden könne. Er äußerte niemals sexuelle Wünsche. Fatima dachte, das sei nicht mehr wichtig für den alten Mann und vertraute ihm blind. Eines Abends nahm der alte Kriegsveteran Viagra ein, ohne Fatima davon zu erzählen. Der Greis schlich sich mitten in der Nacht in das Bett der friedlich schlummernden jungen Frau und begann sie zu befummeln. Verwirrt und abgestoßen forderte sie ihn auf zu verschwinden, doch er hörte nicht auf.

Ein paar Tage später rächte sich Fatima, die sich betrogen und beschmutzt fühlte. Ein Freund begleitete sie zum Haus des Kriegsveteranen, wo Fatima tat, was sie sich vorgenommen hatte. Der alte Mann war schnell außer Gefecht gesetzt, dann schnitt sie ihm den Schwanz ab und warf ihn weit weg, damit er ihn nie wieder fände. Dass er von nun an ohne das Symbol seiner Männlichkeit leben musste, empfand sie als eine adäquate Strafe für den Schänder ihres Körpers und ihres Stolzes. Jedoch überlebte der alte Mann die Tat nicht, weil Fatima in ihrer Rage auch noch das Haus anzündete. Sie wurde schnell gefasst und bekam an jenem Prozesstag 21 Jahre mit einem Minimum von 17 Jahren.

Am Abend konnte ich kaum einschlafen, so sehr beschäftigte mich die Gerichtsverhandlung, und als ich mitten in der Nacht aufwachte, setzte ich mich in den Gemeinschaftsraum. Aus welchem Grund ich den Fernseher einschaltete, kann ich nicht sagen. Jedenfalls starrte ich plötzlich hellwach und wie gebannt auf den Bildschirm, wo das Unfassbare geschah. Krieg!, dachte ich. Wie unwichtig war auf einmal meine Existenz im Verhältnis zu den über 2500 Menschen, die an jenem Tag in New York ihr Leben lassen mussten.

Selbst als ich am Morgen unseres zweiten Prozesstages an die Rezeption kam, lief das Radio in voller Lautstärke, und auf der Fahrt zum Gerichtshof gab es kein anderes Thema.

Als Carl sich im Gerichtssaal neben mich setzte, flüsterte er mir ins Ohr: »Herzlichen Glückwunsch zum Jahrestag.«

In den nächsten Wochen musste ich beinahe täglich vor Gericht erscheinen, und der Kampf gegen den Terror begleitete mich dabei. Osama bin Laden wurde zum meistgesuchten Mann auf der ganzen Welt, und mit jedem Tag wuchs die Angst der Menschen, auch hier in Australien. Ich war mit den Nerven völlig am Ende und wäre am liebsten davongerannt. Vor Gericht versuchte ich verzweifelt, mich auf die Worte von Anklage und Verteidigung zu konzentrieren. Fremde Menschen hatten mein Leben zum Mittelpunkt ihres Interesses gewählt, und je länger ich dabeisaß, desto weniger hatte ich den Eindruck, dass ich irgendetwas zu melden hätte – obwohl es um meine Zukunft ging.

Hatte ich überhaupt eine Zukunft?

Das Ziel, schneller zu denken, schneller zu entscheiden, und die Einbildung, ich hätte auf den Ausgang der Verhandlung irgendeinen Einfluss, ließen mich Tag um Tag mit erhobenem Kopf vor Gericht erscheinen. Als Anthony eines Morgens mit einem pfiffigen Lächeln zu mir in die Zelle kam, wusste ich, er brachte zur Abwechslung mal gute Nachrichten. Die Anklage hatte uns ein Angebot gemacht: Falls wir drei Angeklagten uns schuldig bekennen würden, wollte der Staatsanwalt für Carl drei, für Werner sechs und für mich vier Jahre Mindesthaftzeit beantragen. Gern hätte ich den Deal angenommen, aber er würde nur dann zustande kommen, wenn wir alle drei zustimmten. Werner und Carl überlegten nicht lange und lehnten das Angebot ab.

Und so traf ich eine Entscheidung, zu der mir Anthony schon seit einer Weile geraten hatte.

Als ich den Gerichtssaal betrat, sah ich nichts und niemanden außer dem weißhaarigen Richter Hart, selbst die Wände verschwanden aus meinem Blickfeld.

»Mrs. Andrea Mohr, wie lautet Ihr Bekenntnis?«, fragt er mich wie erwartet.

Zitternd stand ich auf, während Carl meine Hand hielt, und meine Stimme klang sehr laut, als ich sagte: »Schuldig.« Ich wünschte, die Erde möge sich unter mir auftun und mich verschlingen.

Anthony hatte auf mich eingeredet, mich schuldig zu bekennen, da die Richter in Australien dann eine mildere Strafe verhängten. Sollten dagegen die Geschworenen den Schuldspruch fällen, wäre die Anzahl der verhängten Jahre dramatisch höher. Mit Carl und Werner hatte ich mein Vorgehen abgesprochen: Ich bekannte mich schuldig, aber ich würde keine Aussage machen. Das Wort »schuldig« war das Einzige, das ich je vor Gericht von mir gab.

Die nächste Überraschung folgte, als Werners Anwalt aufstand und die Verteidigungsschrift seines Mandanten verlas. Mein Ehemann ließ Folgendes bekanntgeben: Ende Juni 1999, als er sich aus Andrews Büro auf den Nachhauseweg machte, wurde er von Detective Rosenes angehalten und durchsucht, wobei ein kleines Päckchen Kokain zum Vorschein kam. Rosenes stellte Werner vor die Wahl, den Stoff entweder der Polizei zu übergeben und für Drogenbesitz angezeigt zu werden oder auf einen Deal einzugehen. Werner willigte kurz entschlossen und unüberlegt ein, und der Detective machte ihm folgendes Angebot: Um Andrew Frasers Interesse an einer größeren Menge Kokain zu wecken, sollte Werner dem Staranwalt sagen, er bringe einige Kilo aus Übersee mit.

Werner gab zu bedenken, dass er nicht so viel Kokain besorgen könne, aber Rosenes meinte, er solle erst mal beruhigt in Urlaub fahren, bei seiner Rückkehr werde er dann schon sehen. Werner traf den Detective noch einige Male vor seiner Abreise und ließ dabei verlauten, dass Frasers Interesse an einer größeren Menge Kokain nicht gerade überschwänglich war, da er momentan kein Geld habe.

Rosenes war nicht umzustimmen und bestand darauf, den hinterhältigen Plan zu Ende zu bringen. Die Polizei versuchte seit Jahren schon, an Andrew heranzukommen. Der Detective gab Werner Geld für die Reise, woraufhin er mit Carol in Urlaub fuhr. Werner erzählte weder Carol noch mir von dem Arrangement, im Gegenteil, er ließ mich in dem Glauben, einen Kokainimport arrangiert zu haben. Nach der Rückkehr überwachte Rosenes mit einem offiziellen Polizeiteam jeden Schritt von Werner und Carol, und als er sich sicher war, dass niemand die beiden beobachtete, überreichte er Werner die acht afrikanischen Masken mit der vereinbarten Menge an Kokain, 5,5 Kilogramm.

Quatsch, dachte ich, als ich diese Geschichte hörte, aber wieso sollte Werner es nicht damit versuchen? Schließlich wusste ich, was ich arrangiert hatte. Nur wie weit geht ein Mensch, um seinen Kopf aus der Schlinge zu ziehen? Als Werners Anwalt nach zwei Stunden die Verteidigungsschrift fertig vorgelesen hatte, fragte ich mich, ob ich den Mann, mit dem ich verheiratet war, je gekannt hatte. Eigentlich wusste ich genau, was geschehen war, aber um mich zu vergewissern, hätte ich meinen kolumbianischen Freund Raffael in

Benin anrufen und fragen müssen, ob er das Kokain geliefert hatte. Unnötig zu erwähnen, dass dies unmöglich war.

Am Ende dieses aufregenden Gerichtstages forderte Werners Verteidiger, die Detectives Paton und Rosenes vor den Geschworenen verhören zu dürfen, aber der Richter lehnte dies ab. Die beiden Männer waren seit etwa einem Jahr wegen Korruption angeklagt, aber noch nicht verurteilt. Da ihr Prozess noch ausstand, wollte Richter Hart nicht zulassen, dass sie hier befragt wurden, weil dies einer Vorverurteilung gleichkäme. Der Richter bewilligte zwar ein Kreuzverhör der beiden Polizisten, die Erwähnung etwaiger Verbrechen musste jedoch unterlassen werden, da der einzige Beweis, nämlich die Aussage von Werner Roberts, nicht ausreichte.

Für Andrew Fraser und mich war der 21. September 2001 der vorerst letzte Tag vor Gericht. Durch unseren Schuldspruch waren wir vom fortlaufenden Prozess ausgeschlossen und sollten erst wieder zur Verlesung des Urteils vor Gericht erscheinen. Darüber war ich zutiefst erleichtert. Ich war froh, nicht auf der Anklagebank sitzen zu müssen, wenn meine Telefonate mit Werner, die regelrecht beschämend waren, abgespielt wurden. Ich war froh, nicht dabeisein zu müssen, wenn von den zahlreichen Sexabenteuern meines untreuen Ehemannes und denen seiner untreuen Ehefrau die Rede war.

Werner und Carl machten weiter, sie standen den neun Wochen dauernden, nervenzerreißenden Prozess durch, obwohl sie ohne das Kreuzverhör mit den Detectives Rosenes und Paton keine allzu großen Chancen auf einen Freispruch hatten.

DAS URTEIL

»Die Liebe ist eine kleine Droge, die hilft,
durch dieses Leben zu reisen.«
MARCELLO MASTROIANNI

Mit den nach oben kletternden Temperaturen, die den Frühling ankündigten, sanken die Chancen auf die ersehnte Freilassung von Werner und Carl. Vielleicht war die Zeit reif, Werner endlich um die unvermeidliche, längst beschlossene Scheidung zu bitten? Ich entschied mich, lieber zu warten, bis das Urteil im Prozess verkündet war. Ich wusste, dass ich in Deer Park bleiben musste, dass weder der Frühlingswind mich über den Zaun tragen noch ein Richter dieses Landes mir mit dem Urteilsspruch verkünden würde: »Ihre Zeit im Gefängnis ist abgelaufen.«

Es war an der Zeit, sich den Tatsachen zu stellen, endlich wiederzufinden, was ich in mir verloren hatte. Ich musste langsam anfangen, mich mehr einzumischen. Man kann nicht jahrelang in einer Gemeinschaft leben, in der so vieles falsch läuft, ohne die Stimme zu erheben. Als sich ein Weg abzeichnete, lief ich los und folgte dem verschlungenen Pfad, wenn auch vorerst noch etwas zögerlich.

Eines Tages im Oktober, es war schrecklich heiß, viel zu heiß für die Jahreszeit, öffnete ich die Blocktür und blickte in das faltige, nachsichtig lächelnde Gesicht einer sympathisch wirkenden älteren Dame. Ihre Augen leuchteten wie die einer Musterschülerin hinter einem goldfarbenen Brillenrahmen hervor.

»Kann ich dir helfen?«, fragte ich mit einem warmen Lächeln.

»Ich glaube, ich soll hier einziehen. Ist hier Block C1B? Ich bin gerade vom Gericht hierher transportiert worden, war ein Jahr frei auf Kaution, bis heute, zur Urteilsverkündung. Wo kann ich einen Antrag stellen, um Mala sehen zu dürfen?«, fragte sie forsch.

Natürlich war die ältere Dame etwas aufgeregt und durcheinander, aber das waren die meisten, wenn sie zum ersten Mal in Deer Park landeten. Daher fragte ich auch nicht weiter nach, wer Mala sei.

»Wie heißt du noch gleich?« Dabei schaute ich ihr direkt in die leuchtenden Augen. Sie sah aus wie eine Schülerin, die ihrem Lehrer gerade einen Streich gespielt hatte und sich noch immer über den Triumph freute.

»Ich heiße Audrey, bin 66 Jahre alt und erst heute zu 18 Monaten verurteilt worden, Cannabis-Schmuggel. Die Leitung meint, ich sei zu alt für einen A- oder B-Block, deshalb durfte ich direkt hierher. Bist du Andrea? Es hieß, dass Andrea mir sicher alles erklären würde.« Sie musterte mich erwartungsvoll.

»Setz dich doch hier auf die Veranda, das ist bequemer. Hast du Malas genaue Adresse und ihr Geburtsdatum? Dann kann ich dir beim Ausfüllen des Besuchsantrags helfen«, bot ich an.

»Natürlich habe ich kein Geburtsdatum von ihr, dumme Frage, und ihre Adresse ist natürlich dieselbe wie meine!«

Entschuldigung!, dachte ich. Wie konnte ich nur fragen? Ihre Entrüstung schien echt. Ich schmunzelte, setzte mich auf einen Stuhl ihr gegenüber und schaute sehnsüchtig in den prächtigen Sonnenuntergang.

Nach einer Weile begann die ältere Frau, mir in vertraulichem Ton von ihrem Leben und ihrer großen Liebe, ihrem Hund Mala, einem Terrier, zu erzählen. Auch von ihrem Verbrechen berichtete sie mir, sie hatte selbst die Polizei darüber nicht im Unklaren gelassen. Audrey war gar nicht fähig zu lügen.

»Weißt du, Andrea«, sagte sie, »das Haus war so leer. Ich bin alt, und ich war einsam. Als ich das Haschisch verkaufte, lernte ich viele nette Menschen kennen, die fast alle meine Stammkunden wurden. Sie schauten fast täglich bei mir vorbei, tranken Tee mit mir, wir redeten und lachten. Es waren wirklich sehr schöne Jahre.«

Endlich ging es ihrer einsamen Seele gut, bis die Polizei ihrem

Treiben eines Tages ein rüdes Ende bereitete, indem sie Audrey verhaftete. Beim Verhör erwiderte sie auf die Frage, ob sie selbst Drogen nehme, mit natürlicher Empörung: »Ich doch nicht! Ich verkaufe das Cannabis nur.« Natürlich wurde dieses Bekenntnis gegen sie verwendet und besiegelte ihren Untergang. Die 66-Jährige bekam für ihr erstes Vergehen 18 Monate. Man unterstellte ihr Gewinnsucht, da sie selbst nicht drogenabhängig war.

Audrey und ich unterhielten uns wirklich gut, und ich mochte sie sehr.

Wann werde ich endlich wissen, wie lange ich wohl einsitzen muss?, fragte ich mich am Abend, als ich auf meiner Pritsche lag und nicht einschlafen konnte. Carl und Werner saßen in jenen Tagen noch immer schwitzend im Gerichtssaal und warteten auf das vernichtende Urteil. Am 24. Oktober 2001 befand das Gericht die beiden für schuldig.

Überraschend holten mich mehrere Wärter an einem heißen Morgen im November während der Arbeitszeit in der Küche ab und sagten mir, man erwarte mich vor Gericht. Der Viehtransporter war an jenem Morgen schon lange losgefahren, wie ich an der Rezeption erfuhr, während ich vor Mrs. Mauss gehorsam die Kleidung fürs Gericht anzog. Nachdem sie mir Handschellen angelegt hatte, brachte sie mich zum funkelnden und glänzenden Familienwagen des General Managers. Die Behörden hatten selbst meinen Anwalt Anthony erst am Vorabend über den glücklichen Zufall eines hinzugewonnenen Tages im Grafschaftsgericht verständigt und darüber dass man Andrews Leumundszeugen vorziehen könnte. Plötzlich hatte man es eilig.

Tatsächlich warteten im Saal alle auf mein Erscheinen und ich hatte an diesem sowie an den folgenden Tagen das Vergnügen, die 15 Leumundszeugen von Andrew aussagen zu hören. Sie waren alle angesehene Bürger von Melbourne und erschienen vor Gericht, um einen Lobgesang auf den guten Ehemann und Vater von zwei Kindern, auf einen ihrer tollsten Mitbürger zu singen.

Der schrägste Zeuge war ein sehr lebenslustiger Typ aus dem Outback, dessen Alter nur schwer einzuschätzen war. Das hatte ich bei Menschen, die im Busch lebten, schon oft beobachtet, denn sie sahen meist verhärmter und älter aus, als sie tatsächlich waren. Der Zeuge erinnerte mich an eine Figur aus der TV-Serie *Bush Tucker Man* mit seinem breitkrempigen khakifarbenen Hut, seinem stark wettergegerbten Gesicht und dem wackeligen Gang. In seiner Aussage bestätigte er, dass Andrew nie arrogant, sondern immer freundlich und hilfsbereit sei. Ich hatte den Eindruck, der Mann fühlte sich äußerst unwohl in seiner Haut, es war ihm sichtlich unangenehm, vor so vielen Menschen auszusagen.

Ich musste mir echt das Lachen verkneifen, als er beim Verlassen des Zeugenstandes zu Andrew hinüberblickte und ihm kumpelhaft und verschwörerisch zuzwinkerte. Doch der gute Staranwalt bemerkte dieses freundliche Geplänkel gar nicht. Unbeteiligt saß er mit hängendem Kopf und geschlossenen Augen auf der Anklagebank.

Meine Aufmerksamkeit beanspruchte kurz darauf ein aus Boston angereister Experte für Kokain. Die Behörden in den USA hatten viel mehr Erfahrung mit dem Missbrauch des weißen Pulvers, da die Straßen in manchen amerikanischen Städten über und über mit Schnee bedeckt waren. All das belegten die Statistiken und Studien des Experten.

Der Mann wolle den ungebildeten und unwissenden Australiern die Gefahren der High-Society-Droge bewusst machen. Er warb um Verständnis für die Taten seines Freundes Andrew, die manchen Außenstehenden, wie er es formulierte, vielleicht verrückt erscheinen mochten. Andrew sei nicht er selbst gewesen, wenn er unter dem Einfluss des bösartigen Mittels agierte, sein normalerweise blütenweißer Charakter sei für lange Zeit verfälscht gewesen. Vor allem bei diesem gewaltigen Konsum, das wollte der Drogenspezialist ganz klar festhalten, bei fünf Gramm pro Tag, könne niemand mehr klar denken.

Danach trat der Direktor des Odyssey House, eines der beiden berühmtesten Drogentherapiezentren des Staates Victoria, in den Zeugenstand. Seine Haltung und sein Gang deuteten an, dass er es gewohnt war, vor Gericht auszusagen. Er unterstrich die Worte des Bostoner Experten und sagte, dass er aufgrund seiner jahrelangen Erfahrung dieselben Dinge konstatieren könne.

Plötzlich rutschte Andrew mit einem lauten Geräusch von der Bank und lag am Boden. Schnell strich sich der gefallene Held mit der flachen Hand durch die blonden, kurzen Haare und über den blassen Mund, lächelte höflich und setzte sich wieder ordentlich hin. Er schien nicht mehr so selbstsicher wie der Andrew, den ich einst kennengelernt hatte. Unsere Situation und die Ereignisse hatten ihn verändert, wie jeden von uns.

Der gewiefte Verteidiger des einstigen Staranwalts sah leicht gestresst aus, als er sich eifrig zu Wort meldete. »Mein Mandant ist sehr müde von den Anstrengungen der letzten Tage, außerdem leidet er unter Schlafstörungen.« Ein Räuspern. »Verständlich unter den Umständen.«

Ich verstand. Andrew wurde wohl gerade bewusst, dass er aus dieser Nummer nicht so einfach herauskommen würde. Ich hatte ebenfalls lange gebraucht, um das zu begreifen, und ich war diejenige, die das Verbrechen begangen hatte. Wie würde ich mich fühlen, wenn ich nichts getan hätte, aber dafür aufgehängt werden sollte?

Bevor Andrews Verteidiger sich wieder setzte, legte er dem Gericht noch drei freiwillige Urintests seines Mandanten sowie einige Unterlagen über ein paar vereinzelte Therapiestunden in den letzten beiden Jahren vor, die er auf Kaution in Freiheit verbracht hatte. Weitere Zeugen der Verteidigung traten nach vorn, um ihre Aussage zu machen.

Am Ende des Tages bat Richter Hart persönlich um Aufmerksamkeit. »Mr. Frasers Kaution wird ab sofort ausgesetzt. Er ist bis zum Tag des Urteilsspruchs im Gefängnis zu verwahren. Der Mann ist eine Schande für seinen Berufsstand.«

Nun ja, sein Verteidiger hatte Andrews Schlafmangel beklagt – vielleicht klappte es in einer Einzelzelle ja besser mit dem Ausruhen.

Andrews Anwalt gab jedoch nicht auf und klammerte sich an einen letzten Strohhalm. »Ist das nicht ein wenig voreilig, Hohes Gericht? Mein Mandant weiß, dass man seine Vergehen mit einer Gefängnisstrafe ahnden muss, aber er hat gehofft, nicht ins Gefängnis zu müssen. Er ersucht das Gericht, seine Strafe von sechs bis zwölf Monaten auf Bewährung auszusetzen. Des Weiteren darf Mr. Fraser seinen Beruf nie mehr ausüben, das ist wahrlich Strafe genug für ihn.«

»Heute ist nicht der Tag des Urteilsspruchs und bis zu jenem Tag bleibt Mr. Fraser in Verwahrung.« Richter Hart hatte gesprochen und verließ den Saal.

Verständlicherweise hatte Andrew Angst vorm Gefängnis. Da er gegen uns ausgesagt hatte, würden sie ihn sicher sofort in den Schutzblock bringen – obwohl ich wusste, dass ihm keiner von uns je etwas antun würde. Als man Andrew die Handschellen anlegte und ihn abführte, dachte ich mehr denn je, dass es bei diesem Prozess nicht um Gerechtigkeit ging. Der einstige Staranwalt verbrachte seine erste Nacht im Schutzblock. Zu diesem Zeitpunkt konnten Carl, Werner und ich schon auf über zwei Jahre im Gefängnis zurückblicken. Andrew dagegen stand erst am Anfang.

Ein paar Tage später war dann meine Wenigkeit an der Reihe, auf mildernde Umstände zu plädieren. Schwierig war die Aufgabe der Schadensbegrenzung, da meine Familie und Freunde auf der anderen Seite des Globus unerreichbar für die hiesige Justiz waren. Natürlich hätte ich sie als Zeugen einberufen können, aber ich bat sie, nicht zu kommen.

Mein einziger Leumundszeuge war dreißig Jahre lang Direktor des Windana House, eines der größten Rehabilitationszentren von Melbourne, gewesen und seit Jahren Drogenberater in Deer Park. Vito kannte mich seit dem Tag meiner Einlieferung. Er erklärte dem Gericht in seiner liebenswerten, sanften Art, dass ich tapfer und erfolgreich allen Versuchungen widerstanden hätte und dass ich heute drogenfrei sei. Zum Beweis legte er dem Gericht über 80 saubere Urintests von mir sowie die Berichte meiner über 100 Therapiestunden vor. Dieser kleine, sensible Italiener legte so viel Überzeugung und Liebe in das, was er über mich erzählte, dass irgendwann jedes Herz im Raum für ihn und mich schlug. Niemals hatte ein Mensch schöner über mich gesprochen.

Nach Vito war der Gerichtspsychologe Ian Jodlin an der Reihe, der eher sachlich und professionell über meinen Geisteszustand Bericht erstattete. In einem Punkt war er sich mit Vito einig: Beide plädierten dafür, dass ich inzwischen meine Zeit abgesessen hatte. Die letzten zwei Jahre Haft seien ausreichend gewesen. Das endgültige Urteil, so entschied Richter Leo Hart, sollte am 3. Dezember 2001 gesprochen werden.

Mrs. Mauss holte mich an einem Tag im September noch vor der ersten morgendlichen Zählung ab und begleitete mich übers Gelände zur Rezeption, wo ich erst eine Leibesvisitation über mich ergehen lassen musste, ehe ich mich umzog. Dann legte sie mir Handschellen an und führte mich zum Minibus. Ein weiteres Zusammentreffen mit Werner stand an, und man brachte mich zu ihm ins MAP, in den scheußlichen Betonbau des Männergefängnisses von Melbourne.

Als er vor mir stand mit seiner kräftigen Statur und seiner hochmütigen Haltung, erkannte ich nichts mehr von dem Menschen, den ich damals in Neuseeland geheiratet hatte. Wo war der Mann, der liebevolle und zärtliche Held, in den ich mich damals verliebt hatte, mit dem ich den Rest meines Lebens verbringen wollte? Stattdessen stand ich vor einem Menschen, der in mir die teuflischsten Seiten weckte. Hatte ich ihn mir etwa im Rausch zurechtgeträumt? Wie konnte ich all das übersehen haben?

Ich hatte mir vorgenommen, die unvermeidliche Trennung anzusprechen, aber ich brachte es nicht über mich. Selbst die Coca-Cola und das belegte Brötchen, die wir bekamen, verliehen mir nicht die Kraft, ihm von meinem Gesinnungswandel über das Leben im Allgemeinen und unsere Beziehung im Besonderen zu erzählen.

Unser Gespräch konzentrierte sich wieder mal auf unseren Fall und die Gerichtsverhandlung, wobei mich am meisten erstaunte, dass Werner nicht im Geringsten enttäuscht war über den Ausgang des Geschehens. Im Gegenteil, er wirkte kampfeslustig und redete immer nur vom Einspruch, den er gegen das Urteil erheben wollte, obwohl dieser erst nach der Verkündung des Urteils möglich war.

»Die Strafe wird ungewöhnlich hoch ausfallen, aber beim Einspruch bekomme ich eine Neuverhandlung und danach gehen wir alle nach Hause«, sagte er, scheinbar voller Gleichmut.

Von seiner Exgeliebten Carol war er hingegen überhaupt nicht begeistert, da sie im Prozess für die Anklage und damit gegen ihn aufgetreten war. Sie hatte unschöne Dinge über seinen Charakter kundgetan und behauptet, er habe sie während ihrer Partnerschaft geschlagen und sei bösartig zu ihr gewesen.

In diesem Moment wurde Andrew an der Glasscheibe des Besucherzentrums vorbeigeführt. Selbstverständlich durfte er nicht bei uns stehen bleiben, da er sich noch immer in Schutzhaft befand. Er sah schlecht aus, blass, übernächtigt, gestresst, einfach miserabel.

Mir war auf einmal auch ganz schlecht. Ich war mir nicht mehr sicher, ob ich all dem gewachsen war, ob ich stark genug war. Doch ich hatte keine Wahl, ich musste stark sein. Es blieb mir einfach nichts anderes übrig.

»I'm saddened that you, the only true free spirit I know,
have lost your freedom.«
MICHAEL LEESON

Schlafen war, wenn überhaupt, nur ein kurzes Vergnügen, jedenfalls nichts, worauf man sich in Deer Park verlassen konnte. Verreisen, träumen, in Gedanken an schönere Orte wandern war eine Übung, die ich in den endlos langen Stunden hier lernte. Es war oft das Einzige, was mich von den schrillen Stimmen in der Dunkelheit ablenkte. Der Gedanke weckt den Betroffenen, so sagt man.

Während ich in der Nacht vor der Urteilsverkündung in meinem Prozess im Dunkeln auf meiner Pritsche lag und einzuschlafen versuchte, ging's um mich herum mal wieder rund.

»Hey German, hau mal an die Wand und weck die Alte neben dir.«

»Lass mich da raus«, schrie ich zurück.

»Komm schon, German, lass uns ein bisschen spielen.«

»Nicht heute Nacht.«

»Du bist langweilig. Was ist mit dir, Tiny, bist du wach?«

»Du elende Ratte, morgen krieg ich dich!«

Es hörte nicht auf.

Dieses Geplärre, dieses Geschrei ist beängstigend, wenn man neu ist in Deer Park. Theoretisch könnte es hier total ruhig sein, so ruhig wie in der Wüste, denn es gibt weder Verkehr noch den schrillen Lärm von Straßenbahnen oder einen Flughafen in der Nähe. Tatsache ist jedoch, dass es in Deer Park nie ruhig ist – und es gibt keinen Ausweg, diesen Stimmen zu entfliehen. Halt! Es gibt doch einen: Träume!

»Hey, du Verräterin, wart's nur ab!«

Es schien, als wären alle Frauen auf einmal aufgewacht, und die Botschaften schwirrten von allen Seiten durch die Luft.

»Hey Tiny, siehst du die Ratte im Fernsehen?«

»Ja klar, das ist doch die Alte vom letzten Jahr, die meinte, ich hätte sie bedroht.«

»Sie hat gerade drei Jahre bekommen. Wegen der Geschichte vom letzten Mal wird sie diesmal bestimmt in den Schutzblock gesteckt.«

»Ich geh morgen zu Mr. Money, meinetwegen soll sie zu uns kommen, ich tue ihr nichts, bin echt ruhig geworden«, erwiderte Tiny.

»Was is'n los mit dir?«

»Bin älter geworden und hab's satt, andauernd von denen zu hören, wie viele Frauen im Schutzblock sind, nur weil sie Angst vor mir haben.«

»Du klingst aber gar nicht gut. Bist du krank?«

»Scheiß drauf, ich werd die nächsten zehn Jahre hier sein. Hey, wenn ich verdammt noch mal nicht im Sarg, sondern lebend hier rauskomme, bin ich über sechzig. Scheiß doch drauf.«

Während ich den Lärm zu ignorieren versuchte, schwirrte mir der Kopf. Man hatte mir die Freiheit genommen. In jedem Moment meines Daseins vermisste ich die Menschen, die ich liebte. Ebenso vermisste ich es, geliebt zu werden. Ich vermisste es, an der sanften Schulter meiner Mutter weinen zu können oder in die zweifelnden Augen meines Vaters zu blicken. In Gedanken schaute ich in die Augen meines Vaters und weinte an der Schulter meiner Mutter.

»Hey German, was treibst du denn?«, hörte ich René fragen.

»Lass mich in Ruhe, ich masturbiere.«

Verständlich, dass ich in jener Nacht keinen Schlaf fand.

Sehr früh am nächsten Morgen, meinem großen Tag, kam Mrs. Mauss, um mich abzuholen, und geleitete mich übers Gelände zur

Rezeption. Diesmal verzichtete sie auf die üblichen höflichen Floskeln und sagte nichts. An der Rezeption beeilte ich mich bei der Leibesvisitation, denn der Viehtransporter wartete schon. Auf dem Weg zum Gericht war mir gleichgültig, wie die Welt außerhalb des Minibusses aussah, denn auf dem Rückweg würde ich eine verurteilte Verbrecherin sein. Endlich, nach mehr als zwei Jahren, sollte das Urteil über Werner, Carl und mich gesprochen werden. Warum war ich nicht wirklich froh darüber? Was sollte ich tun, falls ich tatsächlich eine Rund bekam, also zehn lange Jahre?

Der Richter sprach wie in Zeitlupe, als er erklärte, warum und weshalb er welches Strafmaß für wen festgelegt hatte und wie er zu dieser Entscheidung gelangt war. Mich erstaunte seine ausdruckslose Miene, schließlich richtete er über das Leben von vier Menschen und deren Familien. Selbst als er sich missbilligend über Andrew äußerte, zeigten seine Gesichtszüge keine Regung. Andrew sei eine Schande für seinen Berufsstand, und sein Verhalten sei unverzeihbar, wiederholte er noch mal, außerdem könne er Andrews Schuldeingeständnis nicht als Reueakt anerkennen. Der Angeklagte habe sich sicher nur deshalb schuldig bekannt, weil die Beweise gegen ihn erdrückend seien und er sich geschlagen geben müsse.

Auch Werner und Carl hatten seines Erachtens nicht genügend Reue gezeigt, und wie ein verstockter Vater seine artigen Kinder tadelte, so belehrte Richter Hart jeden von uns, die wir mit geknicktem Selbstbewusstsein und einem eingefrorenen Lächeln auf der Anklagebank saßen – immer noch darauf wartend, dass er endlich das Wichtigste vorlas: wer wie viel Jahre Gefängnis bekam. Die Spannung stieg ins Unerträgliche, der Mann hatte ein Talent für Dramaturgie, als er abschließend, noch immer ohne jede Miene zu verziehen, verkündete, dass das Verbrechen ohne Andrew und auch ohne Carls Beihilfe abgelaufen sei, aber nicht ohne das Mittun von Werner und mir.

Mir wurde übel, und ich hörte ihn schon einen Urteilsspruch mit einer Haftstrafe von 15 Jahren verkünden. Dann folgte jedoch eine angenehme Überraschung: Ich war die Einzige, über die der Richter ein paar gute Worte verlor. Ich war die Einzige, der er mildernde Umstände zugestand, denn er sah bei mir Reue und einen

Ansatz von Rehabilitierung. Die Worte von Vito und Ian hatten ihn ganz offensichtlich beeindruckt. Ich hatte zahlreiche Fälle in der Presse verfolgt und dabei festgestellt, dass Frauen immer ein wenig milder beurteilt wurden als Männer.

Als Erster von uns allen musste Andrew aufstehen. Er bekam sieben Jahre mit mindestens fünf Jahren Freiheitsentzug aufgebrummt. Am nächsten Tag hieß es hierzu in der *Herald Sun*: »Der erschütterte Andrew Roderick Fraser stand gestern wie zur Salzsäure erstarrt hinter der Anklagebank im Grafschaftsgericht, unfähig, das Geländer loszulassen, nachdem er zu sieben Jahren Gefängnis verurteilt worden war.«

Ich wurde langsam panisch. Wenn der ehemalige Staranwalt schon mit sieben Jahren bestraft wurde, was erwartete mich dann? Meine Ohren summten, die Umgebung sah ich nur noch durch einen dichten Schleier. Ich schmeckte Metall, als würde ich auf ein Silberarmband beißen. Ich roch Weihwasser. In der Realität bedeutete dies, dass Andrew mindestens fünf Jahre absitzen musste, die letzten zwei Jahre konnten auf Bewährung ausgesetzt werden. Sein Glaube an Gerechtigkeit wurde sicher auf eine harte Probe gestellt, denn ursprünglich hatte er erwartet, zu zwölf Monaten Gefängnis auf Bewährung verurteilt zu werden.

Ich war als Nächstes dran. Wie in Trance erhob ich mich und versuchte, mich zu konzentrieren. Fast hätte ich den Richter nicht verstanden, denn mein Herz schlug so laut wie eine Trommel. Hilflos blickte ich zu Anthony hinüber, der mir mit einem erleichterten Gesichtsausdruck die rechte Hand mit gespreizten Fingern entgegenhielt. Acht Jahre mit einem Minimum von fünf Jahren!, sollte das heißen.

Carl erhielt neun Jahre mit einem Minimum von sechs Jahren Haft und Werner musste das Urteil von 13 Jahren mit mindestens zehn Jahren Gefängnis schlucken. Man bedenke, dass es in Australien nicht die Möglichkeit gibt, wegen guter Führung vorzeitig aus der Haft entlassen zu werden.

Es tat mir sehr leid für die beiden Männer, und das harte Urteil stimmte mich traurig. Nicht unglücklich war ich dagegen darüber, dass die Fahrten im Viehtransporter nun ein Ende hatten und dass ich nicht mehr in der pissgelben Zelle mit lauwarmem, süßem Milchtee, einem pappigen belegten Brötchen und streng rationiertem Toilettenpapier herumsitzen musste. Allerdings würde ich es sicher vermissen, Werner, Carl und die reale Welt zu sehen. Wir alle legten sofort Einspruch gegen das Urteil ein. Für mich war der Einspruch eher obligatorisch.

Am Nachmittag des 13. Dezember 2001 wurde ich als verurteilter Sträfling zurück nach Deer Park gebracht, froh darüber, nur fünf Jahre Minimum bekommen zu haben. Mein Herz, mein ganzer Körper fühlte sich auf einmal ganz leicht an, meine Schritte waren zielstrebiger, fast schon beschwingt. Fünf Jahre waren keine Rund. Acht Jahre wären beinahe eine Rund gewesen, aber in meinem Fall war es unwahrscheinlich, dass ich die Bewährungsstrafe auch noch absitzen musste. Plötzlich fühlte ich mich stark. Ich wusste, dass ich es schaffen würde.

Als ich zu meinem Block lief, kamen mir einige fröhliche Mitgefangene entgegen.

»Hey German, herzlichen Glückwunsch. Wir haben es alle im Radio gehört und im Fernsehen in den Nachrichten gesehen«, rief Sue übermütig.

»Es wird stündlich auf allen Kanälen gezeigt. Hey, du bist berühmt, German«, gab Tiny kund.

Audrey ergänzte mit einem frechen Schmunzeln: »Kein Bild von dir bis jetzt.«

»Nun mach es dir erst mal gemütlich hier, entspann dich und setz ein bisschen mehr Fett an«, riet mir die alte Trish.

»Bist froh, dass ich nicht recht hatte, dass du nur fünf statt zehn Jahre bekommen hast, hast also 'ne halbe Rund. Tut mir echt leid für deinen Mann, der Arme.« Meine liebe Freundin Tiny hatte ein breites Grinsen im Gesicht und umarmte mich freundschaftlich.

»Ich freu mich ja so für dich, Pixie«, sagte Caroline, meine kleine Schwester, und sie meinte es auch so.

»Hey, meine German, das hast du gut gemacht«, meinte Donna, machte aber ein trauriges Gesicht dabei. Vielleicht war sie – verständlicherweise – ein wenig neidisch.

Alle, einschließlich Tiny, freuten sich ehrlich darüber, dass ich ein in ihren Augen mildes Urteil erhalten hatte. Meine Freude war eher verhalten. Ich wusste nicht so recht, wie ich mich aufrichtig und ausgelassen darüber begeistern sollte, weitere zwei Jahre und neun Monate im Gefängnis zu verbringen, zusammen mit all diesen einsamen Seelen – zu denen ich mittlerweile ja auch schon gehörte.

Tatsächlich liefen auf allen Fernsehkanälen Berichte über unseren Fall, und auch die Zeitungen berichteten in ausführlichen Artikeln darüber. Und auch im sechsten Band von *Underbelly*, einer sehr populären Buchserie über die bekanntesten Kriminalfälle des Landes, veröffentlichte man unseren Fall. Viele der Frauen hier in Deer Park, darunter auch Caroline und Donna, waren in einem der zahlreichen *Underbelly*-Bände verewigt.

Die Bücher waren im Gefängnis verboten, daher war es bei allen besonders beliebt, die Bände reinzuschmuggeln und zu lesen, wie die Autoren Andrew Rule and John Silvester in reißerischem Boulevardblattstil vortrefflich über uns schrieben, ohne uns je kennengelernt zu haben. In *Underbelly 6: More True Crime Stories* wird meine Lebensweise, zwei Männer und eine Frau, als eine kosmopolitische Familieneinheit bezeichnet, außerdem heißt es, ich sei alles andere als die typische Hausfrau von nebenan. Nun denn, das hatte ich niemals bestritten.

Von den beiden Polizisten, die Werner der Korruption bezichtigt hatte, sollten wir in den folgenden Jahren noch häufiger hören. Um die Jahrtausendwende war die Polizeikorruption in Melbourne auf dem Höhepunkt und begann, zu einem großen Problem für die Stadt zu werden.

Für mich dagegen stand nun endgültig fest: Ich hatte noch 1825 Nächte ohne Mond und ohne Sterne vor mir.

»Wenn ich mein Leben noch einmal leben könnte,
würde ich die gleichen Fehler machen.
Aber ein bisschen früher, damit ich mehr davon habe.«
MARLENE DIETRICH

Als es auf Weihnachten zuging, stellten die Frauen wieder in jedem Block einen zusammensteckbaren Plastikbaum auf und schmückten ihn mit der spärlichen Dekoration, die ihnen zur Verfügung stand. Wie üblich fanden schon seit Tagen lästige Razzien statt, ständig mussten wir zum Urintest. Mich interessierte das nicht mehr, da ich seit einiger Zeit keine Drogen mehr angerührt hatte.

Ich hielt mich so oft wie möglich im Bildungszentrum auf, saß am Computer und begann, dieses Buch zu schreiben. Ich hatte bisher nur eine vage Vorstellung von dem, was ich erzählen wollte, was ich in unzähligen Stunden versuchte umzusetzen. Zuerst schrieb ich den Text von Hand nachts in meiner Zelle auf ein paar Zettel, und am Tag darauf gab ich das Gekritzel dann in die Datei ein. Bei mir fließt der Text nur dann, wenn ich von Hand schreibe, am Computer dagegen findet eher das Handwerk statt, die Überarbeitung der Passagen, das Austauschen von einzelnen Begriffen, das Überprüfen der Grammatik, das Feintuning sozusagen.

Anfänglich notierte ich das alles nur für mich, um die Zeit hinter Gittern sinnvoll zu nutzen, bis ich irgendwann den therapeutischen Effekt des Schreibprozesses bemerkte. Ich fand es wichtig, dass endlich mal ein Insider von den Zuständen in Deer Park berichtete, weil niemand, der nicht hier gewesen war, sich vorstellen konnte, wie es in diesem Gefängnis zuging. Diese einzigartigen Geschichten, die Geschichten der Frauen von Deer Park, mussten erzählt werden, und zwar aus einer anderen Perspektiven als bisher, nicht im Zuge einer vermeintlich objektiven Berichterstattung.

Die Vorweihnachtszeit brachte nicht nur Urintests und Razzien mit sich, sondern auch einige schöne Abwechslungen. So ergab es sich, dass ich Beth, die Leiterin des Bildungszentrums, gemeinsam mit Caroline unterstützen durfte. Vitos Lebensgefährtin war etwa Mitte vierzig und eine erstaunliche Frau, unglaublich sanft und mitfühlend.

Wie jedes Jahr hatte Beth ein weihnachtliches Büfett im Bildungszentrum vorbereitet. Neben ihr waren noch Jill, die Lehrerin für Gartenarbeiten, Yvonne, unsere Englischlehrerin, Berry, der Lehrer für Holzarbeiten, Carolyn, Dozentin an der Swinburne Universität in Melbourne, sowie Donna, Caroline, Vicky und ich anwesend. Wir saßen um den gedeckten Tisch, der uns mit den liebevoll gefalteten Servietten, den schönen Kerzen und der weihnachtlichen

Tischdecke in festliche Stimmung versetzte. Das war eben Beth. Genüsslich aßen wir von dem Lachs, von der Leberpastete und dem leckeren Obstkuchen, alles Köstlichkeiten, von denen wir sonst nur träumen konnten.

Nachdem wir satt waren, nutzte ich die Gelegenheit und bat Beth um ein Gespräch in ihrem Büro. Irgendetwas hatte mich an Donna geärgert, vielleicht war es die Art, wie sie beim Essen gesagt hatte: »Du kannst nicht kochen, dumme German, immer müssen wir es für dich tun.« Ich machte meiner Wut Luft, indem ich Beth davon erzählte.

Natürlich gebot sie mir, Nachsicht zu üben, weil Donna so viele Jahre im Gefängnis verbringen musste. Doch dann riet sie mir Folgendes: »Nimm einen Zettel, schreib Donnas Namen darauf, falte ihn zusammen und lege ihn ins Eisfach. Danach vergiss ihn.«

Ich folgte ihrem Rat.

Am 20. Dezember 2001 bereitete die Heilsarmee in der Sporthalle ein Carols by Candlelight für uns vor, eine australische Tradition, die einst von einem gewissen Norman Banks begründet wurde. Als er sich auf dem Heimweg von seiner Arbeit befand, wenige Tage vor Weihnachten im Jahr 1937, sah er durch eine Fensterscheibe eine alte Dame, die allein auf ihrer Couch saß und die Weihnachtslieder mitsang, die aus dem Radio erklangen. Bei ihrem Anblick hatte er die grandiose Idee, im nächsten Jahr um diese Zeit für alle, die nicht allein singen wollten, ein Beisammensein im Park zu organisieren. Schon beim ersten Mal kamen über zehntausend Menschen, und seither wird in Australien um die Weihnachtszeit in jeder größeren Stadt ein Carols by Candlelight abgehalten.

Ich schaute mich in der geschmückten Sporthalle um. Die Insassinnen von Deer Park saßen an langen einfachen Plastiktischen, aßen Käsekuchen, kauten Gummibärchen und tranken warme Coca-Cola, was ihnen wohl über die trostlose Blechmusik der Damen von der Heilsarmee hinweghelfen sollte. Der Käsekuchen der Heilsarmee wurde seinem Namen zwar nicht gerecht, aber nach mehreren Jahren im Gefängnis schmeckte er allen vorzüglich.

Am 25. Dezember, dem sogenannten Boxing Day, steht man in Australien traditionell früh auf und überreicht einander Geschenke, daher auch der Name. Das taten wir in Block C1B, noch bevor die Türen aufgeschlossen wurden. Seit Tagen schon hatte Trish sich kaum gezeigt und ihre Zelle nur verlassen, um arbeiten zu gehen. Ich war froh, als sie endlich wieder herauskam und sich zu uns gesellte. Die alte Seele rührte mich, als sie mir eine kunterbunte, aus Wollresten selbst gehäkelte Bettdecke für die kommenden Winter in Deer Park schenkte. Die bunte Decke sollte mich in zahlreichen kalten Nächten warm halten.

Gerade an Weihnachten war Trish irgendwie merkwürdig, und keine der Festivitäten heiterte sie auf. Vor neun Jahren, am Tag ihrer Verurteilung, hatte sie beschlossen, die Strafe über mindestens 14 Jahre Freiheitsentzug nicht zu akzeptieren, und all die Jahre über behauptete die heute Sechzigjährige, dass sie unschuldig sei am Tod ihres Adoptivsohnes. Auch in jenem Jahr war sie wieder einige Wochen felsenfest davon überzeugt, das Weihnachtsfest mit ihren Enkeln, ihrer Tochter und ihrem Ehemann zu Hause feiern zu können, da das Gericht den Irrtum endlich einsehen und der Minister ihrem Gnadengesuch stattgeben würde. Ich wusste, Trish würde auch die nächsten Jahre mit uns in Deer Park Weihnachten feiern, dennoch wünschte ich ihr alles Glück der Welt und hoffte, ihr Schicksal würde mich Lügen strafen.

Hoffnungen haben wir Menschen bekanntlich alle, und auch Wünsche sind unser täglich Seelenbrot, Wunschträume der fantastischen Art dagegen können leicht gefährlich werden, denn dass sie in Erfüllung gehen, ist seltener als ein Lottogewinn. Wunschträume, die unerfüllt bleiben, führen oft zu eiskalter Verbitterung. Als ich den irren Glanz in Trishs Augen bemerkte, während sie mir berichtete, dass es zwar noch nicht dieses Jahr, aber ganz bestimmt im nächsten so weit sei und sie das Weihnachtsfest wieder im Kreise ihrer Familie erleben würde, war ich traurig.

Unterdessen gingen die alljährlichen Festivitäten ihren gewohnten Gang. Die Gefängnisleitung hatte alle Frauen mittags zum Barbecue in die Sporthalle eingeladen. Am Schwimmbad grillten etwa siebzig Frauen in der sengenden Hitze fettige Würste und noch fettigere Hamburger, dazu gab es süßen Sirup und Gummibärchen, während aus der Stereoanlage Popmusik plärrte.

Der Neujahrstag verlief wie jeder andere Tag auch, dennoch freute ich mich am Abend, als ich den Kalender vom Schreibtisch nehmen und mit dem Stift einen dicken schwarzen Strich durch das Datum machen konnte. Ab jetzt konnte ich jeden Abend einen weiteren Tag ausstreichen. Jeder Tag war einer mehr auf dem Weg in die Freiheit. Mein vorläufiger Entlassungstermin war der 28. August 2004.

Auch Trish saß einige Tage später wieder vergnügt neben mir, während wir beide darauf warteten, vors Komitee zitiert zu werden. Alle zwei Jahre wurde eine jede verurteilte Langzeitinsassin vor das Sentence Management geführt, um über das Erreichen der bisherigen und zukünftige Ziele zu sprechen.

Als ich ins Scheinwerferlicht des Büros trat und in die Runde der schwarz gekleideten Personen blickte, dachte ich nur: wie passend diese Trauerkleidung doch ist. Für einen kurzen Augenblick wanderten meine Gedanken zu meiner Mutter, die das Urteil mit der üblichen Nüchternheit und mit ihrem stets nach vorn gerichteten Blick aufgenommen hatte: »Jetzt wissen wir wenigstens, wie lange es noch dauert, bis du nach Hause kommst«, hatte sie am Telefon zu mir gesagt, als ich sie am Tag nach der Urteilsverkündung angerufen hatte. Mein Vater hatte traurigerweise noch immer seine Schwierigkeiten mit der Situation und konnte nach wie vor nicht mit mir sprechen. Seine Tränen machten ihn sprachlos.

Vicky Tyran, die Vorsitzende des Sentence Managements, hatte ich bereits bei einer anderen Gelegenheit kennengelernt. Sie hatte mich damals nach dem Mordversuch an Werner gefragt, ob ich in Schutzhaft wolle. Die Atmosphäre im Raum war angespannt, niemand machte eine unnötige Bemerkung oder Bewegung, kein Rascheln, Murmeln oder Knistern außer der Spannung in der Luft – wie in einem Konferenzraum, wenn der Firmeninhaber kurz davor ist, seine Angestellten harsch zurechtzuweisen.

Die Managerin hatte zu viel Make-up aufgetragen, schon lange aus der Mode gekommenen rosafarbenen Lippenstift und blauen Lidschatten. Sie holte mich in die Realität zurück, indem sie das Wort an mich richtete. »Hallo Andrea. Diesmal habe ich bessere Nachrichten für dich. Ab heute wird deine Sicherheitsstufe von A nach B* herabgestuft. Das Sternchen bedeutet, dass nur wir vom Sentence Management deine Sicherheitsstufe zu einem C herabsetzen können. Aber ich kann dir schon heute sagen, dass du diese Stufe niemals erreichen und auch niemals nach Terrengower verlegt werden wirst. Du wirst bis zum letzten Tag deiner Haftstrafe im Dame Phyllis Frost Centre bleiben. Wir haben mit Wohlwollen deine gute Führung beobachtet. Unglücklich ist nur die Tatsache, dass dein Status als prominente Gefangene und Ausländerin gewisse Vorkehrungen verlangt. Ich bin mir außerdem fast sicher, dass du am Tag deiner Entlassung nach Deutschland ausgewiesen werden wirst. Aber diese Entscheidung liegt nicht bei uns.«

»Mein Name ist Ort«, sprach mich nun der Herr im glattgebügelten Anzug an, der rechts von Vicky Tyran saß. »Ich möchte hinzufügen, dass wir von deinen Plänen, ein Fernstudium zu beginnen, gehört haben und dich dabei unterstützen wollen. Die endgültige Entscheidung überlassen wir jedoch Mr. Money und Beth O'Brian. Bei einer positiven Entscheidung wirst du eine von wenigen sein, die in den Genuss eines Vollzeitstudiums kommen. Letztendlich soll damit auch dein Einsatz als Peerworkerin honoriert werden. Deshalb genehmigen wir dir einen letzten Besuch bei deinem Ehemann, wohl wissend, dass du die Scheidung eingereicht hast.« Er trommelte sachte mit den Fingern auf dem Tisch.

Howdy, die Häuptlinge des Justizministeriums hatten ihr Urteil über mein bescheidenes Leben für die kommenden zwei Jahre gesprochen. Höchste Gefahr, abzuhauen! Frau Mohr ist ein prominenter Fall! Ich musste mich damit abfinden, bis zum August 2004 an diesem von Gott und der Welt verlassenen Ort zu bleiben. Bei diesem Gespräch wurde mir auch bewusst, dass ich unser Haus in Elwood und die Wohnung, in der das Bargeld lagerte – falls sie überhaupt noch existierte –, nie mehr aufsuchen würde. Vielleicht würde ich auch Melbourne nie wieder besuchen dürfen. Dabei mochte ich diese Stadt und ihre Einwohner sehr.

Ein Code Aqua, das Alarmsignal plärrte aus den Lautsprechern, als ich das Büro des Sentence Managements verließ. Daher musste ich auf dem kürzesten Weg in Block C1B rennen, vorbei an all den durcheinanderschreienden Frauen und Anweisungen brüllenden Wärtern. Überall bildeten sich kleine Menschentrauben und die Gefangenen versuchten, irgendwelche Informationen zu erhaschen.

»In Block B4 ist eine durchgedreht!«

»Sie hält die Wärter mit einem Messer in Schach.«

»Vorher hat sie sich selbst ein bisschen angeritzt.«

»Endlich wird dieser Neubau durch ein paar Blutspritzer eingeweiht.«

Tatsache war, dass die Wärter alle Bewohnerinnen von B4 ins Sportzentrum evakuierten, da im Block eine Frau Amok lief. Es war Kerry, die ihrer Partnerin Irene ein Küchenmesser an die Kehle hielt – keiner fand je heraus, wie sie das Messer von dem Stahlband, mit dem es befestigt war, hatte lösen können. Nach drei Stunden war alles vorbei. Als die Wärter Kerry zu Boden warfen und sie festhielten, wehrte sie sich aus Leibeskräften, ein Wärter erlitt eine schwere Bisswunde, ansonsten gab es keine Verletzungen zu beklagen. Ich fragte mich zum x-ten Mal, weshalb gerade ich an diesem wohl unwirtlichsten Ort der Erde hatte landen müssen.

Ich war gerade auf dem Weg in Block C2A zu Tiny, als ich am Town Square auf eine Versammlung traf. Es schien, als würden die aufgebrachten Frauen für bessere Lebensbedingungen streiken. Schon hatten sich einige Uniformierte und die Hundestaffel mit ihren bellenden Kötern um die Gruppe herum aufgebaut, doch vorerst behielten sie die Unruhestifterinnen nur im Auge. Als ich nach oben schaute, stellte ich fest, dass alle Kameras auf die Gruppe gerichtet waren. Es war klar, dass die Verantwortlichen bald einschreiten würden, falls sich die Versammlung nicht auflöste. Tränengas war ein übliches Mittel, um uns mit Gewalt zurück in unsere Zellen zu treiben.

Die versammelten Frauen ereiferten sich über die Behandlung im Fabrikgebäude und über den Oberaufseher, der in ihren Augen ein autoritäres, alle immerzu schikanierendes Arschloch war. Sie hatten seine Ungerechtigkeiten satt. Auch waren die Geräte am Arbeitsplatz hemmungslos veraltet und viel zu gefährlich, und innerhalb der letzten Wochen hatten sich die schrecklichen Unfälle gehäuft. Eine Frau hatte einen Finger verloren, eine andere die Fingerkuppe und eine dritte hatte sich tief in die Hand geschnitten – der Schnitt ging durch bis auf den Knochen.

Irgendwann trat Mr. Money hinzu, was sehr mutig von ihm war, und üblicherweise schickte er die Wärter vor. Er machte den Frauen einige Versprechungen, was die Geräte betraf, aber mit den Ungerechtigkeiten des Oberaufsehers wollte er nichts zu tun haben, sondern verteidigte den Mann. Alles in allem bewältigte Money die Situation gut und schlug das bestmögliche Resultat für Deer Park heraus. Die Frauen gingen zurück an ihren Arbeitsplatz. Bis zum nächsten Mal, dachte ich.

Als per Lautsprecher die Gedächtnisandacht für meine Mitinsassin Mai ausgerufen wurde, zuckte ich zusammen. Beinahe hätte ich sie vergessen. Tiny war sicher schon dort, also beeilte ich mich. Normalerweise ging ich nicht in die Kirche, aber an jenem Tag machte ich eine Ausnahme.

Traurig schaute ich mich in dem kleinen Raum um, der heute die katholische Kirche beherbergte. Neben mir blickten etwa dreißig Frauen auf das kleine Foto der jungen Vietnamesin, die erst vor wenigen Monaten entlassen worden war. Einige Wochen hatte ich mit ihr zusammengelebt, in Block B2, gemeinsam mit Ema und Tiny, ehe wir als Unruhestifterinnen ausgemacht und in verschiedene Blöcke verlegt worden waren. In einem einfachen Rahmen, neben einem Strauß frisch gepflückter Blumen, steckte ihr Foto, und ihr sanftes Lächeln war wie eine letzte Erinnerung. Mai war vor ein paar Tagen an einer Überdosis Heroin gestorben.

Todesfälle hinter Gittern waren in Deer Park eher selten, vermutlich aus Mangel an Gelegenheiten – sicher nicht aus Mangel an Verzweiflung. Häufiger waren Todesfälle, vor allem aufgrund einer Überdosis, kurz nach der Entlassung. Zum einen war die Toleranz des Körpers nach der langen Pause ohne Drogen für die Gifte wieder so niedrig wie bei einem Neugeborenen, wohingegen die maßlose Gier die einer jahrelangen Drogenabhängigen war. Zum anderen war die Rückkehr in ein Leben in Freiheit generell ein Schock. Die wuchtigen Gefängnistore hatten sich zwar geöffnet, aber die Türen der Gesellschaft blieben verschlossen: keine Arbeit, Probleme in der Familie. Kein Mensch, der nie hinter Gittern saß, versteht nun mal die Einsamkeit und die Verzweiflung, die ein Exsträfling empfindet.

Die hohe Zahl der Rückfälle war nur einer von vielen Gründen, weshalb Deer Park aus allen Nähten platzte, was zu vielen Problemen führte. Beherbergte das Gefängnis bei meiner Verhaftung im Jahr 1999 noch 125 Gefangene, waren es im Jahr 2000 schon über 160. Seit der Jahrtausendwende war die Anzahl der Kriminellen in Victoria drastisch gestiegen, und Deer Park brauchte noch mehr Betten. Manche Frauen mussten bis zu vierzig Tage in den Katakomben des Polizeihauptquartiers auf eine freie Zelle warten.

Kurzerhand ließ die Gefängnisleitung einen Block mit Platz für vierzig Frauen bauen und nannte den neuen Orientierungsblock A5. Da es beinahe von selbst zusammengefallen wäre, wurde das Fertighaus C5 endlich abgerissen, um an dessen Stelle zwei neue Blöcke zu errichten: einen für die Schutzhäftlinge und einen für die Spezialfälle, etwa für die alte Chinesin G. oder Tracy. Doch der Bau der neuen Zellen reichte nicht aus, solange den Insassinnen keine zusätzlichen Beschäftigungsmöglichkeiten geboten, keine zusätzlichen Lehrer oder Drogenberater und auch keine größeren Unterrichtsräume oder Computer zur Verfügung gestellt wurden.

Drogen waren ein wiederkehrendes Problem, eine Konstante des Gefängnisalltags. Aufgrund der steigenden Anzahl der Drogenabhängigen weltweit war die Forschung unter Zugzwang und schließlich wurde eine neue, zeitgemäße synthetische Lösung des Heroinentzugs oder vielmehr des Heroinersatzes erfunden. Neben dem offiziellen Methadon-Programm gab es in Europa schon seit einigen Jahren die Möglichkeit, mit Buprenorphin, von uns kurz Burb genannt, zu entziehen. Australien führte dieses Wundermittel erst im Jahr 2001 ein, und ein Jahr später wurde es endlich auch bei uns im Gefängnis genehmigt.

Niemand bedachte, dass sich dadurch auch ein völlig neuer, sehr lukrativer Schwarzmarkt erschließen würde. Burb war unter der Hand allerdings extrem teuer und die Wenigsten von uns konnten sich die fünfzig Zigaretten für einen Schuss leisten. Burb wurde als Tablette verabreicht, war also im Vergleich zum flüssigen Methadon viel leichter aus dem medizinischen Zentrum zu schmuggeln: einfach unter die Zunge legen, einen Moment abwarten, in dem man unbeobachtet ist, und die Pille in die schmutzige Hosentasche stecken.

Hinter verschlossenen Zellentüren wurde das Burb weitergereicht, in kaltem Wasser aufgelöst und gespritzt. Natürlich war es nicht für den intravenösen Gebrauch gedacht. Im ungünstigsten Falle – wegen des Speichels und des Schmutzes, aber vor allem wegen des fehlenden Mehls, das das Pulver bindet – konnten sich die Einstichlöcher über Nacht leicht in eitrige Beulen verwandeln. Ich selbst habe Burb nie probiert, in keiner Form.

Bald kam die erste Insassin mit einer auffälligen Beule am Hals ins medizinische Zentrum und meinte, sie sei über Nacht von einer giftigen Spinne gebissen worden. Als weitere Frauen behaupteten, an den unmöglichsten Stellen gebissen worden zu sein, machte bald die Rede von der Burb-Spinne die Runde. Zwar gab es einen Urintest, mit dem die Droge nachgewiesen werden konnte, aber das Verfahren war der australischen Regierung zu teuer.

Das Management von Deer Park war inzwischen auf den neuesten und brandheißen Warenhandel innerhalb der Gefängnismauern aufmerksam geworden und daher verstärkte man die Bewachung bei der Ausgabe des Mittels. So standen an den meisten Tagen etwa zehn Wärter um die 15 Frauen herum, während diese ihr Burb einnahmen, und zwar eine Stunde vor der allgemeinen Ausgabezeit für die Tabletten. Beim Verlassen des Zentrums wurde jede Frau, die Burb bekommen hatte, noch einmal abgetastet. Wenn eine der Insassinnen mit dem Zeug in der Hosentasche erwischt wurde, bekam sie automatisch 14 Tage im Bunker. Im Warteraum des medizinischen Zentrums hingen mehrere großformatige Poster, die einen jungen Inder in Bombay zeigten, wo das Spritzen von Burb angeblich sehr verbreitet war und große Schäden anrichtete. Der junge Inder hatte eine riesengroße Wunde an der Wade, aus der schwarzer Eiter herausfloss.

Eines Tages kam Tiny mit einer Zeitung in der Hand auf mich zu. Wir hatten inzwischen durchgesetzt, dass wir Tageszeitungen erhielten.

»Hey German, du bist schon wieder in der Zeitung, du kosmopolitische Schlampe«, rief sie mir mit einem breiten Grinsen im Gesicht zu.

»Nimmt das denn nie ein Ende? Was ist los?«, fragte ich.

Tiny breitete theatralisch die Zeitung vor mir aus, da kam Caroline dazu.

»Ich kann es euch erzählen«, sagte sie, »ich habe den Artikel schon gelesen. Aus den sicher geglaubten Räumen der Drogenfahndung von Victoria sind streng geheime Dokumente verschwunden, und das stiftet ordentlich Verwirrung. Alle Unterlagen, inklusive der Polizeiverhöre und der Übersetzungen von den Telefongesprächen im Fall Andrew Fraser und Komplizen sind gestohlen worden. Das sieht ganz danach aus, als wäre es ein Insider gewesen, bisher hat es noch niemand geschafft, dort einzubrechen.«

Ein seltsames Geräusch ließ uns innehalten, und wir schauten alle drei aus dem Fenster. Zuerst dachten wir, es handele sich um eine der üblichen Razzien, bis wir beobachteten, wie zahlreiche Wärter in den Block C4 gegenüber von uns eindrangen, wo ich im letzten Jahr zusammen mit Tracy und ihrem Kater gelebt hatte. Natürlich waren alle meine damaligen Mitbewohnerinnen inzwischen verlegt worden und längst war eine neue Crew in C4 beheimatet.

Die Wärter nahmen vor unseren Augen den Block systematisch auseinander. Es kümmerte sie wieder einmal nicht im Geringsten, dass sie dabei das Heim der Frauen und damit ihre Privatsphäre zerstörten. Stolz, Privatsphäre und Persönlichkeit haben im Gefängnis offenbar nichts zu suchen.

»Scheiße, wer wohnt dort?«, rief Tiny. Aber sie schien keine Antwort zu erwarten, denn sie fuhr fort: »Hey German, da wohnt doch niemand, der Drogen nimmt. Stopp! Die kleine Blonde, die nimmt Burb. Nicht offiziell, aber ihre Freundin besorgt ihr manchmal welches. Du weißt schon, eine Gefälligkeit hier, eine da. Hey, übrigens bin ich froh, dass du den Mist nicht nimmst, German. Ich finde es toll, dass du das Methadon nicht mehr anrührst. Das Zeug macht einem das Leben nur schwer hier drinnen. Am besten, man gibt den Uniformierten gar keinen Grund zur Aufregung.« Tiny sah auf einmal ganz nachdenklich aus und zog die Stirn in Falten.

»Solange das Burb nicht per Urintest nachgewiesen werden

kann, wird es die gefährlichste und beliebteste Droge hinter Gittern bleiben«, sagte ich.

»Pixie, schau nur! Die Razzia hat gar nichts mit Burb zu tun. Das kann überhaupt nichts mit Drogen zu tun haben, sie bringen die alte Laureen raus!«, rief Caroline aufgeregt.

»Was kann die nur verbrochen haben?«, warf ich ein. »Außer zu viel Essen in sich reinstopfen macht die doch nichts.«

»Du vergisst, sie isst zwar viel, aber sie heult auch andauernd, und zwar aus Frust, weil sie ihren geliebten verdammten Bob nicht mehr um sich hat.«

Tiny meinte dies keinesfalls sarkastisch, sondern durchaus ernst. Laureen White heulte Tag und Nacht, deshalb hatte sie immer gerötete Augen und geschwollene Tränensäcke. Jedes Mal, wenn ihr Ehemann Bob ins Besucherzentrum kam, saß Laureen die ganzen zwei Stunden wie ein verliebter Teenager mit ihm Händchen haltend da und weinte. Tinys Augen leuchteten vor Neugier, und da sie dies nicht verheimlichen konnte, wussten wir, dass sie alles daran setzen würde, noch vor Ende des heutigen Tages die Hintergründe von Laureens Fall zu erfahren.

Laureen White hatte vom Gericht fast die gleiche Haftstraße bekommen wie Donna Parsons: 22 Jahre mit einem Minimum von 18 Jahren. Laureen war Mitte fünfzig und schlank, als man sie vor zwei Jahren nach Deer Park brachte, aber in der kurzen Zeit im Gefängnis hatte sie die Form einer überreifen Riesenbirne angenommen. Das konnten Tiny und ich deutlich sehen, da die Wärter sie gerade in den Bunker führten. Allerdings konnten wir uns keinen triftigen Grund dafür ausmalen. Laureen war viel zu provinziell für groben Unfug. Wenn ich diese birnenförmige Frau mit den Schmetterlingsspangen im grauschwarzen Haar betrachtete, fiel mir die Vorstellung schwer, in ihr eine der brutalsten Mörderinnen von ganz Victoria zu sehen.

Bei ihrer Lieblingsbeschäftigung, neben ihrem Ehemann Bob in einem Boot zu sitzen und Aale zu angeln, konnte ich sie mir dagegen gut vorstellen. Aber Mord? Die Zeitungen bezeichneten ihr Verbrechen als eines der grausamsten des Jahrhunderts. Der Richter verdonnerte Laureen zu einem Jahr Freiheitsentzug für jedes

Jahr, das sie seit der Ermordung ihres ersten Mannes in Freiheit gelebt hatte. Der Mord war vor 18 Jahren begangen worden. Fast wäre sie mit dem Mord davonkommen, dann würde sie heute mit Bob angeln, anstatt sich die Augen auszuweinen, wenn er am Wochenende das Besucherzentrum von Deer Park verließ.

Aber nun fragte sich diese einfältige Seele wahrscheinlich mehrmals täglich: Wie konnte meine Tochter mir so etwas nur antun? 18 Jahre nach der Ermordung ihres ersten Mannes wollte Laureen ihre Schuld loswerden und erzählte daher ihrer Tochter, wie sie ihm über ein Jahr lang täglich etwas Gift ins Lunchpaket gemischt hatte. Als ihr Mann nach einigen Monaten erkrankte, pflegte sie das Opfer bis zu seinem Dahinscheiden rührend. Laureens Tochter verständigte daraufhin umgehend die Polizei. Zwar versuchte die Fünfzigjährige sich gegenüber den Geschworenen mit der Gewalttätigkeit ihres verstorbenen Mannes zu rechtfertigen, aber für ihre Behauptungen gab es keine Beweise. Im Gegenteil: Laureens Töchter und Nachbarn sagten aus, dass der Verschiedene ein liebevoller Mensch gewesen sei.

»Hegt Laureen wieder Selbstmordabsichten?«, fragte ich Tiny, die gerade von ihrem Erkundungstrip zurückkam.

»Vielleicht hat sie das Wort Selbstmord nur mal so erwähnt?«, warf Caroline ein und steckte sich eine Strähne ihres goldenen Haars hinters Ohrläppchen.

»Hört auf mit dem Raten, es ist etwas ganz anderes«, sagte Tiny und machte eine theatralische Pause, ehe sie fortfuhr: »Ihr glaubt es nicht! Man hat einen Teller voller Marihuana in Laureens Zelle gefunden.« Tiny platzte mit der Neuigkeit heraus, konnte ihren Widerwillen bei der Sache jedoch nicht verbergen, denn das Ganze roch nach einer niederträchtigen Gemeinheit.

»Hat jemand Laureen reingelegt? Was hat die Alte getan? Vielleicht wollte man ihr nur einen üblen Streich spielen, der jetzt gründlich in die Hose gegangen ist«, gab ich zu bedenken, doch ich war insgeheim nicht überzeugt von meinen Worten.

»Niemals! Die meinen es ernst, German. Bitterernst, glaub mir. Selbst ihre Mitbewohnerinnen in C4 haben die Alte gehasst und hatten Grund genug … Hey, sie wollten die Hexe loswerden, und zwar für immer. Ab sofort ist Laureen IDU1, sie wird eine Zeit lang nicht zurück in einen der C-Blöcke dürfen. Das weißt du doch am besten, German.«

»Bob wird es sicher hart treffen, wenn sie vorerst nicht mehr Händchen halten können. Sie dürfen sich in den nächsten drei Monaten ja nur in einer Kabine sehen, ohne Körperkontakt«, sagte meine kleine Schwester.

Tiny und ich konnten die angewandte Methode keinesfalls tolerieren. Jemand hatte Laureen hereingelegt, und selbst wenn sie gemein war, das gab noch lange niemandem das Recht, sie auf diese Art auszutricksen.

Wir beschlossen, die Angelegenheit bei der Gefängnisleitung zur Sprache zu bringen, und baten um einen Termin. Obwohl Mr. Money uns zustimmte – auch er war der Meinung, dass die einfältige Laureen hereingelegt worden war –, konnte er an den vorliegenden Tatsachen nichts ändern. Laureen musste wie jede andere, die mit Drogen erwischt wurde, ihre Strafe verbüßen. In der Justiz gibt es keinen Platz für Zugeständnisse oder eine persönliche Einschätzung der Situation, eine solche könnte als Sonderbehandlung, als Bevorzugung ausgelegt werden. Vor dem Gesetz sind wir alle gleich.

Wir waren geknickt, weil wir nichts hatten ausrichten können, und gingen zurück in unseren Block. Wieder neigte sich ein Tag dem Ende zu, und ich lungerte auf der verschlissenen, ungemütlichen Couch in unserem Gemeinschaftsraum herum. Die alte Audrey neben mir löste ein Kreuzworträtsel, Trish stand in der Küche und brutzelte uns Pfannkuchen, und die fleißige Coxie putzte den Küchenboden. Die meisten unter uns waren eben einfache Hausfrauen und keine Rebellinnen.

»Wege entstehen dadurch, dass man sie geht.«
FRANZ KAFKA

Einige Tage später holte mich in aller Frühe eine geschminkte Wärterin ab, deren orangefarbener Lippenstift dem Rock und der Bluse, die streng den Core-Vorschriften entsprachen, einen angenehm frischen Touch verlieh. Wir schlenderten beide gut gelaunt zur Rezeption und unterwegs grüßte ich links und rechts einige Frauen, die zu dieser frühen Morgenstunde auf dem Weg zu ihren Arbeitsstätten waren. Neugierig schauten sie uns an.

Obwohl ich inzwischen die Scheidung eingereicht hatte, gestattete man mir einen letzten Besuch bei Werner. Eigentlich war es mir, genau wie den meisten Langzeitinsassinnen, sehr recht, dass ich nie Besuch bekam. Einen lieben Menschen nach zwei Stunden nach Hause entschwinden zu sehen, das zerreißt einem jedes Mal aufs Neue das Herz. Nach dem Unbekannten dagegen hat man keine Sehnsucht.

Nach der obligatorischen Leibesvisitation durfte ich sogar meine Jeans und ein T-Shirt anziehen. Dann brachte man mich – diesmal ohne mir Handschellen anzulegen – in den Minibus. Der Grund für die ungewöhnlich lockere Handhabung: Wir fuhren nach Loddon, in ein Gefängnis der mittleren Sicherheitsstufe. Werners Einstufung entsprach zwar der meinen, aber leider gab es für Frauen kein Gefängnis dieser Stufe.

Da ich sehr lange Zeit nicht außerhalb der Mauern von Deer Park gewesen war, war die Fahrt für mich sehr reizvoll und spannend, auch weil ich noch nie zuvor in Castlemaine gewesen war. Castlemaine liegt südlich von Bendigo und etwa 120 Kilometer nordwestlich von Melbourne, es ist eine alte Goldminenstadt, die auch heute noch viel Kultur zu bieten hat – von der ich natürlich nichts zu sehen bekam. Unterwegs fuhren wir an Schafherden und freundlich dreinschauenden Menschen vorbei, doch all das war mir unendlich fremd geworden.

Als wir in einem winzigen, verschlafenen Dorf anhielten, überraschte es mich, dass sich das Männergefängnis mitten auf dem Land unmittelbar neben Bauernhöfen und Schafweiden befand. Bei näherer Betrachtung wirkte das über 300 Zellen beherbergende Areal mit den herrlich farbenprächtigen Rosenbüschen am Eingang eher wie ein Sanatorium. Zudem gab es keine Mauer. Gemütlich schlenderten die Insassen in grellen orangeroten Overalls übers Gelände.

Nach einer erneuten Leibesvisitation stand ich im Besucherzentrum vor Werner. Warum pochte mein Herz so wild? Hatte es sich doch immer mehr vom Mann meiner Träume, von dem Mann, den ich einst liebte, entfernt. Vielleicht pochte mein Herz einfach nur, weil ich diese Besuchssituation nicht mehr gewohnt war. Jedes Mal vor unseren Treffen hoffte ich, dass unsere Probleme wie Seifenblasen zerplatzt wären, dass sich unsere Schwierigkeiten aufgelöst hätten und wir uns wieder in Cape Conran befänden, verliebt und glücklich.

»Ich habe die Scheidung eingereicht. Sie ist ohne deine Unterschrift gültig, da eine Ehe, die zwei Jahre nicht vollzogen wird, keine eheliche Gemeinschaft mehr ist«, sagte ich übertrieben freundlich, nachdem wir uns begrüßt hatten. Ich fühlte mich schlecht. Am liebsten wäre ich aufgestanden und weggerannt.

»Ich verstehe dich. Bis ich hier rauskomme, vergeht eine Menge Zeit. Vielleicht komme ich sogar nie mehr raus, bei meinem jetzigen Entlassungstermin wäre ich bis dahin über sechzig Jahre alt. Fang du ruhig von vorne an, aber mach bitte nicht noch einmal dieselben Fehler. Viel Glück«, erwiderte Werner. Seine Worte gaben mir ein besseres Gefühl, denn er klang ebenso überzeugend wie sanft.

Vielleicht fühlte ich mich schuldig, weil Werner so viele Jahre hinter Gittern verbringen musste. Allein hätte er einen solch groß aufgezogenen Kokain-Deal garantiert niemals durchgeführt. Nur weil ich all die Dinge wie Import, Geldwäsche und dergleichen übernommen hatte, weil ich stark, mutig und risikofreudig gewesen war, hatte er als Mann sich selbst beweisen und zeigen müssen, dass er seiner Frau ebenbürtig war. Die meisten Männer in meinem Leben fühlten sich von meiner starken Seite angezogen, bis sich nach einer Weile ihre Schwächen deutlich davon abhoben, dann ergriffen sie jedes Mal die Flucht. Werner war nur an einem einzigen Import beteiligt, und ausgerechnet dabei wurde er erwischt.

An jenem Tag in Loddon hörte ich zum letzten Mal seine dunkle und kräftige Stimme. Ich küsste ihn. Ich spürte seine Zärtlichkeit, er liebte mich noch immer.

Wir sollten uns nie wiedersehen.

Am Abend lag ich erschöpft in meiner Zelle und dachte an meine Reise mit Carl auf die kleine indonesische Insel Banda

Neira – sie wurde wie so viele Reisen zuvor und danach von den Drogen bestimmt.

Nur eine einzige Fluggesellschaft flog auf die abgelegene indonesische Insel und ausgerechnet deren Maschine hatte aufgrund technischer Probleme Verspätung. Es war schon lange dunkel, als das kleine Flugzeug mit lautem Dröhnen und Rattern auf der Rollbahn landete, angeblich frisch repariert. Für einen Rückzieher war es zu spät!

Banda Neira ist eine ehemalige holländische Kolonie, bekannt für ihren Reichtum an seltenen Vogelarten und Fischen, eines der letzten Königreiche dieser Welt und Hauptinsel der Banda-Inseln, einer Inselgruppe im Archipel der südlichen Molukken, etwa 2000 Kilometer östlich von Jakarta gelegen. Innerhalb kurzer Zeit hatte man jeden Zentimeter von Banda Neira abgelaufen, wo etwa 15 000 Menschen lebten. Es gab einen großen Marktplatz und Häuschen, die über das gesamte Eiland verstreut waren.

Am Abend saßen wir in der Hitze der Nacht unterm Sternenhimmel, und das Meer umspielte meine Füße. Es war wunderschön, nur leider hatte ich den Tablettenentzug unterschätzt. Den Arzt auf der Insel ausfindig zu machen war kein Problem, an Valium zu kommen, war dagegen eine unerwartet schwierige Aufgabe. Er könne es mir zwar verschreiben, aber er wisse nicht, ob eine Apotheke auf der Insel eine Packung davon vorrätig habe. Lass das mal meine Sorge sein, beruhigte ich den guten Mann. Danach klapperte ich alle Apotheken auf der Insel ab, aber keine hatte dieses verdammte Zeug vorrätig – die meisten Apotheker wussten nicht einmal, was das ist.

Ein neuer Plan musste her: Carl flog zurück nach Ambon in die nächstgrößere Stadt und mietete dort einen Bungalow an einem Strand, den wir beide kannten. Währenddessen nahm ich eine Maschine von Ambon nach Jakarta. In dieser stickigen und überfüllten Metropole hatte ich nur zweierlei im Sinn: Heroin und Valium. Letzteres gab es in den Apotheken zum Glück frei zu kaufen.

Was das Heroin betraf: Es war mir piepegal, dass ich die Todesstrafe oder lebenslange Haft mit Kakerlaken und Ratten als Zellengenossen riskierte, ich fragte einfach einige Männer auf der Straße nach Heroin. Einer brachte mich zu einem Hotel, wo ich meinen Koffer und meine Touristenkleidung ablegte. Er warnte mich noch einmal eindringlich vor den Gefahren des Unterfangens, ehe er im Hotelzimmer eifrig zu telefonieren begann. Um die Wartezeit sinnvoll zu nutzen, hatten wir zwei Mal heißen Sex miteinander.

In der Nacht, es regnete leicht, fuhren der gutaussehende Indonesier und ich in einem Tuk-Tuk nach Chinatown. Dort führte er mich durch eine unbeleuchtete, schummrige Straße zu einem Haus, auf dessen mit Kerzenlicht beleuchteten Veranda Kinder spielten. Jede Anspannung fiel von mir ab, als mein Begleiter mir nach einigen Minuten ein Päckchen überreichte. »Das ist alles, was ich für dich tun kann. Und nun verschwinde«, sagte er, keineswegs unfreundlich, in perfektem Englisch. Ich wollte ohnehin so schnell wie möglich zurück ins Hotel, um mir das zauberhafte China White in die vor Begierde brennenden Blutbahnen zu spritzen.

Bin ich froh, dass all das der Vergangenheit angehört, dachte ich am nächsten Morgen, als dichte Nebelschwaden über Deer Park hingen. Bei Nebel blieben die Türen grundsätzlich zu. Ich war nach wie vor ein wenig traurig über den Verlust meiner Liebe zu Werner. Das Gefühl zu lieben macht das Leben so angenehm leicht und beschwingt. Es entstand ein Vakuum, das ich mit dem Schreiben ausfüllte. Dabei lernte ich auch, meine Liebe auf mich selbst zu richten.

> *»Wahrscheinlich kann man vom Nichtwollen seelisch nicht leben; eine Sache nicht tun wollen, das ist auf Dauer kein Lebensinhalt.«*
> THOMAS MANN

Als sich der Nebel endlich lichtete, konnte ich zu meinem neuen Arbeitsplatz gehen. Im April hatte ich den Job in der Küche an den Nagel gehängt, um unter Beths Fittichen ein Fernstudium im Bildungszentrum zu beginnen. Nebenbei wollte ich so viel Zeit wie nur möglich für das Schreiben verwenden. Allerdings durfte ich nur einige wenige Stunden pro Woche am Computer verbringen. Als ich an dem Gebäude angelangt war, öffnete sich die Tür mit Schwung.

Yvonne streckte ihren Rotschopf heraus und sagte: »Guten Morgen, Fräulein.« Sie war die Englischlehrerin für diejenigen unter uns, bei denen Englisch nicht die Muttersprache war. Ich hatte mit dem Bildungszentrum tatsächlich einen Hafen der Vernunft gefunden. Beth und ihre Lehrerinnen Barry, Jill und Yvonne machten es möglich, dass nicht nur ich bei Verstand blieb.

Wie an jedem Donnerstag wollten Donna und ich am Nachmittag in die Sporthalle, wo wir einmal die Woche die Kunstklasse besuchten. Auch Donna hatte in diesem Jahr im Bildungszentrum angefangen, sie studierte dasselbe Fach wie ich, Kreatives Schreiben, per Fernstudium an der Swinburne Universität. Nur deshalb hatte ich übrigens das Privileg, Vollzeitstudentin zu sein.

»Glaub mir, ich mag die Gesellschaft im Bildungszentrum, hier habe ich Zeit, mit mir im Reinen zu sein«, gestand Donna mir. Dieser Nachmittag in der Kunstklasse war für uns extrem wichtig, weil unser monotones Leben nicht allzu viel Abwechslung bereithielt.

Das erste Semester war für mich nicht einfach, da das Studium in englischer Sprache abgehalten wurde. Aber die ersten Erfolge verliehen mir bald neues Selbstbewusstsein. Zusätzlich erfüllte mich die Aufgabe als Peerworkerin. Selbst wenn ich nur einigen wenigen Gefangenen helfen konnte, würde dieser Ort sich verändern, menschlicher werden. Als Peerworkerin war ich eine Art Sozialarbeiterin, eine Insassin, die andere Gefangene unterstützte.

Jeden Abend gingen zwei von uns sechs Peerworkerinnen zum Orientierungsblock, wo wir uns den verstörten Neuankömmlingen widmeten. Wir boten ihnen eine Schulter zum Ausweinen an, hörten ihnen zu und versuchten zu helfen, wo es nur ging. Unsere Erfahrung und der Respekt, den wir uns hier in Deer Park erworben hatten, waren unsere Qualifikationen für den Job. Wir bemühten uns, die Neuen schneller an den Gefängnisalltag zu gewöhnen.

Als sich die Gelegenheit bot, absolvierte ich einen Kurs über ansteckende Krankheiten, speziell über Hepatitis und Aids, um mein

Wissen bald mit den Neuen teilen zu können. Das Management unterstützte uns, da wir versuchten, ein besseres Klima zu schaffen, und uns einmischten, wenn einer der Neuen Gewalt angedroht wurde. Allerdings wären wir nie zu den Wärtern gegangen, sondern regelten die Vorfälle stets an Ort und Stelle und auf unsere Weise. Meistens nahm ich die Neue dann mit nach draußen. Bei einer Zigarette erklärte ihr die geltenden Regeln, sowohl die offiziellen als auch die ungeschriebenen. Das Wichtigste war, den Neuen zu einer fairen Chance zu verhelfen, ihnen zu zeigen, dass es keine Schande war, sich von der Drogensucht befreien zu wollen und Hilfe anzunehmen. Es sollte sich niemand mehr so fühlen wie ich zu Beginn meiner Haftzeit, es sollte niemand mehr Angst haben müssen in Deer Park.

Auf dem Weg zu unserem Block spazierten wir eines Abends an Chikas Block vorbei. Drinnen saßen einige Frauen um die Japanerin herum, denn die Glückliche feierte ihre letzte Nacht in Deer Park nach über zehn Jahren Gefängnisaufenthalt. Tiny und ich nahmen etwas von dem leckeren Essen, das sie uns anboten, mit auf den Weg. Wir würden uns am nächsten Tag von Chika verabschieden.

»Hey German, man hat schon vier Bullen eingelocht, die alle an eurem Fall beteiligt waren: Strawthorne, Rosenes, Paton und Firth, unglaublich, diese Scheißkerle«, sagte Tiny und spielte damit auf die Schlagzeilen der vergangenen Woche an.

»Vielleicht hat Werner ja doch die Wahrheit gesagt«, erwiderte ich. Dabei zuckte ich mit den Achseln, denn es spielte keine Rolle mehr für mich.

Oder etwa doch? Falls endlich ein Gerichtstermin für den Einspruch von Carl und Werner festgelegt werden würde, dann ...? Aber Anthony hatte mir erklärt, dass ein Einspruch sinnlos für mich sei. Da ich mich schuldig bekannt hatte, könne ich nur Einspruch gegen die Dauer meiner Verurteilung einlegen, auf eine Verkürzung der Haftzeit dagegen bestehe kaum Aussicht, vor allem nicht, wenn der Einspruch der beiden Männer abgewiesen würde. In diesem Fall könne das Gericht bei einem Einspruch meinerseits sogar auf die Idee kommen, man habe mir nicht genügend Jahre aufgebrummt, und meine Strafe erhöhen. Das Risiko war mir zu hoch, und wenn ich recht überlegte, war ich gar nicht so unglücklich über die Höhe meiner Strafe.

»Alles in allem haben sie 14 Bullen aus der Drogenfahndung in Victoria verknackt. Das sorgt ganz schön für Aufruhr, hey. Aber German, sei ehrlich zu deiner alten Freundin, das alles war doch nur die Idee von deinem Werner. Versteh mich nicht falsch, German, ich hoffe, sie kaufen euch den Quatsch ab. Aber ganz unter uns, ihr habt das Ding doch abgezogen und seid erwischt worden, oder?« Tiny lächelte genüsslich.

»Hör mal, ich habe niemals behauptet, ein Unschuldslamm zu sein. Wir haben eine Menge Stoff geschmuggelt, und wir sind dafür im Bau gelandet. Hast du schon gehört? Man hat eine interne Ermittlung durchgeführt, die Licht in die Sache bringen soll. Hast du schon einen Termin für deinen Einspruch bekommen?« Ich wollte das Thema wechseln und von meinem Fall ablenken, vor allem davon, dass ich keine Antwort auf ihre Frage parat hatte.

»Keine Ahnung. Bin seit verdammten drei Jahren eingesperrt und seit einem Jahr verurteilt, hey. Man sollte denken, dass die Scheißgerichte bald mal einen Termin für mich freihaben«, erwiderte Tiny. Bei dem Thema war sie verständlicherweise ungeduldig und verbittert.

Am nächsten Morgen stand ich mit mindestens dreißig meiner Mitgefangenen so nah wie möglich am Zaun, hinter dem das Gefährt der Einwanderungsbehörde parkte. Alle hatten Tränen der Sehnsucht in den Augen, während wir Chika nachwinkten, die unsicher, fast wankend in den Wagen stieg. Als sie ihr hübsches Gesicht, das selbst nach zehn Jahren Gefängnis noch eine gewisse Unschuld barg, ein letztes Mal zu uns umdrehte, sah ich Tränen über ihr Make-up laufen. Ich hoffte, dass es Tränen der Freude als auch Tränen der Trauer waren. Sayonara, Chika.

Aus den Nachrichten erfuhren wir, dass ganz Japan seine tapfere Heldin in die Arme schloss, denn das ganze Land war von Chikas Unschuld überzeugt. Über zehn Jahre hatte sie vergeblich und verzweifelt versucht, die australischen Gerichte zu überzeugen, dass man sie hereingelegt hatte. Damals, als sie mit einer Reisegruppe über Malaysia für einen dreiwöchigen Urlaub nach Melbourne kam, hätte man ihre Koffer in Malaysia vertauscht. Chika behauptete, ein krimninelles Syndikat stecke dahinter. Ob die Wahrheit wohl jemals ans Tageslicht kommen würde?

Tiny fragte mich nach Chikas Weggang, ob ich zu ihr in den Block C2A ziehen wolle, und ich sagte spontan zu. Meine Freundin wollte versuchen, zur Feier des Tages ein wenig Heroin für uns aufzutreiben, aber ich lehnte dankend ab. Ich war mir sicher, dass ich die letzten 18 Monate meiner Strafe in diesem gemütlichen C-Block verbringen würde, zusammen mit vier Frauen, die ich gut kannte.

Doch auch meine Mitinsassinnen waren nicht zu unterschätzen. Tiny, die nach wie vor den ganzen Tag wie eine Wilde putzte, wurde unberechenbar und jähzornig falls wir ihren Befehlen nicht nachkamen. Ständig schrie sie uns an, und wenn wir mal nicht ihrer Meinung waren, wurde sie extrem aggressiv und gemein.

Kurz darauf zog die alte Trish zu uns und erzählte uns mit glänzenden Augen, dass sie in diesem Jahr endgültig entlassen werde und bald wieder bei ihrer Familie sei – sie hatte inzwischen über zehn Jahre von ihrer Haftstrafe abgesessen. Dann gab es noch Coxie, mit der nicht allzu viel anzufangen war, und Lisa. Sie war dabei, als ihr Ehemann einen Mord verübte, ich glaube wegen Drogenschulden. Das Gericht verurteilte die 35-jährige Mutter von zwei Kindern, weil sie nichts getan hatte, um das Verbrechen zu verhindern, und es außerdem unterlassen hatte, die Polizei zu verständigen. Sie erhielt dieselbe Strafe wie ihr Ehemann: 18 Jahre mit einem Minimum von 14 Jahren Freiheitsentzug. Lisa war depressiv und weinte Tag und Nacht.

Irgendwann fiel ich in eine Depression. Alles verlief nach Wunsch, versuchte ich mir einzureden. Warum nur war ich nicht glücklich? Schlaf fand ich seit einer Weile auch keinen mehr. Am schlimmsten war mein Zustand, sobald sich die Blocktür schloss. Ich fühlte mich dann eingeengt, bekam keine Luft mehr. Wenn ich versuchte den Mund zu öffnen, um zu schreien, gelang es mir nicht.

In jener schweren Zeit begann ich wieder damit, meine Zehennägel zu attackieren. Ich konnte nicht anders, es wurde zu einem

Zwang. Zunächst schnitt ich sie mir nur extrem kurz. Dann wagte ich mich an die Ecken, was ein bisschen wehtat. Sobald ich den Nagel restlos entfernt, also ausgerissen hatte, lief das Blut über meinen Zeh – Schmerz empfand ich dabei keinen. Ich verspürte Erleichterung und sobald das Blut floss, entkrampfte ich mich. Etwa drei Stunden später lag ich mit rasenden Schmerzen auf dem Bett. Der Schmerz bemächtigte sich meiner Gedanken und meiner Gefühle, ich war unfähig, an irgendetwas anderes zu denken.

Morgens musste ich ins Bildungszentrum und beim Gehen versuchte ich zu vermeiden, dass der Turnschuh bei jedem Schritt auf die offene Wunde drückte.

Caroline hatte mich in einer Raucherpause beobachtet und fragte mich in ihrer einfühlenden Art: »Was ist denn los, Pixie? Du hast doch was.«

»Ich glaube, ich bin deprimiert, aber ich weiß nicht genau, warum. Ich verstehe einfach nicht, was mit mir los ist.« Ich antwortete ehrlich, weil ich Caroline voll und ganz vertraute.

Sie insistierte. »Vielleicht kann ich dir helfen. Aber zuerst musst du mir erklären, warum du hinkst.«

Ich zog einen Turnschuh aus und zeigte ihr meine Füße. Betroffen schaute sie mich an, ihre Augen sagten mir, sie wisse genau, was ich da tue, und natürlich konnte ich damit nicht ins medizinische Zentrum gehen, da die Schwestern mich sofort in eine Ausnüchterungszelle stecken würden.

»Wenn ich mich schlecht fühle, dann verletze ich mich selbst, genau wie du. Du bist jetzt über drei Jahre im Knast, da ist es nur menschlich, Panikattacken zu bekommen. Du hast so viel erlebt, Pixie, so viel durchgemacht, du musst daran arbeiten, deine Seele zu reinigen. Ansonsten wirst du keinen Frieden finden. Tiny ist schwierig geworden, sie ist zwar eine gute Freundin, aber sie wird gerade immer verbitterter. Manchmal ist es einfach die Stimmung in unserem Block, dann hängen unendlich viel Schuld und Schmerz in der Luft.«

»Wie kann ich mich beklagen, solange es Frauen gibt wie dich, kleine Schwester, die so viel mehr Jahre auszuhalten haben als ich? Meine fünf sind nichts im Vergleich zu deiner Haftzeit und denen von Donna, Sue, Lisa, Coxie und Trish. Ich glaube auch, dass es die von Scham und Schuld beladene Luft ist, die mich so schwer atmen lässt.«

»Das Durchschnittliche gibt der Welt ihren Bestand,
das Außergewöhnliche ihren Wert.«
OSCAR WILDE

Vergangene Nacht fing die alte Trish auf einmal in ihrer Zelle an zu toben. Erst vernahm ich ein permanentes krächzendes »Ihr Schweinehunde!«, das vom Schlagen eines Stocks gegen die Zellenwand bekräftigt wurde. Sie fluchte und schimpfte vor sich hin.

Ich musste kurz wieder eingedöst sein, denn plötzlich wurde ich von einem Hilferuf geweckt. Ich hörte Schlüssel und die festen Schritte der Wärter. Als ich aufstand und langsam die Tür öffnete, sah ich die neuseeländische Krankenschwester neben Trish auf dem Bett sitzen. Krampfhaft hielt Trish eine Sauerstoffflasche fest und sog gierig daran. Vier Wärter standen um die beiden herum, Mr. Mauss war unter ihnen. Ich ging zu ihm und fragte ihn, was los sei. Er schmunzelte, wohl weil er Trish schon viel länger kannte als ich. Sie hatte einen Asthmaanfall erlitten, weil ihr geliebtes Footballteam – ich glaube, es war der Melbourner Club Essendon –, dessen Embleme ihre Zellenwand zierten, eine Niederlage hatte einstecken müssen.

Die treue alte Seele verlor also die Beherrschung, wenn man ihren Sportskanonen an den Kragen rückte. Ein gehöriges Aufmerksamkeitsdefizit hatten wir alle, und jeder balancierte es auf seine Art und Weise aus. Da dies alles im Morgengrauen geschehen war, blieb ich wach bis zum Weckruf, rauchte nervös ein paar Zigaretten, dachte nach und wartete.

Es war Mittwoch, und an diesem Tag kamen immer zwei Frauen in unsere Sporthalle und lehrten uns Boot Scootin' Boogie, australischen Line Dance. Wir hatten zwar keine Boots und auch nicht das richtige Outfit, aber Sue und Donna hatten enormen Spaß dabei, ihrer deutschen Freundin, einer ehemaligen Stripteasetänzerin, einen australischen Country-Tanz beizubringen. Sue zog mich ständig damit auf, dass ich zwei linke Füße hätte – immerhin behielt ich die Kleider an.

Solche Dinge wirkten ungeheuer entspannend, daher freute ich mich auch riesig, als Amanda eines Tages das Spiel *Trivial Pursuit* ins Gefängnis brachte; sie hatte die Erlaubnis dafür durchgesetzt. Von da an spielten wir jeden Donnerstagnachmittag mit fünf Teams zu jeweils drei bis fünf Frauen. Ich saß am Kopf des Tisches, und da ich kein Mikrofon hatte, musste ich die Fragen schreiend vorlesen. Jedes Team schrieb die Antwort auf einen Zettel, reichte diesen bei mir ein, und ich ermittelte anschließend die Gewinnerinnen. Das Team erhielt als Preis ein Shampoo oder etwas Ähnliches, gespendet von der Gefängnisleitung.

»Wer ritt des Nachts nackt durch die Straßen von London?«, lautete eine der Fragen. Meistens waren die Antworten falsch, weil die Frauen wegen meines deutschen Akzents nicht richtig verstanden hatten, worum es ging. So auch im Falle »nackt«-naked. Ich hätte mir beinahe die Kleider vom Leib gerissen, um das Wort »nackt« zu demonstrieren. Meine Mitspielerinnen bogen sich vor Lachen.

Irgendwann fragte Donna leicht gereizt: »Was bedeutet ›nackt‹? Und warum ›schreibt‹ jemand nachts?«

»Es muss sich um eine Novelle handeln«, warf Sue ein.

»Nein, nicht ›schreiben‹, sondern ›reiten‹ not ›wrote‹ but ›rode‹« versuchte ich in meinem besten Englisch zu erklären. Nicht selten musste ich das Wort oder die Frage mehrmals wiederholen. Auch mein »th« belustigte die anderen Frauen immer wieder, da ich es wie »f« aussprach.

Irgendwann unterbrach eine Lautsprecherdurchsage unser lustiges Treiben: »Andrea Mohr zum Besucherzentrum«. Dort erwartete mich Mr. Money mit zwei fremden Männern, die sich als Polizisten vom FBI entpuppten. Nach kurzem Geplänkel sagte der eine, sie hätten die Befugnis, meine DNA zu testen, während er mir mit einem Blatt Papier vor der Nase herumwedelte, wahrscheinlich dem Gerichtsbefehl. Ich las mir das Schreiben rasch durch. Dann öffnete ich den Mund, woraufhin der eine Mann mir mit einem Wattestäbchen in die Mundhöhle fuhr, es wieder herauszog und in eine Plastiktüte steckte, die er mit einem Siegel verschloss, das ich signieren musste. Ich wollte nur noch weg, denn in der Gesellschaft von Bullen fühlte ich mich prinzipiell unwohl.

Auf dem Rückweg traf ich die alte May. Schon aus einiger Entfernung konnte ich sehen, dass mit ihr etwas nicht stimmte. Sie wirkte merkwürdig aufgeblasen. Als die alte Engländerin vor mir stand und mich mit ihren wässrigen blauen Augen ansah, knirschte sie bei jeder Bewegung. Ich sprach sie darauf an, doch sie zuckte nur mit den Achseln, hob ihr Sweatshirt hoch und entblößte eine dicke schwarze Mülltüte.

Sie hatte an der Rezeption nur ein Unterhemd für den Winter bekommen, aber das befand sich gerade in der Wäsche. May hatte niemanden, der ihr Kleidung schicken oder vorbeibringen konnte, da ihre Familie nichts mehr von ihr wissen wollte, seit sie wegen Mordes an ihrem Exmann verurteilt worden war. Ich nahm sie mit in meine Zelle und gab ihr zwei warme Unterhemden. In den folgenden Tagen belästigte ich Mr. Money so lange mit der Geschichte von der Plastiktüte, bis er die Mitarbeiter an der Rezeption anwies, den Frauen so viele Unterhemden wie nötig auszuhändigen.

»Der Charakter eines Menschen wird am besten erkannt in der Vertraulichkeit, denn da herrscht kein Zwang. Oder in der Leidenschaft, denn diese überrennt eines Mannes Grundsätze. Oder endlich in einer neuen, unerprobten Lage, denn da lässt ihn die Gewohnheit im Stich.«
FRANCIS BACON

Nach einer endlos langen Suche fand ich endlich mein Zuhause. Der Umzug von C2A nach C2B sollte tatsächlich der letzte sein. Ich hatte eine neue Familie, in der ich mich sehr wohlfühlte.

Da war zum einen Sue, die ich nun schon seit Jahren kannte, da wir beide im Lebensmittellager gearbeitet hatten. Sie war etwa um die gleiche Zeit wie ich und Coxie in Deer Park angekommen. Anfänglich hatte sie große Probleme gehabt, sich mit ihrer Haftzeit abzufinden, aber irgendwann hatte sie begonnen, das Beste aus ihrer Lage zu machen. Das bedeutete: Sie war in einen ruhigen C-Block gewechselt, in dem sie mitbestimmte, wer einzog, und sie hatte einen der besten Jobs im ganzen Gefängnis ergattert, nämlich in der Rezeption die Wäsche zu waschen.

Dann war da noch Taba, eine leicht verwirrte Japanerin. Obwohl die Geschworenen Taba für schuldig befunden und sie zu mindestens 18 Monaten Haft wegen Betrugs verurteilt hatten, bewahrte sie sich einen unerschütterlichen Glauben an ihre Unschuld. Sie ließ ihre Kisten und Wäschekörbe unausgepackt unter dem Bett stehen, und als ich sie darauf ansprach, antwortete sie nur: »Die werden schon sehen, ich bin unschuldig. Ich bin jederzeit bereit zu gehen, niemand muss für mich packen, mein Mann und meine Kinder warten zu Hause auf mich.«

Wendy wohnte schon lange in Block C2B, sie war in meinem Alter, und wir kannten uns aus der Therapiegruppe. Sie war Alkoholikerin, immer schon. Alkohol ist ein Gebräu des Teufels. Ich musste an unsere Verlobungsfeier denken, als Werner und ich mehrere Tequilas und viel Bier getrunken hatten und auf dem Nachhauseweg von einer Polizeistreife angehalten wurden. Ich war zwar sturzbetrunken, meinte mich aber unter Kontrolle zu haben und noch souverän fahren zu können. Die Polizisten brachten mich zur Blutabnahme in ein Krankenhaus, wo der Alkoholtest ganze 2,4 Promille ergab. Als ich fragte, warum sie gerade mich angehalten hätten, antwortete der eine: »Weil sie auf beiden Seiten der Straße gleichzeitig gefahren sind.« Mir wurde damals für zwei Jahre der Führerschein entzogen. Als ich zehn Jahre später nach Deutschland zurückkehrte, musste ich schmerzlich erfahren, dass es eine Menge Geld, Geduld und Zeit kosten würde, den Führerschein zurückzubekommen.

In jener Nacht nahm ich zum allerletzten Mal Heroin. Ich musste mich ein wenig übergeben, denn das Heroin war zu stark – oder meine Toleranz zu niedrig. Mein angespannter Geist schaltete ohne Schwierigkeiten ab, alle Sorgen waren auch noch morgen lösbar. Allerdings bereitete mir der Zustand nicht das Wohlbehagen, das ich von früher in Erinnerung hatte.

Werner war noch lange nicht aus meinem Leben verschwunden. Sein und Carls Einspruch wurde im Februar 2003 verhandelt. Jeder Anwalt in Melbourne riss sich darum, die beiden vor Gericht zu vertreten, jeder hätte Millionen auf eine Neuverhandlung gewettet. Man bezweifelte, dass in der ersten Verhandlung die Korruption auf Seiten der Polizei gebührend berücksichtigt worden war, da Richter Leo Hart jegliches Material radikal abgelehnt hatte. Sollte sich das Blatt etwa gewendet haben?

Inzwischen wurden zahlreiche Polizisten der Drogenfahndung von Victoria offiziell der Korruption verdächtigt, verhaftet oder verurteilt. Darunter auch Detective Paton, der des Schmuggels von Sudafed-Amphetamin-Tabletten beschuldigt wurde. »Diese bösartigen kriminellen Machenschaften dienten dem alleinigen Zweck der finanziellen Bereicherung«, so der Urteilsspruch. Außerdem Detective Strawthorne, der dreimal für ein Drogenvergehen, dreimal für den Versuch der Einschüchterung mit Mordabsicht und einmal wegen Diebstahls angeklagt wurde und sich somit in eine, wie die *Herald Sun* schrieb, »Victoria Police Hall of Shame« einreihte. Und Detective Rosenes, der schon im Juli 2001 wegen Schmuggels mit großen Mengen Ecstasy für dreieinhalb Jahre ins Gefängnis gesteckt worden war und den der zuständige Richter als einen »kalten, berechnenden und nur an sich selbst interessierten Kriminellen« beschrieb. Nicht zuletzt traf es auch die Detectives Firth und Miechel, die unter dem Verdacht standen, in kriminelle Aktivitäten verwickelt zu sein. Detective Miechel etwa wurde beschuldigt, Drogen im Wert von 1,3 Millionen Dollar in die eigene Tasche gesteckt zu haben. Alles »ehrbare Polizisten«, wie Richter Hart sie genannt hatte, als sie uns verhafteten. Die interne Ermittlung war äußerst aktiv in jenen Tagen, denn die Vergehen innerhalb der Melbourner Polizei hatten zu dieser Zeit enorme Ausmaße angenommen. Die *Herald Sun* sprach von »Drogendelikten, Diebstahl, Geldwäsche, Betrug, sexueller Belästigung, Erpressung und Morddrohungen«.

Trotz der Faktenlage waren die Gerichte von Victoria nicht gewillt, einen Fehler zuzugeben. Das Urteil des Einspruchs von Werner und Carl sollte zu einem späteren, noch unbestimmten Zeitpunkt verkündet werden. Man sollte annehmen, die Beweise lägen längst unbestreitbar auf dem Tisch und eine Neuverhandlung wäre das Mindeste, was die beiden Männer erwarten konnten.

Unterdessen nahm die tägliche Routine hier in Deer Park ihren

Lauf. Ich lebte gerne in Block C2B, in dem es allen Frauen ganz gut ging. Nur Wendy wurde von Tag zu Tag dicker, woran in erster Linie ihre Depressionen und die dagegen verschriebene Arznei schuld waren. Ich befürchtete, sie würde noch depressiver werden, je mehr sie an Gewicht zunahm.

Irgendwann erhielt auch Kerry Tucker die Erlaubnis, zu uns zu ziehen, und sie stellte eine echte Bereicherung für unsere kleine Familie dar. Ich erinnerte mich noch sehr gut an unser erstes Treffen, als Kerry in Deer Park ankam.

Eines Abends saßen wir am Tisch beim Abendessen, als ein Wärter hereinkam und sagte: »Andrea, kommst du bitte mal mit und hilfst uns. Da ist eine Neue, die sieht echt gestresst aus, vielleicht bringt es was, wenn du mit ihr redest. Sie war auf Kaution frei, aber heute hat man sie eingezogen. Sie bekommt bestimmt ein paar Jährchen, das ist alles, was wir wissen.«

Wendy war etwas ungehalten, da sie gekocht hatte und wir noch nicht mit dem Essen fertig waren.

Draußen schaute ich in ein Gesicht mit kurz geschnittenem, fein säuberlich in Wellen um auffällig harte Gesichtszüge gelegtem Haar. Wie wird diese Frau erst nach einigen Jahren im Gefängnis aussehen?, fragte ich mich. Man sah die Schönheit unter den verbitterten Zügen, obwohl sie nur noch als Schatten zu erkennen war. Kerry muss eine stolze Frau gewesen sein.

Sie schluchzte, und ich legte ihr sanft einen Arm um die Schulter: »Wein ruhig, so viel du willst, und erzähl mir, was dich bedrückt, wenn du möchtest.«

»Es ist gar nicht, weil ich im Knast bin.« Sie wischte sich die Tränen von den Wangen, ehe sie fortfuhr. »Es ist wegen meines Ehemanns, ich nenne ihn Darth Vader. Er spielt andauernd Spielchen mit mir, das macht er schon immer, Misshandlungen, physisch und psychisch. Wir haben zwei tolle, kleine Mädchen, deshalb habe ich mich nie scheiden lassen. Versteh mich bitte nicht falsch, Andrea, aber ich denke, der Knast wird ein Kinderspiel im Vergleich zu den 17 Jahren Ehe, die ich hinter mir habe.«

Ich mochte die Frau sofort, sie hatte nie Drogen genommen und war etwa in meinem Alter. Am meisten bewunderte ich ihre klare

Art zu denken. Offensichtlich hatte Kerry viel Seelenarbeit vor sich, aber sie würde es schaffen, denn sie war stark.

»Ich bin hier wegen Imports von Kokain und habe fünf Jahre Minimum«, erzählte ich ihr.

»Ich bin noch nicht verurteilt, es ist eine große Diebstahlsache, eher Betrug, in Millionenhöhe.« Sie sollte sich einige Monate später schuldig bekennen und eine Haftstrafe von sieben Jahren mit einem Minimum von viereinhalb Jahren erhalten. »Meine Mädchen sind jetzt bei Darth Vader, ich habe Angst, dass er sie nicht zu mir bringt«, sagte sie, bevor wir uns für diesen Tag voneinander verabschiedeten.

Sorgen machten mir zu jener Zeit hauptsächlich einige der Langzeitinsassinnen. Häufig wurde Code Black ausgerufen. Zuerst versuchte Jo sich die Pulsadern mit einer stumpfen Einwegrasierklinge aufzuschlitzen. Der Versuch schlug fehl. Um einiges tragischer war der Versuch von Fatima kurz darauf, deren Einspruch vor wenigen Wochen abgelehnt worden war. Die 21 Jahre, die sie für die Ermordung des mit Viagra aufgeputschten Kriegsveteranen bekommen hatte, standen wie ein unbezwingbarer Berg vor der 35-jährigen Muslimin.

An jenem verhängnisvollen Morgen musste Fatimas Blockgenossin Trixie, die schon auf dem Weg zur Arbeit war, noch einmal zurück in ihre Zelle, weil sie etwas vergessen hatte. Fatimas Zellentür war unüblicherweise verschlossen, was ihr sofort auffiel. Zuerst wollte Trixie sich nur schnell ihre Handschuhe schnappen und zur Arbeit eilen, da hörte sie einen verdächtig dumpfen Laut aus der Zelle von Fatima. In den letzten Tagen war die Muslimin ungewöhnlich depressiv gewesen, erinnerte sich Trixie und bekam Angst. Die Tür zu öffnen war unmöglich, daher schrie sie so laut, dass die dünnen Wände bebten.

Die Hundestaffel und einige Wärter rannten sofort herbei, brachen die Tür mit Gewalt auf und befreiten Fatima, die an ihrem Schal an der Zellentür hing. Die Muslimin war bereits für wenige Sekunden im Jenseits gewesen. Sie war keinesfalls dankbar dafür, dass man sie wiederbelebt hatte, sie war Trixie sogar lange Zeit böse, dass sie ihr das Leben gerettet hatte.

Große Sorgen bereitete mir auch meine Freundin Donna, die eigentlich bei uns einziehen wollte, es jedoch immer wieder aufschob. Sie machte zunehmend häufiger Anspielungen auf die Sinnlosigkeit ihrer Existenz und zum Dank steckte man sie für kurze Zeit in Block B4, um sie besser überwachen zu können. Vielleicht konnten die Psychiater ihr ja beibringen, wie man mit einer Zukunftsperspektive von 21 Jahren Haft glücklich wird.

Donna wartete mit einem Herzen voller Hoffnung auf einen guten Ausgang der Verhandlung ihres Einspruchs. Aber die Traurigkeit der Welt war der verdammte Fluch von Deer Park, und eine weitere verlorene Seele ging ihren Weg in die Dunkelheit, als der Einspruch abgelehnt wurde. Und das war leider noch nicht alles. Das Familiengericht entschied, Donna das Sorgerecht zu entziehen. Ihre beiden Mädchen sollten bei ihren Schwiegereltern leben, also bei den Eltern des Opfers, und Donna sollte sie nicht mehr sehen dürfen. Sie erhob auch dagegen Einspruch und wartete voller Furcht auf die Entscheidung. Es schien, als verletzte sie das Sorgerechtsurteil mehr als die Gefängnisstrafe für den Mord.

Ein außergewöhnliches Ereignis um diese Zeit war die alljährlich stattfindende Ausstellung und die Aufführung eines Theaterstücks. Mit Sicherheit würde kein anderes Hochsicherheitsgefängnis so etwas erlauben. Zwar waren die Loyalität und ein kooperatives Verhalten der Gefangenen garantiert, aber bereits der kleinste Zwischenfall hätte das ganze Ereignis gefährdet. Wir waren alle, einschließlich Donna, ein wenig aufgeputscht vor lauter Vorfreude auf die Aufführung.

Es war halb sechs am Abend, als der gesamte Knast abgeschlossen wurde. Nur uns Künstler – Donna, Caroline und mich – führte man in die Sporthalle, wo unsere Bilder ausgestellt waren. *A dream being born* hieß das Theaterstück dieses Jahr, das eine Gruppe Künstler namens »Somebody's Daughter« organisierte, die wöchentlich zu uns nach Deer Park kamen, um mit uns zu arbeiten. Das Stück sowie die Gemälde, die bei der Ausstellung gezeigt wurden, handelten von Themen wie Drogen, Separation, Selbstmord, Kriminalität, Sexualität und Missbrauch. Man hatte sich entweder an dem Theaterstück oder der Ausstellung beteiligen können.

Eigentlich sagte mir das Theaterspielen mehr zu, aber die Leute beim Malen schienen sympathischer, deshalb hatte ich mich der Gruppe angeschlossen.

Unsere Gemälde hingen direkt neben dem Eingang, und wir standen stolz daneben, als die über 100 Gäste an den ausgestellten Werken entlangstolzierten. Hinter der dreireihigen Galerie befand sich die Bühne, wo wir uns in die Stuhlreihen setzten, um uns die Aufführung anzusehen. Danach durften wir Insassinnen uns noch ein bisschen unters gemeine Volk mischen, mit den Gästen plaudern und uns am angerichteten Büfett bedienen. Es gab Sushi und vegetarische Häppchen. Lecker! Köstlich!

Für drei Nächte fühlte ich mich endlich wieder als Mensch, als ein Teil der Gemeinschaft im Großen und als ein Teil eines kulturellen Ereignisses im Kleinen. Nachts musste ich weinen, denn ich erinnerte mich an all die Ausstellungen, Konzerte und Theatervorführungen, die ich in meinem Leben schon besucht hatte. Wenigstens ein winziger Funke der realen Welt schien hier auf uns, ein winziger Moment der Kultur, eine Oase der Normalität in dem Nichts von Deer Park.

Wir alle wussten, dass uns die Menschen vor den Toren von Deer Park als Monster betrachteten, dass die Gesellschaft uns ächtete. Wir machten uns keine Illusionen über die Ablehnung der Menschen und wussten von unseren mehr als schlechten Chancen auf einen Arbeitsplatz nach unserer Entlassung. Eine zehnjährige Lücke im Lebenslauf und einen exzellenten Ruf als Safeknacker oder Mörder erkennen nun mal die wenigsten Arbeitgeber als Pluspunkte an.

Einige Tage später, an einem kalten, aber regenfreien Tag überraschte mich die gesichtslose Stimme aus dem Lautsprecher. »Herzlichen Glückwunsch zum Vierzigsten, German«, posaunte es quer übers ganze Gelände. Leicht errötet schaute ich zu meinem Block hinüber, wo meine Freundinnen standen. Vor der Tür erblickte ich eine riesengroße 40 in Grün, Gelb und Blau, die Vorhänge und Wände waren ebefalls mit der Zahl verziert und selbst auf den Milchflaschen und im Schrank auf den Konservendosen entdeckte ich die Zahl 40. Jede überreichte mir ein kleines Geschenk und eine Karte, danach aßen wir von den Köstlichkeiten, die Wendy, die ohnehin gern kochte, und Sue, die es genau wie Kerry gewohnt war, einen Haushalt mit Kindern zu führen, den ganzen Tag in der Küche gezaubert hatten: vegetarische Pasteten, Hähnchenschlegel, Salate und verschiedene Kuchen wie Marmor-, Bananen-, Käse- und Apfelkuchen.

In der Nacht träumte ich von einem mysteriösen Tunnel unter den Mauern um Deer Park. Ich malte mir aus, wie ich einer Gazelle gleich hindurchschlüpfen, zur Hauptstraße laufen und dort ein Auto anhalten würde – falls ich einen Fahrer fände, der trotz meiner auffälligen Sträflingskleidung mutig genug wäre, mich mitzunehmen. Aber was passierte stattdessen? Ich erwachte durch das Dröhnen der Alarmglocke. Über die Lautsprecher wurde Alarm ausgerufen: Code Lime. Die Wärter ignorierten unsere Proteste und schlossen uns in unseren eiskalten Blöcken ein. Keine der Frauen hatte auch nur die leiseste Ahnung, was Code Lime bedeutete. Oft hatte ich das Gefühl, die Gefängnisleitung bestimmte die verschiedenen Codenamen nach den Jahreszeiten. Erst später deckten wir das wohlgehütete Staatsgeheimnis um den Code Lime auf. Als die Wärter zum Zählen kamen, wurden sie nervös, da wir zusammenstanden und rauchten. »Alle Zigaretten sofort ausdrücken!«, herrschten sie uns an. Denn Code Lime bedeutete: Gas tritt aus.

»Es ist mehr wert, jederzeit die Achtung der Menschen zu haben als gelegentlich ihre Bewunderung.«
JEAN-JACQUES ROUSSEAU

Sobald man mehr als drei Jahre seiner Haftzeit abgesessen und diese untadelig verbüßt hatte, konnte man laut Gesetz im letzten Jahr seiner Haftstrafe ab und zu für ein paar Stunden auf Probe entlassen werden. Dann durfte man zum Beispiel für einen Nachmittag im Park spazieren gehen oder sich in ein Café setzen – selbstverständlich in Begleitung mehrerer Wärter.

Doch die Gefängnisleitung zeigte mir auch in diesem Punkt die kalte Schulter. Ausländerin – nein! »Wir sehen uns nicht verpflichtet, dich in die Gesellschaft zurückzuführen, da du später nicht in diesem Land leben wirst«, teilte mir das Sentence Management auf Anfrage mit. Ich hätte die Reintegration wirklich bitter nötig gehabt, aber die Gründe dafür konnte ich keinem Gremium plausibel machen. Ich konnte ihnen nicht erklären, dass schon eine einfache freundschaftliche Berührung von Beth mich befremdete und unsicher machte und dass die Vorstellung, auf fremde Menschen zu treffen, mich völlig irritierte. Umgangsformen? Wie sollte ich mich verhalten, wenn ich im Kaffeehaus saß und ein Mineralwasser bestellen oder wenn ich mir morgens in der Bäckerei ein Brot kaufen wollte? Im Auto durch den Stadtverkehr zu fahren erschien mir gar wie eine surreale Horrorvision.

Wegen dieser unanfechtbaren Ablehnung, mir zu helfen, gab ich mich mehr denn je der Tätigkeit als Peerworkerin hin. Anstatt in ein Café zu gehen, erlaubte man mir eben einen Besuch im Bunker, um dort einer Frau zu helfen. Im Bunker war Hilfe mal wieder dringend nötig und bei einem meiner Einsätze führten sie mich ohne Handschellen in Block A2. Ein seltsames Gefühl beschlich mich, als ich das kalte, hufeisenförmige Gebäude betrat – diesmal als Gast. Ich ließ die schwere Tür hinter mir einfach wieder zufallen. Der Schließer begleitete mich nicht weiter, da er wusste, ich würde mich sofort melden, sollte ich ihn brauchen. Ich trat in den Glaskasten, wo die Wärter vor Monitoren saßen und umgeben von Telefonen Wache hielten.

Simone war erst vor wenigen Monaten entlassen worden und schon wieder zurück in Deer Park. Gleich bei ihrer Ankunft hatte man sie in den Bunker gesteckt. »Wir können Simone nicht in Block A5 lassen«, hieß es. »Wir haben guten Grund zu der Annahme, dass ihr Leben dort in Gefahr ist.« Mit diesen Worten ließ die Aufseherin uns, nicht ohne mir einen strengen, misstrauischen Blick zuzuwerfen, für fünf Minuten allein. Natürlich blieb sie in der Nähe stehen und sicherlich war ein Mikrofon irgendwo in der Zelle versteckt, sodass jedes unserer Worte in eines der Sicherheitsbüros drang.

Simone hängte sich sofort verzweifelt an meinen Arm. »Scheiße. Was ist hier los? Ich weiß nicht, was die Wärter vorhaben.« Dann warf sie sich wild schluchzend an meine Brust. »Andrea, hilf mir.

Warum hält man mich hier fest? Ich habe nichts getan, echt nicht!«

»Wenn ich nur wüsste, was los ist. Was hast du in den Monaten in Freiheit getan? Wen hast du getroffen? Warst du in Schwierigkeiten?«, fragte ich, um einige Möglichkeiten auszuschließen.

»Scheiße, absolute Scheiße. Nichts. Da war nichts!«

Ich stand vor einem Rätsel. Niemand hatte etwas Positives oder Negatives über Simone gesagt, eigentlich wusste kaum eine der Frauen, dass sie zurück war. Ich hatte nur deshalb davon erfahren, weil sie mir über einen der Wärter einen Brief hatte zukommen lassen, in dem sie mich um Hilfe bat, als Peerworkerin und als Freundin. Ich wusste auch, dass Simone bei ihrem letzten Aufenthalt in Deer Park mit niemandem in Konflikt geraten war.

Sie machte unbewusst einen Schmollmund, und man sah ihr an, dass sie angestrengt nachdachte. Dann sagte sie: »Nein! Nur ein Mal, da hat einer etwas Schlechtes über Emma gesagt, das war in der Spencer Street, in der Szene – da habe ich mein Messer gezogen und zugestochen. Nichts weiter als ein kleiner Kratzer! Später wurde ich dann wegen Drogenbesitzes eingesperrt. Habe eine Woche in den Zellen in der Stadt verbracht, wo ich entzogen habe. Die verdammten Schweine glauben doch nicht, ich hätte verdammtes Dope in meiner Muschi versteckt?«

»Möglich ist alles. Lass mich ein wenig Dick Tracy spielen. Verlass dich auf mich. Entweder hole ich dich hier raus oder ich komme bald wieder zu Besuch, okay?«, sagte ich.

Sie fing laut an zu weinen. Als die Wärter zurückkamen, klammerte sich Simone an mich und drohte, sich etwas anzutun, aber es half alles nichts. Sechs Wärter hielten sie zurück, und während ich mich entfernte, schrie sie mir nach: »Hilf mir!« Ihr Schreien gefror mir in den Knochen, als ich Block A2 verließ.

Als ich vor der Ausgangstür stand, hielt mich Woody, der mich mittlerweile gut kannte, am Ärmel fest. »Kannst du der Sache bitte nachgehen, Andrea? Wir wollen Simone nicht im Bunker festhalten. Unsere Lage ist prekär, denn wir haben die Pflicht jeden am Leben zu erhalten. Du verstehst.«

Ich nickte nur.

»Wenn du uns die nötigen Informationen lieferst, können wir Simone vielleicht bald rauslassen.« Er räusperte sich und machte Anstalten zu gehen, war aber unschlüssig.

Ich ignorierte es und antwortete: »Ich kenne euch nur zu gut. Den Spitzel werde ich für euch auf gar keinen Fall spielen. Jede Information, die ich herausfinde, werde ich entweder für mich behalten oder ich werde damit zur Anstaltsleitung gehen. Sorry, aber das verstehst du doch, oder? Nur eines kann ich euch versprechen: Simone hat keine Drogen in ihrem Geheimversteck, falls euch das beunruhigt.«

Woody öffnete die Tür, hielt sie mir auf, und nachdem ich hindurchgeschlüpft war, machte er sie hinter mir wieder zu.

Am Abend sprach ich mit Kerry über die Sache. Sie war mittlerweile eine engagierte, leidenschaftliche Peerworkerin geworden, sie war oft deutlich diplomatischer als ich, besonders wenn es darum ging, mit dem Management oder Mr. Money zu reden.

Am nächsten Tag gingen wir beide direkt zu ihm ins Sicherheitsbüro. Er vertraute uns an, dass sie ein Telefongespräch mitgehört hatten. Eine Insassin hatte damit gedroht, Simone umzubringen, sobald sie zurückkam. Er flüsterte uns den Namen der Möchtegern-Mörderin zu, betonte aber im selben Atemzug, dass diese Information absolut vertraulich sei.

Ich kannte die Frau, denn ich hatte mit ihr im vergangenen Jahr in Block B2 zusammengelebt. Als ich die Betroffene wenig später damit konfrontierte, lachte sie nur. Sie habe nicht von der Simone hier in Deer Park gesprochen, sondern von einer anderen, die in Queensland lebte. Kurz darauf stellte sie vor Mr. Money klar, dass man sie falsch verstanden habe. Trotzdem sollte es noch zwei Tage dauern, bis die erleichterte Simone in den Block A5 einziehen konnte.

Den anderen Frauen mit meiner Erfahrung zu helfen und ihre Lebensbedingungen hinter Gittern ein klein wenig zu verbessern, gab mir ein gutes Gefühl. Immerhin mangelte es an vielem: Wir hatten weder genügend Ärzte und Krankenschwestern noch ausreichend Lehrer und Therapeuten.

Einmal bekam ich eine schöne Gelegenheit, mich für weitere Verbesserungen in Deer Park einzusetzen. Mr. Money bat mich, ausgerechnet die Ausländerin, als Repräsentantin der Insassinnen aufzutreten. Man kann es kaum glauben, aber eines Morgens empfing ich Robert Justin Hulls, den Generalstaatsanwalt Victorias, Penny Armytage, Kelvin Anderson, den Chef der Gefängnisse in Victoria, und einige weitere Minister, die sich Deer Park mal aus der Nähe ansehen wollten. Mr. Money versuchte, den Damen und Herren klarzumachen, dass wir mehr Geldzuschüsse brauchten, ohne dass er darum bettelte. Auf alle Fälle vermittelte ich den Abgesandten einen Einruck von Deer Park, und zwar aus unmittelbarer Nähe und sehr persönlich.

Nur wenige Wochen danach hatte ich ein Treffen ganz anderer Art. Ich war auf dem Weg von meinem Block zum Bildungszentrum und erstarrte regelrecht mitten im Gehen. Ehrfürchtig schaute ich auf die gemütlich vor mir liegende, kräftige braune Schlange, die sich, wie es Schlangen gerne tun, in der Sonne aalte. Ich konnte dem Kaltblüter direkt in die Augen schauen, denn ich war keine Zehenlänge von dem glitschigen Körper und den giftigen Zähnen entfernt.

Der Versuch zu fliehen schien sinnlos. Ob meine Turnschuhe dick genug wären, einem Biss dieser Schlange standzuhalten? Sollte das Gift mich erwischen, hätten die Schwestern im medizinischen Zentrum sicherlich nicht das passende Gegengift. Es gibt so viele giftige Schlangen in Australien, da ist es unmöglich, alle Antiseptika vorrätig zu haben.

Da bog eine Frau um die Ecke und schrie plötzlich wie am Spieß: »Bist du verrückt, German? Das ist eine der giftigsten Schlangen, die es gibt. Renn!« Mit diesen Worten stürzte sie davon.

»Zu spät«, murmelte ich und schaute meiner neuen Freundin zu, wie sie sich gemütlich davonschlängelte und unter den nächstbesten Stein kroch. Offensichtlich standen Krauts nicht auf ihrem Speiseplan. Jede hier im Gefängnis, die von meinem Erlebnis hörte, hielt mich für lebensmüde. Die anderen Frauen zogen mich den ganzen Tag über mit meiner Begegnung mit Fräulein Giftmaul auf. Ich war die abenteuerlustige, dumme Deutsche, die verloren in dem großen weiten Land Australien herumirrte. Caroline meinte, es sei typisch für mich, immer träumend in die Luft zu schauen, anstatt auf den Boden der Tatsachen zu blicken. Ich sei eben *off with the Pixies*.

Ohnehin hatten die Australier einen sehr speziellen Sinn für Humor und erzählten gerne Geschichten. Was die folgende betrifft, so konnte ich mir keine Klarheit verschaffen und fand nie heraus, ob sie nun wahr oder erfunden war.

Eine junge Deutsche hatte den Sari-Klub in Bali nur fünf Minuten vor der Detonation der Bombe verlassen. Als sie im Flieger Richtung Australien saß, fühlte sie sich als glücklichste Frau der Welt. Doch das Schicksal lässt sich nicht austricksen. In Australien besuchte sie das Outback, kam an einen Fluss, hielt ihre Füße ins Wasser und wurde von einem Krokodil gefressen. Ihre Uhr war eben abgelaufen. Meine australischen Freunde hatten nur den Kopf über diese Geschichte geschüttelt und gemeint, diese blöden deutschen Touristen hätten eben keine Ahnung.

Man könnte auch sagen: Einige Deutsche haben zu viel Mut und zu wenig Angst, was ihnen manchmal zum Verhängnis wird. Ein besonders mutiger Mensch war ein Freund von Carl und mir, den ich unter nicht ganz gewöhnlichen Umständen während meiner Zeit hier in Deer Park kennenlernte.

Carl war während seiner Haftzeit in Australien auch für zwei lange Jahre im Port Phillip Prison inhaftiert, wo er sich mit einigen schweren Jungs anfreundete. Einem von ihnen, Hugo Rich, zeigte er ein Foto von mir, woraufhin dieser fragte, ob er mir mal schreiben dürfe. Carl gab ihm die Anschrift von Deer Park und das war der Beginn einer spannenden Brieffreundschaft. Hugo war intelligent und hatte einen scharfen Verstand, seine Briefe waren eine willkommene Bereicherung und wohltuende Abwechslung in meinem Leben hinter Gittern.

Hugo Rich – er war in Deutschland geboren und hieß mit bürgerlichem Namen Olaf Dietrich – war wie wir ein prominenter Verurteilter, der seine gesamte Haftstrafe in einem Hochsicherheitsgefängnis absitzen sollte. Er fand ebenfalls Erwähnung in den *Underbelly*-Büchern, und zwar in Band zwei oder drei. Für mehrfachen bewaffneten Bankraub hatte er ein Maximum von zwölf Jahren mit einem Minimum von neun Jahren bekommen.

Als seine Haftzeit sich dem Ende zuneigte, veranstaltete die *Herald Sun* eine regelrechte Hetzjagd. Sie inszenierte eine Leserumfrage, die eindeutig gegen Hugo gerichtet war. Die Frage lautete, ob ein notorischer Verbrecher nach acht Jahren, also ein Jahr vor seiner Entlassung, auf die Wiedereingliederung in die Gesellschaft vorbereitet werden solle? Solle man ihm Tagesausflüge gewähren, obwohl man genau wisse, dass dieser Mann ein Wiederholungstäter sei? Nein, lautete die mehrheitliche Meinung, da waren die Leser sich einig. Nein, dieser Mann verdiente all das nicht!

Als ich das hörte, fragte ich mich: Wann hat ein Mensch seine Strafe verbüßt? Wo ist die allzeit ausgelobte zweite Chance? Der Bewährungsausschuss gewährte Hugo nicht einen Tag der Eingliederung. Ja, sie verweigerten ihm letztendlich sogar die Entlassung auf Bewährung.

Bei einer der üblichen Razzien im Port Phillip Prison fanden die Wärter bei den Gefangenen nicht nur die üblichen Drogen und Utensilien wie Heroin, Kokain, Speed, Einwegspritzen und Wasserpfeifen, sondern auch aus Kugelschreibern gebastelte Pistolen. Durch den Fund aufgescheucht, suchten die Männer gründlicher weiter. Noch am selben Tag wurde in allen Gefängnissen in Victoria ein Kugelschreiberalarm ausgerufen. Bis sechs Uhr abends mussten wir jeden verdammten Kugelschreiber abgeben – im Gegenzug bekamen wir Schreibstifte, die aus durchsichtigem Plastik waren. Zwar konnte man die noch immer in eine Pistole verwandeln, doch war es für die Wärter nun schneller ersichtlich.

Hugo hatte nichts mit der Produktion der Pistolen zu tun, und in seiner Zelle hatten die Wärter auch nichts gefunden. Hugo war weitaus einfallsreicher. Die Zeitungen bezeichneten ihn gerne als intelligent, gutaussehend und charismatisch. Vor seiner kriminellen Karriere hatte er in Melbourne eine gute Position als Börsenmakler, wohnte in South Yarra in einem Luxusapartment, fuhr einen teuren BMW und zog nur die edelsten Designerklamotten an. Er war keineswegs der übliche Kleinganove, der auf der Straße aufgewachsen ist, sondern hatte Schneid und ein Auge für gute Geschäfte.

Selbst in den Jahren, in denen er im Gefängnis saß, kannte sein Einfallsreichtum keine Grenzen. Er hatte sich selbst zum Anwalt ausgebildet und so einmal sogar seine eigene Verhandlung gewonnen. Im Jahr 1992 sorgte er für einen Präzedenzfall, der als *The Dietrich case* in die Justizgeschichte von Australien einging, weil er dem Angeklagten das Recht auf eine faire Verhandlung und auf einen Anwalt sicherte, obwohl dieser nicht über die nötigen finanziellen Mittel verfügte. Unglücklicherweise hatte es Hugo nicht mehr viel genutzt, denn seine fünf Jahre Freiheitsstrafe waren ohnehin abgesessen, als er seine Freiheit zurückgewann. Höchstwahrscheinlich löste dies in ihm einen tiefen Groll gegen das australische Rechtssystem aus, denn von da an stand er mit ihm auf Kriegsfuß.

Hugo war, neben einigen anderen Dingen, auch ein begeisterter Schreiner und fertigte in der Werkklasse im Gefängnis einen wunderschönen Schreibtisch für seine karge Zelle. Der Schreibtisch hatte ein Geheimfach, das bei den Razzien bisher nie entdeckt worden war. Doch bei der Suche nach den Kugelschreibern waren die Wärter gründlicher, und als man ein Mobiltelefon in dem selbst gebastelten Schreibtisch fand, überlegte die Gefängnisleitung lange, wie die Strafe dafür ausfallen sollte. Immerhin, für sechs Monate war Hugo in den Genuss gekommen, des Nachts mit der halben Welt zu kommunizieren und Geschäfte zu machen. Er bereute es nicht, dafür im Bunker zu landen, denn er hatte sich selbst bewiesen, dass er seinen alten Schneid noch lange nicht eingebüßt hatte. Er sorgte eben auf seine ganz persönliche Art und Weise für seine Wiedereingliederung in die Gesellschaft.

Nur wenige Tage später fiel mir auf, dass in letzter Zeit immer bloß meine Zelle zerwühlt und durchsucht worden war. Noch am selben Morgen fing Mr. Money mich ab. Er lief nicht oft und schon gar nicht ohne wichtigen Grund auf dem Gelände herum, daher wusste ich, es war etwas geschehen. Wir huschten unter das Vordach des Bildungszentrums, da uns der einsetzende starke Regen sonst binnen Sekunden durchgeweicht hätte.

»Was hast du mit Hugo Rich zu tun?«, fragte mich der General Manager mit besorgtem Gesichtsausdruck. »Tatsächlich vergesse ich oft, dass … eine intelligente Frau wie du …« Er fuhr sich über die Schulter, wie immer, wenn ihm die Worte fehlten.

»Wir sind Brieffreunde.«

»Darf ich dir einen Rat geben?« Ohne meine Antwort abzuwarten, fügte er hinzu: »Eine Bekanntschaft wie diese kann falsch eingeschätzt werden und dir unnötig Schwierigkeiten bereiten. Hugo wird auf Schritt und Tritt überwacht, für ihn gilt die höchste Sicherheitsstufe. Er hat in den vergangenen Jahrzehnten in den Gefängnissen immer wieder für Unruhe gesorgt. Wir wissen schon gar nicht mehr, wohin mit ihm. Besser, du schreibst ihm nicht mehr.«

»Vielen Dank. Das ist mir alles bewusst, aber er ist ein Brieffreund und das wird er auch bleiben.« Kurz ging ich das Für und Wider unserer Beziehung durch. Wenn ich den Kontakt weiter pflegte, würde man meine Zelle auch in nächster Zeit nervenaufreibend oft durchsuchen. Aber was soll's?

Hugo und ich schrieben uns weiterhin. Am Ende ist nämlich nur eines wichtig: Wenn ich mir abends das Make-up abwasche, muss ich meinem Spiegelbild unbeschwert entgegenblicken können.

FREIHEIT

»Die Freiheit des Menschen liegt nicht darin,
dass er tun kann, was er will, sondern,
dass er nicht tun muss, was er nicht will.«
JEAN-JACQUES ROUSSEAU

Die ersehnte Freiheit. Ich konnte sie beinahe spüren, wenn ich morgens unter der Dusche stand; ich konnte sie erahnen, wenn ich die frische, warme Winterluft einatmete, doch hören und schmecken, ertasten und erfahren konnte ich sie noch nicht. Dazu fehlten nicht nur Straßenlärm und Leckereien, sondern auch alle lebhaften Details, die das Leben in der Freiheit ausmachen – etwa ein ausgelassenes, vor Freude heiter lachendes, unbeschwertes Gesicht.

In meinem letzten Jahr in Deer Park, gegen Ende meiner Haftzeit, befiel mich noch einmal eine sanfte Traurigkeit, vermischt mit einer ungewohnten Rastlosigkeit. Unterbrochen wurden diese Phasen von Zeit zu Zeit von einer geradezu beflügelnden Euphorie. Ich verspürte Traurigkeit über diesen trostlosen Ort, Rastlosigkeit, weil ich seit Jahren nicht in Deutschland war und meine Zukunft unwirklich schien, und Euphorie, weil ich mich endlich wieder ins Leben stürzen wollte. Ich stand hoch oben auf dem Zehn-Meter-Brett, schaute auf das blaue Wasser hinunter und war bereit zum Absprung – doch jemand hielt mich zurück und mir blieb nichts anderes übrig, als weiter sehnsüchtig hinunterzublicken.

Würde ich fähig sein, noch einmal ganz von vorn anzufangen? Würde ich dieselben Fehler wieder machen? Sind es nicht die Fehler, über die ein Mensch sich definiert? Sicherlich würde ich noch viele neue Fehler machen.

Diese Gedanken schwirrten mir durch den Kopf, während ich am Samstagmorgen wie jeden Samstag die Zelle putzte. Bei der Hausarbeit konnte ich schon immer gut meine Gedanken schweifen lassen. Samstags war außerdem Besuchertag, und da ich schon lange keinen Besuch mehr gehabt hatte, war ich überrascht, als es aus dem Lautsprecher plärrte: »Andrea Mohr ins Besucherzentrum!« Erst zuckte ich leicht zusammen, dann wurde ich mürrisch, weil ich meine Putzaktion zu den Klängen von Eminem unterbrechen musste. Langsam schlenderte ich über den fast leeren Platz zum Besucherzentrum. Es war einer dieser typischen schwülen Tage in Melbourne, und rasch bildete sich in meinem Nacken ein Schweißfilm. Wer konnte das sein? Vielleicht hatten sie ja den falschen Namen ausgerufen?

Als ich nach der Leibesvisitation im Besucherzentrum in die Runde blickte, erkannte ich ihn sofort an der Größe, der Statur und dem Wuschelkopf. Er überragte alle anderen Besucher. Wir umarmten uns – dabei musste ich mich auf meine Zehenspitzen stellen –, und ich strahlte übers ganze Gesicht. Dann setzten wir uns ins Freie auf eine der grünen Bänke.

»Du siehst aus wie eine Astronautin oder ein Teletubby«, sagte er und legte die Stirn in Falten, um Ernsthaftigkeit vorzutäuschen, was ihm aber nicht lange gelang. Also lockerten sich seine Gesichtszüge wieder und machten einem natürlichen Lachen Platz.

»Werd bloß nicht frech. Erzähl mir lieber, was du hier machst«, erwiderte ich, überglücklich, einen meiner besten Freunde aus Melbourne zu sehen, der gerade wie ein Phantom dem Nichts entstiegen war: Kurt.

Mein Herz schlug schneller, als er mir erzählte, er habe all unser Hab und Gut, das die Polizei nach der Verhaftung im Haus zurückgelassen hatte, verpackt und in einer Lagerhalle deponiert. Unglaublich! Rasch entschieden wir uns dafür, die Möbel zu verkaufen, das würde für die Miete der Lagerhalle reichen. Mein Schmuck war also in Sicherheit, ebenso meine Fotos, meine Kleider und einige andere persönliche Dinge, die Kurt alle gewissenhaft in

26 Kisten verpackt hatte. Nun wollte er wissen, was er damit tun solle. Ich gab ihm die Adresse meiner Mutter, damit er alles nach Deutschland schicken konnte.

Lange war ich der festen Überzeugung, alles verloren zu haben, und nun tauchten meine persönlichen Dinge – in Form von Kurt – wieder auf. Was für ein Freund! Er erklärte mir, dass er mit dieser Neuigkeit hatte warten wollen, bis unser Gerichtsverfahren, das so viel länger dauerte als erwartet, vorbei war. Nach Kurts Besuch tanzte ich fast in meinen Block zurück und der Hausputz war im Nu erledigt.

Nach einem ruhigen Wochenende war ich am Montag wie immer unterwegs zum Bildungszentrum, als mich der nervige Lautsprecher erneut rief: »Andrea Mohr sofort ins Besucherzentrum!« Was? Das war unmöglich. Oder wollten sie einen Urintest durchführen und mich auf diese Weise bloß an Ort und Stelle locken? Montags gab es keine Besuchszeiten, da waren nur offizielle Besucher wie Anwälte oder Polizisten zugelassen. Als der merkwürdige Sicherheitsoffizier mit dem Glasauge, den wir passenderweise Zyklop nannten, mir dann auch noch sagte, dass die Polizei auf mich warte, beschlich mich erst recht ein ungutes Gefühl.

Es handelte sich um die interne Ermittlung, die mich zum Thema Polizeikorruption in Victoria befragen wollte. Da man erst neulich Detective Miechel festgenommen hatte, wollten sie nun wohl auch meine Version von der Nacht unserer Verhaftung hören. Die Ereignisse von damals waren inzwischen so lange her, so weit weg – sie schienen Teil einer anderen Welt zu sein, eines vorherigen Lebens. Ist das alles tatsächlich mir passiert?, fragte ich mich.

Natürlich erinnerte ich mich trotzdem noch genau daran. Ich erzählte ihnen von den 25 Jahren, den kalten Drohungen, den banalen Einschüchterungsversuchen und dem illegalen Vorschlag, mich freizukaufen, indem ich Andrew mit Kokain beliefern sollte. Das war alles. Als man mir weitere Fragen stellte, erwiderte ich nur, dass ich in einigen Monaten nach Hause zurückkehren würde und dass es zu spät sei, mir solche Fragen zu stellen. Als die Polizisten wissen wollten, ob ich bereit sei, vor Gericht zu erscheinen, weigerte ich mich, denn ich hatte keinesfalls vor, gegen irgendjemanden eine Aussage zu machen, selbst gegen einen Schweinehund wie Miechel nicht.

Ich werde niemals als Zeugin gegen einen anderen Menschen auftreten, meinetwegen sollte kein Mensch seine Freiheit verlieren, egal ob es sich nun um einen korrupten Polizisten oder ein Straßenkind handelt. Zu lange saß ich dafür nun schon selbst im Gefängnis.

Bereits bei der Leibesvisitation vor meiner Befragung hatte ich nebenbei gehört, wie zwei Wärterinnen sich darüber unterhalten hatten. Am selben Abend kamen mir dann die ersten Gerüchte von einem geplanten Streik der Wärter zu Ohren, und am folgenden Morgen wurden die Türen nicht zur üblichen Zeit aufgeschlossen. Als sie um zehn Uhr endlich geöffnet wurden, informierte man uns darüber, dass Ausnahmezustand herrsche. Kurz darauf rief die Gefängnisverwaltung uns Peerworkerinnen zu einer Notstandssitzung im Bildungszentrum zusammen. Mr. Money höchstpersönlich informierte uns darüber, dass die Gewerkschaft der Wärter von Victoria einen Streik ausgerufen habe, um höhere Löhne zu fordern. Er sah richtig gestresst aus, seine Gesichtszüge schienen müde.

»Das ist ja alles schön und gut, aber was hat das mit uns zu tun?«, fragte Kerry sehr bestimmt. Wie immer kam sie direkt auf den Kern der Sache zu sprechen.

»Wir haben die Phase Eins des Streikzustandes ausgerufen. Das bedeutet, dass die Wärter kein einziges Formblatt und auch keinen Antrag weiterleiten werden. In der Praxis bedeutet es, dass ihr momentan keine Telefonnummern oder Besucherlisten abändern könnt, nicht einmal Anträge auf Geld, Kleidung oder ähnliche Extras werden beachtet. Das einzige euch zur Verfügung gestellte Papier werden Toilettenpapier und der rosafarbene Strafzettel sein, die Einladung zum Gouverneursgericht. Wir zählen auf euer Verständnis.« Mr. Money sagte dies sehr nachdenklich und senkte dabei die Stimme, was er sehr selten tat.

Der Ausnahmezustand bedeutete für uns aber auch, dass die Wärter keine leidigen Urintests und keine zerstörerischen Razzien veranstalten können, überlegte ich sofort. Als ich zu Kerry hinüberblickte, erkannte ich an ihrem Gesichtsausdruck, dass sie das Gleiche dachte wie ich.

Zum Abschied sagte Woody, der die ganze Zeit neben Money stand: »Ich halte euch auf dem Laufenden und ihr gebt es bitte an alle Frauen weiter.«

Klar war, dass die Frauen diese Nachricht aus unserem Mund gelassener aufnehmen würden als von den Wärtern.

Nur eine Woche später spazierte ich an den Räumen mit den Überwachungsmonitoren vorbei. Dort saßen die Wärter in ihren Büros und taten, was sie am besten konnten: gar nichts! Als kurz darauf über Lautsprecher verkündet wurde, dass persönliche Habseligkeiten bis auf Weiteres nicht ausgehändigt würden, hatte ich so meine Befürchtungen. Ob die Frauen sich jetzt zusammenrotteten, um ihrerseits einen Streik anzutreten?

Falls das geschehen sollte, würde eine Lawine losgetreten, die nur schwer aufzuhalten war. Die Schließer verweigerten uns zwar Papier und unsere Sachen, aber mit Tränengas waren sie dafür schnell zur Hand, das wusste ich aus einigen Erlebnissen aus der Vergangenheit. Also lief ich von einem Block zum anderen, um für Ruhe zu sorgen. Unterwegs traf ich Kerry, die mir die aktuellsten Neuigkeiten überbrachte. Sie hatte mit Mr. Mauss gesprochen.

»Alles, was die Besucher für die Frauen mitbringen, wird zwar angenommen, aber nicht weitergereicht, so ein Schwachsinn«, schimpfte sie los.

Tiny kam dazu und sagte verbittert: »Hey, was haben wir mit den Löhnen der Wärter zu tun? Sauerei! Scheiß drauf.«

»Was hast du noch erfahren, Kerry?«, fragte ich.

»Im Hinblick auf das bevorstehende Weihnachtsfest müssen die sich was einfallen lassen. Die müssen unseren Kindern die Geschenke von uns geben, und die Geschenke von unseren Verwandten müssen auch ankommen, sonst werde ich stinkig. Ich werde mit Mr. Money darüber reden, kommst du mit, Andrea?«, antwortete Kerry. Die Diplomatie genoss bei ihr wie immer oberste Priorität, damit wollte sie für Gerechtigkeit sorgen.

»Klar komme ich mit, sag einfach, wann«, erwiderte ich.

»Hat das Ganze jetzt direkte Auswirkungen auf unseren Tagesablauf?«, fragte Tiny mit zerknirschtem Gesicht.

»Die meisten Tage werden um drei Uhr am Nachmittag enden, aus Mangel an Wärtern werden wir dann bis morgens in den Block eingeschlossen, das hat mir jedenfalls Mr. Mauss gesagt«, antwortete Kerry, während sie sich umdrehte.

Noch am Nachmittag desselben Tages, ich saß gerade recht glücklich und beschäftigt am Computer und schrieb, erschallte abermals die Stimme aus dem Lautsprecher: »Andrea Mohr sofort ins Besucherzentrum!«

Nun besuchte mich auch noch der deutsche Botschafter in Melbourne, ohne jede Vorwarnung. Jahrelang hatte ich gar keinen Besuch bekommen und nun waren es gleich drei Leute in nur zehn Tagen. Der Botschafter war ein schmaler Hüne, typisch deutsch eben, mit blonden Haaren, ohne Bart. Fast wie ein Jüngling sah er aus mit seinem glatten Gesicht, der sandfarbene Anzug und das weiße Hemd betonten seine gespielt elegante Lässigkeit.

Er gab mir höflich die Hand und sagte auf Deutsch: »Ich habe Gebäck für Sie dabei. Meine Frau hat es selbst gebacken, aber ich darf es Ihnen leider nicht geben, sondern muss es wieder mit nach Hause nehmen.« Er schüttelte ungläubig den Kopf.

Auch ich fand es wahrlich sehr verwunderlich, wieso der Botschafter nicht wusste, dass das Mitbringen von Lebensmitteln in Deer Park nicht erlaubt war. Er wollte wissen, ob ich hier gut behandelt worden sei. Das ist ja noch unglaublicher, dachte ich. Am Ende meiner Haftzeit fragt der gute Mann mich, ob ich Probleme habe, was soll mir das jetzt noch nutzen? Also erwiderte ich darauf einfach gar nichts. Nach dem Gespräch unterschrieb er noch die Papiere für meine Deportation und klärte den Verbleib meines Reisepasses. Beide Dokumente musste ich ebenfalls unterschreiben, dann gab ich vor, mich beeilen zu müssen, da ich noch Verpflichtungen als Peerworkerin hätte, wichtige Termine. Die Gegenwart dieses Mannes war mir irgendwie unangenehm.

Ein paar Wochen vor meinem letzten Weihnachtsfest hinter Gittern ging es in Phase Zwei des Streiks. Es gab nun überhaupt keine Urintests mehr und das war für jede von uns das schönste Geschenk. Trotzdem war die Luft spannungsgeladen, denn die Krise zog sich zermürbend in die Länge. Gerüchte besagten, dass das Personal sich weigerte, weiterhin Tabakprodukte in der Kantine zu verkaufen. Sobald dies auch nur angedeutet wurde, stürmte so gut wie jede Insassin zur Kantine und kaufte für ihre letzten Cents Tabakvorräte. Es handelte sich um falschen Alarm. Phase Zwei besagte hingegen, dass wir keine Kontaktbesuche haben konnten und dass diejenigen keine Tagesausflüge unternehmen konnten, die bereits Reintegration genossen. Der Streik zog sich nun schon seit Wochen hin und das Weihnachtsfest rückte näher.

Anfang Dezember fand die alljährliche Party für die unter 16-jährigen Kinder der Insassinnen statt. Es war ein wichtiges Ereignis, auf das sich alle Beteiligten immer sehr freuten. Aber wer sollte den Kindern die von ihren Müttern gebastelten oder gekauften Geschenke überreichen? Die lagen nämlich in der Verwaltung, wo kein Mensch arbeitete! Außerdem waren mehr Wärter als üblich für jenen Tag nötig, um die vielen Besucher zu überwachen.

Am Ende legte die Gefängnisverwaltung persönlich inklusive des General Managers Hand an beim Verteilen der Geschenke und beim Ausfüllen der dafür nötigen Formblätter. Die Verwaltungsmitglieder mussten alle hinter ihren Schreibtischen hervorkriechen, um die Kinder durchs Gefängnistor in die Sporthalle zu führen, wo die Festlichkeiten stattfanden. Auch Kontaktbesuche wurden nun in der Weihnachtszeit arrangiert, wohlwissend, dass dies eine emotionsgeladene Zeit war in Deer Park.

Meine letzte Besucherin hinter den Mauern von Deer Park war Suzie. Eigentlich war es Exhäftlingen nicht erlaubt, als Besucher zurückzukommen, doch Tiny und ich hatten eine Sondergenehmigung erhalten für einen Besuch zu dritt. So kam eines Nachmittags Suzie vorbei, die mit mir damals im Lebensmittellager gearbeitet und mir, als ich aus dem Bunker kam, den Job zurückgeholt hatte. Suzie mit den vielen Tätowierungen. Sie war nun seit knapp einem Jahr in Freiheit, musste allerdings als ehemalige Stripteasetänzerin und Drogendealerin von einer kleinen Rente leben – dabei war sie einen luxuriöseren und aufregenderen Lebensstil gewohnt. Außerdem war es mühsam, sich als Fünfzigährige zum ersten Mal einen gewöhnlichen Beruf zu suchen, vor allem wenn der Lebenslauf mit mehreren Gefängnisaufenthalten gespickt war.

»Die Umstellung auf die reale Welt war fast unüberbrückbar«, seufzte Suzie, als sie im Besucherzentrum mit strahlenden stahlblauen Augen vor uns saß.

An diesem Wochenende hatten wir neues Spielzeug für die Kinder bekommen, die sonntagmittags immer ihre Mütter besuchten. Überall lagen die verschiedensten knallbunten Plastikgegenstände nun auf dem Linoleumboden herum. Die Türen nach draußen waren offen, aber keine Luftzug drang herein. Wärter waren ohnehin nur sehr wenige anwesend, wegen des Streiks.

Als ich meine Freundin näher betrachtete, fiel mir auf, dass sie abgenommen hatte. Suzie war spindeldürr, nur ihr langes Haar umspielte wie eh und je weich ihr hübsches Gesicht. Ihre schönen, von oben bis unten tätowierten Arme lagen frei, auch das tätowierte Dekolleté glänzte im Sonnenlicht. Obwohl Suzie eine Freundin war, fiel es mir nicht leicht, hier zu sitzen und mit ihr unverfänglich zu plaudern. Tiny, die neben mir saß, war genauso unsicher und unruhig. Meine Augen leuchteten, genau wie die ihren und mein Rücken schirmte die lästigen, neugierigen Blicke der Wärter ab, während Suzie in sicherer Gewohnheit an dem Faden zog, der um ihren Backenzahn gewickelt war.

Dann sagte sie: »Bin richtig froh, dass wir uns sehen können. Tut echt gut, hier zu sein. Hab euch beide vermisst. Dich, German, und dein lustiges Englisch auch.« Am Ende des Fadens hing das Weihnachtsgeschenk für Tiny und mich.

Ich schluckte das Mitbringsel schnell herunter, küsste Suzie zum Abschied auf die Wange und ging zur Leibesvisitation, die ich wie gewohnt über mich ergehen lassen wollte. Doch sollte sie diesmal anders verlaufen als erwartet, schließlich kam ich von einem Besuch mit Suzie, die den Wärtern noch hinreichend bekannt war.

Distanziert sagte Mrs. Mauss: »Bitte, Andrea, die Hände weit weg vom Körper halten, die Finger spreizen, jetzt umdrehen, Pobacken auseinander. Nein, lass sie auseinander, noch nicht, okay, jetzt die Füße heben, bitte mit den Zehen wackeln, bleib so, ja, und jetzt dreh dich um und mach den Mund auf!« Sie war mit ihrem Kopf nun direkt vor meinem Mund und schaute mir lange in den Rachen, bis sie sagte: »Jetzt nimm einen Finger und fahr damit am Gaumen entlang. Sehr gut, danke, du kannst deine Sachen wieder anziehen und gehen.« Mrs. Mauss verließ den Raum.

Schnellstens lief ich in meinem Block auf die Toilette, steckte mir den Finger in den Hals und würgte, bis ich das winzige Päckchen auskotzte. Aber ich überließ Tiny das Geschenk allein.

In unserem Block C2B verlief alles wie üblich: Der selbst gebastelte Weihnachtsschmuck wurde an den zusammengesteckten Plastikbaum gehängt. Die gute Trish wandelte von Block zu Block und überreichte jedem eine schöne Weihnachtskarte und ein paar selbst gebackene Plätzchen. Dabei erzählte sie mit einem immerwährenden Glanz in den alten Augen die alljährliche Weihnachtssage von ihrer baldigen Entlassung.

Wenige Tage später überbrachte mir mein Anwalt die für mich persönlich eher unwichtige, für Werner und Carl dagegen bedeutende Entscheidung des Einspruchs. Nach einem Jahr Bedenkzeit für die Richter und damit Wartezeit für die beiden Männer lehnte das Oberste Gericht den Einspruch von Carl und Werner ab. Beim momentanen Stand der Dinge hatte ich nur noch etwa acht Monate abzusitzen.

Noch war der Wärterstreik in vollem Gange, sogar in den Medien beherrschte er die Schlagzeilen. Sämtliche Gefängnisse von Victoria waren an der Protestaktion beteiligt. Im Februar versuchte die Regierung eine gerichtliche Verfügung zu erwirken, um die Wärter zu zwingen, den Streit abzubrechen. Von da an blieben unsere Türen ganz geschlossen. Vier endlos lange Tage hatten wir keine Termine beim Arzt, konnten keine Telefonate mit Freunden führen und keinen Besuch empfangen, nicht einmal das Bildungszentrum war geöffnet.

Sehnsüchtig starrte ich in meiner Zelle aus dem Fenster auf das leere Gelände und lechzte nach dem bisschen Freiheit, das uns nun auch noch verwehrt wurde. Nur für den Einkauf in der Kantine holte uns der General Manager von Deer Park persönlich ab, ansonsten hätten sich vielleicht sogar die Gerüchte über die geschlossene Tabakausgabe bewahrheitet. Das konnte die Gefängnisleitung offenbar nicht verantworten. Auch die Medikamentenausgabe musste stattfinden, wenngleich manchmal etwas später als gewöhnlich.

Der Streik zog sich in die Länge, bis die Gerichte von Victoria eine endgültige Niederlegung verlangten, ansonsten würden Entlassungen folgen, so die Drohung. Eines Tages nahmen die Wärter ihre Arbeit wieder auf, als wäre nichts gewesen. Ob sie einen Nutzen, sprich höhere Löhne, erwirkt hatten, habe ich nie erfahren.

Knapp eine Woche nach dem Ende des Streiks lief ich querfeldein von Block A5 zu C2B und grübelte. Es war einer dieser brütend heißen Tage in der australischen Wüste, und der Schweiß rann mir übers Gesicht. Vor mir sah ich zwei Gestalten, die scheinbar in ein wichtiges Gespräch versunken waren. Insassin Nummer Eins fasste sich mit der rechten Hand an den Hals, als wolle sie sich erwürgen, während Insassin Zwei gebannt zuhörte. Leider konnte ich ihre Worte nicht von den Lippen ablesen, ich musste näher ran.

Insassin Nummer Eins war die Japanerin Taba, die andere war Coxie. Was konnten die beiden nur so Wichtiges miteinander zu reden haben? Ich wurde langsamer, blieb immer wieder kurz stehen, den Blick auf nichts Bestimmtes gerichtet. Als ich ganz in der Nähe der Frauen war, lehnte ich mich lässig an die Mauer des Bildungszentrums, in den schmalen Schatten, den das flache Dach warf. Coxie hatte einen merkwürdigen Haarschnitt, als hätte ihr jemand einen Topf auf den Schopf gesetzt und die Haare rundherum abgeschnitten. Zu ihrer Verteidigung muss ich anführen, dass es leider keine Friseurin unter den Frauen gab. Natürlich hatten wir jede Menge Möchtegern-Friseurinnen, die eine Lehre auf dem Land gemacht hatten und nur auf eine Einladung von Vidal Sassoon aus London warteten. Vidal würde sie ganz sicher alle einstellen, wenn er nur von ihrer Existenz wüsste. Erschwerend kam die Tatsache hinzu, dass alle verfügbaren Scheren viel zu klein und stumpf waren. Von dem Gespräch zwischen Taba und Coxie konnte ich noch immer nichts aufschnappen, aber ich hatte ohnehin Wichtigeres zu tun und so ging ich weiter.

Ich war auf dem Weg zu Bella, um mich mit Tiny und ihr zu treffen. Sie war auf der Straße aufgewachsen, schon mehrmals im Gefängnis gewesen und hatte ihre Haft stets im Schutzblock verbracht. Core forderte sie nun auf, in einen der normalen Blöcke zu wechseln. Ihre anfängliche Angst war verständlich, gleichzeitig hatte die Leitung mich als Peerworkerin um Hilfe gebeten. Unter Core war die Zahl der Insassinnen im Schutzblock auf etwa die Hälfte geschrumpft und mit Stolz kann ich behaupten, dass dies auch der Verdienst von uns Peerworkerinnen war. So viele Frauen waren völlig ungerechtfertigt im Schutzblock gewesen, Frauen, die einfach nur eingeschüchtert waren von irgendwelchen großkotzigen und gewalttätigen Insassinnen.

»Hey, kommst du mit? Wir drehen unsere abendliche Runde übers Gelände, die German und ich, damit wir nicht fett werden.« Tiny fragte so freundlich sie eben konnte.

»Ja, gern«, antwortete Bella mit einem dankbaren Lächeln.

»Unsere abendliche Runde drehen wir, um nicht einzurosten«, fügte ich hinzu.

Wir liefen bereits seit einer Weile, als Bella uns lobte: »Tiny und du, ihr seid klasse, echte Vorbilder für viele hier.«

Es klang so, als wollte sie uns Honig ums Maul schmieren, deshalb fragte ich: »Warum das?«

»Weil ihr euch niemals beklagt. Ihr macht das Beste aus dieser Scheißsituation. Weil ihr lacht und Sport treibt, euch weiterbildet und weil ihr euch als Peerworkerinnen um die Neuen kümmert. Ihr versucht, aus dem Gefängnis einen besseren Ort zu machen, ohne eure Integrität aufs Spiel zu setzten. Und ihr lasst euch vom System nicht zermürben.«

Ihre Worte klangen wie eine Lobeshymne und Tiny war die Situation genauso peinlich wie mir. Wir wussten, dass es für Bellas Prestige von enormem Vorteil war, mit uns gesehen zu werden. Aber wir hatten keine Ahnung, dass Bella uns nur benutzte, dass sie ein dubioses, teuflisches Spiel spielte. Leider sollten wir es erst herausfinden, als es für Tiny schon zu spät war.

Am nächsten Tag zog mich Wendy mal wieder am Frühstückstisch auf, Kerry und Sue amüsierten sich prächtig über uns beide.

Mittlerweile waren wir in Block C2B zu einer richtigen kleinen Familie zusammengeschmolzen, wir ergänzten uns, halfen uns, waren füreinander da und lachten viel. Kerry war die Intelligente, die, ganz gleich was geschah, stets einen kühlen Kopf und ihren Humor bewahrte. Wendy war praktisch, eine fantastische Köchin, mütterlich, fürsorglich und vermittelte uns allen ein Gefühl der Geborgenheit. Um Sue herrschte immer eine Atmosphäre der Ausgeglichenheit, der Ruhe, sie organisierte die Dinge auf natürliche Weise und alles funktionierte. Ich glaube, ich brachte Motivation und Inspiration in das Leben von uns allen, die Energie, weiterzumachen, und auch jede Menge gute Laune.

Wir saßen also gemütlich am Küchentisch, als ich beobachtete, wie der General Manager in Block B3 verschwand, dicht gefolgt von etwa dreißig Wärtern. Tiny wohnte momentan dort, wegen eines positiven Urintests kurz nach Weihnachten. Die Aktion bedeutete ganz sicher nichts Gutes. Und tatsächlich: Etwa zehn Minuten später wurden zwei Frauen an Handschellen in den Bunker geführt, kurz danach weitere vier, eine davon war Tiny. Ich fühlte mich machtlos und war bestürzt, denn Tiny hatte sich in der letzten Zeit nichts zuschulden kommen lassen – bis auf den einen Urintest. Dass es Bella war, die Tiny ins Verderben gestürzt hatte, das sollte ich erst später herausfinden.

Beth informierte mich über eine schlimme Schlägerei in der Sporthalle am Abend zuvor. Eine der beteiligten Frauen lag nun schwer verletzt im Hospital. Einige Gefangene hatte sie kurz vorm abendlichen Einschluss in das Sportzentrum gelockt. Dort standen dann angeblich sechs Frauen im Kreis, die sie mit den Fäusten und einem Stock verprügelten und sie dabei als Drecksau, Verräterin, Fotze und Hure beschimpften, bis sie um Hilfe und Erbarmen winselte. Angeblich war Tiny eine der Frauen gewesen. Unmöglich! Unglaublich!

Tiny war zwar auf der Straße groß geworden und wegen Mordes hier, aber sie hätte niemals andere Frauen mitgezogen und zu so einer Aktion überredet. Sie hatte es überhaupt nicht nötig, andere mitzuziehen. Sie war eine Einzelkämpferin, trug ihre Diskrepanzen immer eins zu eins aus. Keinesfalls heckte sie einen Plan im Voraus

aus, dafür war sie viel zu impulsiv. Sie trug jede Menge Aggressionen in sich, aber sie war nicht feige.

Schnell fand ich heraus, dass Tiny gerade im medizinischen Zentrum versorgt wurde, bevor man sie in den Bunker verfrachten würde, also hastete ich dorthin, in der Hoffnung, sie in einer der Wartezellen noch zu erwischen.

»Hey German, finde raus, warum sie mich im Bunker festhalten. Die wissen genauso gut wie ich, dass ich nichts mit der Schlägerei zu tun habe. Hey, ich befürchte, die hecken etwas aus. Die wollen mich für länger wegsperren, die Schweine. Ich will dich noch mal sehen, bevor du entlassen wirst, German.« Sie wischte sich ein paar Tränen von der Backe.

»Ich habe irgendwie ein ungutes Gefühl. Ich werde herausfinden, was hier gespielt wird«, sagte ich nur. Dann schlich ich mich wieder davon, denn den traurigen Blick meiner Freundin hielt ich nicht länger aus. Es war sonnenklar, dass hier noch etwas ganz anderes als die fiese Schlägerei im Gange war.

Eine der Neuen war mutig genug, Kerry wenige Tage später alles zu erzählen. In den Wochen, in denen wir Bella den Rücken gestärkt hatten, spielte dieses Biest ein doppeltes Spiel in Block A5. Sobald Tiny oder ich in dem Block anwesend war, kam Bella auf uns zugerannt, süß und klebrig wie Honig, und leider blieb Tiny an ihr hängen.

Bella hatte es sich zur Gewohnheit gemacht, die Neuankömmlinge aufzusuchen und ihre Zellen samt der Habseligkeiten zu inspizieren, um ihnen einige Sachen abzunehmen. In der Nacht, wenn die Wärter gegangen waren, schrie sie wüste Drohungen über den Gang. Bella war früher im Schutzblock gewesen, weil sie zu schwach war, um gegen solche gewalttätigen Insassinnen anzukämpfen – und nun verhielt sie sich selbst so.

Weshalb ein Mensch einem anderen antut, was ihm selbst mal Schmerzen bereitet hat? Warum Macht über andere eine Rolle für das eigene Selbstbewusstsein spielt? Oder waren es bei Bella eher Rachegelüste? Nahm sie Rache für all die Erniedrigungen, die sie in den letzten Jahren hatte erleiden müssen? Warum sich ein Mensch an der Angst und der Verzweiflung eines anderen laben kann wie ein blutsaugender Vampir, werde ich niemals verstehen.

Jedenfalls mussten wir Bellas diabolischem Treiben ein Ende bereiten, ganz gleich, aus welchem Grund sie es tat. Das Schlimmste jedoch war, dass sie Tinys Namen für ihre Machenschaften benutzte und bei ihren einschüchternden Drohungen immer wieder betonte, dass Tiny ihre Freundin sei und ihr zur Hilfe käme, falls die Frauen ihre Forderungen nicht erfüllten.

Zunächst sprach ich ein paar ernste Worte mit Bella, doch die bestritt die Schandtaten und spielte das Unschuldslamm. Nach ein paar Tagen war klar, dass sich an ihrem Verhalten nichts ändern würde, also traf ich mich heimlich mit Mr. Money und erzählte ihm, ich wisse, dass Bellas Leben in Gefahr sei, dass sie unverzüglich zurück in den Schutzblock müsse.

Sobald Bella verschwunden war, sprachen die Frauen in Block A5 die Wahrheit unverblümt aus. Allerdings behaupteten sie steif und fest, dass Bella *und* Tiny sie eingeschüchtert hätten. Als ich das herausfand, war es jedoch leider schon zu spät, denn das Sentence Management hatte inzwischen von den Anschuldigungen gehört und Tiny konsequent zu drei Monaten im Bunker verdonnert. Anklage: Schikanieren von Neuankömmlingen, eine Schlägerei in der Sporthalle sowie Missbrauch ihres Postens als Peerworkerin. Von dem Tag an arbeitete Tiny nie wieder offiziell als Peerworkerin. Sie war eine stolze und starrköpfige Frau.

War das Gerechtigkeit? Tiny war im Grunde genommen die erste Peerworkerin von Deer Park – und auch die Wichtigste.

Am Abend lag ich in meiner Zelle und schaute auf den kleinen Fernsehbildschirm, hörte aber den Worten nicht zu. Tiny war nicht gerade ein umgänglicher Mensch, sie war oft eine Tyrannin und nervtötend, aber sie trug das Herz am rechten Fleck. Ich starrte weiter an die Wand, an die Decke, auf den Bildschirm, bis ich einschlief. Ungerechtigkeiten machen mich rasend.

»Alles, was uns an anderen missfällt, kann uns zu besserer Selbsterkenntnis führen …«

C. G. JUNG

Ich zählte die Zeit bis zu meiner Entlassung nun nicht mehr in Jahren, sondern in Monaten – was mir jeden Morgen beim Blick auf den Kalender einen enormen Energieschub versetzte. Als man mich fragte, ob ich beim jährlichen Osterhut-Wettbewerb mitmachen würde, sagte ich daher spontan zu. In Block C2B bastelte Taba mir ein lustiges Kostüm mit Schwänzchen und Ohren und Kerry verpasste mir ein grelles Make-up dazu. So wackelte ich auffällig sexy wie ein Playboy-Bunny neben all den Frauen, die einen braven Osterkorb auf dem Kopf trugen, durchs Sportzentrum. Eine kritische Jury wählte mein Kostüm zum zweitbesten – und ich gewann für mich und meine Freundinnen eine Bodylotion.

Taba brachte uns oft zum Lachen, wie einmal, als die Japanerin dem Wärter beim morgendlichen Öffnen der Tür ihren Mülleimer unter die Nase hielt. Als der Mann unangenehm überrascht zurückzuckte, sagte sie nur: »Ihr Name ist Alex. Ich habe sie gefangen, weiß aber nicht, was ich mit ihr tun soll.« Der Wärter hatte keine andere Wahl, als den Mülleimer samt der lebendigen Maus mitzunehmen.

Am Abend nach der Arbeit, als wir gerade gemeinsam den ganzen Block desinfizierten, erzählte mir die Japanerin mit dem Hygienetick, dass sie vermutete, etwas von einer Verschwörung gegen mich gehört zu haben. Ich schenkte dem Gerücht nicht allzu viel Glauben, denn Taba sprach und verstand nicht gut Englisch. Wer will mir schon ans Leder?, überlegte ich. Natürlich gab es immer wieder Frauen, die neidisch auf mich waren, aber es würde doch sicher keine wagen …

Angst ist ein Begleiter, der einen zu Fehlern verleitet. Angst ist gegen das Leben, denn sie vernichtet und zielt stets auf den schwächsten Punkt. Sobald sich die Angst im Kopf eingeschlichen hat, sind Körper und Verstand wie gelähmt und unfähig zu agieren. Dann gärt der Zweifel, sprießt hervor und stürzt alles in Unglauben, woran man noch einen Moment zuvor mit Sicherheit festgehalten hat. Der Angst muss man begegnen, mit ihr ringen und sie besiegen. Lässt man sie dagegen im Dunkel und wähnt sich in Sicherheit, kann sie jederzeit und ohne Vorwarnung angreifen.

Um auf der sicheren Seite zu sein, besprach ich die Angelegenheit mit meinen Freundinnen. Kerry sagte, sie werde Augen und Ohren offen halten.

»Keiner würde es wagen, German«, schrieb Tiny mir in einem Brief aus dem Bunker.

»Du weißt, dass wir es nicht zulassen werden, dass dich jemand anrührt«, versicherte mir Donna bestimmt. »Ansonsten zeig ihr den Boston Crab, den ich mal mit dir gemacht hab. Weißt du noch, German?« Sie lachte. Sie konnte eben ihre Wrestling-Vergangenheit nicht verleugnen.

Selbstverständlich konnte ich mich noch lebhaft daran erinnern, wie Donna mich damals ganz unvermittelt an den Füßen gepackt und kopfüber in der Luft gehalten und gesagt hatte: »Das ist der Boston Crab, German, gefällt er dir?«

Eigentlich war ich dieser hinterhältigen Machtspielchen überdrüssig, dieser Drohungen, der Angst und der Panikmache. Mehr Aufmerksamkeit schenkte ich den positiven Ereignissen.

Für Ah Lam zum Beispiel war die lange Reise zu Ende. Die Thailänderin aus Bangkok hatte von Australien nur Deer Park kennengelernt und machte sich nun nach dreieinhalb Jahren auf den Heimweg. Als sie sich verabschiedete, mit Tränen des Glücks und des Kummers in den schmalen, schönen Augen, umarmte sie mich und flüsterte mir ins Ohr: »Danke für deine Freundschaft!«

Als sie in Deer Park angekommen war, hatte sie fast kein Englisch gesprochen, nun dagegen, bei ihrer Entlassung, war es nahezu perfekt. Einige Wochen später erhielt ich einen Brief aus Bangkok. Ah Lam hatte sich all die Jahre schreckliche Sorgen um ihre Familie gemacht und die Schande, die sie über die Ihren gebracht hatte, lag allen schwer auf der Seele. Doch am Ende siegte die Liebe, und ihre Familie empfing die verlorene Tochter mit Tränen in den Augen.

Wie ich so über Ah Lam und einige andere nachdachte, erinnerte ich mich an die Theateraufführung des vergangenen Jahres. Damals hatte ich gesagt, dass ich beim nächsten Mal Abschied nehmen würde. Das tat ich nun.

Aufgrund des Trubels der vergangenen Tage war es mir am wenigsten unangenehm, doch selbst ich vermisste die mir vertraut gewordene Umgebung. Wir hatten den Block C2B für fünf Tage räumen müssen, da neue Böden verlegt wurden, pinkfarbenes Linoleum, und waren in alle Winde zerstreut. Wendy, Kerry, Sue und Taba waren in anderen C-Blöcken als Gäste aufgenommen worden. Ich dagegen fragte nach einer Einzelzelle in A5, die über Nacht von den Wärtern verschlossen wurde. Es war einer der wenigen Blöcke, in dem ich noch nicht gewohnt hatte – damit versuchte ich jedenfalls meine Entscheidung vor meinen skeptischen Freundinnen zu rechtfertigen.

»Du hast ja keine Ahnung, auf was du dich da einlässt«, gab Sue zu bedenken, sie schätzte ihre Routine und hasste Abwechslungen.

»Das kann nur dir einfallen. Eine total verrückte Idee. A5 ist die Hölle, aber dir wird es gefallen«, war Wendys bescheidener Kommentar, den sie mit einem verschmitzten Lachen garnierte. Wendy und ich lebten nun seit 18 Monaten in einem Block zusammen. Viele Mitbewohnerinnen kamen und gingen, doch wir beide waren geblieben.

»Manche machen ihre Knasterfahrungen eben rückwärts«, warf Kerry ein. Sie war die Einzige, die insgeheim bereute, nicht dieselbe Idee wie ich gehabt zu haben.

In Block A5 waren 40 Zellen auf zwei lange Gänge verteilt, jede davon hatte eine eigene Dusche und Toilette, da man über Nacht darin eingesperrt war. Ein Irrenhaus. Das Essen wurde von der Großküche gebracht und täglich lieferten sich die Frauen eine wilde Schlacht um die Mahlzeiten.

In dieser ganzen Hektik packte mich eine innere Unruhe. Unzählige Ideen jagten mir durch den Kopf, die Zeit rann mir durch die Finger. Ich wollte die verlorenen Jahre, die vielen Tage und Stunden aufholen. Sehnsüchtig dachte ich an den Mond und die Sterne, wie sie hoch und hell in ihrer ganzen Pracht leuchteten und in der ihnen eigenen Harmonie die Welt anstrahlten. Ich sollte sie einmal sogar beinahe zu Gesicht bekommen, und zwar wenige Monate vor meiner Entlassung.

Alle Blöcke wurden früher abgeschlossen, nur wir Künstlerinnen hatten mal wieder eine Sondergenehmigung für die Sporthalle. Bescheiden hingen meine diesjährigen Werke, die beiden Gemälde *Frau ohne Kopf (Selbstporträt)* und *Helden*, am Eingang. Meine schrille Pop-Art war das erste Bild, das die Besucher begrüßte, wie ich mit unverhohlenem Stolz feststellte, als ich mit den 15 anderen Frauen die Sporthalle betrat, die an diesem Abend ganz anders aussah und ungewöhnlich pompös wirkte.

Es war deutlich zu sehen, dass wir Themen wie Isolation, unsere Gefühle, unsere Vorstellungen von Mystik und Kultur verarbeiteten und versuchten, all das in unseren Bildern zum Ausdruck zu bringen. Fast ehrfürchtig marschierte ich die Galerie entlang. Donnas Werk hieß *Wie ich mich fühle*, ein anderes hieß *Der walisische Drache* und war mit Acryl auf fotokopiertem Papier gemalt. Einige Gemälde wurden sogar für 100 Dollar verkauft. Jede Insassin hatte die Möglichkeit fünf Gäste zu den Ausstellungen einzuladen. Des Weiteren kamen Vertreter aus Politik und Presse zu den Veranstaltungen. Natürlich bekam das Gefängnis das Geld, die Insassinnen durften dabei nichts verdienen.

In diesem Jahr führte unsere Theatergruppe »Somebody's Daughter« auf, ein heiteres Stück im Gegensatz zum vorangegangenen Jahr, als wir bei *A dream being born* die Taschentücher gleich Päckchenweise verbraucht hatten. *Go Getting Gorgeous* lautete der Titel der diesjährigen Aufführung. Es war ein ehrliches Stück und wurde ein großer Erfolg. Ein riesiger Traumfänger war auf der Bühne aufgestellt, »Das Ritz von Deer Park« hieß die Szene. Alle Akteurinnen waren in lässige Pyjamas gekleidet und stellten Frauen dar, die von einem besseren Leben träumten. Kindheit, Ideale, Ängste, Drogenprobleme und Gewalt waren die vorherrschenden Themen.

Freudig erhitzt und stolz trafen wir uns nach der Vorstellung am kalten Büfett zum Gespräch. Wir hatten eine Sondergenehmigung und durften sogar Gäste einladen. Man mag es kaum glauben, aber in jenem Jahr hatte sogar ich zwei Besucher: Kurt und seine Mutter. Ich stellte die beiden all meinen Freundinnen vor.

Penny Armytage, die Leiterin von Deer Park zu CCA-Zeiten und heute im Sekretariat des Polizeibeauftragten, sowie Robert Hulls, der Generalstaatsanwalt, kamen plötzlich auf mich zu. Wir hatten uns zuvor schon hier und da getroffen und kannten uns daher. Penny Armytage erinnerte mich unter ihrer offiziellen Maske an eine Figur aus einem Cartoon, den typischen Antihelden mit Brille und abstehenden Haaren. Das Gespräch am Büfett war wichtig, denn die Aufführung zu besprechen und die ironisch-bitteren Anspielungen auf den Knastalltag zu reflektieren, bot den Zuschauern die Möglichkeit, uns Insassinnen zu verstehen.

An den drei Abenden der Aufführung wurde jede Teilnehmerin, nachdem sie gründlich durchsucht worden war, um zehn Uhr abends in ihren Block geführt. Dabei hätte ich im Grunde die Gelegenheit gehabt, den Mond und die Sterne zu sehen – wenn es nicht nebelig gewesen wäre.

Als wir am darauffolgenden Wochenende die Bühne in der Sporthalle abbauten, war selbst ich froh, als mich der Oberaufseher davon in Kenntnis setzte, dass ich in meinen alten Block C2B zurückziehen durfte. Wir alle richteten uns eben ein Zuhause ein, ganz gleich wo, daraus schöpften wir unsere Kraft, dort fühlten wir uns sicher. Es war das Zusammengehörigkeitsgefühl, das Familiäre und es waren die lieben Gewohnheiten, die entspannend wirkten. Sue, Wendy, Kerry und ich gaben einander Rückendeckung.

Doch an jenem Tag durfte sich Taba als das Glückskind unter uns fühlen, was ich ihr von Herzen gönnte. Ich wusste, dass es nicht einfach war, die australischen Gerichte von einem Justizirrtum zu überzeugen. Und gute Nachrichten waren in Deer Park so selten wie ein frei laufender Tiger im Pfälzer Wald. So freuten wir uns alle riesig für die Japanerin, als wir die gute Nachricht vernahmen. Ihre eigene Freude war eher verhalten, denn sie war von einem riesigen Schatten überzogen.

Jede von uns hatte bei ihrer Verhaftung fast alles verloren, Selbstwertgefühl, Freunde und oder materielles Gut. Taba hatte viel mehr verloren. Man hatte sie wegen Mordverdachts festgenommen und für 16 Monate in Deer Park festgehalten. Nachdem die Behörden ihren Ehemann und ihre fünf Kleinkinder davon überzeugt hatten, dass Taba ein Monster sei, ließen sie völlig unvermittelt die

Anklage wegen Mangels an Beweisen fallen. Keine Entschuldigung konnte den Verlust dieser Frau wiedergutmachen.

Ich beziehe mich jetzt nicht auf die Monate, die sie unschuldig hinter Gittern verbrachte, sondern darauf, dass ihr Ehemann sich in der Zwischenzeit scheiden ließ, das Sorgerecht für die Kinder erkämpfte und sich obendrein mit dem letzten Cent von der Bank aus dem Staub machte. Die Behörden hatte eine Frau in der Mitte ihres Lebens, in den besten Jahren, aus einem erfüllten Leben herausgerissen und anschließend auf die leere Straße geworfen. Das Leben in Freiheit würde zu einer echten Bewährungsprobe für Taba werden.

Auch meine Freiheit rückte immer näher. Ein Wort, das für endlos lange fünf Jahre, für 1825 Tage die Bedeutung einer Nussschale für mich gehabt hatte. Sobald ich an Freiheit dachte, entbrannte in mir eine unruhige Sehnsucht, die ich in keiner Weise befriedigen konnte. Vielleicht hätte Sex geholfen, aber auch in der Hinsicht waren meine Möglichkeiten beschränkt. Wie sollte ich je wieder Freude am Sex haben? Schon bei einer einfachen, tröstenden Umarmung von Beth errötete ich wie ein kleines Mädchen und fühlte mich unwohl, bis mir schwindelig wurde und mein Körper ganz steif. Wie sollte ich mich je wieder verlieben? Die Freiheit erschien mir nicht nur verlockend, sondern barg auch eine tiefe Ungewissheit und jede Menge Angst.

Noch immer standen in unserem Häuschen in Elwood unzählige unausgepackte Umzugskartons wahllos in den einzelnen Zimmern. Ich stellte für drei Tage die Woche eine temperamentvolle argentinische Putzfrau ein, die munter schwatzend und singend durch die ganze Wohnung wirbelte. Ich selbst war viel zu sehr damit beschäftigt, Drogen zu nehmen, um irgendetwas tun oder organisieren zu können. Schon am frühen Morgen, oft noch vor dem Zähneputzen, griff ich zur Spritze, die, gefüllt mit einem tödlichen Cocktail, auf dem Nachttisch für mich bereitlag. Zügellos spritzte ich mir jede Menge bombastisches, reines Kokain und Heroin, trank den stärksten Alkohol und schluckte wahllos bunte Tabletten.

Das schrille Klingeln des Telefons riss mich aus meinem Schwebezustand.

»Man hat mich überfallen!«, schrie Werner am anderen Ende der Leitung.

Ich musste mich zusammenreißen, um nicht lauthals über meinen reiseunerfahrenen Ehemann zu lachen. Ich versuchte mich zu beherrschen, denn Werner hatte keinen Humor. »Wo bist du?«, war alles, was ich hervorbrachte.

»Ich bin in Papeete und habe am Strand übernachtet. Mir wurde alles geklaut, während ich schlief.« Er machte eine theatralische Pause. Als ich nicht reagierte, brüllte er weiter: »Ich habe nicht mal eine Unterhose zum Wechseln.« Nun konnte ich nicht mehr an mich halten und lachte los.

Das machte ihn jedoch wütend, und er schrie noch lauter: »Das ist nicht komisch. Ich brauche Geld!«

Ich hielt den Hörer weit von meinem Ohr weg, trotzdem hörte ich seine aufgeregte Stimme, als stünde er hier bei mir im Zimmer. Als er überlegte, die Reise abzubrechen, sicherte ich ihm meine Hilfe zu. Unverzüglich fuhr ich in die Stadt, um ihm per Western Union Geld nach Papeete zu überweisen.

Trotzdem kam er schnell wieder zurück. Zu schnell. Unsere Beziehung war zu diesem Zeitpunkt extrem oberflächlich, sie bestand nur aus Sex und Drogen, nicht aber aus Rock ’n’ Roll. Wie ich auf die Idee kam, weiß ich nicht mehr, aber ich wollte mich ihm wieder nähern und sagte daher: »Lade Carol doch zum Abendessen ein.« Es war ein Versuch, unsere Schwierigkeiten zu überwinden, denn er hatte sich in der vergangenen Zeit ab und zu mit ihr getroffen.

Als ich am nächsten Abend die Haustür öffnete, blickte ich in zwei wässrig blaue Augen in einem spitzen Gesicht, sah eine zierliche Gestalt, etwa in meiner Größe, mit blondem, halb langem Haar, das glatt zu einem Pagenkopf gefönt war. Carol drückte sich sehr sorgfältig aus, was mir sofort auffiel. Später sollte sie mir erzählen, dass sie Schauspiel studiert habe und ein noch unentdecktes Talent sei, dem noch eine große Karriere bevorstehe.

Vorerst führte ich sie jedoch in unser mit Kerzen- und gedämpftem Lampenlicht beleuchtetes Wohnzimmer. Auf dem Tisch standen langstielige Weingläser von Versace, aus feinstem Kristall, neben edlen Porzellantellern und Silberbesteck von Rosenthal. Als Carol die Fotos an der Wand betrachtete, von Werner und mir, von Carl und mir und von jedem Einzelnen von uns, dachte ich, sie würde jeden Moment anfangen zu weinen.

Mit tränenerstickter Stimme sagte sie: »Ihr seht so glücklich aus. So glücklich waren Werner und ich nie.«

Ich wusste nicht, was ich dazu sagen sollte. Etwa »Jetzt stell dich nicht so an, Carol, du machst ja den Eindruck, als wolltest du Maria Magdalena den Rang ablaufen«?

Das Abendessen hatte ich vom besten Partyservice der Stadt liefern lassen. Als wir um den stilvoll gedeckten Tisch saßen und die Sauce Napoletana köstlich nach Basilikum und Oregano roch, bemerkte ich die Blicke, die Carol Werner zuwarf. Sie verschlang jedes seiner Worte und heischte um seine Anerkennung, wie ein Kleinkind sich zum gestrengen Vater wendet, um unter seinem prüfenden Blick zu bestehen.

Als Carol sich beim Tiramisu in eine Diskussion mit Carl verstrickte, konnte ihr keiner am Tisch beim Entwirren der Argumente helfen. Sie bemerkte nicht, dass sie sich mit jedem Wort tiefer und tiefer in den Schlamassel manövrierte, bis Carl aufstand, sich ihr »übles Geschwätz« verbat und nach oben lief. Er hatte genug, und ich hätte es ihm am liebsten gleichgetan. Carol stand mit Tränen in den Augen im Wohnzimmer und bat Werner, sie nach Hause zu bringen.

Ich schrie: »Hau ab und komm bloß nie wieder. Aber nimm dir ein Taxi und lass meinen Ehemann in Ruhe. Er hat mich geheiratet und nicht dich!«

Doch leider war Werners Beschützerinstinkt geweckt. Er nahm das zarte, zerbrechliche, zutiefst und völlig zu unrecht beleidigte Wesen an seine behaarte Brust und führte sie zur Haustür. Die beiden verschwanden in die dunkle Nacht, und ich brüllte ihnen hinterher: »Kommt bloß nie wieder zurück – alle beide!«

Carl sagte nur: »Die beiden passen sehr gut zueinander.«

Ich nickte. Er war mit einer Blondine entschwunden, die ich ebenfalls eingeladen hatte.

Für die nächsten drei Tage sah und hörte ich nichts von Werner und Carol, und meine Eifersucht steigerte sich ins Unermessliche. Irgendwann kam Werner zurück. Er habe bei Carol übernachtet, erklärte er lapidar, auf der Couch habe er geschlafen. Damit war die Sache erledigt.

Am 18. August 1999, einem schwülen Abend, an dem ich vergeblich auf Werner wartete, was immer häufiger vorkam, sollte das Schicksal seinen Lauf nehmen. Es waren Schatten in mein Leben getreten, von deren Existenz ich zunächst jedoch nichts bemerkte.

Werner war verhindert, weil er im Büro von Andrew Fraser saß und dort mit einem weiteren Freund, Tim Watson-Munroe, das vor Gericht zitierte Gespräch führte, bei dem die »drei Männer im Schnee« mit ihren Sex- und Reiseabenteuern prahlten. Werner erzählte seinen beiden Freunden von seinen Problemen mit mir, seiner besessenen und drogenabhängigen Ehefrau, von Carol und seiner neugewonnenen Freundschaft mit ihr, von der geplanten Versöhnungsreise nach Afrika und Europa und von feurigem Sex. Niemals sollte der heikle Inhalt dieses Gespräches nach außen dringen, aber die drei wussten nicht, dass die Federal und die Victoria Police jedes Wort mithörten und das Gespräch später zu einem der Hauptbeweise der Anklage werden sollte.

Als Werner in jener Nacht zu seinem Wagen lief, hielt ihn ein Polizist an, durchsuchte ihn, fand Kokain und hätte ihn beinahe verhaftet. Nach einem kurzen Gespräch trennten sich die beiden jedoch wieder voneinander. Werner hatte Detective Strawthorne versprochen, in den folgenden Tagen seinem Freund Andrew Fraser eine Falle zu stellen und ihn zu überreden, sein Geld in einen Kokaintransport von Afrika nach Australien zu stecken. Der Polizist versicherte Werner, er müsse sich um nichts kümmern, das angeblich von Werner mitgebrachte Kokain werde im richtigen Moment bereitstehen, um den Staranwalt zu blenden.

Hatte Werner niemals vorgehabt, aus Afrika Kokain mitzubringen? Das hatte er mir aber nicht erzählt, ganz im Gegenteil. In den folgenden Tagen versuchte Werner sein Bestes, um Andrew zu überreden, aber es stellte sich heraus, das dieser kein Bargeld auftreiben konnte, er hatte sein Vermögen verschnupft. Werner dachte, die Angelegenheit sei mit der Pleite seines Opfers erledigt. Er hatte falsch gedacht. Der Polizist lauerte meinem Ehemann nochmals auf und überbrachte ihm eine leichte Abänderung des ursprünglichen Planes. Werner schlug Andrew nun vor, dass er ihm ein Kilo Kokain auf Kredit mitbringen könne. Im Gegenzug sollte der Anwalt seine rechtlichen Kenntnisse und Fähigkeiten für Werners Ankunft bereithalten, Vorsorge sei schließlich besser als Nachsicht. Damit war die Sache abgemacht.

Auf Schritt und Tritt wurden Carl, Werner, Andrew und ich seit jener Nacht überwacht. Ob nun Werners Beschreibung dieses einen Deals der Wahrheit entspricht oder doch eher die der Polizei oder gar die von mir, das werde ich wohl nie herausfinden. Jedenfalls war es der Anfang der Reise, der eine halbe Ewigkeit zurücklag, wie es mir fünf Jahre später in Deer Park erschien.

Als ich Werner in unserem Häuschen in Elwood zum Abschied in den Armen hielt, ehe er mit Carol aufbrach, als er mich ein letztes Mal zärtlich küsste, als ich mich ein letztes Mal an seine hässliche Tätowierung auf dem linken Brustmuskel drückte, seinen Geruch einatmete, der mich so oft erregt hatte, saugte ich alles ein, was ich an ihm liebte, um es in meinem Gedächtnis abzuspeichern, sodass ich in den bevorstehenden Wochen ohne ihn davon zehren konnte. Es sollten nicht nur einige Wochen werden.

Bei einem seiner Anrufe von unterwegs machte Werner mir den Vorschlag, dass wir nach seiner Rückkehr gemeinsam verreisen könnten. Nun wird sicher alles gut, dachte ich erfreut. Ein richtiger Urlaub, bei dem unsere Liebe neu aufblühen könnte. Vergessen wäre die hässliche Zeit vor seiner Abreise, vergessen wären die Monate, die wir nur aneinander vorbeigelebt hatten. Mit ungetrübter Vorfreude buchte ich einen Flug für uns beide inklusive zehn Tage in einem tollen Hotel, auf der uns beiden unbekannten Trauminsel Lombok in Indonesien.

Zwei Tage nach Werners geplanter Rückkehr sollte es losgehen, der Mann meiner Sehnsüchte hatte mir versichert, er brauche nur zwei Tage in Melbourne, um die Koffer umzupacken. Je früher, desto besser, sagte er, denn er könne es kaum erwarten, mit mir eine verspätete und dieses Mal endlich standesgemäße Hochzeitsreise zu machen. Aber die Reise sollte nie stattfinden, stattdessen verwesten die Tickets auf der Polizeistation in Melbourne.

Mein Freund Cornelius erwartete Werner und Carol in Benin. Er brachte die beiden in dasselbe Hotel, in dem damals Carl und ich gewohnt hatten, ins Hotel du Port. Ich hatte alles mit ihm besprochen. Ein Koffer von Werner und Carol war nicht in Benin angekommen, das gute Stück war anscheinend irgendwo zwischen Brüssel und Benin auf der Strecke geblieben. Da Werner die Landessprache – Französisch – nicht beherrschte, hatte er enorme Schwierigkeiten, die Angelegenheit zu klären.

Als ich wieder mit ihm sprach, meinte er, bereits alles versucht zu haben, doch das Gepäckstück blieb verschollen. Aber er habe auch eine gute Nachricht für mich, die acht Geschenke, die er speziell für mich in Berlin gekauft hatte, seien sicher in seinem Handgepäck. Idiotischerweise lagen die Tickets ausgerechnet in dem verlorengegangenen Koffer. Werner bat mich um eine größere Summe Geld, da er neue Tickets kaufen wolle. Üblicherweise werden verlorengegangene Tickets von der jeweiligen Fluggesellschaft ersetzt, deshalb weigerte ich mich anfangs, ihm schon wieder Geld zu schicken. Ich war wütend! Widerwillig und verärgert ließ ich ihm dann doch die gewünschte Summe per Western Union zukommen. Die Staatsanwaltschaft behauptete später, dies sei mein finanzieller Beitrag zum Kokainkauf gewesen.

Als Werner mich kurz darauf über das neue Rückreisedatum informierte, versetzte mir das einen Stich in die Brust. Ich hatte eine fürchterliche Vorahnung. Als er mir sagte, dass er drei Tage später kommen werde, dass er drei Tage länger als geplant mit Carol verbringen werde, da verlor ich die Fassung. Mit unglaubwürdigen Begründungen versuchte er sich herauszureden. Es gebe keinen früheren Rückflug, beteuerte er. Dann sagte er: »Ich habe keine andere Wahl, aber ich kann es dir am Telefon nicht erklären.«

Schweren Herzens verschob ich unsere Hochzeitsreise nach

Lombok um eine Woche. Vielleicht wäre ich nie verhaftet worden, wenn Werner und ich wie geplant auf die indonesische Insel gereist wären?

»Frei ist, wer in Ketten tanzen kann.«
FRIEDRICH NIETZSCHE

Jetzt waren es nur noch einige wenige rasch vergehende Tage bis zum D-Day. Im Knast hatten wir alle nur einen großen Wunsch, ein Ziel, nach dem wir uns gemeinsam sehnten: Freiheit!

Ich stellte mir vor, dass die Entlassung wunderbarer werden würde, als es einst meine erste große Liebe war. Aber ich wusste, die Realität würde uninteressanter werden als meine Vorstellung davon; die Einwanderungsbehörde würde kommen und mich gleich wieder verhaften, um mich zum Flughafen zu bringen und abzuschieben.

Mehrere Male verabschiedete ich mich unter Tränen von meinen Freundinnen. Wendy, Kerry und Sue veranstalteten in der letzten Woche eine kleine Party für mich. Kerry, die eine poetische Ader besaß, hielt eine witzige und rührende Rede über die German von Deer Park, *Gimme Mohr. A short reflection by Kerry Tucker.* Ich war tief beeindruckt und bewegt und musste während des Vortrags mehrmals schallend lachen und bitterlich weinen.

Big gathering to farewell you today, was the initial plan,
But if anyone can spoil your day then I can.
As the time for Andrea's departure nears,
Let's reflect a little shall we, on the past five years.
And who would've known, what was to be in store,
For the new German prisoner, our Mrs. Andrea Mohr.

The Task Force it appears, acting on a hunch,
We're looking for a team, not unlike the Brady Bunch.
There was a barrister, a husband, and a lover,
Two small pygmies, a cordless phone, and someone's brother.
Many times she fronted up, and many times was denied bail,
Does make it hard though, when your barrister is also in jail.

So, she arrived here with an Aussie, an Asian plus one
Pakistani,
To a place no name tracksuits, replaced her Armani.
They weighed her as it appeared a lot of water she did retain,
When actually it was because, she'd banked 50 kilos of cocaine.
Then overnight she went from really big, to almost wafer thin,
Dropped 90 to 40 kilo, and gained an enormous grin.

The medical centre re-named her »Gimme Mohr«,
As her IDU status, soared to one eighty four!
Her »Mother from Andrea« promised to write a lot.
And for the first two years, were delivered via the slot.
She spent half her sentence, pissing on command,
And doesn't recollect much, of her time on remand.

She was then taken in daily, her turn to stand trial,
And this seemed to go on well for a fair while.
The judge asked continuously: »And your involvement Mrs.
Mohr?«
And she consistently replied: »Your Honour, I'm really not sure.
You see, I hear nothing, see nothing and certainly know fuck all,
And to anything else, I basically just don't recall.«
Well, after eight long weeks, the Jury returned,
That somewhere in this, she was »Knowingly Concerned«.
If only the Jury, had known what we knew,
Was impossible, her IDU was triple that of her IQ!

For here she was now, and this is where she'd stay,
For five long years, praying for next Wednesday.

No long after this, to Beth she was designated,
In an attempt to get this little German educated.
During her time in education, she'd kiss arse and grovel,
To spend time on a computer, to produce her novel.
Her book one day will hit the Bestseller's List,
And be retold in a film, sort of like *Gorilla's in the Mist.*

Then they put her in the kitchen, a rather dangerous move,
The difference between a cabbage and lettuce, she couldn't prove.
So she was sacked from the kitchen, they made perfectly clear,
Couldn't have someone in there, they had no fucking idea.
And her cooking skills are basically … shit,
Haven't improved any, no, not even a little bit.
She'll prepare your dinner with eggs as the main,
Followed by a side dish of yogurt and nutrigrain.
And if you are really lucky, she'll stuff your face,
With large bowls of sprinkles and biscuit base.

And occasionally she'd do her old profession, in an attempt to please,
Minus the pole and with audience, she'd do her striptease.
But once she's stripped naked, and bent over, we found,
That she looked very similar, to a racing greyhound!
As sexy as that sounds, the strip went, wrong poor thing,
When someone lathered Dencorub, all over her G-String.
She swelled up little balls that were treated with Anti-Freeze,
And you'll notice when she leans over, she now can't bent her knees.

So she dropped her pole dancing and did boot scooting instead,
And after watching her I wondered, what was going on in her head.
She twisted and vined to the right, a tad behind the beat,
And often walked into the wall, with her two left feet.
Still, in Andrea's good form, it was very easy to see,
That she had good fun, and made it a great place to be.

Cause she gets involved with things, you can always depend on her,
And last Easter, is one example that I personally remember.
As memory goes, she joined in, in this year's Easter Parade.
With her floppy ears and bunny teeth, as her masquerade.

Dressed as a playboy, complete with that »Hooker Strut«,
Who'd have guesses that little Easter Bunny was such a slut!

And over the years she's called Trivia, we've had no expectation,
Because usually the questions, were always lost in translation.
No one could really get the answers, when we did play,
Didn't matter, couldn't understand the questions anyway.

Then there's the day walking down the path, she almost stepped
on a stick,
But one must remember that she can be quite thick.
The stick was a snake, looked like she'd run out of luck,
Except she was in one of her moods, and couldn't give a fuck.
She just stepped over the snake, which in the end did survive,
And to this day still believes, that it was a stick, that was
alive.

But in our unit, we lived daily, with one of our greatest fears,
When she did yoga, and stuck her feet up behind her ears.
She'd keep talking as she did this, all muffled and weird,
And from where we sat, it appeared that she'd grown a beard.

But really »Fancy Fingers« to us, is how she's commonly
known,
Cause in her room, late at night, she's never really alone.
She really enjoys her »Ten friends« it's very easy to hear,
And apparently she's known to orgasm, during a pap smear!

Her room resembles a night club, in a white ox haze,
As she smoked her way through, 18 hundred and 25 days.
As the fog begins to lift, and we can now see the floor,
We found two small prisoners, and a dead cat behind the door.
They carelessly wandered in there and through the fog, never
seen her,
Only to die moments later, from acute emphysema.

But whenever she didn't cope, and went off the rails,
She'd sit painstakingly, pick her toenails.
I don't think she handpicked them, is my personal belief,
Because I've often seen toenails, wedged between her teeth!

Anyone who knows Andrea, has by now no doubt heard,
That when it comes to an argument, she has the last word.
She'll keep going and going, until she's out of breath,
Or until you've fallen asleep, completely board to death.

And from the intercom on the wall, she'd rarely stray,
Cause during the night, she'd ordered her takeaway.
She'd say: »This is Andrea Mohr from C2B,
Don't suppose around nine you'll have a nurse free?
You see I've got such a headache and my menstruation from hell,
So I'll need one of everything, and maybe fried as well.«
Medical would set out in the buggy, and visit our place,
So she could spend the rest of the night, totally off her face.

The only one thing she didn't perfect, before she was gone,
Was to fill the fucking jug, before she turned it on!

So let's hope that on Wednesday, the prison gets it right,
And doesn't take Andrea to court, and put me on her flight.
At this point in time, it's the only things that will fucka,
Although she would get a German postcard, from her mate Kerry Tucker

So it's now only three sleeps until she walks out the gate,
And to the time we bid farewell, to our German mate.
Thank god she's still such a little thing,
Can't carry much weight, when you're strapped to the wing.

But there's one thing to remember, probably most of all,
Has been Andrea's ability to stand tall.

She's helped many, many women, during her time,
And never judged anyone, by her sentence or crime.
And her directness and honesty was returned with respect.
As a friend, she is as loyal as the day is long
And would never hurt anybody, if she thought it was wrong.
She's touched all our lives, in one way or another,
And for her twisted sayings, you just gotta love her.

I guess there's only one thing that's left to say,
That she'll take a little of us all, on her way.
We love our German friend, and, quite clearly,
She'll remain in our hearts, and we'll miss her dearly!

Meine zähe Freundin Tiny weinte ebenfalls viel, als Kerry den Text vorlas. Sie war seit ein paar Wochen zurück in Block C2A, wo sie mit Lisa zusammenwohnte. Die beiden freundeten sich mehr und mehr an. Die sanfte Caroline war auch ganz gerührt und hörte nicht auf, mich Pixie zu nennen.

Meine kleine Schwester würde mir sicher sehr fehlen. Sie würden mir alle unendlich fehlen. Der Gedanke, die Frauen hier nie wiederzusehen, stach mir wie ein Dolch ins Herz.

Unser walisischer Drache Donna stand die ganze Zeit nur dabei und sagte nicht viel. Sie wünschte sich nichts sehnlicher, als mit mir kommen zu können, das stand ihr in Großbuchstaben auf die Stirn geschrieben, aber das würde leider noch etwa zwanzig Jahre dauern, was sie in keiner Sekunde ihrer Existenz vergessen konnte und würde. Die alte Trish saß da mit einem zittrigen Lächeln, ihre Aussicht auf das Gnadengesuch schrumpfte mehr und mehr, das war selbst ihr inzwischen klar. Sue hatte ebenfalls noch lange in Deer Park zu bleiben und zog sich mehr und mehr in sich zurück – doch sie würde mich als Blockgenossin und Familienmitglied vermissen, genau wie Wendy und Kerry.

Auch von der wunderbaren Beth verabschiedete ich mich. Sie und ihr charismatischer Mann Vito hatten so viel für mich getan, und ich war den beiden unendlich dankbar.

Ein glücklicher Zufall wollte es, dass wir uns im Jahr 2005 schon wiedersehen sollten, doch ein paar Tage vor meiner Entlassung wussten wir davon natürlich noch nichts. Beth hatte ein Beisammensein arrangiert, mit den Lehrern und allen Schülern, um meine Entlassung zu feiern. Wieder einmal hatte sie leckere, liebevoll zubereitete Snacks auf einem wunderschön dekorierten Tisch angerichtet.

Als Caroline noch einige Leckereien aus dem Kühlschrank holen wollte, stand ich auf, um ihr dabei zu helfen. Die Tür zum Gefrierfach war offen, und ich entdeckte ein paar fein säuberlich zusammengefaltete Zettelchen darin. Ich erinnerte mich daran, wie ich einmal Donnas Namen auf einen Zettel geschrieben und ihn ins Eisfach gelegt hatte, als ich wütend auf sie gewesen war.

An jenem Tag fand ich drei Zettel mit meinem Namen, alle von Donna geschrieben. Nicht einen, nicht zwei, sondern gleich drei! Ich war traurig, entrüstet und sehr irritiert, denn ich hatte nicht geahnt, dass sie sich so oft über mich geärgert hatte. Ich sprach Donna allerdings nie darauf an.

Endlich war der Tag meiner Entlassung gekommen. In der Nacht davor schlief ich nicht und starrte stundenlang an die Decke. Als ich dann endlich durch die Rezeption, die Pforte zur Hölle, oder zum Himmel, schritt, flatterte mein Herz und in meinem Bauch rumorte ein Gefühl, als wäre ich frisch verliebt. Zunächst sollte ich kurz in die Aufbewahrungszelle, um mich umzuziehen. Das war neu. Ich durfte mich ganz ohne Zuschauer umziehen, ohne Leibesvisitation, unglaublich. Mrs. Mauss reichte mir mit freundlicher Miene meine Kleider – meine eigenen Kleider – und den vor fünf Jahren konfiszierten Schmuck. Ich legte alles an. Meine restlichen Habseligkeiten passten in eine kleine Tasche, alle anderen Sachen hatte ich schon vorher an meine Freundinnen verschenkt.

Ich fühlte mich, als hätte ich eine Million im Lotto gewonnen. Bestimmt war ich zehn Zentimeter größer als sonst und marschierte – ohne Handschellen – hocherhobenen Hauptes durch die Pforte. Sofort kamen zwei Männer von der Immigrationsbehörde auf mich zu und legten mir wieder Handschellen an. In einem bequemen, sauberen Minibus fuhren sie mich zum Flughafen. Ich würde alles vermissen, was ich in den vergangenen zehn Jahren an Melbourne geliebt hatte, die Vielfalt der Großstadt, die Mentalität der Einwohner. Ich hatte keine Wahl, ich musste mein Leben in Australien loslassen. Ich war unterwegs zu neuen Abenteuern.

Am Tullamarine International Airport erwarteten mich mein treuer Freund Kurt und seine liebenswürdige Mutter. Sie hatten zwei große Koffer mit meinen persönlichen Sachen dabei, die sie nicht hatten verschicken wollen, darunter mein Schmuck aus der Zeit vor der Verhaftung und einige wertvolle Sachen von Werner und Carl. Es waren viele kostbare Erinnerungstücke wie Vasen, Gläser, Geschirr, Kleider und andere Dinge, an die ich mich kaum mehr erinnerte. Ich musste mich zusammenreißen, um nicht loszuweinen. Als ich die Dinge zum letzten Mal gesehen hatte, war ich ein anderer Mensch gewesen.

Die Männer hatten mir die Handschellen inzwischen abgenommen und mir gesagt, ich müsse während des Flugs keine tragen, sofern ich keinen Unfug anstellte. Was sollte ich in einem Flugzeug schon groß anstellen? Geiseln nehmen? Womit denn, wie denn? Dann stieg ich in ein normales Passagierflugzeug, und die ganze Zeit über saß ein in Zivil gekleideter Polizist neben mir, bis wir in Frankfurt am Main landeten. In Bangkok, wo wir einen Zwischenstopp machten, stand er zwei Stunden mit mir im Nebel der verrauchten Glaskabine, wo ich eine Zigarette nach der anderen paffte. Unwillkürlich dachte ich an die vielen Male, die ich schon an diesem Flughafen gewesen war und welche illegalen Substanzen ich hier unter den Augen der Polizei schon geschmuggelt hatte.

Es lief alles wie am Schnürchen, als würde man einen Kinofilm vorspulen, absolut reibungslos. Ich lehnte sogar den mir angebotenen Alkohol ab, denn mir ging es so gut, dass ich dieses Gefühl nicht beeinträchtigen wollte. In Frankfurt angekommen, verabschiedete sich der Polizist und ging seines Weges. Ich wusste, dass meine Mutter hinter der Absperrung auf mich wartete, daher blieb ich ganz ruhig. Plötzlich kamen zwei deutsche Polizisten, unverkennbar in ihren grünen Uniformen, auf mich zu.

Der Rucksacktourist neben mir meinte nur: »Heute ist aber viel Polizei hier. Ob die jemanden suchen?«

»Ja, mich«, sagte ich mit einem frechen Schmunzeln.

Seinen Blick werde ich nie vergessen. Er starrte mich ungläubig an, als wolle er sagen, diese junge Frau kann doch kein Wässerchen trüben.

Die Polizisten blieben wie erwartet vor mir stehen. Mein Herz schlug etwas schneller, beinahe unmerklich. Vielleicht bin ich doch nicht frei? Vielleicht muss ich nun die zwei Jahre auf Bewährung in Deutschland absitzen? Nein. Das konnte nicht sein!

»Sind Sie Andrea Mohr?«, fragte einer der Polizisten mit einem netten Lächeln, sein Gesichtsausdruck war entspannt.

»Ja.«

»Bitte folgen Sie uns einfach. Falls Sie sich weigern, müssen wir Ihnen Handschellen anlegen.«

Dabei schauten mich die beiden Beamten ganz komisch an, aber ich nickte nur. Mein Mund war auf einmal staubtrocken. Die Polizisten führten mich in das Untergeschoss des Terminals, wo ich im grellen Neonlicht auf dem Gang wartete, wie sie mir befahlen. Reiner Automatismus, den ich in den vergangenen fünf Jahren bis zur Perfektion hatte üben dürfen: warten und gehorchen! Nach etwa einer Minute kam ein Polizist aus einem der Räume heraus, überreichte mir meinen Reisepass und nannte mich offiziell »frei«.

»Sie können gehen, wohin Sie wollen«, sagte er.

»Danke.«

Ich lief zögerlich los, schaute mich noch einmal um. Er stand noch immer auf dem Gang und blickte mir lächelnd hinterher. Jetzt wurde mir klar, dass mir nichts mehr passieren konnte, dass ich tatsächlich frei war. Kurz darauf fiel ich meiner Mutter in die Arme.

Natürlich regnete es in Deutschland. Als wir auf der Autobahn von Frankfurt nach Hause fuhren, prasselten die Regentropfen auf die Windschutzscheibe des kleinen silberfarbenen Ford Fiesta meiner Mutter, die immer noch sehr jung für ihr Alter aussah.

Es war der 16. August 2004, der Sommer verabschiedete sich langsam, um dem Herbst Platz zu machen. Ich stellte mir einen Regentag in Melbourne vor, versuchte, mir auszumalen, was meine Freundinnen in Deer Park momentan taten. Das war einfach. Sie würden schlafen, denn es war dort mitten in der Nacht. Ich wollte, ich hätte die Gefängnismauern von Deer Park sprengen können, um all die wunderbaren Frauen, die ich dort zurücklassen musste, mitzunehmen. Ich hatte keine Ahnung, was die Zukunft bringen würde, was ich künftig tun würde.

Ich schloss die Augen und lauschte auf jedes der Geräusche, irgendwie war alles so neu. Eine Träne floss über meine Wange.

EPILOG

»Auge um Auge – und die ganze Welt wird blind sein.«
MAHATMA GANDHI

Entlassen zu werden, war für mich ein wenig wie sterben – ein ganz besonderer Moment nur für mich allein. Insgesamt hatte ich 1794 Tage und Nächte ohne den Mond und die Sterne verbracht. In meiner Zelle hatte ich zwar den Mond und die Sterne sehen können, aber nur durch ein kleines Fenster mit Gittern, niemals unter freiem Himmel. Sie sehen anders aus hinter Gittern.

Was ist nun aus all den Menschen geworden, von denen ich in diesem Buch erzähle? Mit vielen stehe ich noch heute in Kontakt.

Werner Roberts wurde nach zehn Jahren entlassen, aber nicht in die süße Freiheit, sondern in ein Intention Centre, in ein Asyllager, da man ihn für staatenlos erklärte, denn weder Deutschland noch Australien ist bereit, ihm eine Staatsbürgerschaft zu übertragen.

Heute lebt er in einem kleinen Zimmer in Melbourne, darf die Stadt jedoch nicht verlassen. Seine Bewährungszeit beträgt drei Jahre. Ich habe versucht, ihm zu helfen, jedoch ist es mir bis heute nicht gelungen.

Mein Exfreund Carl Urbanec wurde 2005 entlassen. Am Anfang half ich ihm, sich wieder in Deutschland einzugewöhnen, und er blieb eine Weile bei mir in der Wohnung. Seine Eltern starben beide in der Zeit, als er im Gefängnis war. Eines Tages zog er zurück nach Berlin. Wir haben beschlossen, nicht mehr miteinander zu leben und unsere Wege haben sich getrennt, aber er ist und bleibt mein Freund.

Andrew Fraser, der ehemalige Staranwalt, wurde 2006 entlassen. Er brachte Licht in den sogenannten Halvagis-Fall. Peter Norris

Dupas war 1997 verurteilt worden für den Mord an Mersina Halvagis. Er war ein ein Serienmörder, und Andrew wusste Details über das Verbrechen, weil er im Port Phillip Prison mit Dupas in einem Block gelebt hatte. Andrew schrieb mehrere Bücher, *Court in the Middle* und *Lunatic Soup*. Sein neustes behandelt die Melbourner Polizeikorruption, in dem auch Detective Malcolm Rosenes eine zentrale Rolle spielt. Der Titel lautet *Snouts in the trouts*. Er wurde in einige Talkshows eingeladen, unter anderem in die Andrew Denton Show.

Die Geschichte des brillanten Hugo Rich geht leider sehr traurig weiter. Er wurde 2004 nach zwölf langen Jahren im Gefängnis auf Bewährung freigelassen. Kaum in Freiheit, eröffnete er ein Geschäft und erzielte sofort hohe Gewinne. Im Jahr 2005 beschuldigte die Polizei ihn eines bewaffneten Banküberfalls, bei dem einer der Wächter erschossen wurde. Er wurde am 13. November 2009 zu lebenslanger Haft verurteilt.

Der jungen, hinreißenden Ema Tamme erging es beinahe wie der süßen Japanerin Taba, die beiden waren die Einzigen mit Glück, die Einzigen, bei denen Gerechtigkeit einzog. Im Jahr 2005 schrieb mir Kerry, dass Ema ihren Einspruch gewonnen hatte, woraufhin der Tatbestand von Mord in Totschlag geändert wurde und der Richter feststellte, dass die vier Jahre, die Ema bis zu diesem Zeitpunkt im Gefängnis verbracht hatte, ausreichend seien. Sie konnte ihre Sachen packen und gehen.

Die gute alte Trish litt an zahlreichen medizinischen und psychischen Probleme in ihren letzten Jahren ihres Gefängnisaufenthalts. Die Großmutter wurde nach 14 Jahren Haft im Jahr 2006 entlassen, keinen Tag früher. Nach weniger als zwölf Monaten in Freiheit starb die gute alte Seele an einem Lungenemphysem. So viele Jahre hatten ihre Tochter und ihr Ehemann auf die Siebzigjährige gewartet. Am Tag, als ich von ihrem Tod erfuhr, weinte ich.

Nach langer, qualvoller Krankheit ist auch Irene Maslin gestorben. Sie erlag einem Krebsleiden im Jahr 2009, allerdings in Freiheit.

Meine intelligente Freundin Kerry Tucker machte mich sehr stolz, als sie ihren Magister noch in Deer Park absolvierte. Sie schickte mir ein Foto von der Verleihung des Magisterhuts. Sie schrieb später ein Kinderbuch mit zahlreichen schönen Illustrationen, bei dessen Realisation Beth half. Das Buch erklärt den kleinen Lesern, welche Prozeduren auf sie zukommen, wenn sie ihre Mutter im Gefängnis besuchen, etwa die Leibesvisitation oder die Hunde und beschreibt einige andere für »normale« Menschen eher unbekannte Situationen. Natürlich hat meine engagierte Freundin während ihrer gesamten Haftzeit unermüdlich als gute und verständnisvolle Peerworkerin in Deer Park gearbeitet. Kerry wurde 2008 entlassen und ist seitdem an der Swinburne Universität in Melbourne angestellt. Außerdem engagiert sie sich für die Wiedereingliederung der ehemaligen Häftlinge. Im Jahre 2011 wird ihre Autobiografie erscheinen mit dem Titel *Revlon and Razorwire.*

Die traurige Geschichte von Donna Parsons, unserem walisischen Drachen, setzte sich leider fort. Nachdem sie häufig krank war, findet sie sich nun nicht mehr zurecht, vor allem weil sie noch immer ihre Kinder nicht sehen darf. Das Wissen, eine Fremde für ihre eigenen Kinder geworden zu sein, frisst ihre Seele auf.

Meine wunderbare Freundin Sue Freeman begann zu studieren. Donna und Sue müssen unglücklicherweise noch viele Jahre in Deer Park bleiben, aber in wenigen Jahren wird man ihnen vielleicht erlauben, nach Tarrengower zu wechseln. Sue sagte, dass sie mich nach ihrer Entlassung in Deutschland besuchen kommen wolle. Zwecks guter Führung erlaubte man Sue im Jahre 2009 nach Tarra zu gehen, leider ohne Donna.

Im Jahr 2007 beantragte Wendy Solomon *Home Detention.* Das hätte bedeutet, dass sie die letzten sechs Monate ihrer Haftzeit zu Hause bei ihrer Familie und ihren Kindern hätte verbringen können. Das Gericht lehnte den Antrag jedoch ab, und Wendy wurde erst 2008 aus Deer Park entlassen. Die drei Frauen lebten bis zur Entlassung von Kerry und Wendy in unserem Block C2B.

Eileen Cox, genannt Coxie, und meine sehr spezielle Freundin Tiny, mit bürgerlichem Name Lyn Heaney, wurden 2007 nach Tarra verlegt. Unglücklicherweise war es Lisa Hartwick noch nicht erlaubt, die beiden zu begleiten. Lisa und Tiny verband mittlerweile eine starke, tiefe Freundschaft, und die Trennung fiel beiden sehr schwer, doch im Jahre 2008 durfte Lisa auch nach Tarra.

Meiner kleinen Schwester Caroline Robertson ist das Schlimmste zugestoßen – jedenfalls aus ihrer Sicht. Zuerst wurde ein Buch über ihr Verbrechen geschrieben, *Perfect Victim*, in dem Caroline als Mörderin dargestellt wird. Später wurde ein Film daraus gemacht, *How to Change in Nine Weeks*, auch bekannt unter dem Titel *In Her Skin*, unter anderem mit Sam Neill und Guy Pearce. Meine kleine Schwester, so hörte ich, war deswegen sehr deprimiert. Nach einem kurzen Mailkontakt telefonierte ich auch mit Tony Cavanaugh, dem Produzenten des Films. Es klang gar nicht so, als wäre er gegen meine Freundin, er sagte nur, es sei an der Zeit, dass Caroline ihre Seele reinige, und uns allen die Wahrheit über den Mord an Rachel zu erzählen, sei sicher gut dafür. Bis jetzt weigert sie sich jedoch, einem Interview mit ihm zuzustimmen.

Tracey Curzon, Emma, Clara und Julie wurden entlassen. Kathy wurde ebenfalls entlassen, aber ist inzwischen wieder im Gefängnis, in Queensland, wie wir hörten.

Unsere Bibliothekarin Toni Malby erlitt im Jahr 2009 einen schweren Schlaganfall, von dem sie sich in ihrer neuen Heimat Darwin langsam, aber beständig erholt.

Unsere tapfere Japanerin Chika Honda kämpft noch immer für die Anerkennung der Tatsache, dass sie über zehn Jahre unschuldig im Gefängnis verbringen musste. Im Jahr 2002 kamen in einer Aussage einer anderen Zeugin neue Beweise auf, die bestätigen, dass Chika nichts von den Drogen in ihrem Koffer gewusst habe.

Vicky Roach, unsere intellektuelle Aborigine ist seit ihrer Entlassung drogenfrei und hat nach langem Kampf ihren Sohn zurück aus Neuseeland bekommen, wo er bei Pflegeeltern untergebracht war. Sie hilft Ex-Häftlingen bei der Wiedereingliederung und hat vor Kurzem vor Gericht für Aborigine-Insassinnen das Recht erwirkt, wählen zu dürfen. Meine Freundin sprach sogar vor dem Parlament in Canberra.

Beth O'Brian wurde in Australien zur Frau des Jahres 2005 gewählt, für ihren niemals ermüdenden Enthusiasmus, Frauen hinter Gittern zu helfen. Im Jahr 2005 unternahmen Vito und sie eine Reise, die sie unter anderem für zwei Tage nach Paris führte, wo ich sie traf. Ich kam mit meinem damaligen Liebhaber, mit dem ich für zwei Jahre eine Affäre hatte. Wir vier saßen gemeinsam in einem ägyptischen Restaurant, genossen das wunderbare Essen und verbrachten Zeit miteinander in einem kultivierten Rahmen. Ich war mir sicher, dass wir uns auch getroffen und angefreundet hätten, wenn wir uns nicht in Deer Park begegnet wären. Es war so vorgesehen, dass Beth, Vito und ich ein kleines Stück Weg miteinander gehen.

Eine Tatsache bleibt für uns alle gewiss: Die Jahre in Deer Park haben uns extrem verändert. Unser Leben wird niemals mehr so sein wie vorher, uns Frauen von Deer Park verbindet ein ganz besonderes Band.

Mit den korrupten Polizisten, die in unseren Fall verwickelt waren, geschah Folgendes: David Miechel wurde der Verwicklung in einen Raub in East Oakleigh sowie des Diebstahls von Drogen im Wert von 1,3 Millionen Dollar angeklagt. Insgesamt wurden ihm 16 Straftaten zur Last gelegt, einschließlich des Handels mit großen Mengen Ecstasy, Kokain und LSD. Er wurde zu einer Haftstrafe von 15 Jahren mit einem Minimum von zwölf Jahren verurteilt.

Im Juli 2001 nahm die Ethical Standards Department Police fünf Männer in Gewahrsam, darunter auch Detective Sergeant Malcolm Rosenes. Bei ihm wurden 55 000 Ecstasy-Tabletten gefunden im geschätzten Wert von drei Millionen Dollar. Im Oktober 2003 gab Rosenes sieben Straftaten zu, einschließlich den Handel mit größeren Mengen Ecstasy, Cannabis und Kokain. Er wurde zu sechseinhalb Jahren Haft mit einem Minimum von dreieinhalb Jahren verurteilt.

Die Geschworenen im Victoria Supreme Court befanden Detective Senior Sergeant Wayne Geoffrey Strawthorne ebenfalls für schuldig, große Mengen Drogen an den zwischenzeitlich ermordeten Kriminellen Mark Moran geliefert zu haben. Er erhielt dafür sieben Jahre Gefängnis.

Detective Firth wurde von der CEJA-Kommission im Jahr 2004 vom Dienst suspendiert. Im Juli 2001 wurde Detective Paton für den Handel und den Besitz einer großen Menge Drogen verhaftet. Er bekannte sich schuldig und erhielt sechs Jahre mit einem Minimum von drei Jahren. Weitere Mitglieder der Australian Federal Police wurden verhaftet und stehen unter Verdacht, bei diversen Drogendeals die Hand im Spiel gehabt zu haben.

Ich möchte mit diesem Buch die Öffentlichkeit unter anderem auf die Korruptionsfälle bei der Victorian Police aufmerksam machen, auch international. Heute gibt es sogar im Port Phillip Prison einen speziellen Block namens Borradale – einen Block nur für korrupte Bullen.

Ich wurde während der Arbeit an diesem Text oft gefragt, warum ich dieses Buch schreibe. Ganz einfach: Meine Familie und meine Freunde haben zweifellos immer zu mir gehalten, all die Jahre, die ich hinter Gittern war. In diesem Buch finden sie nun alle die Wahrheit, meine Wahrheit. Ich denke, nach so langer Zeit verdienen sie nichts anderes. In diesem Buch ist meine Lebensgeschichte gut aufgehoben, sie ist in Sicherheit, bewahrt vor dem Vergessen.

Natürlich gab es auch einen selbstsüchtigen Grund für dieses Buch: die Selbsttherapie, die der Schreibprozess für mich war. Ich konnte dabei meine Seele reinigen.

Und es gibt noch einen sehr wichtigen Grund: all die mutigen Frauen in Deer Park, die keine Monster sind, sondern Mütter, Töchter, Ehefrauen und Freundinnen, und deren Geschichten es verdient haben, erzählt zu werden.

Mein letzter Grund, *Pixie* zu schreiben, ist der, dass ich am Beispiel des Frauengefängnisses Deer Park der Welt einen tieferen Einblick in das Funktionieren eines Gefängnissystems geben möchte. Oscar Wilde hat es in seinem Gedicht *Die Ballade vom Zuchthaus zu Reading* vor vielen Jahren geschrieben: »So never will wine-red rose or white,/Petal by petal, fall/On that stretch of mud and sand that lies/By the hideous prison-wall«.

Auf alle Fälle braucht das größte Frauengefängnis von Victoria mehr Aufmerksamkeit und mehr Hilfe. Die Anzahl der Gefangenen steigt beständig, dabei kann es auf Dauer nicht gut gehen, wenn man die verschiedensten Menschen in ein Gefängnis steckt. Behinderte etwa haben andere Bedürfnisse und brauchen eine andere, professionellere Behandlung.

Für mich war es sehr schwierig, nach fünf Jahren Haft wieder ein Teil der realen Welt zu sein. Ich war fünf lange Jahre vom Leben ausgeschlossen, ehe man mich nach Deutschland abgeschoben hat. Ich hatte keine Rehabilitation, allein meine Familie half mir in die Gesellschaft zurück. Aber das soll Thema meines nächsten Buches sein, an dem ich gerade schreibe.

DANKSAGUNG

Zuerst möchte ich mich bei meinem Vater Egon Mohr und meiner Mutter Christa Waurig sowie bei all meinen Verwandten, meiner treuen Familie, bedanken. Dafür, dass sie mich niemals aufgegeben haben, dass sie in meinem gesamten Leben an meiner Seite standen. Am meisten möchte ich mich bedanken bei Alice und Werner Willig; Heiner und Steffi Scheck, meiner Cousine, die mir unermüdlich Briefe ins Gefängnis schrieb, mit Fotos und Berichten über die Familienereignisse; Michael Willig und seiner Freundin Annette; Harald und Heidi Mohr; Mine Mohr und Manfred Waurig; Ma-Lu und Bernd Kissel; Schwester M. Lucia und alle anderen Verwandten von mir, die ich nicht alle nennen kann, denn ich bin reich mit Verwandten gesegnet.

Vielen Dank an Carl Urbanec für seine Liebe, sein Verständnis, seine Toleranz und für seine Loyalität bei unserer Verhaftung. Er hat bewiesen, dass ich ihm vertrauen kann. Seinem Bruder Georg auch ein herzliches Dankeschön.

Ich möchte mich sehr herzlich bei meinem treuen Freund Michael Leeson in Los Angeles bedanken, weil er mich immer wieder aufgefordert hat, ein Buch über mein Leben zu schreiben, und für den Glauben daran, dass ich es schreiben kann. Auch Danny de Vito möchte ich danken.

Allen Frauen von Deer Park, meinen Freundinnen, die mich in den fünf Jahren ein kleines Stück des Weges begleiteten, danke ich im Besonderen. Es tut mir schrecklich leid, dass ich euch zurücklassen musste und nicht den Mut hatte, die Mauern von Deer Park zu sprengen: Sue Freeman, Kerry Tucker und Wendy Solomon, die lange im gleichen Block C2B mit mir lebten, die meine Familie waren, treue Freundinnen von mir wurden; Tiny half mir in so vielen kritischen Situationen; Johanna Reed hörte meinen verrückten Ideen unermüdlich zu, ohne ungeduldig zu werden; weiterhin Nicola Slesinger, Sue Linton, Kay Staalsan, Donna Parsons, Patricia Robinson, Tash Drechsel, Chika Honda, Toni Malby, Vicky Roach, Kathy McBean. Speziell danken möchte ich meiner kleinen Schwester, Caroline Robertson, die mir den hübschen Spitznamen Pixie verliehen hat – ich vermisse euch alle schrecklich.

Ich möchte auch Beth O'Brian und Vito D'Anquille danken, weil sie ebenfalls an mich glaubten und dass sie darauf vertrauten, dass ich eines Tages wieder lernen würde, mit der Schönheit zu tanzen. Auch allen Lehrern von Deer Park vielen Dank für alles, Jill Horton, Donna Evans, Di und Yvonne, Berry. Und der wunderbaren Carolyn Beasley von der Swinburne University, die noch heute sowie damals als Tudor einmal pro Woche die Studentinnen in Deer Park besuchte.

Danke dir, Kurt Johnson, und deiner lieben Mutter, dass du mir ein so loyaler, solidarischer Freund gewesen bist.

Meinem tollen Anwalt Anthony Brand möchte ich danken.

Vielen Dank auch an meine Freunde in meiner Heimatstadt, Neustadt an der Weinstraße, die mich wieder in ihrer Mitte aufnahmen, nachdem ich zwanzig Jahre verschollen war, die niemals über mich urteilten: mein Hasumeister (nicht Haus-) Boosie, Bettina und Carsten Mittenbühler, Carmen Bonaparte, Christiane Acker und ihre Familie, Marion Schönig, Michel Meyer, Alfred Schönmehl, Thilo Berst, mein Webdesigner Christian Puth, Steffi Munz und Desi Braun sowie Fadja Kawach und Jo Fuß, auch Seweryn Kosior und alle seine Mitarbeiter und Freunde im Cafe Aquarius, dann an alle Mitglieder meines Vereins Neustadt gegen Fremdenhass, Karl Jotter und Matthias Ibeslhäuser sowie den Konzertveranstalter Christoph Schmid, Jürgen Halfmann, alle Mitarbeiterinnen vom Frauenhaus Neustadt, die tolle und wichtige Arbeit leisten, dort speziell Gabi Stückenberg, sowie Raphael Bolz und Sarah und Annette Kobel, meinen Lieblings DJ Hardy Heller und seine Frau Tanja, Inhaber des Labels Ohral und viele viele andere.

In Berlin möchte ich meinen speziellen Freunden Siggi, Franziska, Dana und Maria Keller danken für ihre lebenslange Loyalität und Freundschaft. In Mainz danke ich einer ganz besonderen Frau, Miriam Spies, Verlegerin vom gONZo Verlag, sowie allen Mitarbeitern und Freunden im gONZoversum und Ingo Rüdiger vom Ventil Verlag und Ago Ruerek vom Pengland. In Mannheim geht mein Dank an die Camelot Filmproduction, an Michael und Rob Bröllochs sowie Sabine Birkhahn und Pit Schönpflug, die ich bei der Produktion der DVD »God Smoked« featuring Howard Marks kennenlernte. In Darmstadt geht ein besonderer Danke an Marcus van der Kolk und seine Frau, Inhaber vom Growshop. Ein Danke an meinen alten Freund aus Neustadt, der heute in Saigon lebt, an Kalle Vetter.

Vielen Dank an alle im Verlag in Melbourne bei Hardie Grant Books, der das Buch in der englischsprachigen Originalfassung realisierte, speziellen Dank an meine Lektorin Pam Brewster und meinen Verleger Sandy Grant sowie allen im Office in London von HGB. Ein herzliches Dankeschön an den VGS Egmont Verlag, der die deutsche Fassung meiner Geschichte publizierte und dort speziell meiner Lektorin Cindy Witt sowie alle anderen im Verlag, die geholfen haben, ganz besonders an den Verleger Herrn Busch, der von Anfang an an *Pixie* glaubte. Und einen lieben Dank schicke ich an Stefan Mayr, der beim Lektorieren geholfen hat.

Danke dir, Howard Marks, (Entertainer und Autor von mehreren Bestsellern wie *Mr Nice*), mein Freund du hast mir das Selbstbewusstsein gegeben, mein Manuskript an einen Verlag zu schicken; du hast über meine Geschichten gesagt, dass sie sehr gut wären, dass ich großes Talent hätte zum Schreiben. Über *Pixie* sagtest du, es sei brillant, das motivierte mich weiterzumachen.

Danke euch allen, es brauchte jeden von euch, um dieses Buch zu verwirklichen.

Der ganz spezielle Dank geht an euch Leser, denn ohne euch wäre das Buch nichts. Bitte schickt mir euer Feedback, das ist mir sehr wichtig, denn es inspiriert und motiviert mich (www.andreamohr.de).

Ihr seid alle immer in meinem Herzen.

Ein modernes Märchen, das Wirklichkeit wurde

Nichts sprach dafür, dass im 11. Stock eines Plattenbaus am Rande Moskaus ein künftiger Weltstar des Balletts heranwächst. Doch Polina hat einen Traum! Dafür trainiert sie besessen bis an den Rand der Erschöpfung. Und dann geschieht etwas, womit niemand gerechnet hat: Der weltberühmte Vladimir Malakhov holt die erst 18-Jährige als Erste Solotänzerin an das Berliner Staatsballett. Damit beginnt der rasante Aufstieg zum Weltruhm ...

»Der erste Weltstar des Balletts im 21. Jahrhundert« *New York Times*

Gerhard Haase-Hindenburg
Polina
Aus der Moskauer Vorstadt
auf die großen Bühnen der Welt

Bekannt u. a. aus Herbert Grönemeyers Video »Letzter Tag«

256 Seiten, gebunden mit Schutzumschlag
€ 16,95 [D]
ISBN 978-3-8025-3714-1

www.vgs.de

EGMONT vgs
Verlagsgesellschaften